|国家金属资源安全丛书|

丛书主编　黄健柏

JINRONGHUA YU
YOUSE JINSHU JIAGE BODONG

# 金融化与有色金属价格波动

郭尧琦 程慧　著

经济科学出版社
Economic Science Press

图书在版编目（CIP）数据

金融化与有色金属价格波动/郭尧琦，程慧著．—北京：经济科学出版社，2015.12
（国家金属资源安全丛书）
ISBN 978-7-5141-6485-5

Ⅰ.①金… Ⅱ.①郭…②程… Ⅲ.①有色金属-物价波动-研究-世界 Ⅳ.①F416.32

中国版本图书馆CIP数据核字（2016）第007007号

责任编辑：李　雪
责任校对：靳玉环
版式设计：齐　杰
责任印制：邱　天

金融化与有色金属价格波动
郭尧琦　程　慧　著
经济科学出版社出版、发行　新华书店经销
社址：北京市海淀区阜成路甲28号　邮编：100142
总编部电话：010-88191217　发行部电话：010-88191522
网址：www.esp.com.cn
电子邮件：esp@esp.com.cn
天猫网店：经济科学出版社旗舰店
网址：http://jjkxcbs.tmall.com
北京季蜂印刷有限公司印装
787×1092　16开　16.25印张　320000字
2016年1月第1版　2016年1月第1次印刷
ISBN 978-7-5141-6485-5　定价：57.00元
**（图书出现印装问题，本社负责调换。电话：010-88191502）**

# 序　言

党的十八届三中全会决定成立“国家安全委员会”，全面维护新时期复杂环境下的国家安全。2014 年 4 月，习近平主席首次提出总体国家安全观，系统提出了 11 种安全议题，引起世界广泛关注。这 11 种安全议题首次包括了有关资源利用的安全议题，即资源安全。这是在国家层面上首次提出并确认的安全议题。金属资源是国民经济建设的重要物质基础，金属资源安全事关国家安全。

据中国地质科学院测算，2025 年前后，我国铜、铝、铅等金属资源需求顶点将陆续到来，但需求总量将在相当长的时间内保持较高水平；铍、锶、锗、镓、铟等战略性金属资源需求则会持续增长。但我国金属资源的基本条件决定了国内资源的自我保障能力较差，加之未来 10～15 年仍将是我国矿产资源消费的增长阶段，使得我国重要矿产品种的总量保障明显不足，资源结构性矛盾突出，大宗矿产资源的对外依存度将进一步上升，同时资源分布与工业布局不匹配问题也将变得更加突出（国务院发展研究中心，2013）。矿业联合会的研究表明：到 2020 年，我国已探明储量的金属矿产资源中，铁、铝土矿、锰、锡、铅、镍、锑、金等将处于短缺状态，铜、锌、铬、钴以及铂族元素将严重短缺。而另一方面金属产业中低端冶炼产能则将出现严重过剩。2012～2014 年，我国钢铁、电解铝的产能利用率仅维持在 72%～75%。未来 10 年，我国主要金属资源需求将陆续达到峰值，面临资源洪峰与产业转型双重压力。

中国金属资源供给的这样一种基本状况，要求我们不得不寻求更广范围的世界资源。新世纪以来，我国开始从以往的“自给自足”的资源战略转变为立足国内、资源国际化经营的新战略。充分利用“国内国外两种资源、两个市场”的战略举措，一定程度上缓解了中国金属资源供给短缺“瓶颈”，但并没有从根本上改善金属资源供给的经济性、稳定性和持续性。据矿业联合会统计，中国海外矿业投资的成功率不到20%。许多海外矿山投资项目不仅没有为企业带来利润，甚至成为拖累企业业绩的包袱。跨国矿业巨头早年圈地的先发优势、全球资源民族主义抬头、资源所在国的政治动荡以及文化与语言差异是我国矿业企业海外开发受阻的直接原因。而国内监管和审批制度烦琐、投资项目预研和论证不充分、缺乏收购和管理技巧以及政策驱动性过强、盲目要求控股则是海外矿业投资失败的内在原因。从未来发展形势来看，中国金属资源的主要来源国印度尼西亚、赞比亚、蒙古、澳大利亚等相继加强了资源控制，跨国矿业公司垄断格局难以打破，美国亚太再平衡战略加大了海外资源运输通道安全的压力。这些地缘政治和经济因素的影响，使得中国矿业企业走出去困难重重，金属资源的全球化配置风险日益突出。这些问题需要理论界和实务界的同人们共同探讨，走出一条符合中国国情的金属资源国际化经营的路子。

在世界矿业资源竞争日益激烈的背景下，中南大学于2012年11月成立金属资源战略研究院，依托学校在金属资源领域的学科优势，搭建起金属资源硬科学与软科学交叉融合的开放式研究平台，专注于国家金属资源重大战略问题的研究。研究院成立至今，围绕着产能过剩与产业转型升级、资源安全战略与产业政策、资源节约与环境保护以及资源价格与矿业金融等金属资源领域的重大问题形成了稳定的研究团队和研究方向。本系列丛书既是对研究院现有研究成果的一个总结和展示，同时也是研究院在国家金属资源安全的视角下，对我国金属资源领域的重大战略问题的思考和解析。

当前，受国际形势和行业产能过剩影响，我国金属资源产业开始由“高速增长”转入“中低速增长”。经济增长放缓对金属资源的供需规模演变将产生重要影响；新一轮技术革命将加快对金属资源供需结构的调整；政府与市场关系的重塑、“走出去”战略的成果释放、国家“一带一路”等重大战略的实施都将对我国金属资源战略带来制度层面的重大变革。金属资源产业正处于深度调整时期，国家金属资源安全战略、管理体系和政策需要进一步重构。为此，也希望本系列丛书的出版能够为金属资源领域的经济管理决策部门、企业以及所有关心金属资源产业发展的各界人士提供有益的借鉴和参考。

黄健柏

2015年12月

# 前　言

近10年以来，期货市场的蓬勃发展和金融衍生工具的创新有力促进了有色金属商品的金融化进程，使得有色金属市场与宏观经济、金融市场的联系日益紧密，金融属性凸显。金融化带来的大量投机行为的参与使得以期货市场为定价基础的铜、铝等金属价格已不完全受制于供需基本关系的影响，价格呈现频繁而剧烈的波动。投机交易的不确定性不但加剧了期货价格的波动幅度，放大了市场风险，甚至造成风险集聚。同时，在我国金属期货市场不断快速发展的背后，我国金属期货市场仍然存在着投资主体资格限制较多、现货消费结构和贸易结构特殊、合约设计存在缺陷等问题。这些因素都使得我国金属期货市场的投机气氛浓厚，价格波动剧烈，风险水平偏高。此外，有色金属市场国际化程度越来越深，任何资源大国或主要经济体的风吹草动都可能通过影响汇率市场、黄金市场、股票市场、金融衍生品市场等传递到金属商品市场，也导致价格剧烈波动。而有色金属作为我国工业发展的重要原材料，其价格的剧烈波动不但会影响有色金属相关产业的正常运行和发展，而且会通过上下游行业和国民经济各部门的传导，影响到国家工业经济系统的健康运行，带来巨大的风险和挑战，甚至危及国家的资源安全。

因此，在金融化背景下，探索价格波动背后的深层次原因，系统考察关键金融因素对有色金属价格的作用机理和机制，在此基础上分析有色金属价格的波动特征，并最终实现对有色金属价格波动风险的测度，将具有重要的理论和现实意义。相关研究不仅可以丰富现有的价格波动行为的研究理论，也将为进一步完善金属定价机制、提高期货市场效率提供理论依据；同时，对于各类投资者防范金属期货交易风险和保证金属期货市场的健康平稳运行，以及我国有色金属产业政策制定和工业经济稳定发展也具有重要的参考和借鉴意义。

本书由教育部人文社会科学研究规划基金项目“金融化背景下基本金属输入型价格波动风险的监控与防范研究（14YJCZH045）”资助。

作者
2015 年 12 月

# 目　录

# 1

# 绪　论

## 1.1 研究背景

### 1. 我国已成为世界上最大的有色金属生产国和消费国

进入21世纪以来，随着我国城市化和工业化进程的不断推进，我国有色金属产业迅速壮大，在国民经济中的地位不断提升。2014年，我国10种有色金属产量合计4 029万吨，同比增长9.9%。10种基本有色金属中，铜、铝、锌等金属品种产量增长幅度均超过10%。2010年，我国《产业蓝皮书》明确指出，我国是世界上最大的有色金属产品生产国和消费国。从图1－1和图1－2可知，我国铜、铝消费量已分别从2000年的192.8万吨和336.6万吨增长到2013年的983万吨和2 195万吨，占世界消费量比例则

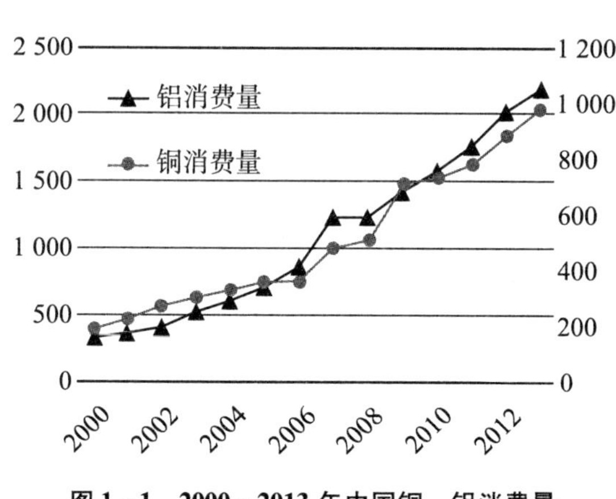


图1－1　2000～2013年中国铜、铝消费量

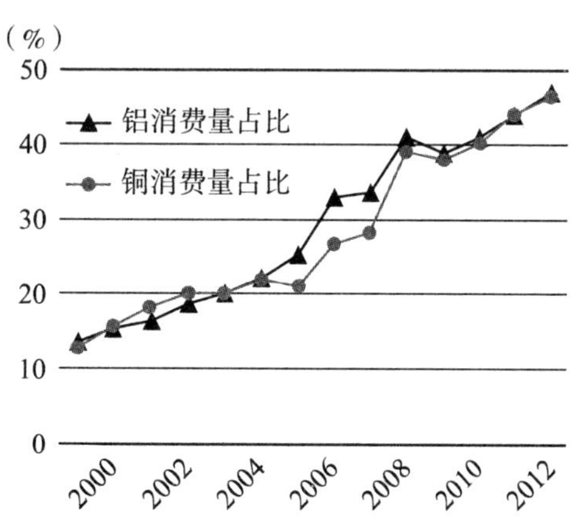


图1－2　中国铜、铝消费量占世界消费量比例

从2000年的13%和14%都增长到2013年的47%。而在2001~2008年我国铜、铝表现消费对全球增量贡献比率趋势分别达到92%和65%，可见在这些商品需求增量意义上，我国无疑是最重要的经济体。

## 2. 有色金属价格频繁而剧烈的波动已影响我国工业经济的稳态

然而，在我国有色金属产业迅速发展的同时，有色金属价格的波动十分剧烈和频繁。对美国CRB分类指数进行比较发现，2002~2008年前后的各类商品价格的剧烈波动中，金属类商品在六类分类商品中涨跌幅度最大，如图1-3所示。

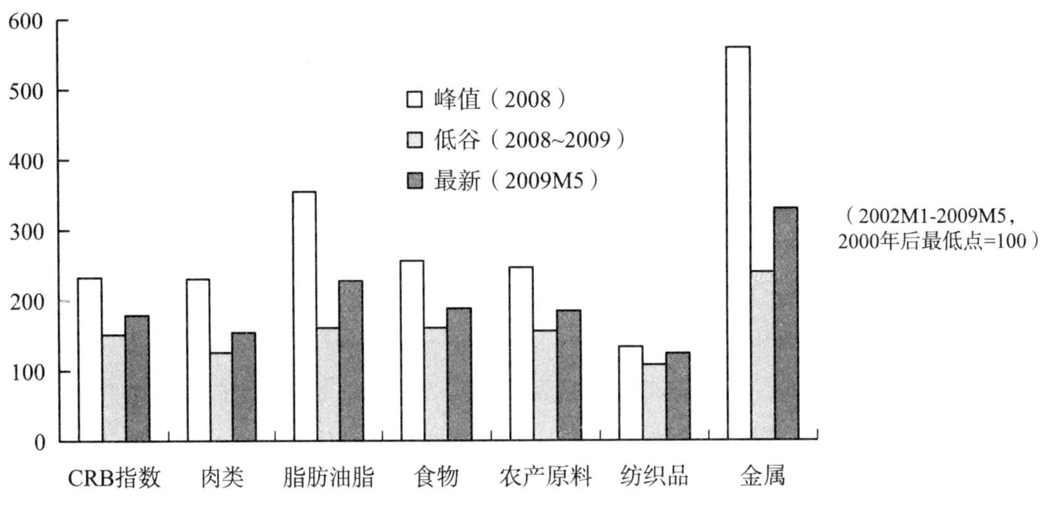


**图1-3 美国CRB分类指数峰值和低谷比较**

资料来源：国际商品价格波动与中国因素，卢峰等，2009年。

以铜为例，铜价从2002年一路上涨，在2006年5月达到历史最高值83 360元/吨后，频繁波动至2008年7月的64 460元/吨。在2008年此后的5个月内，铜价从7月的64 510元/吨暴跌至12月的22 490元/吨，跌幅达到60%，如图1-4所示。

纵观百年来铜价的历史变动过程和下行周期情况，其价格的暴涨暴跌现象已出现过多次，如表1-1所示。其他金属也具有类似程度的波动。同时，“近年来，许多商品的波动程度也在不断增强”（Oscar Calvo-Gonzalez，2010）。

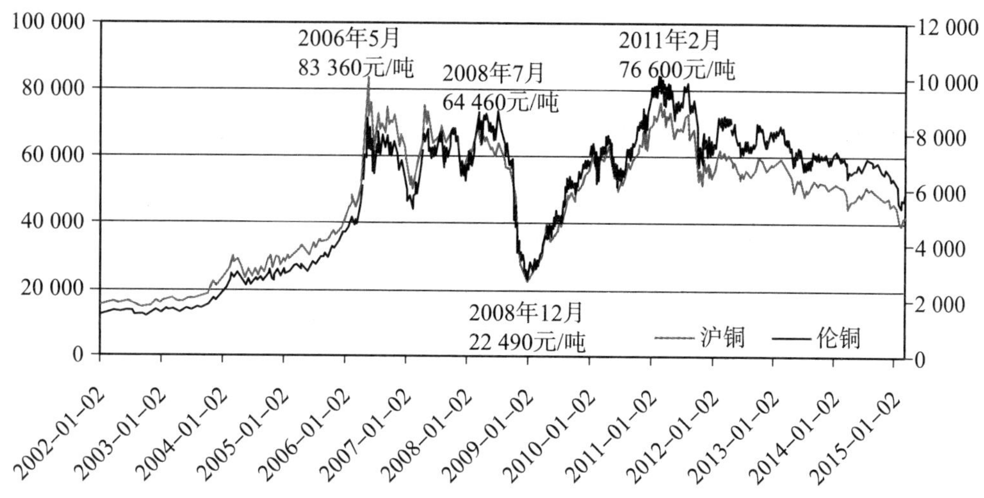


**图 1-4 2002 年 1 月 ~2015 年 1 月沪铜和伦铜价格走势图**

**表 1-1** **各下行周期中铜价变动幅度** 单位：美元

| 下行周期（年份） | 铜 | | |
|---|---|---|---|
| | 高 | 低 | 跌幅（%） |
| 1929 ~ 1932 | 405 | 125 | 69. 14 |
| 1937 ~ 1939 | 295 | 225 | 23. 73 |
| 1956 ~ 1958 | 926 | 580 | 37. 37 |
| 1974 ~ 1976 | 1 704 | 1 414 | 17. 02 |
| 1980 ~ 1986 | 2 234 | 1 456 | 34. 83 |
| 1989 ~ 1993 | 2 887 | 2 019 | 30. 07 |
| 1997 ~ 2002 | 3 050 | 1 671 | 45. 21 |
| 2007 ~ 2008 | 7 129 | 3 480 | 51. 10 |

有色金属价格波动给生产者、消费者和相关利益者带来了很大的不确定性，形成了巨大的市场风险。对于很多有色金属企业来说，高涨的有色金属价格影响并不大，但价格的暴涨暴跌，往往会使得企业难以正常经营。以铜为例，铜价每波动 1 000 元，就会影响相关铜冶炼企业利润 2% ~3%，3 000 元的涨跌幅将影响利润的 6%。每一轮价格波动，都给有色金属相关产业带来了极大的困难和挑战，也严重影响了我国资源安全保障。当有色金属价格的波动沿着产业链进一步放大，引发汽车、电器等终端消费品市场出现价格波动，加剧市场恐慌，形成波及面更广的恶性循环，便会显著影响我国国民经济复杂系统的稳态，对我国经济保增长带来负面影响。

### 3. 供需基本面已难以解释有色金属价格的剧烈波动

有色金属是大宗商品的重要大类，作为一种商品，供给与需求关系是影响金属商品价格波动的基本决定性因素。然而从 20 世纪以来，以期货市场为定价基础的铜、铝、白银等有色金属价格已不完全受制于供需基本关系的影响。图 1 -5 为上海期货交易所（SHFE）铜铝期货价格的走势图，其中用趋势线粗略代表只受供需基本面影响的铜价走势，但其与实际情况有着很大的差别。而对比我国宏观经济运行的主要指标：宏观经济景气指数的一致指数（见图 1 -6）、居民消费价格指数 CPI（见图 1 -7）、工业品出厂价格指数 PPI（见图 1 -8）的波动情况同样可以发现，沪铜和沪铝价格的波动特征与经济总体走势并不总是一致。基本面情况好的时候，铜铝的价格反而下降了；基本面情况不好的时候，铜铝价格不降反升。由此可以看出，有色金属价格的波动不仅仅只受到基本面的影响，还有其他非基本面因素的影响。

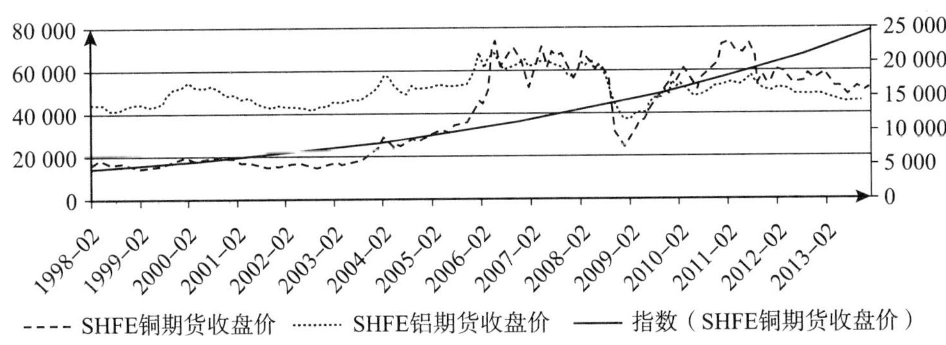


**图 1 -5　SHFE 铜铝期货收盘价走势图**

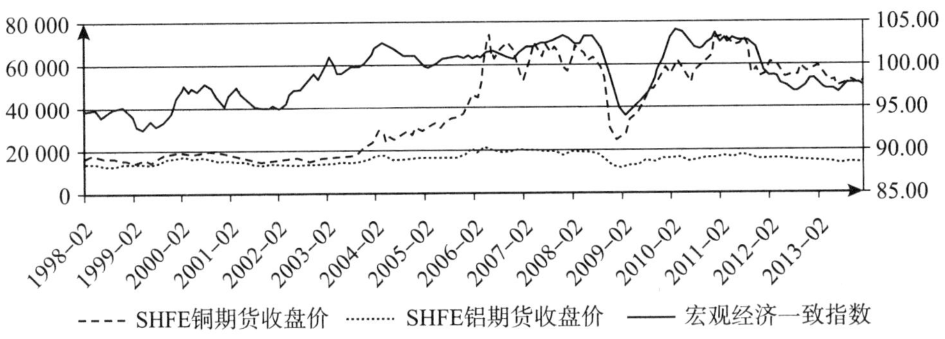


**图 1 -6　SHFE 铜、铝价格与经济景气一致指数走势图**

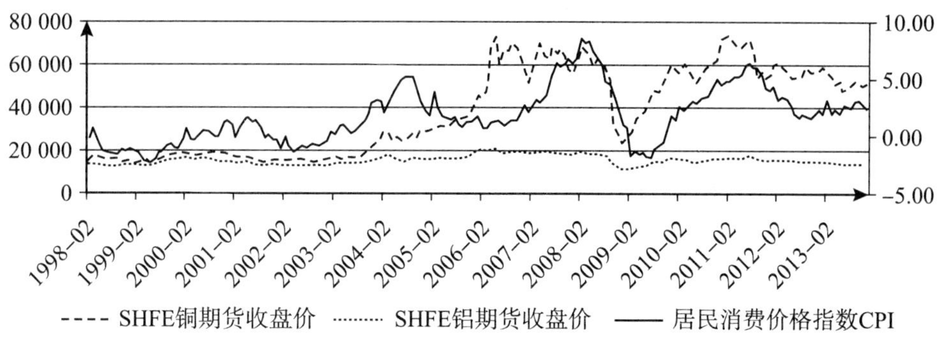


**图 1-7 SHFE 铜、铝价格与 CPI 走势图**

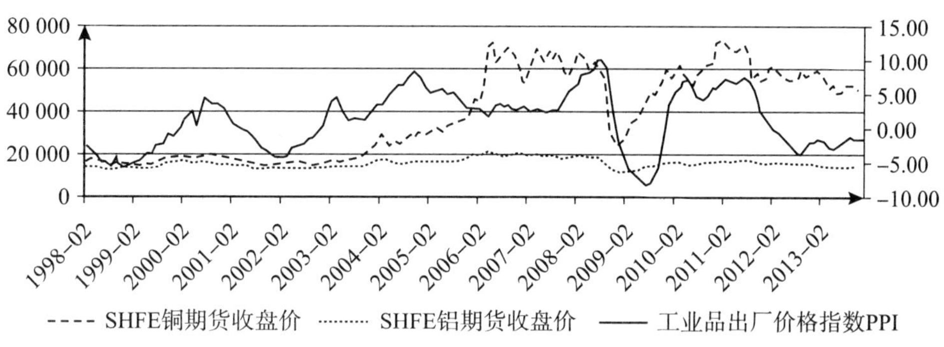


**图 1-8 铜、铝价格与 PPI 走势图**

### 4. 有色金属的金融化问题凸显

近 10 年来，高速发展的国际金融衍生品市场和经济金融化的不断发展有力促进了有色金属等大宗商品市场的金融化进程，使得许多商品的价格日益呈现金融的特性，也就是说金属商品的金融属性逐渐凸显。

一方面，随着国际金融一体化程度的不断加深，全球范围内的资金流动越发频繁，在此背景下国际金融市场的投资格局也随之发生了显著变化，衍生品交易量大幅超过实物产量，金融机构取代传统商品买家和卖家，成为市场的主要力量。以商品指数基金为例，由于近年来商品市场所表现出的与证券、债券等资产的差异性，以规避风险和投机获利为目的的商品指数基金大量进入商品市场，2002～2010 年，指数基金在原油、有色金属、农产品等大宗商品方面的投资资金增长了 20 倍以上，而在此阶段，全球大宗商品价格也增长了 5～10 倍之多，由基金公司操作的日度交易量甚至达到了伦敦金属期货交易所（LME）日度交易量的 50%～60%。另一方面，金融衍生品交易对商品买卖过程中的价格发现和风险对冲作用的意义重大，随着金属金融化程度加剧，以期货市场为定价基础的铜、铝、铅、锌等基本金属价格已经不完全是由供求基本面因素决定，更受到各种金融因素的影响。

尽管不同市场因素的参与可以促进金属期货市场价格发现和风险规避功能的发挥，但大量金融投机行为造成基本金属价格波动剧烈，甚至严重偏离其基本价值。以上海期货交易所的铜金属期货价格为例，相对于2002年之前的相对平稳，从2002年开始则经历了多次大起大落的波动（如图1－4所示）。首先是2002年开始的加速上涨，到2006年5月达到83 360元/吨的历史峰值，2006～2008年期间在高位震荡，受2008年金融危机的影响发生暴跌，于2008年12月跌至22 490元/吨，而2009年金融危机之后出现大幅回升，2011年再次达到76 600元/吨的较高价格，随后呈现震荡下行的趋势。从图中铝金属价格走势可以看出，虽然波动不如铜金属剧烈，但铝金属价格波动也呈现出类似特征。

特别地，金融化程度的不断加深，使得有色金属等大宗商品期货成为投机炒作的有利题材，投机交易的不确定性不但加剧了期货价格的波动幅度，放大了市场风险，而且使得借助期货市场规避价格波动风险的套期保值交易成本大大提高。2008年9月7日，美国财政部和美联储被迫接管“两房”，雷曼兄弟被迫申请破产保护，美林公司被美国银行收购，美国金融危机全面爆发，并波及全球，造成全球性的金融危机。全球股市暴跌，大宗商品价格一路下滑，我国也没有幸免于难。以长江有色金属交易市场1#铜为例，铜现货价格从2008年9月7日的58 750元/吨下跌到2008年12月26日的24 950元/吨，跌幅达到57.53%。

因此，2012年9月9日，胡锦涛在亚太经济合作组织第二十次领导人非正式会议上提出要防止大宗商品过度投机和炒作，而投机炒作的根本是源于大宗商品市场的金融化。在2011年，中国人民银行行长周小川就已指出“担心一些高频交易容易脱离经济基本面，脱离实体经济”。

可以预见的是，在当前国际经济环境复杂多变和全球流动性过剩的大背景下，随着未来商品指数基金、高频交易策略以及电子信息技术的不断发展，金属等大宗商品金融化程度将进一步加深，商品价格更多地由金融部门，而不是由实体经济部门决定，有色金属商品的价格机制已经从“供给—需求”型的定价模式转变为“贸易—金融”型的定价模式。各类宏观金融影响因素通过有色金属期货市场与有色金属商品日益融合，有色金属的金融属性越发凸显，有色金属金融化的程度不断加强。因此，在金融化背景下，探索有色金属价格波动背后的深层次原因，系统深入地考察金融因素对有色金属价格的作用机制和机理将具有重要的理论和现实意义。

# 1.2 研究意义

## 1.2.1 理论意义

目前，股票、原油、房地产等资产领域价格行为的研究，已形成较为完善的理论体系。现代经济学从理性投机、非理性投机角度，并结合行为金融学、信息经济学的研究成果解释了资产价格的形成机制、波动原因及其演变过程。一直以来，对于有色金属等大宗商品价格行为的研究，也主要是借鉴金融市场的价格理论及其研究方法。

然而，有色金属市场与原油市场、股票类金融资产在商品属性、定价机制、市场交易机制等方面存在显著差别。作为一类重要的大宗商品，有色金属具有资源稀缺性、重要战略性、供求在空间上分离、需求价格弹性小、可存储以及生产周期性等区别于股票、债券等资产的特性；此外，商品期货合约的供应量是无限的，而股票的供应量是有限的；商品期货价格与现货价格关联度高，而股票价格与实体经济的关联性低；与股票市场相比，商品期货市场机构交易者多，其专业素养与理性程度较高。同时，金融化背景下的投行、基金等投机力量多在期货市场、现货市场甚至是期权市场同时操作，操作模式复杂。

虽然大宗商品价格波动的研究可以借鉴资产价格波动的研究成果，但很难将相关研究结论直接运用到商品市场中来。Mitia（2004）指出，商品期货市场作为以实体现货市场为基础的交易市场，与股票、汇率等市场是不同的。Östensson（2011）认为现有商品市场的相关研究多为借鉴其他资本市场，而忽略了商品市场特有的价格行为机制。孙泽生等（2014）也提出要形成长期、稳定、可预期的金属供求关系和合理的价格机制，就需要扎根大宗商品金融化背景来认识金属价格的形成和变化。

为此，本书结合商品市场的特有属性，寻找有色金属价格行为的驱动因素，重点深入考察金融因素对有色金属价格的作用机理，不仅可以丰富现有的价格波动行为的研究理论，也将为进一步完善金属定价机制、提高期货市场定价效率提供理论依据。

### 1.2.2 现实意义

由于有色金属价格受到供需基本面关系、工业经济运行状况、宏观经济发展态势，以及期货、汇率、利率等金融市场因素的综合影响，价格的不确定性及异常剧烈波动会对相关产业甚至整个国家经济发展带来巨大风险。且在金融和经济社会发展推动的价格波动较剧烈的时期，有色金属属于避险需求较为强劲商品之一，出于生产者通过期货市场进行套期保值规避风险的现实需求，有色金属商品的金融化进程推进最快，表现也最为突出，金融属性在其价格波动上形成了更为显著的推动作用。

因此，本书在有色金属商品金融化程度越发深入的背景下，理解有色金属价格剧烈波动的形成机制，寻找有色金属价格波动背后的主要驱动因素，特别是深入分析其中金融因素对有色金属价格波动的作用机制，最终实现对有色金属价格波动风险的测度。相关研究不仅可以丰富现有的价格波动行为的研究理论，也将为进一步完善金属定价机制、提高期货市场效率提供理论依据；同时，对于各类投资者防范金属期货交易风险和保证金属期货市场的健康平稳运行，以及我国有色金属产业政策制定和工业经济稳定发展也具有重要的参考和借鉴意义。

## 1.3 研究思路和方法

### 1.3.1 研究思路

本书将按照以下思路开展逐层推进的研究：

**(1) 有色金属价格波动影响因素的理论分析**

从理论角度基于有色金属的金融属性，初步探寻影响金属价格波动的主要金融类影响因素。

**(2) 有色金属期货市场定价有效性检验**

检验有色金属期货市场的价格发现功能，这是后续基于金属期货市场进行金属价格金融影响因素分析的前提。因此，以铜金属为例，对国际和国内的期货现货市场金属价格的相关性、均值溢出效应以及收益率的波动溢出效应进行实证检验。主要包括基于 Granger 因果关系检验的铜金属价格引导关系分析；基于 VEC 模型的铜金属价格均值溢出效应分析；以及基于 BEKK - MGARCH 方法的铜金属市场收益率波动溢出效应分析。

**(3) 有色金属价格金融影响因素的静态效应实证分析**

重点关注影响金属价格波动的金融因素，从金融因素对价格作用的静态效应方面展开具体分析。仍然以铜金属为例，考虑铜价波动的结构性转变，基于 ICSS 的断点估计构建分阶段的 PLS 回归模型进行铜价波动金融影响因素的静态效应研究。

**(4) 有色金属价格金融影响因素的动态效应实证分析**

重点关注影响金属价格波动的金融因素，从金融因素对价格作用的动态效应方面进行分析。通过构建包含大规模宏观经济金融指标的 FAVAR 模型，同时考察多种有色金属价格波动的宏观经济影响因素，并重点分析关键金融因素的影响效果及作用机制。

**(5) 金融化背景下有效规避有色金属价格波动的对策探讨**

最后，结合金属商品金融化发展趋势的理论分析及实证研究的基本结论，对如何有效应对和规避有色金属价格过度波动带来的风险，进行广泛的对策探讨。

### 1.3.2 研究方法

**(1) 计量经济学基础方法和模型**

本书实证部分用到的计量经济学基础方法和模型主要有，基于 ADF 平稳性检验，通过 Granger 因果检验来考察有色金属期货价格与现货价格的相互引导关系；采用 Johansen 协整检验判断协整关系的存在性，再通过向量误差修正模型及基于模型估计的脉冲响应函数和方差分解来考察有色金属期现货价格之间的短期波动及长期均衡关系。

**(2) BEKK - MGARCH 模型方法**

BEKK - MGARCH 模型是多元 GARCH 模型的一种，它能很好地保证协方差矩阵满足正定的条件，同时尽可能减少估计参数的数量，且允许波动序列之间有动态依赖性，比起其他的多元 GARCH 模型能很好地检验不同序列之间的波动溢出关系。因此本书在对铜价序列进行 ARCH 效应检验的基础上，采用双变量 BEKK - MGARCH 模型方法对铜价期现货市场收益率进行波动溢出效应研究。

**（3）ICSS 断点检验方法**

迭代累计平方和（Iterated CumulativeSums of Squares，ICSS）算法是研究突变点的比较成熟的方法之一。该方法是基于中心化累计平方和的方法来寻找序列在不同时点的突变点，在理论界和实务界得到了的极大关注和应用拓展。本书考虑到全样本期内金属价格波动可能存在结构性转变，因而选择 ICSS 算法对铜价序列进行断点估计，进而对全样本数据进行阶段划分。

**（4）PLS 模型方法**

偏最小二乘回归（Partial Least - Squares Regression，PLS）模型是一种新型多元统计分析方法，为解决多元回归分析中的变量多重共线性或解释变量多于样本点等实际问题开辟了有效的途径。PLS 方法将主成分分析和典型相关分析融入多元线性回归建模过程，通过对样本数据的分解和筛选，提取出对被解释变量解释力度最大的成分，识别系统中的噪声和信息，提供更为丰富和深入的系统信息。因此，本章选择 PLS 方法进行多元模型回归分析，既可以克服金融时间序列存在多重相关性，又可以对各金融因素对期铜价格作用的贡献程度进行分析，且对样本容量也没有特殊要求。

**（5）FAVAR 模型方法**

因素增强型向量自回归模型（Factor - Augmented Vector Autoregressive Model，FAVAR）是一种将因子分析与 VAR 技术相结合而构造出的扩展的 VAR 方法，可以突破普通 VAR 模型受到变量数目限制而容易导致模型误设和错误识别的缺陷。该方法在一个数据更加丰富的环境中进行模型估计，以便得出更为符合现实经济运行的计量模型。因此，本书选择通过构建包含大规模宏观经济信息集的 FAVAR 模型，来考察多种主要有色金属价格波动的宏观经济影响因素，并重点分析关键金融因素的影响效果及作用机制。

**（6）其他理论及方法**

除以上方法外，本书在分析有色金属价格波动特征及风险测度时，还运用了如下方法：借助基本统计检验、BDS 检验等方法对金属收益序列的非线性、非正态等特征进行实证检验；采用 R/S 分析法、Hurst 指数、EMD 方法以及马尔科夫机制转换方法等非线性方法对金属价格波动的相关特征进行实证分析；采用分形理论下的 MFDFA 方法和 MF - DCCA 方法具体分析有色金属市场中存在的多重分形特征，最终将 Hurst 指数以及多重分形谱等分形特征参数与风险管理中的 VaR 方法相结合，对我国有色金属市场风险进行测度。

## 1.4 研究内容和框架

本书包括以下内容和章节：

第1章是绪论部分。首先对本书的选题背景及意义进行简要介绍，在此基础上具体阐述本书的研究思路、研究方法及研究内容。

第2章是有色金属价格波动理论基础与文献综述部分。通过收集和研读国内外与金属价格波动相关的大量研究文献，在系统介绍商品定价和有色金属价格形成机制等价格决定理论的基础上，从供需因素、金融因素、不同商品市场的价格联动等几个方面对金属价格影响因素的现有文献进行梳理综述，并重点分析了期货市场、投机行为和汇率市场等金融因素影响的研究现状，进而分析现有研究的不足以及对本书的启示。

第3章是有色金属的金融属性及关键金融影响因素识别。基于有色金属金融属性的分析，识别影响有色金属价格波动的主要金融因素。与金属金融属性相关的主要因素有金属期货市场、利率因素、汇率因素、货币流动性因素及其他交易因素等，系统分析这些典型金融因素对金属价格影响，考察主要金融因素影响金属价格波动的内在机理，为后面的实证分析提供必要的理论基础。

第4章是有色金属期现货市场的价格溢出效应检验部分。以铜金属为例，对国际和国内的期货现货市场金属价格序列的均值溢出效应和收益率的波动溢出效应进行实证检验，从而验证金属的期货市场定价机制。其中，关于铜价格均值溢出的研究主要包括两部分内容：一是对国际LME期货和现货、国内SHFE期货和CJYS现货共4组铜金属价格进行Granger因果检验，分析国内外铜金属市场之间的价格引导关系。二是通过构建VEC模型对以上4个铜金属市场价格之间的长期均衡关系、短期波动的脉冲响应及方差分解进行分析。而关于铜价格收益率的波动溢出研究，主要是在ARCH效应存在的前提条件下，通过BEKK－MGARCH模型构建和估计，对LME铜金属期货和现货2个市场的收益率进行波动溢出效应检验。

第5章是有色金属价格金融影响因素的静态效应分析部分。重点关注影响有色金属价格波动的金融因素，以LME铜金属期货价格为代表，采用PLS模型来具体考察黄金价格、美元指数、利率市场、股票市场和投机因素等主要金融因素对期铜价格的静态影响效应。同时，考虑到铜金属价格可能存在的结构性转变，则结合铜价序列ICSS结构断点检验的结果，分阶段来对比分析铜市场价格波动的不同特点和形势，通过实证检验识别出不同时期内影响铜价的主要金融驱动因素及其作用机制。

第 6 章是有色金属价格金融影响因素的动态效应分析部分。在广义视角下，构建包含多种主要金属商品价格指标和中美宏观经济指标的大规模信息集的 FAVAR 模型，首先考察铜、铝、铅、锌、锡、镍、黄金和白银 8 种主要有色金属价格波动的宏观经济影响因素；然后基于模型估计结果进行金属价格波动源的宏观成分和特质成分分解，研究各成分的波动特征及持续性；最后再根据 FAVAR 估计的脉冲响应函数重点分析美元指数、联邦基金基准利率、美国货币供应量 M2、标准普尔 500 指数、铜的非商业交易商净多头比例和黄金的非商业交易商净多头比例 6 个关键金融因素的影响效应及作用机制。

第 7 章是有色金属价格波动特征分析部分。采用 R/S 方法计算金属市场的分形特征参数 Hurst 指数和 V 统计量，对有色金属市场存在的“长期记忆特征”（Long - Memory）和非周期循环进行实证检验和分析。继而采用 EMD 方法和马尔科夫机制转换方法对收益序列中存在的次周期成分和不同的波动成分进行检验，分析有色金属市场存在的状态转换行为和波动的集聚性。最后运用传统的 MFDFA 方法、改进的 EMD - MFDFA 方法以及 MF - DCCA 方法对有色金属收益序列及量价相关性的广义 Hurst 指数以及多重分形谱进行估计，挖掘有色金属市场中存在的多重分形特征，并通过对不同时期和不同地区量价关系的多重分形特征的变化进行比较和对多重分形特征来源进行分析，从而对有色金属的价格波动行为进行更为深入的理解和刻画。

第 8 章是有色金属波动风险测度部分。在以上章节的基础上，构建基于 Hurst 指数、广义 Hurst 指数以及多重分形谱等分形特征参数的价格波动率测度指标，继而将测度指标与 VaR 模型相结合，对有色金属市场风险进行测度，并通过与基于已实现波动率的 VaR 模型的风险测度能力进行比较，证明基于多重分形特征参数进行市场风险测度的可行性和有效性。

第 9 章是金融化背景下应对有色金属价格波动风险的对策建议部分。在金融化背景下，结合前面实证研究的相关结论，就如何规避有色金属价格过度波动带来的巨大风险，从我国有色金属期货市场的国际化发展、各类金属价格金融影响因素的风险控制、有色金属金融战略体系的建设等方面提出对策建议。

本书的结构框架如图 1 - 9 所示：

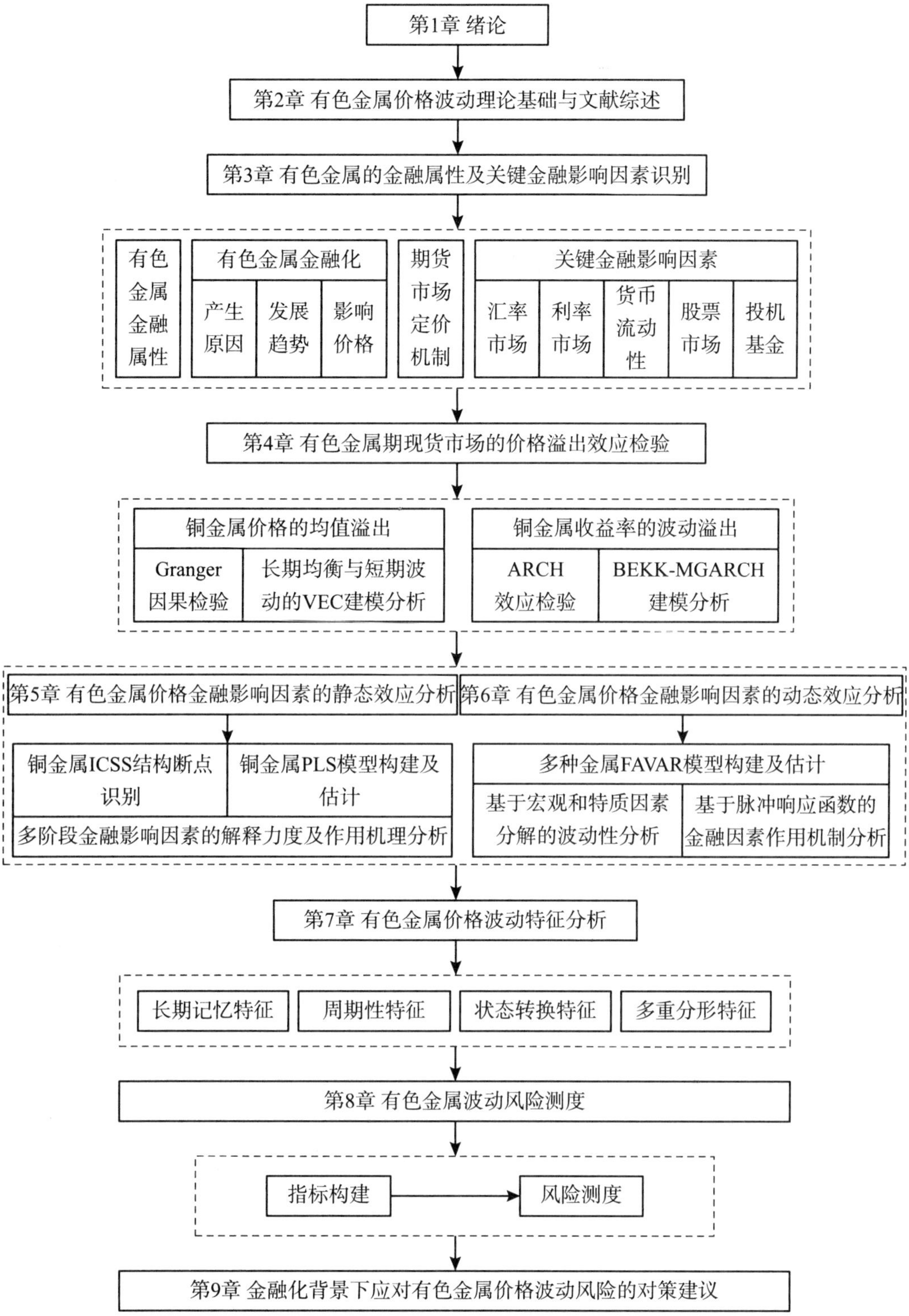

第1章 绪论

↓

第2章 有色金属价格波动理论基础与文献综述

↓

第3章 有色金属的金融属性及关键金融影响因素识别

↓

- 有色金属金融属性
- 有色金属金融化：产生原因、发展趋势、影响价格
- 期货市场定价机制
- 关键金融影响因素：汇率市场、利率市场、货币流动性、股票市场、投机基金

↓

第4章 有色金属期现货市场的价格溢出效应检验

↓

- 铜金属价格的均值溢出：Granger因果检验、长期均衡与短期波动的VEC建模分析
- 铜金属收益率的波动溢出：ARCH效应检验、BEKK-MGARCH建模分析

↓

第5章 有色金属价格金融影响因素的静态效应分析
- 铜金属ICSS结构断点识别、铜金属PLS模型构建及估计
- 多阶段金融影响因素的解释力度及作用机理分析

第6章 有色金属价格金融影响因素的动态效应分析
- 多种金属FAVAR模型构建及估计
- 基于宏观和特质因素分解的波动性分析、基于脉冲响应函数的金融因素作用机制分析

↓

第7章 有色金属价格波动特征分析

↓

- 长期记忆特征
- 周期性特征
- 状态转换特征
- 多重分形特征

↓

第8章 有色金属波动风险测度

↓

指标构建 → 风险测度

↓

第9章 金融化背景下应对有色金属价格波动风险的对策建议

**图1-9 结构框架**

# 2

# 理论基础与文献综述

## 2.1 大宗商品定价理论

### 2.1.1 传统经济学的商品价格形成理论

在古典经济学理论下，由于大宗商品资源所具有的稀缺性，耗竭理论和产业结构理论是主要的大宗商品价格形成理论。

**（1）耗竭理论下大宗商品价格的形成机制**

耗竭性是最早影响金属、石油等大宗商品价格形成的主要因素。资源的耗竭性一方面影响了商品生产企业在生产周期中是否能获得最大化的利润，另一方面也影响消费者选择替代商品的时机。对资源耗竭性的研究起源于马尔萨斯关于土地耗竭性的研究结论。

哈罗德·霍特林 1931 年发表的《可耗竭资源经济学》是研究耗竭性资源定价的经典著作。这篇文章建立了耗竭资源价格形成的基本框架，并充分考虑了资源耗竭性对价格的影响，系统阐述了以石油为主的大宗资源类商品价格形成中的决定因素和定价原则。为此，在霍特林的耗竭理论指导下，在假设经济运行处于稳态的条件下，对耗竭性资源的定价得出了以下两个重要结论：第一，可耗竭资源的边际成本和价格是不相等的，两者之间的差额称为“稀缺租金”。随后的研究文献中把这种稀缺租金称为“霍特林租金”。稀缺租金是指将不可再生的资源延迟到未来使用的补偿，耗竭资源的定价成本应该由霍特林租金和实际生产成本两部分组成。第二，耗竭性资源的价格增长率应该等于市场利率。在垄断市场上，确定石油等耗竭性资源最优开采量的原则是使各个时间段内的边际收益增加率等于市场利率。

尽管稀缺租金和价格调整原则没有很好地解释现实中耗竭资源价格形成过程和波动性，且其对可耗竭资源市场环境的假设过于简单，混淆了市场利率和可耗竭资源市场特有的贴现率之间的区别，也没有考虑到资源储备的不可交易性等问题，但是霍特林模型在耗竭性资源定价模式的研究方面具有开创性，为耗竭性资源定价机制的研究和价格波动的研究提出了基本的分析框架和研究范式，其对耗竭性资源价格形成机制的分析是本书理论分析的基础之一。

**（2）市场结构对大宗商品价格的定价机制的影响**

耗竭理论主要从大宗资源类商品的供给量变化分析价格形成机制，而市场结构理论则反映了供给端的市场竞争程度对价格的影响。根据市场结构理论，资源商品市场结构可以视为资源商品（如石油、铜、铁矿石等）的供应者、消费者以及投资主体等市场参与主体间，在进行矿产品交易过程中形成的相互地位和关系，矿产品市场中买方和卖方的数量及其规模分布、产品差别的程度和行业进入壁垒的高低、产品的价格需求弹性、替代程度等因素决定了价格的形成过程以及双方在交易过程中的对价格的掌控能力。在市场结构理论下，资源商品市场可以归结为竞争性市场、垄断性市场和混合型市场结构。

①竞争性市场理论。竞争性市场结构理论需要分析市场特有的供给条件曲线，从而解释其产量与价格之间的关系。一般认为，商品市场的供给曲线是向后弯曲的，即随着商品价格的上升，开采量是逐渐下降的。向后弯曲的供给曲线形成的主要原因，是对未来价格走势的不确定性的反应，以及由生产国国内消费和投资特点决定。首先，在价格不断上升时期，一些生产者预计由于耗竭性等不确定因素的作用，未来的价格会持续走高，所以选择推迟开采，让所拥有的资源在地下升值。其次，在资源价格的上升时期，生产国是否增加产量还取决于生产资源的收益是否可以找到能获得合理回报率的投资渠道。生产国通过卖出资源获得的收益，除了维护国内资源产业的简单再生产和扩大再生产以外，主要的增值途径是用于国内外的投资和国内消费，所以卖出所拥有的资源获得收益的投资回报率，直接影响矿产资源的开采量和价格水平。在这种条件下，即使生产者预期国际市场矿产资源价格一直维持在高位，但如果缺乏回报率合理的投资项目，生产者依然会减少资源的生产，形成向后弯曲的供给曲线。

在竞争性市场结构条件下，商品市场结构中的生产者是价格的接受者，因为生产者无法有效协调众多生产者共同行动。竞争性市场结构可以解释某些时期商品市场生产的不理性行为，认为这是无法维持垄断生产的表现。同时，商品市场中的生产者组织无法通过持续减产来维持价格上涨，所有资源商品的市场价格很难长时间保持在高位。

竞争性市场结构能够解释矿产资源国际市场价格波动的一些事实，但是无法解释长期价格形成的趋势。同时，供应市场上的生产者并非同质的，生产者之间在竞争行为上存在很强的异质性。从实践来看，具有较大剩余生产能力的国家确实对矿产资源市场价格的形成具有重要的影响。

②垄断性市场理论。由于大宗原材料这类“必需”商品的需求日益稳定，并且很难找到替代品，价格水平的提高并不能使这类商品的需求大幅下降，所以石油、铜等原材料商品的需求价格弹性较小。且大宗原材料商品的稀缺性和低替代性以及生产周期较长等特征，也决定了其供给价格弹性也较低。较低的需求价格弹性和供给价格弹性使得商品国际卡特尔组织有着良好的垄断力量。为此，垄断性市场结构理论认为垄断性价格的形成与垄断生产者对超额利润的追求直接相关。该理论认为卡特尔组织是根据市场剩余需求曲线，按照卡特尔总利润最大化的标准来决定自身的总产量和价格水平，并在成员之间分配产量，形成有效的监督和惩罚机制，以维持利润总水平的最大化。在此基础上，垄断性市场结构理论认为，OPEC 等卡特尔组织的特点符合主导公司模型，沙特阿拉伯等具有较大剩余生产能力的国家充当市场的主导者，主导者与其他成员之间通过定价和定产的政策来实现各自垄断利润的最大化。

尽管垄断市场结构理论很难成为决定大宗商品国际市场价格形成和波动的主导理论，但其能够解释某些时期大宗商品的价格和产量的形成过程，对于分析基本金属的价格行为具有一定的借鉴意义。

③混合型市场结构理论。无论是竞争市场结构理论，还是卡特尔主导的垄断市场结构理论，在解释大宗资源商品的价格形成的问题上都存在着难以克服的缺陷，难以对长期的商品价格形成和波动做出合理解释。为此，理论界认为可以借鉴各种理论的优点，形成混合型市场结构理论，即将大宗资源商品的国际供给市场看成一个特殊的卡特尔，没有定价和定产能力的松散组织，即看成竞争和垄断的混合体，既能体现价格领先者的影响也能体现竞争关系。

将竞争性市场结构理论和垄断市场结构理论结合形成混合市场理论，解释国际市场价格和产量形成的做法，可以借鉴各种理论的优势，综合分析问题。但是，这种混合理论也存在缺陷，从理论分析来看，竞争性市场结构和垄断性市场结构的基本假设不同，特别是价格形成的机制和参与者的行为方式，难以放在同一框架下研究；从现实来看，大宗商品市场究竟是竞争性还是垄断性取决于很多因素的动态发展，如生产国的经济发展阶段、国际地缘政治、替代能源生产、需求和供给弹性的变化，供求缺口的变化以及突发事件等。因此，混合型的市场结构理论可以作为分析大宗商品国际市场价格形成的一个理论框架，为分析市场价格形成机制和价格波动提供新的思路，但是难以形成完善的理论模型。

**(3) 供需关系理论**

耗竭性和市场结构更多地从商品供给量角度分析其对大宗商品价格水平和价格波动产生的影响，而需求也是影响价格形成的重要决定变量。为此，微观经济学逐渐将供给和需求放在统一的框架中对价格形成过程进行分析，并最终提出供需关系理论。根据该理论，商品价格是由市场供需基本关系共同决定的，当市场供小于求时，商品价格上涨，而价格又会反过来影响供需关系，价格的上涨使得供给增加需求减少；反之，当市场供大于求时，商品价格下跌，价格的下跌又会使得需求增加而供给减少。

根据微观经济学原理，在大宗商品现货市场上，市场价格是由现货的供求关系决定的。这种供求关系集中表现为分别代表供给与需求的两条曲线以及这两条曲线间的关系上。将供给曲线和需求曲线绘于同一图中（如图2－1所示），横轴代表数量，纵轴代表价格，在正常条件下，供给曲线是一条从左至右不断上升的曲线，这是由于生产某种产品的成本将随着产量的增加而不断上升的规律决定的；而需求曲线是一条从左上方向右下方倾斜的曲线，这是由物品对需求者的效用具有递减这样一条规律决定的。则两条曲线的交点就是该产品的理论市场价格，即通常所说的均衡价格，在这一点上供应量与需求量正好相等。

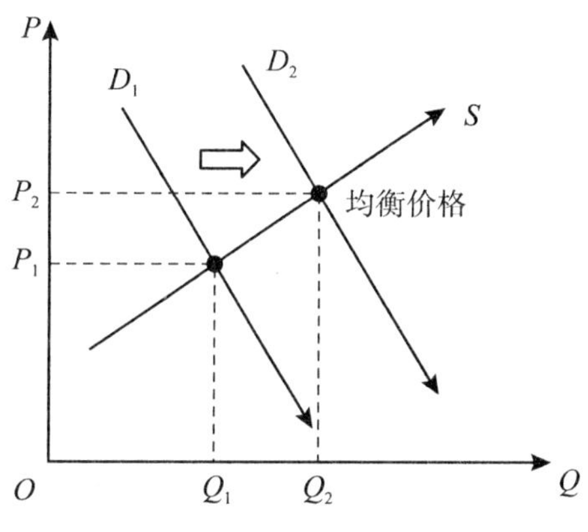


**图2－1 供给和需求曲线**

**(4) 地缘政治理论**

20世纪70年代的石油危机给世界经济带来了巨大的冲击，这使得发达的工业国家开始认识到石油、金属等资源型商品不再是普通的生产要素，而是维持国家经济发展的战略性资源，是国家实现自身经济、政治利益的战略物资保障。因此，地缘政治理论认为资源型商品的生产、消费以及贸易不仅是经济问题，也是国际政治问题，很多情况下资源型商品的价格的形成和非正常波动，都是国际地缘政治影响的结果。与市场结构、供求关系等因素不同，地缘政治因素不直接作用于资源商品的价格，而是通过影响资源型商品的供给和需求的格局、国际贸易通道安全、国际贸易规则以及替代资源开发等因素，间接影响商品的国际价格水平。同时，国际地缘政治对价格的影响大多是突发性的冲击，不是持久性的影响。

### 2.1.2 大宗商品价格决定机制

当前，有色金属、原油、农产品等国际大宗商品的定价主要分为两种情况：一种是有着成熟的期货品种和发达的期货市场的大宗产品，例如铜、铝、石油、黄金、大豆等；另一种是尚未广泛认可的期货品种和期货市场的初级产品，例如铁矿石、煤炭等。前一种的价格基本上由最著名的期货交易所的标准期货合约的价格决定，例如 LME 的铜合约、铝合约，COMEX 的黄金合约，NYMEX 的 WTI 石油合约，CBOT 的大豆和玉米合约。后一种的价格基本上由市场上的主要卖方和主要买方每年谈判达成。以铁矿石为例，铁矿石的基准价格每年都由日本、欧洲和中国的钢铁企业代表和全球三大铁矿石供应商分别进行价格谈判后达成，其他企业跟随该谈定基准价格。

本书重点研究的铜、铝等基本金属和黄金、白银等贵金属商品均是有成熟的期货品种和发达的期货市场的大宗商品。按照国际贸易惯例，对于有成熟的期货品种的商品，通常采用如下公式进行计算：

$$P = A + D \tag{2-1}$$

式中，$P$ 为结算价格，$A$ 为参考基准价格，$D$ 为升贴水。

参考基准价格 $A$ 的确定主要有三种：分别是与现货市场相联系的价格、官方价格和与期货市场相联系的价格，期货价格是最多也是最重要的基准价格。

与现货市场相联系的定价主要是某些机构通过对市场的研究和跟踪，选用一种或几种参照权威报价机构编制的价格指数。如亚洲石油交易所以新加坡普氏报价机构发布的价格作为定价基准；棉花现货价格则是以欧洲到岸价格计算的利物浦棉花价格作为定价基准。

与官方价格相联系的定价，就是指出口国公布的官方销售价格。例如我国石油通常以布伦特（Brent）、迪拜（Dubai）和米纳斯（Minas）三地原油价格为基准。

由于期货价格能提前反映供求关系、引领现货价格，具有较强的预期性，在很多大宗商品的国际贸易中，期货价格都被作为基准价格，是现货贸易的定价依据，所以参

照基准价格 $A$ 大多根据特定贸易地点交货前后一段时间，该商品主要期货合约的价格而定。对于本书研究的铜铝等基本金属价格均主要参照 LME（伦敦金属交易所）相应期货品种的交易价格，黄金、白银等贵金属基准价格则参照 COMEX 相应的期货合约价格。

上述定价方式已经成为有色金属等大宗商品供求双方普遍接受的国际惯例。

### 2.1.3 大宗商品期货价格形成理论

期货价格是期货市场上供给与需求的均衡价格，即在特定日期买卖双方进行交割的价格即为期货价格，是买卖双方相互博弈的结果。期货价格的形成和变动一直是研究者的研究重点。许多经济学家都对期货价格进行过深入研究，如凯恩斯、马歇尔、萨缪尔森等，并形成了不同的期货价格形成的理论，如持有成本理论、预期价格理论和市场均衡定价理论等。

**（1）持有成本理论**

持有成本理论的基本观点是：期货价格等于当前的现货价格加上持有成本。持有成本理论又分为仓储成本理论、倒挂价格理论等。总体来说，持有成本理论有三个假设：①商品本身可以储存一段时间，且商品的需求在全年是平均的；②储存商品时，会产生一定的成本来维护商品质量，即有一定的持有成本；③持有期货合约的成本小于持有现货的成本。持有成本理论不考虑交易费用、现货市场卖空限制、商品存储限制和库存等因素。

综上，可将持有成本理论用模型表达为：

$$F_{t,T}=S_t+C_t \qquad (2-2)$$

式中，$F_{t,T}$表示 $t$ 时刻到期日为 $T$ 的期货合约价格，$S_t$ 是 $t$ 时刻的现货价格，$C_t$ 是 $t$ 时刻商品的持有成本。

若 $F_{t,T}<S_t+C_t$，那么期货价格小于商品现货价格加上现货到期日的持有成本，期货价格被低估，交易者可以在期货市场做多头，现货市场做空头，以此套利，当期货价格上涨或现货价格下跌至（2－2）式成立，则市场上不存在套利机会，出现无套利均衡。同理，若 $F_{t,T}>S_t+C_t$，那么期货价格大于商品现货价格加上现货到期日的持有成本，期货价格被高估，交易者可以在期货市场做空头，现货市场做多头，以此套利，但期货价格下跌或现货价格上涨，则出现无套利均衡。

**（2）仓储价格理论**

Working 于 1948 年提出了著名的仓储价格理论，该理论的主要观点是，期货与现货之间的价格差即基差，是仓储费用。仓储费用的出现，使得期货价格和现货价格相互影响、相互制约。他还认为，基差的出现应该满足三个条件：①商品的供给和需求在时间上不统一，导致供给和需求的不协调；②商品储存完好需要一定的费用；③持有期货合约是不需要成本的。由此可见，当商品期货的储存时间越长，那么期货商品的价格就越高，并且，离交割时间越近，商品的期现货价格就越趋于一致。

综上，可将仓储价格理论用模型表达为：

$$T_t(x_t) = C_t(x_t) + R_t(x_t) - F_t(x_t) \tag{2-3}$$

其中，$x_t$ 是 $t$ 时间的仓储量，$T_t(x_t)$ 是总的仓储成本，$C_t(x_t)$ 是仓储费用，$R_t(x_t)$ 是持仓风险成本，$F_t(x_t)$ 是持仓机会收益。将（2-3）式对 $x_t$ 求一阶导数，可以得到边际持仓成本函数：

$$T_t'(x_t) = C_t'(x_t) + R_t'(x_t) - F_t'(x_t) \tag{2-4}$$

**（3）理性预期理论**

上述的持有成本理论无法解除当期货价格和现货价格出现倒挂，意识期货价格小于现货价格的时候。在此背景下，美国经济学家 Muth 于 1961 年提出了另一种具有代表性的期货价格形成理论：理性预期理论。该理论认为期货市场价格是在所有市场参与者根据其掌握的全部信息对价格走势进行分析判断的基础上集中竞价而形成的均衡价格，反映了大多数人的供给和需求情况，代表了未来市场价格的预期。在理论上，期货价格就等于未来特定时间里的现货价格。随着交割期的临近，期货价格的不确定的影响因素越来越少，所形成的价格会更加合理、准确，并无限接近现货价格。理性预期理论从预期的角度来解释期货价格，其基本前提不要求市场是完美的，与持有成本理论、仓储价格理论相比更贴近现实情况。

## 2.2　有色金属价格形成机制

### 2.2.1　有色金属期货市场

有色金属是指除铁、铬、锰等黑色金属以外的所有金属的统称，狭义的有色金属包括 64 种金属，广义的有色金属还涵盖了有色合金。一般可以分为铜、铝、铅、锌、锡、镍等基本金属品种；黄金、白银、铂金、钯金等贵金属品种；以及钨、钼、锗、锂、稀土等稀有金属品种。

本书的研究对象仅限于有色金属，有色金属期货一般也约定俗成地称为金属期货，因此书中在不引起歧义的情况下常将有色金属商品、有色金属期货、有色金属价格等简称为金属商品、金属期货、金属价格。

铜、铝、锌、锡、镍等主要的工业金属品种，以及黄金、白银等贵金属品种，具有易存储，质量、规格和等级易划分，且交易量大、价格波动频繁等特点，非常适合作为商品期货交易的标的物，有色金属已经成为全球商品期货市场中较为成熟的大类之一。其中，铜金属是最具代表性的有色金属产品，也是最早被设立的有色金属期货交易品种，至今已有上百年的历史。

当今世界三大主要的金属期货交易中心包括：成立于 1876 年的伦敦金属交易所（London Metal Exchange，LME）、成立于 1933 年的纽约商业交易所（Commerce Exchange，COMEX），以及我国成立于 1992 年的上海金属交易所（Shanghai Futures Exchange，SHFE）。其中，伦敦金属交易所是世界上最大的有色金属交易所，交易包括铜、铝、铅、锌、镍、锡和铝合金 7 大金属品种，其价格和库存对全球范围的有色金属生产和销售具有重要的影响，且被公认为是有色金属交易的国际定价标准；纽约商品交易所交易的金属品种有黄金、白银、铂、钯铂合金、铜和铝 6 种，是最具代表性的国际贵金属定价中心；而我国的上海期货交易所虽然成立较晚，但发展迅速，目前发展到铜、铝、锌、铅、黄金、白银 6 种金属期货合约可进行交易，其铜金属品种合约的成交量已超过纽约商业交易所跃居世界第二。

### 2.2.2 有色金属期货与现货价格

有色金属商品的期货价格是指期货交易的买卖双方在合约指定的日期进行金属商品实物交割的价格，而现货价格是指金属商品在现货交易市场中的成交价格。

如果要考察某种金属期货和现货价格之间的关系，可以通过考察基差来确定。基差定义为特定时间内，某种金属商品的期货价格与现货价格之间的差额，即基差 = 现货价格 - 期货价格。基差可正可负，当现货价格大于期货价格时基差为正，当现货价格小于期货价格时基差为负。根据传统的期货市场理论，基差随着期货合约交割日期的临近逐渐变小，即期货价格与现货价格逐渐相近。

传统的期货市场的相关理论认为，某种商品的期货价格与现货价格存在稳定的长期均衡关系，若二者的波动态势相对一致，则可以认为期货市场是有效的，或者说期货市场的价格发现功能是有效率的。一般而言，在理想的市场中，商品的期现货价格之间具有以下关系：

$$F = Se^{(rf+c+R)T} \tag{2-5}$$

其中，$F$ 表示商品的期货价格，$S$ 表示商品的现货价格，$rf$ 表示若将购买期货的等额资金存入银行可以获得的存款利息，$c$ 表示商品的库存保管等存货费用，$R$ 表示商品的便利收益率，$T$ 则表示距合约约定进行交割的剩余时间。由该公式可知，当 $rf$、$c$ 和 $R$ 不变，越接近期货合约的交割日，期货价格和现货价格会越趋于一致。

### 2.2.3 有色金属期货价格的形成过程

目前，期货市场基本上是寻求构建一个完全竞争市场，以实现对现货市场的价格发现功能，即将期货市场构建成一个巨大的买卖交易市场。大量的买家、卖家根据自己的判断进行报价，变现为某一商品的供给需求的情况，交易具有集中性，价格信息能够得到充分的交流，反映出真实的市场状况，从而形成比较准确合理的市场价格。

有色金属期货市场的价格形成过程，是由参与金属期货市场交易的生产者、消费者和投机者等，基于期货标的的有色金属产品的价值，遵循供给和需求基本关系，作用于有色金属商品期货的标准化合约，最终形成有色金属商品的期货价格。外部宏观环境是金属期货价格形成的外在因素，而金属期货的供求关系和期货市场之间的相互竞争是金属期货价格形成的内在因素。

吕东辉等（2005）将有色金属期货市场的价格形成过程总结如图 2－2 所示。由图可见，影响有色金属期货市场价格预期的信息来源主要分为期货市场自身的内部供求竞争关系和外部的宏观环境信息两类，投资者通过对这两类信息的分析得到对金属商品未来价格的判断，即预期价格。若预期价格高于当前金属商品期货市场价格，说明投资者预测金属价格将上涨，因此进行多头操作，买入期货合约待涨价后卖出，从而获利；若预期价格低于当前金属商品期货市场价格，说明投资者预测金属价格将下跌，因此进行空头操作，即卖出期货合约，待预期涨价时再买入；期货合约的买卖是投资者委托经纪公司来进行操作的，经纪公司综合所有投资者的做多或做空指令从而形成了期货市场净多头或净空头的结果，该结果通过经纪公司传递到期货市场，即完成一次期货市场价格形成过程，而新的期货市场价格将作为新的市场内部信息再次提供给投资者，循环进入下一次的定价过程。

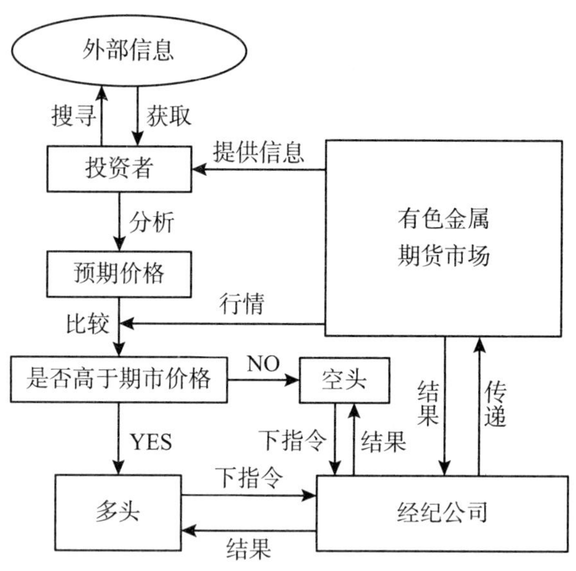


图 2－2　有色金属期货市场的价格形成过程

### 2.2.4　有色金属产业特征及其影响因素

1. 产业特征

有色金属作为一种重要的不可再生的工业原材料资源，其相关产业具有特殊的产业特征：其一，有色金属产业建设周期较长，从勘探到产出精炼产品，往往需要数年时间。一般来说，铜的开采冶炼周期需要四年，铅锌最短也需要两年。一旦供求关系出现变化，特别是供不应求之时，产能扩张速度跟不上价格变化速度，供求矛盾持续时间较久，大行情往往持续数年。其二，需求变化较快。有色金属的需求更多与宏观经济的投资层面有关。当宏观环境发生变化时，投资的变化程度远远大于消费的变化程度。其三，存储性和稀缺性便于投机操作。有色金属储存方便且不易变质，产品品质标准化。当价格出现波动时，产业链内部和外部的资金可以方便地进行投机操作。当市场处于牛市时，有色金属相关企业会偏向于保留现货，使得市场现货紧俏，从而会加大价格波动的程度。

总之，有色金属的供给和扩张滞后期较长，而需求波动较大，加上其易于储存，方便投机，使得其价格波动更易剧烈与频繁。

2. 影响因素

对于金属价格波动行为产生的原因，基本认为是一系列因素共同作用的结果。例如，从长期看，供需基本面决定有色金属的基本价值和价格走势；而从短期来看，市场的冲击可能来自金融因素，特别是与投机活动和商品期货、期权有关的因素。此外也包括一些政策冲击，如利率或汇率的变化可能会加剧金属价格的波动等。具体而言，可以分为以下几类因素：

**（1）供求关系**

根据微观经济学原理，当某一商品出现供大于求时，其价格下跌，反之则上扬。同时价格反过来又会影响供求，当价格处于上涨状态时，供应就会增加而需求则会减少，反之就会出现需求上升而供给减少。一直以来，供需基本面同样被认为是决定有色金属价格行为的根本性因素。全球经济增长加速带动有色金属需求增长，进而推动有色金属价格高涨。反过来，有色金属价格的大幅上涨，将对供求关系产生反向影响。

**（2）经济周期**

有色金属价格通常与经济波动周期紧密相关，不仅国内经济的周期性波动会影响有色金属价格，世界经济的景气状况同样也会影响我国有色金属价格。全球有色金属需求会随着经济周期的变化而出现明显的变化。在经济繁荣时期，各国投资需求和消费需求会不断上涨，从而增加对有色金属的需求。当需求不断扩张，超过了产出的增长，就会刺激有色金属价格迅速上涨到较高水平。而当经济开始滑坡时，需求则会萎缩，供给将逐渐超过需求，有色金属价格则会迅速下跌。一般而言，在整个经济周期演化过程中，有色金属价格的波动会略滞后于经济周期的波动。

**（3）金融货币因素**

金融货币市场同样与有色金属等大宗商品市场有着紧密的联系。汇率的变动、利率的高低都直接影响商品价格变动。其中，美元对于金属价格的影响十分明显。

当美元相对其他主要国家货币贬值时，会通过两种途径推高有色金属的价格。一方面，有色金属出口国必然有一种内在的需求，希望以美元定价的金属价格上升到“合理”的水平，整体抬高商品美元价格；另一方面，在美元贬值之初，国际市场有色金属美元价格尚未相应提价，可能激发买入持有，从而推高有色金属价格。

对我国而言，人民币升值能够降低国内有色金属企业进口原材料的费用，有利于国内企业进行海外矿产资源开发。

总之，汇率市场化的结果使得国内有色金属生产商暴露在汇率风险下，这就对厂商的套期保值和风险管理的能力提出了新要求。

**（4）财政货币政策以及相关产业政策**

紧缩的货币政策对其他行业固定投资的影响将降低有色金属的消费。相反，宽松的货币政策将带来巨大的市场流动性释放。2008 年大宗商品价格大幅下跌之后，商品市场对资金具有了一定吸引力，在宽松的信贷政策下，部分资金进入商品市场，从而在一定程度上推动了有色金属价格的快速反弹。

相关产业政策则包括税收政策、进出口政策以及收储等与有色金属相关的政策。

**（5）基金和投机活动**

基金业的历史虽然很长，但直到20世纪90年代，基金参与商品期货交易的程度才大幅度提高。从最近10年的有色金属市场演变来看，各种基金在诸多的大行情中都起到了推波助澜的作用。

投机活动放大了有色金属价格基本决定因素——供需变动对价格的影响。商品期货市场的过度投机，将会推动期货与现货价格上升，超出其由供求基本面因素决定的合理价格水平。

**（6）相关商品**

相关商品如石油的价格波动也会对铜等有色金属价格产生影响。原油和铜都是国际性的重要工业原材料，它们需求的旺盛与否最能反映经济的好坏，所以从长期看，油价和铜价的高低与经济发展的快慢有较好的相关性。正因为原油和铜都与宏观经济密切相关，因此就出现了铜价与油价一定程度上的正相关性。

**（7）交易因素**

当前有色金属的定价基本是以金属期货市场的价格发现功能为主，因此，同样存在着一些交易和制度因素，在一定程度上通过对期货市场的影响而影响着有色金属价格。

交易因素（Trade Factors），如资产交易量增长率、交易量周转率和交易天数等。Schwert（1990）认为波动性与交易量（Trading Volume）之间存在正相关关系，理由是：①若投资人具有不同的价格预期（Heterogenous Beliefs），则新信息进入市场时，会导致价格及成交量将会出现变动；②如果投资人根据历史价格走势进行交易决策，那么价格大幅的波动将会引起成交量大幅增加；③如果市场由于缺乏流动性而出现短期价格压力（Price Pressure）时，大量买单或者卖单就会出现，从而会引起价格的波动。

**（8）制度因素**

制度因素（Institutional Factors），如涨跌幅限制、保证金比例、买空卖空限制等。期货交易机制是指期货价格的形成机制，其重要功能之一在于能够将投资者的潜在需求转化为现实的价格和成交量（Madhavan，2000）。Kuhn、Kuserk 和 Locke（1991），Kim 和 Rhee（1997），Yulia（2003）的研究认为，涨跌停板制度并没有降低市场的波动性，反而延误了价格发现功能的发挥。Chen（1998）研究了在价格出现较大幅度波动之后的市场反应，研究发现期货市场并不存在系统性的过度反应现象，认为涨跌停板制度对期货市场价格发现过程具有负向作用，损害了市场的流动性。Park（2000）的研究发现，涨跌停板制度对不同的期货品种的作用存在差异。

**(9) 其他因素**

除了上述影响因素外，一些突发事件及自然灾害，同样会对有色金属价格产生影响，如政治局势、运输紧张程度以及地震等突发事件。

## 2.3 有色金属价格波动因素的研究综述

### 2.3.1 供需基本面因素与金属价格的相关研究

目前，供给和需求被认为是决定金属价格长期走势的主要因素。

Streifel (2006) 指出石油、金属等大宗商品价格由于供给和需求的变化而导致其价格呈现出周期性的特点。从 2003 年开始，对有色金属等商品需求的大幅增长、供给的下降以及美元贬值推动商品价格大幅上涨。尤其是中国在 21 世纪以来的有色金属需求增幅是有色金素价格上涨的重要原因。未来有色金属的价格仍将由逐渐增加的需求和日益扩大的生产规模之间的差额所决定，而印度将是下一个金属高需求的国家，并将影响金属价格走势。

Heap (2005, 2007) 通过分析过去 150 年的大宗商品价格走势，检验了由于需求和供给变化而导致金属价格行为存在“超级周期”的存在。Heap 指出年有色金属价格存在着三个周期，其中美国的工业化和城镇化导致了 19 世纪初的金属价格上涨周期，而欧洲战后重建和日本战后扩张则推动了 1945 ~ 1975 年金属价格的长期上涨。中国的城镇化和工业化对金属的大量需求使得金属价格正处于第三个周期中。Cuddington 等 (2013) 对 LME 铜、铝、铅、锌、锡、镍 6 种金属 1850 ~ 2005 年的年度数据进行分析，验证了有色金属价格走势中存在的“大周期”现象，验证了 Heap 的结论。

Tilton (2006) 分析了铜金属价格的供给曲线对价格的影响，认为由于勘探技术、运输成本等影响，使得供给曲线呈现刚性，对需求反应速度较慢。供给不足导致金属价格上涨。

Cooney (2008) 研究了 2000 ~ 2008 年铜、锌、铁矿石等矿产资源价格走势，认为基本面是推动矿产资源价格上涨的主要原因，尤其是低收入国家工业化和城镇化进程的快速发展。Humphreys (2010) 认为由于 20 世纪末互联网泡沫、信息技术发展以及随后的亚洲金融危机导致全球范围对有色金属相关产业投资不足，造成 2000 年来的金属矿产资源供给严重不足，推动金属价格持续上涨。而全球经济的持续繁荣则推动 2004 ~ 2007 年有色金属价格大幅上涨。这与 Tilton（2006）的看法一致，因此，金属供给面的影响要大于需求面的影响。

Boschi 等（2009）通过反映理性期望假说的结构模型，分析了铝市场和宏观经济变量之间的相互作用关系。供需基本面是世界铝金属价格的决定因素，中国对铝金属的需求增加促使铝金属价格持续上涨。铝金属市场的价格行为与供需水平变化是一致的。Farooki（2012）同样检验了中国金属需求对期货市场行为的影响。认为中国对金属的需求直接导致了商品超级周期的扩张，也导致了资源出口的发展中国家对商品市场的乐观。

Chen（2010）对 1972 ~ 2007 年期间世界 21 种金属价格的波动行为进行了分析，认为全球宏观经济因素解释了大约 34% 的金属价格波动性，这一比例相比 1972 年之前的 16% 大幅上涨。同时将 21 种金属分为贵金属和工业金属两组进行研究，发现两组金属间的溢出效应要远远小于同组内金属间的溢出效应。因此，Chen 认为可以通过多元化的投资来分散风险。

Carpantier（2010）以存储理论为基础，采用 EGARCHGJR - GARCH 模型对金属、石油价格与库存之间的关系进行了分析，认为商品市场的价格增长意味着库存的恶化，从而提出了“库存效应”，指出当库存紧张时，金属价格就会上涨，库存从供给面对有色金属价格的影响更大，也验证了 Tilton（2006）和 Humphreys（2010）的结论。

Symeonidis（2012）使用了 1993 ~ 2011 年期间，21 个不同商品的实际库存的大量数据组，并基于存储理论，来实证分析商品价格的行为和这些价格波动的预测。他研究了两个主要问题：首先，分析了存货和远期曲线的形状之间的关系。作为存储理论预测低（高）的库存与逆价差（价差）中远期曲线的相关性。其次，说明了在样本中，价格波动是大多数商品库存的递减函数。在现货升水市场这种效果更显著。Geman（2013）根据商品期货有关的存储空间的理论，使得两个预测涉及库存商品的数量。当库存低（如稀缺的情况下），现货价格将超过期货价格，现货价格的波动会超过期货价格波动。相反，在不稀缺的时候，现货价格及现货价格的波动将保持相对疲弱。研究在伦敦金属交易所的 6 个基本金属（铝、铜、铅、镍、锡和锌）交易中，测试了这个预测，并找到了对该理论强有力的验证。包括由上海期货交易所报告的中国库存数据，进一步加强了这种联系。还介绍了过度波动的概念，库存隐含的现货价格和库存隐含现货波动，并列举了一些应用。

从供给与需求的角度出发，以上文献已经得出了一些比较一致的结论。如供给的不足和需求的增加是近年来有色金属价格上涨的主要原因，而发展中国家，尤其是中国的快速发展的城镇化和工业化进程则是一个重要的推动力量。

### 2.3.2　金融因素与金属价格的相关研究

金属价格波动行为是多种因素综合作用的结果。例如，供需基本面决定有色金属长期价格走势的主要原因；而从短期来看，利率或汇率等金融因素的变化带来的市场冲击，尤其是期货市场中的投机行为以及一些政策冲击，都会在一定程度上加剧金属价格的波动行为。现有文献存在着大量的研究试图解释有色金属的价格行为，具体而言，有以下几个原因及其相关问题一直是研究者关注的重点。

**（1）商品市场金融化及投机行为对金属矿产资源价格的影响研究**

供需基本面能在一定程度上解释价格波动行为，然而众多学者同样认为金属价格行为还存在着基本面不能解释的部分，例如2007～2008年有色金属等大宗商品价格的快速上涨和暴跌行为，是否由于金融因素所导致，尤其是流动性过剩带来的大量投资基金进入商品市场，造成投机行为推高金属价格成为近年来有色金属等商品价格行为的又一个研究热点。

由于黄金所具有的特殊的货币功能，使得早期寻求保值和避险的投资者将大量资金投入黄金市场。因此，早期对于有色金属中的投机行为的研究更多的是以黄金市场为研究对象。Cai等（2001）采用Lo和MacKinely提出的方差比检验研究了黄金价格的日内波动性与经济数据，如失业率、国内生产总值、消费者价格指数以及个人收入等因素之间的关系。结果发现黄金价格的波动行为不是独立同分布的，其收益序列具有自相关性，这表明黄金市场存在着投机力量。Emekte和Jirasakuldech（2010）则认为由于黄金和铂金被视为可投资资产而不被视为工业金属，从而导致了投机泡沫的产生。而Berthus和Stanhouse（2001）通过构建状态空间模型，采用卡尔曼滤波法对黄金价格行为中可能存在的泡沫进行检验。与铜等金属相比，黄金所表现出的金融属性与金融资产的特性更加密切。在金融和政治因素不稳定的情况下，黄金所具有的保值功能为检验投机泡沫提供了可能性。实证研究结果表明，样本期间内，黄金价格在10%的显著水平下存在理性投机泡沫。

Antoshin等（2006）研究了原油、铜、棉花等大宗商品市场中的投机行为对价格的影响。结果表明，大量不是以套期保值为目的的市场投机者进入商品市场，其投机行为尽管提供了市场所需的流动性，在一定程度上推动了交易量的上升，但大量的以投机获利为目的的行为造成了价格呈现波动，特别是短期的剧烈波动。Cooney（2008）认为矿产资源价格的上涨是由于寡头垄断的市场结构以及市场投机者和价格操纵行为所造成，大量的投机者借助于交易制度上的漏洞在商品市场上进行投机行为操作。Masters 和 White（2008）指出大量资金在 2002 ~ 2007 年间进行石油、有色金属等商品市场中，使得全球大宗商品价格偏离其基本价值，产生了价格泡沫，并导致全球商品市场价格波动剧烈。金融投资者投资炒作是商品价格剧烈波动的主要根源，建议期货市场管理者通过实施更为严格的监管措施限制市场中的投机者，如商品市场中大量的指数基金，如重新制定投机的头寸限制，并消除或严格限制指数基金投机。

Frankel 和 Rose（2010）以 11 种相互独立的商品为例，通过构建包含全球 GDP 和真实利率、商品库存以及价差的分析模型，对 2003 ~ 2008 年商品价格快速上涨的原因进行了分析，指出投机行为是推动全球大宗商品价格在 2003 ~ 2008 年持续高涨的重要因素。

Gilbert（2010）认为传统期货市场不能很好地分辨套期保值者和投机者，尤其是以指数为基础的投机行为，而这种行为已经占到了美国商品市场的 20% ~ 50%。作者通过对 2003 年 2 月至 2008 年 8 月的铜、铝、锌、锡、镍 5 种金属的剧烈的波动行为进行了检验，认为商品价格并不总是反映市场的基本面，在部分时期有色金属市场会产生少许的投机泡沫。Miyano（2009）采用由 Wayland 于 1993 年提出的非线性时间序列方法分析了 LME 有色金属收益序列中的周内异常变化现象，发现收益的周内效应从 2003 年开始出现结构性转变。巨额的投资基金在 2003 年之后进入市场，导致市场中以投机为目的的资金远高于以套期保值为目的的市场行为，是导致市场产生结构性变化的原因之一。而信息技术的发展以及期货交易制度的变化也导致市场信息传递和溢出更加明显，是市场出现结构性变化的第二个原因。Urbanchuk（2011）在考虑供给和需求的条件下检验了非商业和指数交易对期货市场的影响，表明投机是大宗商品价格大幅上涨的主要因素。

目前，大量热钱进入商品市场的一个有效渠道是商品指数基金。其中，使用最广泛且受到密切关注的是道琼斯商品指数和标准普尔高盛商品指数，大约有 95% 关于商品的基金是以这两个指数为基础的。Liu（2010）指出商品指数投资是商品价格泡沫产生的主要原因。作者以石油、铜、大豆等大宗商品 2004 年前后的数据为样本，通过构建现值模型，分析了便利收益和价格行为之间的关系。结果表明大量资金进入市场，使得价格与便利收益之间的协整关系受到干扰，从而导致大宗商品价格大幅偏离其便利收益。Gilbert（2010）以原油、三种有色金属（铝、铜、镍）以及三种农产品期货（小麦、玉米、大豆）为例分析了大宗商品市场中的价格泡沫成分，结果表明指数基金等投资行为拉高了商品市场价格，而 2006 ~ 2008 年铜价格存在爆炸性泡沫成分，铝、小麦和玉米市场不存在泡沫。Tang 和 Xiong（2012）、Irwin 和 Sanders（2012）的研究同样表明商品指数投资行为是市场价格泡沫的主要来源。

Gutierrez（2013）采用 Phillips 等（2011）提出的基于自举的泡沫检验方法，对农产品市场存在的理性泡沫进行了检验，结果表明小麦市场的泡沫出现在 2007 年 9 月，而顶峰出现在 2008 年 2 月，最终破灭于 2008 年 3 月，持续期为 142 个交易日；而大米市场价格泡沫的出现晚于小麦市场，从 2008 年 2 月出现，2008 年 5 月破灭，持续时间为 66 个交易日。Adämmer 等（2013）在采用便利收益模型和商品股息来推导玉米和小麦的基本价值的基础上，应用动量门限自回归（MTAR）方法分析了近 10 年农产品价格所表现出的反复的暴涨暴跌行为，结果表明近年来快速增长的投资行为导致玉米和小麦市场存在着一定程度的投机泡沫。

Basu（2011）和 Algieri（2012）均认为近年来商品期货市场上投机行为的存在使得期货市场没有实现降低风险的功能，反而在一定程度上加重了价格波动风险。Berg（2011）认为大量金融投资者的参与使得当前商品市场发生结构性变化，导致商品价格高涨，并且波动幅度更大。价格的高涨成为一种“诱饵”，使得投机活动大量出现在期货交易中。Inamura 等（2011）的研究表明尽管商品价格的增长在很大程度上是由于新型经济体的发展带来的全球经济增长所推动，但是投机行为使得价格波动程度更强烈，全球商品市场对金融投资更敏感，商品市场已经成为一种资产。Hunt（2011）同样认为相比于铜金属过去的工业金融的身份，现在的铜金属越来越成为一种金融资产，供给和需求之间的平衡关系已经被破坏。Kawamoto（2011）的研究表明商品市场和股票市场的联动关系不断增强，这是由于商品市场的金融化所造成。商品市场也越来被金融投资者作为投资资产来进行交易。Frenk（2011）通过分析商品指数交易和商品价格的周期性繁荣之间的关系，发现明显的证据表明商品价格溢价严重，商品价格曲线扭曲，这是由于市场非基本面信号的误导所导致的投机“繁荣”。Bicchetti 和 Maystre（2013）认为金融创新，尤其是高频交易和基于算法的交易策略影响了期货市场结构。Mayer（2012）认为大量金融投资者导致了商品市场出现明显的金融化。Henderson 等（2012）基于 CLN 数据库检验了商品投资行为对商品期货市场的影响，结果表明对冲交易显著地影响了价格的变化，商品市场金融化程度日益增强。

Kilian 和 Murphy（2014）、Kilian 和 Lee（2014）通过石油的库存数据的分析，认为投机使得供给发生扭曲，从而导致商品价格扭曲。Brunetti 和 Reiffen（2011）、Singleton（2013）、Hamilton 和 Wu（2014）认为过多的商品指数交易者对商品的风险溢价和 2007 年石油等商品价格的大幅上涨起到了决定性作用。Emekter 等（2012）、Frankel（2014）则认为投机行为扭曲了商品市场的供给。

联合国贸易和发展会议（2011）同样指出由于金融投资者不断参与，众多的市场参与者已经不再纯粹地依据供需基本面来做出交易决策，这使得市场产生了虚假的价格信号。

尽管以上学者对商品市场金融化所造成的负面效应做出了分析和验证，但许多学者对商品金融化所带来的负面效应及泡沫说法持怀疑态度。具体而言主要有如下见解：①Krugman（2008）和 Hamilton（2009）反对泡沫说，认为商品膨胀的价格是由于扩大的世界需求和缺少弹性的世界供给。Krugman（2008）认为，如果一个泡沫使得一种可存储商品的市场价格抬高到超过真实的均衡价格，那么该商品的库存将增加。但在 2006～2008 年间大多数商品市场的库存在下降，而不是增加，这与这些市场存在价格泡沫的描述不符。②Headey 和 Fan（2008）研究发现，指数投资者涉及的金融业务仅仅是利用期货市场，他们并不从事现货市场的购买或囤积，而且期货市场行为和现货价格之间的因果关系还不是很清楚。如果现货价格决定了期货及其衍生品的价格，那么供求基本面的分析方法将能够解释价格行为。③Irwin 和 Sanders（2011）针对 Masters（2008）的看法，通过采用 Fama－MacBeth 测试和 Granger 因果检验对美国 19 商品期货季度指数投资数据进行实证研究。结果表明 Masters 的看法并不正确，并认为商品期货市场的交易者对于指数基金活动是理性对待的，大规模的指数基金投资是不会损害期货市场的价格发现功能的。Irwin（2011）认为由于所采用的数据不够充分，因此 Masters 的结论只是一种暂时的关系，并不能把投机行为看作商品价格波动的主要根源。④如果指数基金买盘驱动商品价格上涨，那么没有指数基金投资的市场将看不到价格上涨。Irwin 等（2009）研究发现，纽约商品交易所的（COMEX）黄金和白银，美国纽约商业交易所（NYMEX）的钯和铂金的期货价格在过去的同一时期是高度相关的，但只有黄金和白银包括在主流商品指数中。⑤Wray（2008，2009）同样反对泡沫说，他认为猛涨的商品和能源价格并不是泡沫，而是繁荣—萧条周期性的直接产物，但是这种周期性将逐渐对经济产生更大的破坏性。此外，Büyüksahin 和 Robe（2014）、Hamilton（2009，2014）、Irwin 和 Sanders（2012）、Korniotis（2009）等的研究表明基本面的变化是导致 2004～2008 年商品市场的繁荣与崩溃周期的主要原因，而不是投机行为。

Greely 和 Currie（2008）认为大量的金融投资者和投资行为有助于反映市场供求基本面的情况，并不是商品价格剧烈波动的根源。Baffes（2010）等认为金融投资者参与并非商品价格波动的根源，但会引起价格出现高的波动行为。Irwin 认为不能把投机看作商品市场价格波动的主要原因。

国内相关研究，仅见于陆凤彬等（2008）、张宗成和吕永琦（2010）、周伟等（2011）、韩立岩（2012）和谢飞等（2012）。陆凤彬等（2008）认为与国际市场相比，我国商品期货市场存在较高的泡沫水平。张宗成和吕永琦（2010）通过将理性投机泡沫研究运用到商品市场，采用持续期依赖方法对2004年2月至2008年7月上海金属铝市的泡沫现象进行了实证检验。研究结果显示，在这段时期内，特别是自2006年下半年以来，商品铝市场存在投机泡沫。周伟等（2011）以金融物理中的对数周期加速幂率模型、D检验以及周期振动包络分析为理论依据，进行实证并得出结论：重金属期货（期铜、期锌）价格上涨受投机泡沫影响大；轻金属期货（期铝）价格呈超指数增长，但投机泡沫影响不明显；贵金属期货（黄金期货）价格呈指数增长，价格上涨主要来自市场需求；黑色金属期货（螺纹钢期货）价格随机波动大，上涨动因不明。谢飞（2012）在实际需求与短期投机关系理论分析的基础上，提出长期实需和短期投机相结合的分析框架，重点分析以中国为典型代表的新兴经济体的实需发展、商品期货指数化投资、对冲基金套利和美元量化宽松等因素对于大宗商品价格波动的影响。结果表明，实需因素与商品价格具有长期均衡关系；而短期来看，在控制了实需因素和美元汇率之后，对冲基金等投机者的套利行为仍是推动价格剧烈变动的主要因素。

尽管商品金融化程度对商品价格带来的影响依然是一个充满争议的问题，但是不可否认，各种投机行为在一定程度上推动了有色金属价格的上涨，而大宗商品市场的金融化程度随着电子信息技术的不断发展而日益明显。Baffes（2010）认为，金融因素及其金融交易行为也许不改变商品的长期的价格走势，但商品金融化和投机行为将可能引起价格周期长度和价格波动幅度的大幅增加，导致商品市场价格剧烈波动。

**（2）金属期货价格对现货价格影响的研究**

期货价格对金属现货价格的影响研究更多地以期货市场的价格发现功能为主，分析期货价格与现货价格之间的价格引导和波动溢出效应，从而对期货市场效率进行分析。

Chowdhury（1991）对纽约金属商品期货市场的期货价格、现货价格相互关系进行研究，协整检验的实证结果显示：期货市场在价格发现作用中具有领先的优势，明显领先于现货市场，具有良好的价格发现功能。Bessler和Covey（1991）等将协整检验和Granger因果检验运用到金属期货市场价格发现功能的实证研究中，极大地提高了期货市场价格发现功能的研究水平。Ghosh（1993）、Fortenbery和Zapata（1997）、Kavussanos和Nomikos（1999）、Haigh（2000）等人对多种商品期货的期、现货价格的关系进行了实证研究，结果显示多数商品期货的期、现货价格存在长期的协整关系，少数商品期货则不具备这种关系。Li等（2009）对上海期货交易所和伦敦金属交易所的铜期货市场的关系进行研究，发现二者存在长期的协整均衡，但是伦铜对沪铜市场更加具有引导作用。Qu等（2011）研究得出金属期货市场对现货市场价格具有短期的引导作用，并没有对二者的长期关系进行研究，就得出期货价格对现货价格具有引导作用。

目前，已有不少学者研究了我国有色金属期货市场和现货市场之间的关系。

在定性地研究期、现货价格二者的关系上，华仁海和仲伟俊（2002）使用了 Johansen 协整检验和 Granger 因果检验的方法对我国上海期货交易所的铜、铝期货市场的期、现货价格的关系进行了实证检验。检验结果表明沪铜、沪铝的期货价格和现货价格之间存在长期的协整关系，并互为因果关系。周志明和唐元虎（2004）同样采用 Granger 引导关系模型对伦敦金属交易所三个月期铜和上海期货交易所五个月期铜进行了价格引导关系检验，表明伦敦金属交易所三个月期铜对上海期货交易所五个月期铜价格的价格具有引导作用，相反，上海期货交易所对伦敦金属交易所没有引导作用。华仁海和陈百助（2004）从动态的角度通过运用向量误差修正模型对铜、铝以及农产品的期、现货价格的动态关系进行了实证研究。肖辉等（2004）应用 Gonzalo 和 Granger 的共同因子分解模型的实证检验结果表明：伦敦金属交易所是决定铜价格的主导市场，具有铜的国际定价权。同时，我国期货市场的不断发展也是上海期货交易所铜期货市场在价格发现中也具有一定的地位，并渐渐地提高。王骏和张宗成（2005）也使用相同 Johansen 协整检验、Granger 因果检验对沪铜、沪铝的期、现货价格进行了研究，得出同样的结果，印证了之前学者的实证研究。吴冲锋等（2007）和李跃中（2008）利用动态经济计量方法对上海期货交易所与伦敦金属交易所的期铜价格走势进行的实证分析。华仁海等（2008）对中外铜期货市场的联动性进行了深入的研究，以伦敦金属交易所、上海期货交易所和美国纽约期货交易所为研究对象，对比研究两两相互市场之间的关系以及价格发现贡献。实证结果显示：三个铜期货市场的期货价格具有长期的协整关系，两两之间相互作用，任何一个市场发生波动，都会对另外两个市场产生影响。在价格发现功能的大小上，伦敦铜排在第一位，具有绝对的国际话语权，纽约期货市场排名第二，上海期货交易所铜期货市场排名最后。吴晓霖等（2009）对 LME、SHFE 的铜期货市场的价格发现功能进行了研究，结果表明 2003 年年底，两个市场的价格引导关系变化明显，沪铜对伦铜的期货市场的价格引导作用逐渐升高。张保银和陈俊（2012）也以上海交易所铜期货市场作为研究对象，运用 Johansen 协整性检验、Granger 因果检验分析了铜期货价格和现货价格的动态关系，研究结果表明上海期货交易所铜期货市场具备良好的价格发现功能，期货市场运行效率较高。李佳（2008）、程琛（2011）、宋琳等（2012）和徐国祥等（2012）采用 G－S 模型研究金属期货的价格发现的贡献。王泰强等（2011）运用面板协整方法分析了我国金属期货市场现货市场的价格发现关系。黄健柏（2014）基于卡尔曼滤波技术研究了我国金属期货价格对现货价格的动态贡献程度。

**（3）汇率等宏观经济变量对金属价格的影响**

Labys（1998）采用协整和成分分析法对 1971～1995 年的铜、铝、铅、锌、锡五种有色金属的价格序列为研究对象，研究了有色金属价格与宏观经济变量之间的关系。宏观经济变量包括工业生产量、消费价格、利率、股票价格和汇率。研究结果表明，宏观经济变量对金属价格波动的共同因素的影响中，工业生产量的直接影响是最大的，而证券价格的间接影响小一些。在法国、意大利、日本以及欧佩克（OECD）成员国，工业活动对有色金属价格的影响是非常强烈的。这些结果证明，国际经济周期和金属价格周期的共同因素之间是有很强的联系。

Cuddington（2003）和 Chen（2010）以包括有色金属在内的三种大宗商品为研究对象，采用方差分解和 GARCH 族模型分析了固定汇率和自由汇率对商品价格的影响。结果表明：商品价格在自由汇率制度下，其波动性要大于固定汇率下的波动。

Watkins 和 McAleer（2005）的研究表明相比于宏观环境的影响，有色金属行业内特殊事件的影响有时可能更大。这取决于一些具体因素，如金属之间的互补性或替代性。

Hess（2008）和 Roache 等（2010）以 1997 年 1 月至 2009 年 12 月间的金属、能源与农产品等大宗商品价格为样本，分析了央行利率、商业指数调查结果等宏观经济公告与商品价格之间的关系。研究结果表明：诸多因素中，通货膨胀和零售额等公告对大部分大宗商品价格行为有着较为显著的影响，但整体而言，大宗商品价格对于宏观经济公告的敏感性要低于汇率、股票等金融因素。然而，随着大宗商品金融化程度加深，敏感性逐渐增加。

Krichene（2008）认为商品价格的上涨在一定程度上是因为利率和美元的影响。Frankel（2008）、Akram（2009）等均通过实证研究发现，利率对大宗商品的价格有着重要的影响。

Hayoa（2012）通过对美国的货币政策对大宗商品价格波动的影响研究，发现预期目标汇率变动和信息沟通将减少价格波动，而对目标利率的异变和非正统的测量将增加波动性，并且在金融危机期间，沟通的波动“平静”效果减少了。Murase（2013）实证检验了当汇率波动较大时，汇率对国内企业商品价格是否有非对称效应。为了识别不同的汇率波动，采用了门限回归模型。换句话说，定义汇率波动为一个门限变量。通过使用日本的月度数据，根据 Hansen（2000）的方法估计了门限参数并计算出了置信区间。结果证实汇率传递到聚合的企业商品价格指数上所体现的程度更高，并且逐步调整到一个高汇率波动的情景下。此外，这种不对称的关系在三种分类的企业商品（石油及煤制品、有色金属和化学品及相关产品）价格中被明显的发现。

Hammoudeh（2010）、Chen（2010）分析了经济周期及宏观因素对铜价的影响。Lucio（2013）认为巴西铝行业为能源密集型，其消耗约 6% 的水力发电厂产生的电源，这体现了很大的问题：需要大量的能源来生产原铝。这项研究的目的是评估能源自发电战略作为一种可持续增长的可行的替代办法和巴西原铝行业竞争中的重要性，并概述了自发电在不同经济情形下如何采用有效的关键战术。此外，环境方面也被考虑到了，因为其对成本和回收的冲击，主要体现在再使用铝罐的铝。由于在公开市场上的能源价格的波动和供应的不稳定，显示出了自发电是维持巴西原铝行业的可持续性的最佳替代品。

Aruga 和 Managi（2011）探讨了不同纯度的铜市场，即期铜、初级铜、废铜和黄铜市场之间的长期价格联系和因果关系，认为具有高纯度水平的铜市场交易，如期货、初级铜及废铜市场，具有一个长期的关系。然而，黄铜废料交易市场由于具有较低的纯度，因此与其余铜产品市场没有长期关系。有文献认为更大的再生资源市场和更多的可替代性资源增加了价格稳定。没有人能准确测算再生金属替代原生金属影响价格稳定的程度。增加的再生资源可替代性将稳定价格，因为增加替代品可用性，可能增加再生资源市场规模。但是不同金属品种的再生金属对原生金属的替代性不尽相同：再生金属的供给并不依靠原生金属。原生金属的技术替代性的变化效应不仅仅改变再生市场的规模。简而言之，再生可替代性对原生价格的影响是不确定的。

朱学红（2012）采用三个 GARCH 族中的两因素波动模型研究金、铜和铝在原油和汇率冲击下的价格波动行为，研究结果发现，石油冲击对三种金属都有正影响，汇率的上升对金、铜和铝的波动都有减弱效应。

此外，由于黄金等贵金属所特有的货币属性，一些文献具体研究了美元价值、汇率与黄金等贵金属之间的关系。Sjaastad（2008）通过验证了主要汇率和黄金价格之间的关系。Morales（2008）利用 GARCH 族模型分析了亚洲金融危机对贵金属市场价格行为的影响。Sari 等（2010）的研究表明贵金属与石油和汇率之间均衡关系较弱。Zhang 和 Wei（2010）分析了石油和黄金价格之间的作用关系。实证结果表明，原油价格和黄金价格之间有着较为显著的长期均衡关系和正相关关系，样本期间的相关系数达到 0.9295，但 Granger 因果关系只存在于从石油市场向黄金市场传导。Elder（2012）采用 2002～2008 年的日内数据检验了宏观经济新闻对黄金、白银和铜等三种重要的商品的收益、波动和交易量的影响。结果发现非农就业人数和耐用品订单对金属期货市场影响最大，而波动率和交易量受经济新闻的影响最大。

### 2.3.3 有色金属市场间价格联动及波动溢出关系研究

Pindyck 和 Rotemberg（1990）研究了包括铜、黄金等在内的七种商品价格的联动行为，认为这些联动行为已经超出了宏观经济变量能够解释的范围，提出了过度联动假说。投机者可能对新的信息过度反应，并且这种过度的交易引起商品市场的溢出，这种情况下价格间的过度联动容易导致比正常的波动更大的波动。

Bukenya 和 Labys（2005）采用协整检验与 VAR 模型以 1938～1998 年期间德国、英国和美国的铜、铅以及锡等三种金属的价格序列数据，研究了金属价格的空间价格集聚问题。实证结果表明，铜和锡金属在样本期间内是不存在价格收敛特征的，而铅金属则存在价格收敛，但作者对出现这种状况的原因并未解释。Aruga 和 Managi（2011）检验了美国和日本期货市场交易贵金属之间的价格联动关系，结果表明：在信息传递机制中，美国市场引导日本市场。Li 和 Zhang（2009）分析了上海期货交易所和伦敦金属交易所的铜价之间的关系。结果表明：两个铜期货市场之间存在长期关系，伦敦金属交易所对上海期货交易所的影响大于上海期货交易所对伦敦金属交易所的影响。

Labys（1999）、Ai（2006）和 Lescaroux（2009）等人的研究表明：大宗商品价格之间存在联动性，供给和需求相关因素在一定程度上是可以解释这种联动性的。

在期铜市场波动溢出效应的研究方面，较具代表性的有 Fung（2003）利用 GARCH 模型对中美期货市场的铜期货价格做了分析，发现我国铜期货价格在不同程度上受到美国铜期货市场的影响。Xu 等（2005）通过构建 EGARCH 模型，发现 TOCOM 期铜市场与 NYMEX 期铜市场存在显著波动溢出效应的证据。刘向丽等（2008）采用 2000～2006 年铜期货与现货价格的日度数据，运用 GARCH 模型估计了期、现货两个市场间的波动溢出效应，结果表明，两个市场间存在双向的波动溢出效应，但从期货市场到现货市场的信息溢出要显著强于从现货市场到期货市场的波动溢出效应。吴文锋等（2007）、高金余等（2007）、刘庆富等（2008）、韦镇坤（2008）、方毅（2008）、郭树华等（2010）也通过构建 EGARCH 模型对上海期铜市场与伦敦期铜市场的信息溢出效应进行了研究，结果都显示两市场之间存在双向波动溢出效应，但是在波动溢出力度上 LME 处于支配地位。Liu 和 An（2011）采用 M－GARCH 模型研究了我国铜期货和现货市场与美国铜期货市场之间的信息传导机制，显示中美市场之间存在双向波动溢出效应，但是美国期货市场在市场联动中发挥的作用更大。邵燕敏等（2013）通过构建门限向量误差修正模型，发现了 LME 期铜市场与 SHFE 期铜市场存在门限协整关系的证据。Zhu 等（2013）的研究表明在波动联动性方面，SHFE、LME 与 NYMEX 两两存在波动溢出效应，但 LME 与 NYMEX 的联动性较强且平稳，而 SHFE 与 LME、NYMEX 的联动性则相对较弱。Liu（2014）采用去趋势交叉相关性分析法研究了金属期货市场现货与期货之间的关系，发现期、现货市场间的波动溢出效应是导致非线性相关的主要原因，而均值溢出的影响要低于波动溢出。

Vivian 和 Wohar（2012）采用递归累计平方和与 GARCH 模型分析了 28 种大宗商品

之间的溢出效应，发现溢出效应明显存在于商品市场中，即使在市场结构出现变化后依然存在。Kyle 和 Xiong（2001）、Kodres 和 Pritsker（2002）、Broner（2006）、Pavlova 和 Rigobon（2008）、Danielsson 等（2011）以及 Büyüksahin（2014）等人的研究表明，在借贷约束等金融市场压力下，会导致商品市场、新兴市场和中心市场（美国证券市场）之间的跨市场风险传染。

Hassan 和 Malik（2007）、Malik 和 Ewing（2009）、Zhang 和 Wei（2010）、Aruga 和 Managi（2011）、Serra（2011）、Arouri（2012）、Sadorsky（2012）、Awartani 和 Maghyereh（2013）、Ewing 和 Malik（2013）等人则主要关注了石油、黄金等商品市场与股票市场之间的风险溢出。

### 2.3.4 研究述评

目前，国内外的研究者在早期研究的基础上从不同方面对有色金属价格的波动问题进行了研究，并取得了一系列的研究成果，为后续的研究建立了良好的理论和方法基础，具体如下：

（1）对于有色金属价格波动产生的原因已经基本形成共识，即供需基本面的失衡依然是决定金属价格长期走势的主要因素；但投机行为、金融因素、突发事件等市场上的各种不确定性，则导致了有色金属价格呈现出短期的频繁和剧烈的波动。因此，随着金属价格波动日益剧烈，短期价格行为分析是目前理论界研究的主流。

（2）基于传统的计量经济学理论和方法，对于石油、金属和农产品等大宗商品价格的影响因素及其影响机理，如期货价格对现货价格的影响程度、市场上的投机行为对价格波动的影响等问题均进行了不同程度的研究，并取得了一定的共识。

以上的研究，为我们深入分析现阶段有色金属价格波动的形成原因以及规避波动风险提供了基础和借鉴。但是从以上的文献来看，对于有色金属价格波动行为的研究目前还存在着以下需要进一步深入分析和探讨的问题：

（1）金融化对金属价格行为的影响。从 2000 年以来，有色金属市场发生了巨大的变化，一方面有色金属衍生品交易量大幅度超过了实物的产量，而另一方面，衍生品市场中金融机构已经取代了传统的商品买家和卖家，成为市场的主动性力量。商品市场这种金融化现象改变了商品价格的形成机制。因此，商品金融化趋势也为金属价格行为及其定价机制的研究提供了一个新的视角，而金融因素到底在多大程度上导致金属价格频繁而剧烈的波动需要深入梳理和分析。因此，如何通过识别各因素与有色金属价格行为之间的影响关系，理清金融因素与金属价格之间的作用机制，从而有效处理市场上的不确定性所带来的价格波动依然是有待解决的问题。

（2）从研究内容上看，虽然近年来对大宗商品价格波动问题的研究逐渐被广泛关注和探讨，但相比有色金属重要的原材料地位，其研究依然偏少，且对金属价格波动问题的研究大多局限于期货市场的价格发现功能、价格行为的基本特征以及波动的传导、溢出效应等一般的线性因果关系方面的研究。对于金属价格波动的机理研究，还缺乏更为全面、深入和系统的研究，尤其是基于较完备实证基础的研究。

（3）现实的有色金属矿产资源价格受到经济环境、政治事件、市场结构等诸多不确定因素的共同影响，其波动行为是系统中各因素共同作用的结果。而现有研究更多地采用传统的计量经济学和统计方法，其研究更多地偏重于对产生价格波动行为的线性关系上，同时传统计量模型分析结果依赖于所选择的变量，而忽略了大量其他影响因素对波动行为的作用，因而其结果具有一定的局限性。

本书即是在以上认识的基础上，以金属矿产资源的金融化为背景，从理论上详细梳理期货市场、汇率、利率以及货币流动性等金融因素对金属价格的影响机理，继而考虑到价格行为的系统性特征，采用偏最小二乘和 FAVAR 模型，通过充分提炼系统变量数据中的相关统计信息，对金融因素对金属价格产生的影响进行深入和系统的实证分析。最终，结合本书的研究结论，提出应对有色金属价格波动风险的对策。

## 2.4 本章小结

本章为全书的基础性章节。在系统地回顾了商品定价理论和有色金属价格形成基本理论的基础上，从金融因素、供给和需求因素、不同商品市场的价格联动等几个方面对金属价格的影响因素进行了综述，并重点分析了期货价格、投机行为和汇率等金融因素影响的研究现状。从现有研究来看，商品金融化在多大程度上导致金属价格波动频繁和剧烈，这既为研究金属价格形成机制和波动原因提供了新的视角，又是当前有效规避金属价格波动风险亟须深入分析和解决的问题。

# 3

# 有色金属的金融属性及关键金融影响因素识别

有色金属是重要的基础原材料，在现代国民经济发展中不可或缺。随着近年来资源稀缺程度的加深，世界各国逐渐将有色金属提高到国家战略层面的高度，对金属资源、金属价格的话语权展开了激烈的争夺。同时，随着金融市场的不断发展，金属期货及其衍生品、商品指数基金、金属融资等矿业金融逐渐渗入金属实体产业中，呈现出实体经济与虚拟经济共同发展。为此，在现阶段金属的多样化属性不断凸显，具体可概括为以下三个方面：商品属性、金融属性和战略属性。本书的研究重点是关注有色金属的金融属性，因而在此从金融属性的层面出发，初步识别影响金属价格行为的主要金融因素。

## 3.1 有色金属的金融属性

期货市场的出现为有色金属等大宗商品金融属性的发展提供了平台。近年来，随着金属期货市场规模的不断扩大，金属期货市场投机力量、股市价格、汇率市场、融资平台等与金属市场密切相关的金融市场力量和因素，通过各种金融衍生工具放大了金属价格的上涨或下跌幅度，使得铜、铝等基本金属的金融属性日益凸显，而黄金、白银等本身兼具商品属性和金融属性的贵金属品种，其价格波动与各类金融因素的相互作用关系也越发显著。

对于铜、铝等工业应用较为广泛的基本金属品种，它们作为工业生产的重要原材料，在大宗商品交易市场中首先体现的是商品属性，而随着市场发展逐渐衍生出兼具金融属性的双重属性。其中，商品属性是指金属原材料的市场价格变化是由商品的市场实际供给和需求基本关系来决定；而金融属性是指投资者通过金融杠杆对这些工业类金属商品进行投机炒作从而影响其价格变动的市场行为。一般而言，金属期货以商品属性为主导，但在特殊的宏观经济环境或金属价格的特殊阶段中，金属期货的金融属性可能产生较为显著的影响，甚至超越商品属性成为影响金属价格走势的主导力量。

有色金属的金融属性较为类似，可以从以下三个层面来体现：

第一，从期货市场发展的起源来讲，在金融市场中进行期货交易的基本金属品种，对相关产业生产者和消费者具有套期保值基本功能，是其进行风险管理、规避现货市场价格波动影响的重要工具，这即是金属期货最基本的金融属性。

第二，从期货市场交易者的参与目的来讲，除了利用期货市场防范现货价格波动风险的套期保值者之外，就是借助期货价格波动进行高卖低买，赚取差价利润的投机者。有色金属期货是较为成熟的大宗商品期货市场之一，就像股票和汇率一样，不免成为金融市场投机者们投机炒作的对象和工具，这是金属期货又一金融属性的体现，即作为投机工具。而与股票市场有所不同，金属商品期货炒作的主导力量是投资基金，主要包括期货投资基金（CTA）、宏观投资基金以及商品指数基金等。期货投资基金善于利用技术图表分析进行期货交易，宏观投资基金主要考察的是金属商品市场供求关系的变化，而国际商品指数基金则密切关注高盛商品指数（GSCI）、路透 CRB 商品指数等商品指数的波动情况作为判断金属等大宗商品价格未来走势的依据。

第三，从资产的角度来讲，金属商品已经超出矿产资源和工业原料的范畴，与石油、大豆等大宗商品一样，成为投资机构的投资标的，即作为金融资产。对投资者而言，好的投资资产具有收益率高、流动性好和风险低的特点，但三者并不能同时达到最优，因此需要考虑它们之间的均衡。货币资产因其流动性最好成为投资者们的常规选择，但在货币收益率走弱的时期，投资者们会愿意牺牲一些流动性而投资到证券、不动产以及大宗商品资产等领域。金属商品之所以能够作为投资机构投资替代品受到投资机构的青睐，主要因为它们不但可以通过金融市场成为投机获利的金融工具，而且由于它们具有不可再生资源的稀缺性、相对较小的需求弹性、存储时间和条件限制性较小、投资风险较低等特点，还可以作为规避货币资本贬值风险的工具，以及在通胀压力较大、汇率波动剧烈甚至出现经济危机的特殊时期作为一种风险较低的保值手段。

第四，需要说明的是，在有色金属中黄金是一种较为特殊的品种，由于人类货币发展史的原因，黄金是唯一兼具货币属性、金融属性和商品属性三重属性的资产。黄金是一种天然的矿产资源，很早就被人类开发利用从而形成了它的商品属性；马克思所说“黄金天然是货币”则揭示了黄金的货币属性；而在 19 世纪 70 年代随着美元贬值和浮动汇率制度的实施，美元与黄金挂钩的布雷顿森林体系崩溃，黄金从此退出了货币流通领域，之后黄金的价格是通过金融投资工具实现的。虽然黄金不再作为日常流通的货币使用，但它却是唯一不依靠国家信誉和承诺变现的资产，在世界政治经济动荡的时期可以起到保值避险和稳定经济的重要作用，并且在国与国之间的贸易收支结算中长期有效，是一个国家重要的战略储备之一。黄金在作为投机获利工具、保值避险工具以及国家财富储备工具等方面，均体现了其金融属性的主导地位。

## 3.2　有色金属的金融化

### 3.2.1　有色金属商品金融化的产生

关于有色金属等大宗商品的金融化目前还没有形成一个统一的定义，本书参考相关研究和论述，将有色金属的金融化理解为：具有期货交易的有色金属品种成为资本市场上各种金融产品的挂钩商品，从以往单纯的商品属性向兼具金融属性和商品属性转变，使有色金属价格的形成机制发生变化，与金融市场的联动性也越发紧密。

**（1）金属矿产资源具有金融化发展的条件**

一方面，以铜为首的有色金属作为应用广泛的矿产资源和工业原料，由于其较好的资源属性和保值特性，可以在金融市场中作为库存融资和仓单交易的优良品种，越来越受到投资机构的关注和青睐；另一方面，有色金属期货作为大宗商品期货市场的三大类别之一，形成了非常成熟的商品期货交易市场，吸引了大批投资资金的进入，投机者可借助金融市场的杠杆作用进行投机获利，从而构成了有色金属商品金融化的基本条件。

**（2）金融市场政策发展推动商品金融化进程**

20 世纪 80 年代末，在股票、债券和期货等传统投资市场快速发展的同时，金融理论和实务的不断发展，包括私募股权、风险投资、基金等诸多金融品种逐渐出现。为了应对金融市场的发展，从 1987 年开始美国期监会对期货市场套期保值的监管有所放宽，使得传统现货市场的投资人不断增加在衍生品方面的投资和交易，甚至用衍生品交易取代现货交易，变成了跨市场的投资者。而随着信息技术的发展，金融市场交易更加方便和频繁，指数基金和期货市场等金融市场规模不断扩大，这些都促使商品交易商与商品指数投资者越来越多地参与到商品期货交易之中，商品金融化进程不断推进。

### 3.2.2　有色金属商品金融化的发展趋势

**（1）商品期货市场发展迅速**

从20世纪中期以来，国际大宗商品期货市场呈现了十分显著的高速增长。其中，美国市场方面，金融交易所上市的期货期权合约交易量从1998年的6.3亿份，增长到了2007年的32亿份，成交量年均增长达到了19%以上，即使在发生金融危机的2008年，期货成交量仍较上年增长了约4.4%。英国市场方面，从2005年开始，LME市场进入快速发展阶段。2011年，LME成交量达到1.466亿手，同比增加21.9%；成交量相当于35亿吨实物金属量；所有合约名义成交金额达到15.4万亿美元，同比大增32.8%。2013年LME交易量再创新高，交易1.711亿手金属，较2012年增长7.1%。中国市场方面，2013年商品期货交易所总交易量达1.868亿手，同比增长38.9%；上海期货交易所2012年5月上市白银期货，当年交易量达2 126万手，2013年增至1.7322亿手；特别是2013年，黄金期货交易量从592万手飙增至2009万手，原因之一是2013年7月开放了夜盘交易，即中国国内投资者可以在伦敦和纽约市场开市时进行黄金交易。

**（2）指数基金规模显著扩大**

商品指数基金被认为是近年来导致大宗商品价格剧烈波动的主要推动因素。1986年，纽约期货交易所上市了CRB指数期货合约，成为商品市场第一个指数化投资产品。随后道琼斯－UBS商品指数（DJ－UBSCI）和标准普尔高盛商品指数（S&P GSCI）也相继推出。商品指数型基金为投资者参与商品期货市场提供了良好的投资工具，同时投资门槛较低，从2002年开始，商品指数基金投资大幅增长。如图3－1所示，2002年商品指数基金投资于商品期货市场的规模仅80亿美元，而在2002年之后，指数基金规模快速增至300亿美元；2004年达到550亿美元的规模；2005年，规模增至800亿美元；2006年，这个数字提高到1 050亿美元；尽管2008年金融危机，指数基金规模回归至1 000亿美元左右，但随即再次大幅增长，2013年全球商品指数基金规模大约为2 400亿美元。商品指数型基金的引入，对增加市场流动性，做大商品期货交易规模，都将起到关键性作用。商品指数型基金是一种具有良好流动性的标准化投资工具，其他金融机构还可用它作为基础证券，设计出更加多样化的产品，如基于商品指数的特殊期权，满足企业客户的个性化需求，更好地为实体经济发展服务。

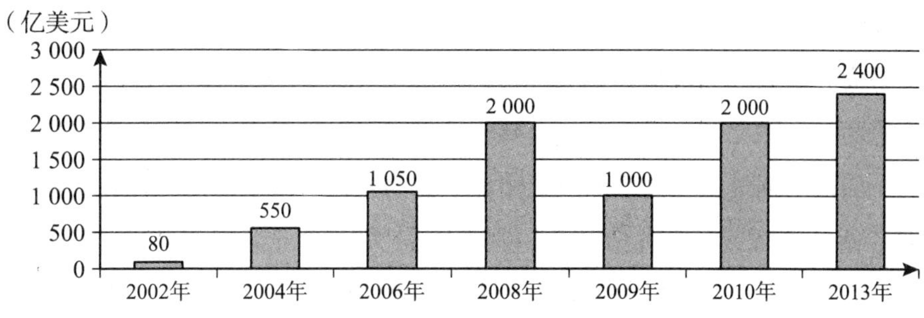


图3-1 商品指数基金投资规模

**（3）矿业金融理论体系的形成推动商品金融化走向成熟**

矿业金融是指传统金融产业与矿业产业相互渗透与融合所形成的新的产业，其相关理论是随着金属等商品的金融化程度的不断加深而逐渐形成和发展的。随着金融衍生品的不断创新，矿业金融的内涵不断扩大。目前矿业金融可以分为矿业虚拟金融与矿业实体金融两个层面。矿业虚拟金融是指矿业市场参与者，在矿业商品期货、期权市场、货币市场以及与矿业相关的资本市场上进行实物、期货、期权、股票以及相关衍生品等金融资产的套期保值、组合投资或投机交易；矿业实体金融是指矿业市场主体利用金融市场进行融资，规避风险等金融服务，目的是支持矿业实体产业的成长。随着矿业金融理论体系的不断完善，必将推动商品金融化走向成熟。

### 3.2.3 金融化对有色金属价格的影响

**（1）商品金融化导致金属定价机制从“供给—需求”型转变为“贸易—金融”型**

近年来，在金融化背景下大宗商品市场出现了非常显著的变化。一方面，大宗商品相关的金融衍生品交易量已经明显超出资源的有效供给范围。2002 年，仅仅在交易所交易的石油和铜的期货、期权合约规模就分别相当于它们世界产量的 3.2 倍和 30.5 倍。2005 年，交易所交易的期货、期权规模达到了其世界产量的 3.9 倍和 36.1 倍。2013 年，仅 LME 就交易 1.711 亿手金属，相当于 14.6 万亿吨金属量。另一方面，致力于获取超额价差收益的各类金融机构已取代了套期保值的商品买家和卖家，成为市场的主导力量。美国商品期货交易委员会（U. S. Commodity Future Trading Commission，CFTC）公布的期货交易头寸数据表明，从 2003 年开始，非商业类机构的价差交易量增长更加迅猛，其增速远快于多头和空头头寸。如 CFTC（2008）报告中所指出的，从 2004 年以来，石油期货的全部头寸翻了三倍，而价差交易头寸翻了六倍。非商业类机构的交易量与商业类机构的交易量之比已经由 2002 年年底的不到 30% 上升到 2007 年年底的 53%

左右。在纽约期货交易所的石油期货和期权合约中，全部金融机构（包括商业类机构中的互换交易商和非商业类机构）的头寸占到全部头寸的70%左右。

在大宗商品金融化背景下，有色金属市场供求格局包括实体供需和金融供需两个层面，这两个层面的演进及互动已形成了实体供需为基础、金融供需为外在的新价格形成机制，即“商品价格更多地由金融部门，而不是实体经济部门决定”，价格机制已从“供给—需求”型的供需定价转变成“贸易—金融”型的定价模式，并外化表现在商品金融市场上。

**（2）投机行为导致金属价格波动频繁和剧烈**

尽管目前理论界对于商品市场中的投机行为对金属等商品价格的影响到底有多大依然是个存在争议的问题，但是从近年的情况来看，投机性资金在一定程度上主导了商品市场中的价格暴涨暴跌行为。

如铜价在2006年5月升至最高点的85 500元/吨。这次上涨一方面是2005年世界有色金属供给的紧张形势和以中国为首的新兴经济体对金属需求的快速增长所推动，但同时商品指数基金以及投机行为的大量资金进入则是推动金属价格大涨的另一个主要原因，价格的大幅上涨行为和商品指数基金以及各种投机行为的投资增长是一致的。

如果关注铜金属的价格2000年以来的历史走势可以发现，以LME期铜价格为例，2004年后铜价连续上涨，于2006年7月达到了7 950美元/吨的阶段峰值，关于这轮铜价上涨的原因，宏观来看是中国等新兴经济体工业化进程形成了对金属矿产资源急剧增长的需求，从而造成全球有色金属资源供给紧张的态势；但微观来看，国际商品指数基金等投资基金和社会闲散投机资金大量涌入大宗商品期货市场则是助推铜价显著上涨的又一重要因素。

以商品指数基金为例，投资规模从2003年年底的280亿美元增长到2005年的800亿美元。2007年年底，与有色金属产业相关的500亿美元的投资资金中，约有140亿美元是商品指数基金，180亿美元是对冲基金，剩余180亿美元则来自商品投资顾问和银行。对比有色金属期货品种的价格走势与商品指数基金的发展态势和各类金融市场投机行为的投资增长趋势不难看出，它们具有较强的一致性。2008年金融危机前，商品指数基金投资达到了2 000亿美元，但由于受到金融危机的影响，到2008年下半年出现了商品价格暴跌的状况，各路投资资金也相继迅速撤离，致使商品指数基金投资规模缩减了一半，进一步地激化了金属商品价格的下跌。可见，各类投资基金与投机行为一起，显著加剧了金属商品价格的波动性，使得有色金属价格在2006～2008年间呈现出大幅剧烈波动的势态。

## 3.3 有色金属价格的关键金融影响因素识别

### 3.3.1 有色金属期货市场因素

**(1) 金属期货市场的建立为金属金融属性的显现搭建了平台**

20世纪六七十年代，随着期货理论和农产品类商品期货广泛发展，人们逐渐发现金属矿产资源所具有的特征符合期货品种的要求，而日益活跃的金属商品交易也亟须金属期货市场的建立。

①有色金属矿产具备易于标准化的条件符合期货合约标的物的特质要求。由于期货期权的标的物需要符合可标准化的基本要求，即合约标的商品具有规范的品种、规格和质量的可区分和可度量性，而有色金属商品的标准化需求随着矿业技术的发展已经不存在问题。②有色金属资源地理分布不平衡和进行商品交易的现实需求构成了建立期货市场的动因。由于资源天然分布的不平衡性，产生了不同地区对金属资源的广泛需求，而金属矿产资源本身的可运输性使得其是可交易的，从而形成了对金属商品交易的迫切需要，为金属期货的发展提供了广泛的市场空间。③有色金属矿产资源的稀缺性和战略资源属性使其能够满足期货标的物具备价值贮藏功能的要求。由于金融市场期货合约标的物是需要进行远期交割的，市场参与者不仅包含工业经济中的套期保值者，还必须存在金融市场中的投机者，投机者不需要进行实物交割因而要求进行期货交易的品种具有耐存储的特性。有色金属商品源于不可再生的矿产资源，又是国家范畴的重要战略物资，因而形成了价值贮藏的功能。

有色金属商品具备这些天然的特殊属性以及金融市场理论与实物的不断发展，金属期货市场逐步开始形成，并且也获得了很大的发展。目前，有色金属期货合约是当今世界期货市场中比较成熟的期货品种之一。世界上的有色金属期货交易主要集中在伦敦金属交易所、纽约商品交易所和我国的上海金属交易所等。这些交易品种合约和交易所的建立为金属矿产资源的金融属性的出现提供好良好的平台。一方面，众多企业出于应对价格波动风险的需要，进入期货市场进行套期保值，由于其交易首先是以实体工业经济为支撑，因而期货价格首先是要充当现货价格发现者，从理论上确保了期货市场实现其价格发现功能。而另一方面，由于期货市场入市资金较低，资金杠杆率较高，导致期货市场同时成为投机者的天堂。国际金属矿业垄断资本和金融资本大量涌入金属期货市场，矿业资本通过期货市场借助其操控的大笔商业库存资源来左右金属商品的价格走势，而金融资本则通过手中的巨额金融资本进行投机炒作，产生了大量的虚拟供给和需求，使得短期内的金属商品价格在一定程度上脱离了现实供给的基本面，从而引发金属价格的剧烈波动，甚至形成了对金属价格的操纵。

**（2）期货市场投机性交易成为短期金属价格剧烈波动的主导因素，促使金融属性凸显**

投机是指货币所有者以其所持有的货币购入非货币资产，然后在未来将购得的非货币资产再次转换为货币资产，以赚取较低的购入价格和较高的出售价格之间的利润，即差价。美国期货市场监管机构——商品期货交易委员会（CFTC）定义期货市场上的投机者是指那些并不生产或使用某种商品，以其自有资本交易该期货，通过该商品价格变化而牟利的主体。目前，一般认为国际金属商品市场价格主要受到两大势力的影响：一是拥有全球大部分金属矿产资源开采权的资源大型国际垄断型企业，他们常会在期货市场中借助强大的资金力量有意地推高或压低商品的期货价格；二是投机性资金，他们对金属价格产生的影响也不可小觑。虽然市场主体的投机性本身是一个相对概念，但是一般将后者视作国际金属期货市场上的投机性力量。其原因在于，虽然国际垄断企业是通过控制所属的商品库存来影响、操纵商品期货市场，但是其至少具有现货背景；而对于国际金融资本等投机性力量，其在一定程度上具有纯粹的投机性，对国际金属期货价格的波动起着极大的推波助澜的作用，导致价格波动出现异常。

对于投机行为，目前理论界多采用交易持仓作为其代理变量。美国商品期货交易委员会（Commodity Futures Trading Commission，CFTC）每周会公布期货与期权的头寸情况，包括报告头寸与非报告头寸，其中报告头寸又包括商业头寸与非商业头寸，后者即为一般意义上的投机性交易头寸。

**（3）期货市场交易因素对有色金属价格的影响**

目前具有期货交易的有色金属品种主要是遵循期货市场价格发现的定价机制，因此期货市场的相关交易和制度因素，如交易天数、资产交易量增长率、交易量周转率等，或多或少的会通过期货市场作用于金属价格，从而成为价格波动的影响因素之一。关于期货市场交易因素的影响，学者 Schwert（1989）通过实证研究发现交易量与波动性呈正向的相关关系，究其原因，主要提出三个方面的解释：第一，当新信息进入市场，投资者基于各自不同的价格走势判断会引起价格和成交量的波动；第二，假若投资者通过对过去价格趋势的技术分析来进行判断，则较大的价格波动会导致成交量的较大增幅；第三，假若市场流动性的缺乏形成了短期的价格压力，就会产生大量的卖单或者买单，进而形成价格的大幅震荡。

### 3.3.2 利率市场因素

利率是世界各国中央银行最重要的货币政策调控的工具之一，央行对本国利率的调整不仅会对金融市场产生直接影响，而且会对商品市场及社会宏微观经济产生直接或间接的影响，势必影响到有色金属商品市场的价格波动。

利率变化对期铜、期铝价格的影响主要体现在：一方面，央行提高利率是传递实施紧缩货币政策的信息，当实际利率高于经济增长率，即平均的贷款利率大于平均的投资收益率时，投资者会缩减投资，从而减少原材料商品的需求，使过热的经济局势得到相对显著的调整，因而利率的增加在短期内有望抑制有色金属基本品种价格的上涨。但由于调整存在时滞效应，如果利率上调的节奏迟于经济增长，则会导致投资过热，此时作为工业经济发展必需的铜、铝等基础性有色金属原料商品将出现供不应求的状况，从而导致商品期货价格的上升。另一方面，利率变化，特别是国内与国际利率差额的变动，会通过影响汇率来间接的影响有色金属等商品的价格变化。如若美国上调基准利率，虽然能够吸引国外资金投资于美国，但却会使美国货币产生升值的压力；同时，考虑到美国存在的财政赤字和贸易逆差，美元加息非但不能缓解美元长期走弱的趋势，而且会推动以美元标价的金属商品期货价格走高。

而利率变化对黄金价格变动的影响则主要体现在通过加息抑制通货膨胀的作用方面。对黄金而言，由于原油、基本金属等大宗商品价格的持续上升造成了对世界经济的负面影响，强化了投资者们对通货膨胀增长的预期，进而扩大了市场对黄金保值避险的需求，黄金价格上涨，货币升值，通胀减弱，可见而黄金作为保值避险的最佳工具，对通货膨胀的反应十分灵敏。

目前，对于利率因素，美国联邦基金利率和美国5年期国债收益率是较具代表性的两种利率代理指标。其中，美国联邦基金利率（Federal Funds Rate，FFR）是指美国同业拆借市场的利率。FFR的变动直接反映了银行之间的资金余缺状况，是反映货币市场银根松紧最为敏感的指示器。因此，美联储可以通过调节FFR直接控制商业银行的资金成本，同时通过同业拆借市场向工商企业传递资金余缺的信息，实现影响生产、消费和投资，进而影响商品价格变动的目的。值得一提的是，虽然FFR与再贴现率的变动均是由美联储公告的，但FFR之所以能够逐步替代再贴现率成为经济调控的重要工具，是因为与市场作用产生的再贴现率不同，FFR是通过行政规定的方式来确定的，其调控的效果更加快捷显著。而国债收益率对期铜价格产生影响，主要是通过基金投机的中介作用，投机基金在判断是否投资期铜时，会计算投资收益率，力求实现利润的最大化，而判断回报率大小的基准就是债券市场收益率，因此，在某种程度上讲，债券收益率的大小会直接影响基金在期铜市场的运作，当相对风险较低的国债，收益率也比较低时，基金公司就会将大量资金投资于期铜市场，以追求高收益率，这样的一个重要结果就是推高了期铜价格。

### 3.3.3 汇率市场因素

有色金属价格的表现与汇率高度相关，尤其是美元汇率，这主要是因为基本材料生产超过 70% 都源自于美元计价以外的地区。美元的强弱改变着生产国和消费国之间的供需关系，欧元、澳元、南非兰特以及巴西雷亚尔等商品货币走势较弱，意味着美国以外的地区生产商成本较低，利润率相对较高，即成本以本地货币计而收入以美元计，这可能会引发生产过剩，使得金属价格下滑。随着美元走软，美国以外地区的生产利润率降低，一些情况下甚至可能被迫关闭。另外如中国之类商品密集国家的本币汇率走强，将对供给成本和需求双双产生影响。如人民币的持续升值有利于全球采矿市场，因为人民币的升值降低了出口，增加了包括商品原材料在内的进口的上升空间，增加了需求，使金属商品价格上升。此外由于商品是用美元计价的，美元作为计价单位，若美元贬值，假使某商品真实价格不变（用一篮子货币计），其美元标值的价格一定也会上升。这种汇率效应在最近几年较明显。

以美元汇率为代表的汇率的变动与有色金属商品价格走势具有显著的相关性，其原因在于：首先，国际市场交易中的有色金属商品是采用美元进行计价的，如果美元汇率降低，即美元贬值，那么在商品真实价格不变的情况下，其美元作为计价单位的价格则随之提高。其次，由于 2/3 以上的交易商品原料都产自于美元计价范围之外的国家和区域，美元走势时刻牵动着资源产销国之间的供给与需求基本关系。当美元汇率较高，欧元、人民币、澳元等货币相对贬值时，美国之外区域生产成本用本地货币计算而收益用美元计算，则生产利润率提高，随之可能促成金属商品的过度生产，进而使金属价格下跌；反之，当美元汇率较低、美元走弱时，美国之外区域的生产利润率下降，则可能引发生产停滞的状况。最后，从中国等资源国的汇率变动情况来看，资源国本币升值，将同时影响商品生产的供给成本和需求，如人民币持续走强会降低商品原料的出口，同时促进进口量的增长，从而使得金属商品价格上涨。

目前，美元指数（US Dollar Index，USDX）是较为常用的汇率代理指标，USDX 综合反映了美元在国际外汇市场的汇率情况，是用来衡量美元对一篮子货币的汇率变化程度的指标。

美元指数变动与金属价格走势之间的影响关系可以从以下层面来考察：一方面从有色金属商品供给与需求基本关系来看，当美元指数下降时，意味着美元贬值，会使金属资源国的出口量减少，而消费国的进口量增加，形成金属商品国际市场上供不应求的基本面状况，进而推动金属市场价格的上升。另一方面从有色金属商品在金融保值方面的需求来看，以美元计价的铜、铝、黄金、白银等商品，当美元指数下降时，投资者将选择贬值的货币买入商品，再择日用升值的货币标价售出，从中赚取汇兑差价。商品市场诸如此类的投机操作行为形成了金属商品需求的增加，致使国际市场商品供给紧张，最终推动商品期货价格的上涨。对比观察铜金属价格与美元指数之间的走势可以看出，2008 年全球金融危机以来，铜价与美元指数间的负相关性越发明显，美元指数走势已经逐步成为影响有色金属价格波动的主要因素之一。

对于国内市场而言，因为伦敦金属交易所（LME）期铜以美元标价，而上海期货交易所（SHFE）期铜以人民币标价，两个同质产品标价币种的差异蕴含了汇率波动的风险。在实行了以市场供求为基础，参考一篮子货币进行调节、有管理的浮动汇率制度后，人民币汇率对有色金属价格的影响主要体现在人民币所围绕的中心汇率的调整和人民币对美元汇率的日常波动两个方面。而二者对金属价格的影响又可以分为：第一，通过跨市套利的直接影响途径，如伦敦金属交易所与上海期货交易所金属价格的联动就是跨市套利的结果；第二，金属商品人民币价格的变化通过影响美元对其他货币的价格，再影响上海期货交易所金属商品价格，即人民币汇率波动的间接影响途径。综合来看，人民币汇率对金属价格的直接影响作用要强于间接影响，而金属价格波动受人民币汇率变动影响又远不及受美元指数变动的影响。

### 3.3.4 货币流动性因素

货币流动性是对货币政策的直接反映。目前，学术界较多采用的是以货币供应量作为常用的流动性代理变量，如：广义货币供应量 M2、狭义货币供应量 M1 或者货币流动性比例 M1/M2 等。

虽然利率和货币供应量都是货币政策实施的工具，二者的作用机制存在相通之处，但由于利率属于市场指标，而货币供应量属于政策指标，因此它们之间仍然存在显著区别，特别是体现在效用发挥的时滞方面，所以有必要分开进行讨论。

货币供应量对有色金属等大宗商品价格变动的影响，可以从长期和短期效应角度来分析：首先，从长期来看，金属商品的名义价格将与货币供应量成正相关性，以此保持金属商品的实际价格不变，也就是说货币供应量对金属价格影响是中性的。其次，从短期来看，当货币供应量增加时，投资者对通货膨胀率上升的预期水平将提高，从而促使他们把投资从货币资产领域转向实物资产领域，推动商品需求量的提高进而导致商品价格上涨，反之货币供应量缩减时，会导致金属等商品价格下降。同时，名义货币供应量的增加，由于短期内产品价格尚未调整，从而使得市场中流通的真实货币供应增加，在货币需求进行平衡调节的过程中，真实利率水平在随之下降，至此生产企业会减少资源开采，造成金属商品供应量的缩减，进而推动金属价格上涨。总的来看，这两种路径的结果均体现了货币扩张对金属商品价格上涨的推动作用。

**表 3-1　　美国量化宽松政策**

| 量化宽松政策 | 主要措施 | 影响 |
|---|---|---|
| QE1：美联储从 2008 年年底至 2010 年 3 月启动了第一轮量化宽松政策 | 累计购买 1.7 万亿美元债券 | 推动了美元贬值，推动了包括基本金属在内的大宗商品价格攀升，LME 铜价在商品属性和金融属性的共同作用下上涨了 262%，于 2011 年 2 月达到新高点 |
| QE2：2010 年 8 月美联储宣布启动第二轮量化宽松政策 | 累计购买财政部发行的长期债券 6 千亿美元，每个月购买额为 750 亿，直到 2011 年第二季度 | LME 铜价由 2010 年 8 月的 7 067 美元/吨一路上扬涨至 9 301 美元/吨，涨幅达 31.6% |
| QE3：2012 年 9 月 15 日美联储宣布启动第三轮量化宽松政策 | 每月采购 400 亿美元的抵押贷款支持证券（MBS），现有扭曲操作（OT）等维持不变 | 推高大宗商品市场，中国是主要的铜进口国，大宗商品价格上涨推动中国铜进口价格上涨，增加生产成本 |
| QE4：2012 年 12 月，美联储启动第四轮量化宽松货币政策 | 每月新增采购 450 亿美元国债，替代扭曲操作，至此每月资产采购额达到 850 亿美元 | 用量化数据指标来明确超低利率期限，对其他国家带来汇率波动、资产泡沫等冲击 |

近年来随着铜等有色金属的金融属性深化，流动性充裕与否对其价格影响逐渐加大，且越发剧烈。以美国量化宽松政策为例，每一轮的量化宽松政策实施都伴随着伦敦金属交易所期铜价格的剧烈波动。如表 3-1 所示，美联储推出的量化宽松货币政策，造成了全球低利率水平以及流动性扩张的经济环境，并随着一轮又一轮量化宽松货币政策的实施不断持续。宽松的美元政策导致了全球能源、有色金属等大宗商品价格可能进一步上升。量化宽松政策的推出，将使得全球美元流动性更加充裕，随之可能带来美元贬值和更多投机资金进入大宗商品炒作，推高大宗商品价格，每一轮的量化宽松政策均对国际有色金属价格产生了较大冲击。尤其对中国等新兴经济体的发展，形成了持续的通胀和商品价格上涨压力。

### 3.3.5 股票及其他金融市场因素

金属价格与金融产品互动与联动是金融属性的又一体现。由于金属矿产资源重要的原材料地位以及多样化属性，其价格受多种因素影响，而其价格波动本身又对各种金融市场及金融产品产生一定的影响，因此二者之间形成了一种密不可分的互动与联动关系，这种关系至少可以通过以下方面得以体现：

首先，金属矿产资源在国民经济及工业发展中居于重要的地位，其价格的波动对国民经济的影响也是巨大的，而实体经济仍然是金融市场的重要基础，因此金属价格也就对股票等金融产品的价格形成了重要的影响；反之，随着经济金融化趋势的强化，股票等基础性金融市场对实体经济的影响也越来越大，而实体经济波动所导致的金属矿产资源供需的波动依然是金属价格决定的基础性力量。

其次，投机性交易、利率、汇率和货币供应量等指标变量外，通货膨胀也是影响有色金属商品价格的金融因素之一。由于金属矿产资源是国家工业经济发展的重要基础性原材料，因此金属商品的价格波动对世界的通货膨胀水平存在十分显著的影响。一方面，通货膨胀可以通过影响生产国与消费国之间货币汇率的变化，如美元汇率，进而产生对有色金属商品价格的影响，于此构成了通货膨胀、汇率与金属价格之间相互作用与联动的复杂关系；另一方面，通货膨胀还可以通过影响投资者的资产配置决策的途径来影响金属商品价格，当经济体中存在较高通货膨胀预期时，有色金属等大宗商品通常成为投资者应对通胀影响、进行保值避险的较好选择，而投资者对大宗商品投资的增长势必引发金属商品价格的波动。

但介于通货膨胀往往是通过金属商品的基本供需关系，或者汇率、利率等金融市场因素的作用间接地对金属商品价格产生影响，因此在本书的后续研究中，并没有将通货膨胀因素作用单独的金融因素来进行实证分析，而是将其作为宏观经济运行状况指标纳入了广义视角的分析框架。

## 3.4 本章小结

本章从有色金属矿产资源越发凸显的金融属性出发，基于有色金属的金融化发展现状分析，系统的梳理了有色金属期货市场、利率市场、汇率市场、货币流动性等典型金融因素对有色金属价格的影响。本章的分析表明，供求基本关系仍然影响有色金属商品中长期价格走势的基础，但金融因素已经成为金属矿产资源价格频繁波动甚至暴涨暴跌背后重要推动力量，特别是当产业政策、重大政治经济事件、突发自然灾害等触发因素造成金属矿产资源市场的短期供求缺口并形成价格异常波动时，金融因素还将放大这种缺口及波动，进而促成金属商品价格的暴涨暴跌。

# 4

# 有色金属期现货市场的价格溢出效应检验

根据前面关于有色金属定价机制的理论分析可知，在有色金属商品交易主体金融化的背景下，有色金属商品已经逐渐形成了以期货市场为主的定价机制；同时，在有色金属商品金融属性凸显的发展趋势下，各类金融市场因素对金属价格波动的影响更是离不开期货市场的平台。因此，有色金属期货市场对现货市场的价格发现功能是否有效发挥，成了各类金融要素波动信息是否能够有效传递到金属商品市场的先决条件，即金属期现货市场的价格溢出效应，是金属价格波动的金融影响因素作用机制发挥的重要基础。

有色金属期货市场的产生是源于相关产业的生产商和消费者规避金属原材料生产销售过程中现货价格波动风险的强烈需求。金属期货交易市场最初是在20个世纪六七十年代产生于英国，随后世界范围内多家交易所陆续推出，并获得了长足的发展。目前全球可以进行金属期货交易的交易所中，最具代表性的是伦敦金属交易所（London Metal Exchange，LME）、纽约商品交易所（Commerce Exchange，COMEX）以及我国上海期货交易所（Shanghai Futures Exchange，SHFE）三家。

金属期货市场采用保证金制度，参与者众多，覆盖面广，价格形成透明，能够最大限度反映全社会对金属商品的价格预期以及真实的市场供求关系，因此金属期货价格具有权威性，逐渐成为金属价格形成的基准参考价。金属期货市场的出现、发展、完善以及国际化趋势，不仅改变了金属贸易交易方式和金属市场结构，还改变了金属商品的定价方式，目前的有色金属定价机制已经由传统的定价机制逐步演变成以期货市场为主导的国际定价机制。

可见，引入金属期货的初衷是为了防范金属价格波动风险，但近年来有色金属价格频繁的剧烈波动，是否意味着金属期货市场不但没有发挥规避风险和稳定价格的功能，反而对金属价格波动起到了推波助澜的作用呢？为了寻求这些问题的回答，本章将以最具代表性的有色金属品种——铜为例，对国内外金属期现货市场的价格的均值溢出效应及波动溢出效应进行实证检验，进而验证金属的期货市场定价机制。

## 4.1 期现货市场价格的均值溢出效应检验

### 4.1.1 数据选取和基本统计分析

#### （1）数据选取

本章选择国内外有代表性的铜金属期货和现货价格日度时间序列数据，共计 4 组。其中，国际铜期货市场价格选择伦敦金属交易所（LME）三月到期合约场内交易的期货收盘价作为代理变量，期铜的交易经过多年的发展，市场逐步成熟，其中以三月期铜合约的影响力最为突出，报价单位是美元/吨，记为 LCF；国际铜现货市场价格选择 LME 现货官方报价作为代理变量，报价单位是美元/吨，记为 LCS；中国铜期货市场价格选择上海期货交易所（SHFE）连三期铜期货收盘价作为代理变量，记为 SHF，报价单位是元/吨；中国铜现货市场价格选择长江有色市场的现货均价作为代理变量，报价单位为元/吨，记为 CCS。

4 组铜价指标时间序列的样本时间范围选择为 2004 年 1 月 1 日至 2014 年 5 月 30 日（每周五个工作日）。原因在于有色金属价格频繁剧烈波动的状况主要是从 2004 年前后开始的，在此期间，有色金属商品市场经历了自 2004 年至 2006 年的一波大牛市、2006 年至 2008 年的高位剧烈震荡、2008 年至 2009 年上半年的一轮暴跌、2009 年下半年至 2011 年的缓慢回升以及 2011 年以来的高位小幅震荡，样本内容较为丰富全面。

由于英国 LME 和中国 SHFE 两个交易所停市的节假日不同，造成数据不同步，因此设定停市时期的价格仍为停市前一天的价格，从而构成完整的五个工作日同步数据，相比剔除不同步数据的方法，补充完整的方法更有利于计量软件对时间序列数据进行分析处理。最后一共获得 2717 组样本数据，数据主要来源是同花顺 iFinD 数据库和国泰君安有色金属行业数据库。

实证分析中取自然对数不改变原始数据的协整关系，并能够使数据的趋势线性化，消除时间序列中存在的异方差，因而在此对本研究的样本数据进行取自然对数处理，分别记为 lnLCF、lnLCS、lnSCF 和 lnCCS。同时，4 组铜价序列的对数一阶差分值也是研究中的关键指标，分别记为 dlnLCF、dlnLCS、dlnSCF 和 dlnCCS。本章所使用的计量分析工具是 EViews 6.0 软件。

**（2）描述性统计分析**

图 4－1 为国际国内期货现货 4 个市场的铜金属价格序列走势图，反映 4 组铜价序列的增长与波动情况，图中横坐标表示年份，纵坐标左轴表示国际市场铜期现货价格，纵坐标右轴表示国内市场铜期现货价格。从图中可以看出 4 组铜金属价格序列走势大致趋同，说明它们之间可能存在长期均衡关系，即协整关系。

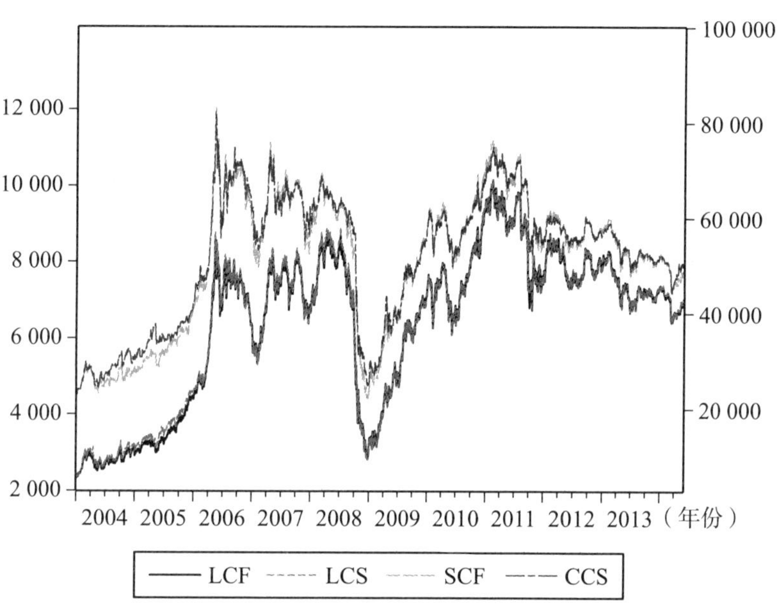


**图 4－1 2004 年 1 月至 2014 年 5 月国内外铜市场价格走势**

为了对样本数据有一个直观的印象，首先对铜价格原始数据进行描述性统计分析，如表 4－1 所示。

**表 4－1 铜价原始序列的描述性统计分析**

| | *LCF* | *LCS* | *SCF* | *CCS* |
|---|---|---|---|---|
| 均值 | 6 404.91 | 6 441.06 | 51 285.57 | 52 047.80 |
| 标准差 | 2 038.50 | 2 012.91 | 14 419.10 | 13 621.26 |
| 变异系数 | 0.3183 | 0.3125 | 0.2812 | 0.2617 |
| 最大值 | 10 160.00 | 10 179.50 | 83 400.00 | 82 450.00 |
| 最小值 | 2 301.00 | 2 318.00 | 22 230.00 | 22 381.00 |
| 偏度 | －0.5927 | －0.5783 | －0.4948 | －0.4991 |

续表

| | LCF | LCS | SCF | CCS |
|---|---|---|---|---|
| 峰度 | 2.1138 | 2.1136 | 2.1102 | 2.1544 |
| Jarque - Bera | 248.01 | 240.41 | 200.50 | 193.74 |
| P 值 | 0.0000 | 0.0000 | 0.0000 | 0.0000 |
| 观测值数目 | 2 717 | 2 717 | 2 717 | 2 717 |

注：变异系数为样本的标准差与均值的比值。

表 4 - 1 铜价原始序列的描述性统计结果显示，首先，从铜价格原始序列的变异系数可以看出，样本期间内国际铜价的波动性均大于国内铜价的波动性，而国际国内期货市场的铜价波动性均大于现货市场。其次，Jarque - Bera 统计量的 P 值为 0.0000，说明各组时间序列在 1% 的显著性下都不服从正态分布，且 4 组价格序列的峰度均小于 3，偏度均小于 0，说明各序列均呈现出矮胖左偏的非正态分布特征。

**（3）相关系数分析**

下面通过分别计算 4 组铜价对数序列两两之间的相关系数，考察不同市场之间铜价的静态相关关系，计算结果如表 4 - 2 所示。

从表 4 - 2 可以看到，铜价原始序列两两之间的相关系数都达到了 0.96 以上，说明国内外期现货铜价之间存在非常强的相关关系。其中，国际市场 LME 期货价格和 LME 现货价格的相关系数达到 0.9993，国内市场 SHFE 期货价格和 CJYS 现货价格的相关系数达到 0.9953，说明同一区域内期货和现货价格相关性更强。

**表 4 - 2　　铜价原始序列的静态相关系数**

| | lnLCF | lnLCS | lnSHF | lnCCS |
|---|---|---|---|---|
| lnLCF | 1.0000 | 0.9993 | 0.9689 | 0.9603 |
| lnLCS | 0.9993 | 1.0000 | 0.9714 | 0.9637 |
| lnSHF | 0.9689 | 0.9714 | 1.0000 | 0.9953 |
| lnCCS | 0.9603 | 0.9637 | 0.9953 | 1.0000 |

### 4.1.2 Granger 因果关系检验

国际和国内铜金属期现货 4 个市场价格之间是否存在因果关系以及影响的方向如何？在此通过 Granger 因果关系检验来进行考察。需要注意的是，Granger 检验的前提条件是只能用于平稳序列，因此在 Granger 检验之前需要对各组铜价时间序列进行平稳性检验。

### （1）ADF 平稳性检验

表 4－3 铜价序列的平稳性检验

| 变量 | 检验形式 | ADF 统计量 | P 值 | 1% 临界值 | 是否存在单位根 |
|---|---|---|---|---|---|
| ln*LCF* | （c，t，0） | －1.9022 | 0.6530 | －3.9614 | 是 |
| Δln*LCF* | （0，0，0） | －55.8351 | 0.0001 | －2.5658 | 否 |
| ln*LCS* | （c，t，0） | －2.0230 | 0.5879 | －3.9614 | 是 |
| Δln*LCS* | （0，0，0） | －55.9160 | 0.0001 | －2.5658 | 否 |
| ln*SHF* | （c，t，0） | －1.9353 | 0.6355 | －3.9614 | 是 |
| Δln*SHF* | （0，0，0） | －27.2798 | 0.0000 | －2.5658 | 否 |
| ln*CCS* | （c，t，0） | －2.1790 | 0.5006 | －3.9614 | 是 |
| Δln*CCS* | （0，0，0） | －47.9088 | 0.0001 | －2.5658 | 否 |

注：检验形式（c，t，k）中 c 表示常数项，t 表示趋势项，k 表示所采用的滞后阶数；检验形式中滞后阶数根据 SIC 准则自动取值；Δ 表示取一阶差分。

对本章实证研究的 4 组铜价对数序列和 4 组铜价的对数一阶差分序列（铜价对数收益率序列）进行 ADF 平稳性检验，结果如表 4－3 所示。其中，4 组铜价对数序列都不能拒绝存在单位根的原假设，即序列都是非平稳的，而其对数一阶差分序列均通过了 1% 显著性水平的平稳性检验，说明 4 组铜价变量都是 1 阶单整的。因此，可以采用平稳的铜价对数一阶差分序列进行 Granger 因果关系检验。

### （2）Granger 因果关系检验

在铜价序列平稳性检验的基础上，对 4 组铜金属价格的对数收益率序列（铜价对数一阶差分序列）两两分别进行 Granger 因果关系检验，以此判断两个市场之间短期内是否存在 Granger 因果关系，也就是考察一个市场价格的前期变动能否对另一个市场的价格产生影响。

首先，分别对 6 对铜价的对数一阶差分序列建立 VAR 模型，根据 AIC 和 SC 取值最小的准则来确定滞后阶数，如果 AIC 和 SC 并不是同时取值最小，则采用 LR 检验进行取舍确定最优滞后阶数；然后，将最优滞后阶数带入 Granger 因果检验。

表 4-4　　铜价收益率序列间 Granger 因果检验

| 铜价组合 | 原假设 | 滞后阶数 | F 统计量 | P 值 | 是否接受原假设 |
|---|---|---|---|---|---|
| 国际市场 | LCS 不是 LCF 的 Granger 原因 | 6 | 2.1487** | 0.0451 | 拒绝 |
| | LCF 不是 LCS 的 Granger 原因 | | 0.5450 | 0.7742 | 接受 |
| 国内市场 | CCS 不是 SCF 的 Granger 原因 | 6 | 12.3084*** | 0.0000 | 拒绝 |
| | SCF 不是 CCS 的 Granger 原因 | | 22.9690*** | 0.0000 | 拒绝 |
| 期货市场 | SCF 不是 LCF 的 Granger 原因 | 7 | 4.4991*** | 0.0001 | 拒绝 |
| | LCF 不是 SCF 的 Granger 原因 | | 154.4730*** | 0.0000 | 拒绝 |
| 现货市场 | CCS 不是 LCS 的 Granger 原因 | 5 | 311.2740*** | 0.0000 | 拒绝 |
| | LCS 不是 CCS 的 Granger 原因 | | 1.9423* | 0.0842 | 拒绝 |
| 期现货市场 | LCS 不是 SCF 的 Granger 原因 | 7 | 166.7870*** | 0.0000 | 拒绝 |
| | SCF 不是 LCS 的 Granger 原因 | | 4.4805*** | 0.0001 | 拒绝 |
| 期现货市场 | CCS 不是 LCF 的 Granger 原因 | 7 | 1.6923 | 0.1062 | 接受 |
| | LCF 不是 CCS 的 Granger 原因 | | 213.3260*** | 0.0000 | 拒绝 |

注：***、**、* 分别代表 1%、5% 和 10% 的显著性水平。

根据表 4-4 的检验结果可知，2000 年 1 月至 2014 年 5 月的样本期内，国际市场方面，LME 市场仅存在 5% 显著性水平下铜现货价格到期货价格的单向引导关系，而期货价格对现货价格的引导作用并不显著；国内市场方面，SHFE 期货市场与 CJYS 现货市场铜价格存在双向 Granger 因果关系，说明铜的期现货价格之间的引导作用是相互的。国内外市场关系中，期货市场方面，LME 铜期货价格与 SHFE 铜期货价格存在双向 Granger 因果关系；现货市场方面，存在 10% 显著性水平下 LME 铜现货价格对 CJYS 铜现货价格的单向 Granger 因果关系；交叉市场方面，SHFE 期货市场与 LME 现货市场铜价格存在双向 Granger 因果关系；而 LME 期货市场与 CJYS 现货市场仅存在国际铜期货价格对国内铜现货价格的单向引导关系。

总的来说，国内外铜市场的期货与现货价格确实存在显著的 Granger 因果关系，但是与一般研究结论不太一致的是，实证结果的具体影响方向并没有很好地体现出期货价格对现货价格的绝对引导或者国际对国内价格的绝对引导，而是 4 个市场相互交叉融合，相互引导的关系更为显著。由此说明，Granger 因果关系关注的是价格序列之间短期的引导关系，随着国内外金属期货现货市场的融合和发展，4 个市场之间联动作用越来越显著。

需要注意的是，Granger 因果关系并非通常理解的因与果的关系，而是说自变量的前期变化是否能有效地解释因变量的变化，Granger 因果检验是检验统计上的时间先后顺序，并不表示而这真正存在因果关系。而现实中影响金属期现货价格的因素有很多，期现货价格之间的 Granger 因果关系可能为其他更为潜在的因素所影响，如期货现货供求、经济周期、宏观政策、投机基金、投资预期等，这些潜在因素的存在，很可能会干扰和弱化两者之间现实的因果联系。因此，长期来看铜期货市场价格发现功能发挥的效果如何，哪个市场运行得更为有效，则需要根据进一步的理论、经验和实证模型来判定。

### 4.1.3 协整关系检验

协整关系是指对于两个或两个以上的非平稳时间序列，如果它们存在满足平稳性要求的线性组合，那么表示这些非平稳序列存在协整关系，而它们平稳的线性组合即称为协整方程。非平稳的时间序列之间存在协整关系的经济意义是表示它们之间存在着长期稳定的均衡关系。

根据上一节中样本序列的平稳性检验结果可知，虽然铜价格的对数序列是非平稳序列，但铜价的对数一阶差分序列通过了1%显著性水平下的平稳性检验，即铜价对数序列是 $I(1)$ 序列，满足具有相同的单整阶数的条件，因此上一节中的4组铜金属价格的对数序列满足进行协整检验的前提条件。

对于多个变量之间进行协整检验的较好方法是 Johansen 协整检验，该方法是 Juselius 和 Johansen（1988，1990）提出的一种以 VAR 模型为基础的检验回归系数的方法，因此也可以称为 JJ（Johansen - Juselius）检验。JJ 检验有两种检验统计量，分别是特征根迹（Trace）检验与最大特征值检验统计量，而在进行 Johansen 协整检验时，需要设定协整方程的形式。在此对本章的4组铜价对数序列进行 Johansen 协整检验，最优滞后阶数根据 AIC 和 SC 等准则确定为5阶，检验的结果如表4-5所示。

表4-5 协整检验结果

| 原假设 | 特征值 | 迹统计量 | 最大特征值统计量 |
|---|---|---|---|
| 存在零个协整关系 | 0.0184 | 81.4748（0.0000）*** | 50.2726（0.0000）*** |
| 至多存在1个协整关系 | 0.0075 | 31.2022（0.0342）** | 20.5020（0.0610）* |
| 至多存在2个协整关系 | 0.0026 | 10.7002（0.2306） | 6.9799（0.4915） |

注：圆括号内的数值表示相应统计量的P值，***、**、*分别表示在1%、5%、10%的显著水平下拒绝原假设。

根据检验结果，迹统计量和最大特征值统计量都显示在 1% 的检验水平下拒绝“存在零个协整关系”的原假设，而不能拒绝“至多存在 1 个协整关系”的原假设，从而表明 4 个变量之间在 1% 的显著性水平上存在一个协整关系，也就是说这 4 组铜价序列之间是存在长期均衡关系的。

### 4.1.4 VEC 模型估计及分析

向量误差修正模型（VEC 模型）是由 Engle 和 Granger 提出一种用于具有协整关系的非平稳时间序列建模的模型，VEC 是协整与误差修正模型（ECM）相结合而建立的，可以同时考察变量之间的长期均衡和短期波动。在现实经济中，长期均衡关系通常会受到短期的非均衡冲击，VEC 模型正式用来解释因变量在受到前期的非均衡冲击时怎样进行修正从而实现长期均衡。一般而言，因变量的变动主要包括相对稳定的长期趋势及短期波动两个部分，其中，短期内系统偏离均衡状态的程度与波动的振幅直接相关；而长期来看，协整关系则是起到了引力线的作用，能够将非均衡状态拉回到均衡状态。

VEC 模型可以看作是含有协整约束条件的向量自回归（VAR）模型，若 $Y_t$ 包含的同阶单整变量存在协整关系，则 VEC 模型可写为：

$$\Delta Y_t = \alpha ECM_{t-1} + \sum_{i=1}^{p-1} \Gamma_i \Delta Y_{t-i} + \varepsilon_t \tag{4-1}$$

式（4－1）中每一个方差都是一个误差修正模型，$ECM_{t-1} = \beta' Y_{t-1}$ 是误差修正项。在误差修正模型中，因变量的波动可以分为长期均衡和短期波动两个部分。其中，误差修正项是代表短期波动偏离长期均衡的程度，而误差修正项的系数则表示当变量偏离长期均衡状态时，将其拉回均衡状态的调整速度；而自变量差分项的系数则表示各自变量的短期波动对因变量短期波动的影响。

VEC 模型的估计分为两步：第一步，从协整检验过程中得到协整关系；第二步，将协整方程中估计出来的残差项作为误差修正项引入一阶差分形式的 VAR 模型，即估计 VEC 模型。根据 3.1.3 节的结论，4 组铜价变量间的协整关系的个数为 1，再根据 AIC 准则和 SC 准则等综合确定 VEC 模型的最优滞后期为 4，进行 VEC 模型的估计，结果如表 4－6 所示。

表 4-6 铜价序列 VEC 模型估计结果

| 协整方程 | *CointEq*1 | | | |
|---|---|---|---|---|
| *LCF*(-1) | 1.000 | | | |
| ln*LCS*(-1) | -0.841*** | | | |
| ln*SCF*(-1) | -1.915*** | | | |
| ln*CCS*(-1) | 1.887*** | | | |
| *C* | -1.118 | | | |
| 误差修正模型 | *D*(ln*LCF*) | *D*(ln*LCS*) | *D*(ln*SCF*) | *D*(ln*CCS*) |
| *CointEq*1 | -0.024*** | -0.021*** | 0.006 | -0.017*** |
| *D*(ln*LCF*(-1)) | -0.286*** | -0.010 | -0.036 | 0.088 |
| *D*(ln*LCF*(-2)) | -0.310*** | -0.077 | -0.055 | 0.085 |
| *D*(ln*LCF*(-3)) | -0.161* | 0.006 | -0.015 | 0.099* |
| *D*(ln*LCF*(-4)) | -0.033 | 0.124 | -0.041 | 0.051 |
| *D*(ln*LCS*(-1)) | 0.176** | -0.102 | 0.534*** | 0.399*** |
| *D*(ln*LCS*(-2)) | 0.211** | -0.028 | 0.267*** | 0.048 |
| *D*(ln*LCS*(-3)) | 0.067 | -0.103 | 0.158** | -0.005 |
| *D*(ln*LCS*(-4)) | 0.048 | -0.111 | 0.142 | 0.030 |
| *D*(ln*SCF*(-1)) | 0.086** | 0.103*** | -0.414*** | 0.047** |
| *D*(ln*SCF*(-2)) | 0.069* | 0.089** | -0.159*** | 0.055** |
| *D*(ln*SCF*(-3)) | 0.009 | 0.011 | -0.129*** | -0.026 |
| *D*(ln*SCF*(-4)) | -0.023 | -0.030 | -0.115*** | -0.067*** |
| *D*(ln*CCS*(-1)) | 0.025 | 0.011 | 0.148*** | -0.192*** |
| *D*(ln*CCS*(-2)) | 0.030 | 0.021 | 0.047 | -0.130*** |
| *D*(ln*CCS*(-3)) | 0.043 | 0.046 | 0.103*** | 0.002 |
| *D*(ln*CCS*(-4)) | -0.007 | -0.009 | 0.119*** | 0.079*** |
| *C* | 0.000 | 0.000 | 0.000 | 0.000 |
| R-squared | 0.025 | 0.022 | 0.310 | 0.380 |
| Adj. R-squared | 0.018 | 0.015 | 0.306 | 0.376 |
| AIC | -5.072 | -5.037 | -5.684 | -5.989 |
| SC | -5.033 | -4.998 | -5.644 | -5.949 |
| AIC | -25.609 | | | |
| SC | -25.443 | | | |

注：***、**、* 表示回归系数的 t 统计量 1%、5% 和 10% 的显著水平。

**（1）长期均衡关系分析**

通过 VEC 模型估计的第一步可以得到 1 个协整方程，如（4-2）式所示，该方程表示 4 组铜价序列之间的长期均衡关系。

$$\ln LCF_t = -0.841\ln LCS_t - 1.915\ln SCF_t + 1.887\ln CCS_t - 1.118 \tag{4-2}$$

协整方程的回归系数显示，在其他条件不变的情况下，ln*LCF* 每上涨 1 个百分点，则 ln*LCS* 下降 0.841 个百分点，ln*SCF* 下降 1.915 个百分点，而 ln*CCS* 上涨 1.887 个百分点。铜的期货市场价格与现货市场价格是负相关的，一个市场价格上涨，长期来看会联动另一个市场价格下跌，很好地体现了期货市场价格发现和套期保值的功能，当金属价格偏离均衡时，期现货市场的相互作用可以使得金属价格反向修正，可见长期来说，近十多年以来的金属价格剧烈波动并没有严重影响期货市场基本功能的发挥，期货市场仍然是较为有效的。

另外，从 *VEC* 估计结果中误差修正项的系数来看，*LCF* 的误差修正项的系数为 -0.024，误差修正项的系数为负，其经济意义是指当期铜价格偏离长期均衡状态时，上一期偏离均衡的数量在下一期会得到 2.4% 的反向修正；类似地，*LCS* 和 *CCS* 的误差修正项系数也都为负，均符合反向修正机制。同时，误差修正项系数的 $t$ 统计量在 1% 的检验水平下显著，表明误差修正项对国际铜期货价格、国际铜现货价格和国内铜现货价格短期变化的影响是显著，也就是说它们长期稳定关系的失衡对相应铜价的影响较大。而 SCF 的误差修正项系数为 0.006，但系数估计即使在 10% 的检验水平下也不显著，可以说国内期铜价格长期稳定关系失衡对其价格影响不大。

通过 VEC 模型估计的第二步可以得到每个价格变量的 ECM 方程，估计结果如表 4-6 的后半部分所示。从估计结果可以看到，VEC 模型中 4 个方程的拟合优度都比较小，这在 VEC 模型中是比较普遍的，通常我们更关心的是 VEC 模型的整体统计量，模型整体的 AIC 准则和 SC 准则分别为 -25.609、-25.443，都比较小。

此外，我们还可以得到一个更有意义的发现，从 4 个 ECM 方程的拟合优度可以看出，4 个变量对国际期现货市场的拟合优度仅为 0.02 左右，而对国内期现货市场的拟合优度达到 0.3 左右，可见 4 个铜价序列对国际铜市场的解释力度较低，而对国内市场的解释力度较高，由此说明国内铜价受制于国际铜价的变化，国际铜价引导国内铜价的作用较为明显。

**（2）短期波动关系分析**

基于 VEC 模型估计的结果，为了能够更加直观的了解铜价之间的短期作用关系，接下来将根据模型进行脉冲响应及方差分解分析。

①脉冲响应函数。

脉冲响应函数（Impulse Response Function，IRF）度量的是被解释变量对单位冲击的响应，其基本原理是衡量随即扰动项的一个标准差冲击对内生变量的当前和未来取值产生的影响。

基于前面构建 VEC 模型，对 4 组铜价格进行脉冲响应分析，结果如图 4－2 所示，横坐标表示响应期数，仅显示了 15 个工作日的响应情况，纵坐标表示铜价的响应值。图中的 4 列子图分别表示来自 LME 期货、LME 现货、SHFE 期货和 CJYS 现货市场铜价的冲击，4 个市场铜价的响应情况。

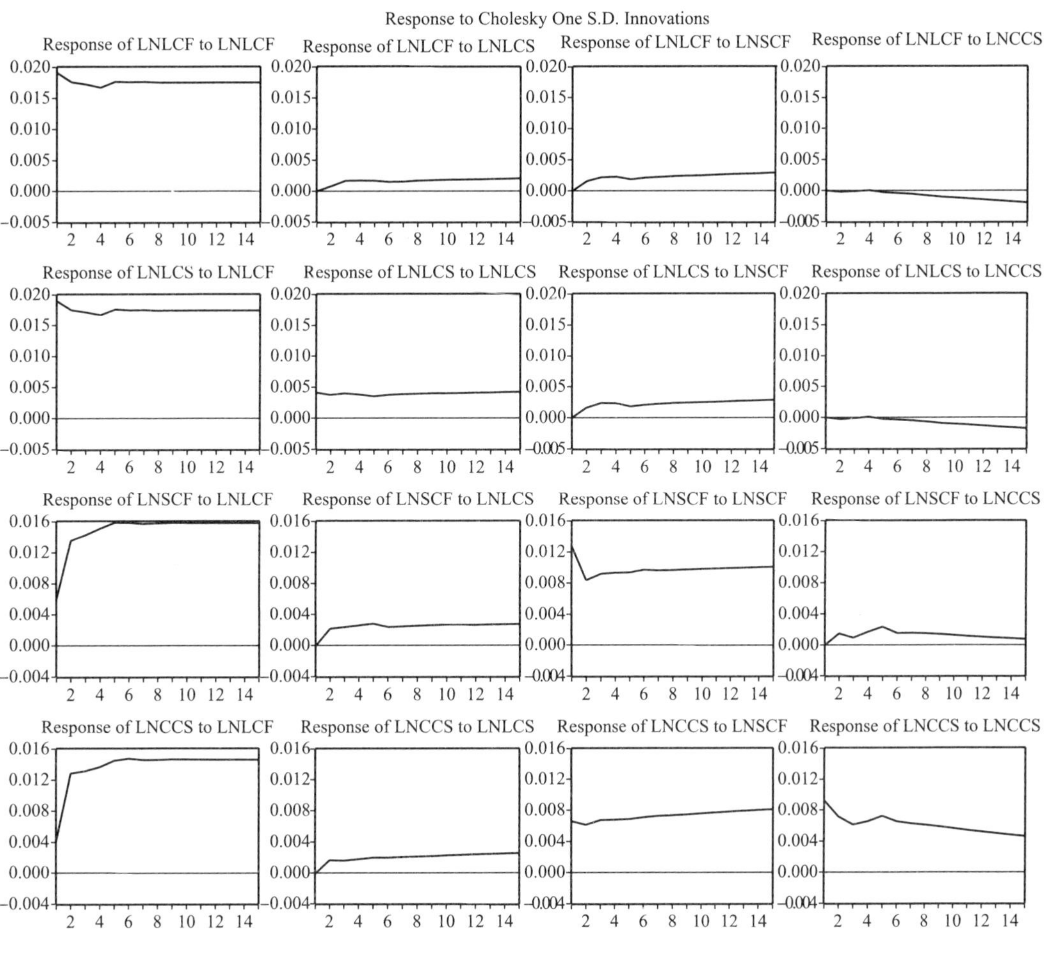


**图 4－2　VEC 模型变量间的脉冲响应**

对组图进行纵向对比可以看出：

第 1 列的 4 个子图：4 组价格对来自国际铜期货价格 LCF 冲击的响应都非常强烈。其中，国际市场 LCF 和 LCS 在第 1 期就达到了接近 0.2 的较高响应水平；而国内市场

SCF 第 1 期的响应为 0.006，CCS 在第 1 期的响应为 0.004，从第 2 期开始大幅上升达到 0.013 左右，第 3 期后继续缓慢上升，第 5 期开始趋于稳定，最后二者保持在 0.15 左右的响应水平上。可见，国际期货铜市场价格对国际国内期现货市场铜金属的价格具有非常显著的正向引导作用，且对国际市场的影响比对国内市场的影响更为显著。

第 2 列的 4 个子图：4 组价格对来自国际铜现货价格 LCS 冲击都有响应，但不是很强烈。其中，国际市场 LCF、国内市场 SCF 和 CCS 在第 1 期的响应几乎为零，第 2 期开始产生 0.002 左右的较低响应，随后开始趋于平稳；仅国际市场 LCS 自身的响应在第 1 期就到达 0.004 的最高水平，随后一直在 0.004 左右的水平上保持稳定。可见，国期铜现市场价格对国内外期货市场和国内现货市场的铜金属价格的正向影响较弱，没有体现对期货市场和国内市场的引导作用，仅对自身响应的影响较为显著。

第 3 列的 4 个子图：4 组价格对来自国内铜期货价格 SCF 冲击都有响应，但国际市场和国内市场的响应程度区别较大。其中，国际市场 LCF 和 LCS 在第 1 期的响应几乎为零，第 2 期开始产生 0.0015 左右的较低响应，随后开始趋于平稳。而国内两个市场的响应都较强，期货市场 SCS 自身的响应在第 1 期就到达 0.013 的最高水平，随后经历一个下降趋势到 0.01 的响应水平，从第 3 期开始保持在 0.01 左右的水平上继续；现货市场 CCS 的响应在第 1 期就到达 0.006 的水平，随后一直在 0.008 左右的水平上保持稳定。可见，国内铜期货市场价格对国际期现货市场的铜金属价格的影响较弱，而对国内市场的正向影响较为显著，并体现了期货市场对现货市场的价格引导作用。

第 4 列的 4 个子图：4 组价格对来自国内铜现货价格 CCS 冲击响应存在较大差异。其中，国际市场 LCF 和 LCS 对 CCS 的响应从第 1 期开始都几乎为零，后期出现非常微弱（接近于零）的负向响应。而国内期货市场 SCF 第 1 期的响应几乎为零，第 2 期开始产生 0.001 左右的较低响应，经历一些浮动略有上升后趋于平稳，最后在 0.001 左右的水平上持续；仅国内现货市场自身的响应在第 1 期就到达 0.009 的最高水平，随后经历一个缓慢减弱的过程，从第 7 期开始趋于平稳，最后保持在 0.005 左右的响应水平上。可见，国内铜现货市场价格对国际市场几乎没有影响，在国内市场也仅体现了对自身的较强作用，对国内期货市场的影响较弱。

通过 4 个市场的脉冲响应函数分析，可以更加清晰直观的认识 4 个市场之间的短期作用关系。首先，4 组铜价格对来源于自身波动的冲击都显示出了相对较强的正向响应。其次，无论在国际市场还是在国内市场，铜金属期货价格对现货价格市场的正向影响关系都是非常显著的，说明期货市场价格发现功能的作用发挥良好；同时，国际市场对国内市场价格的冲击效应比国内对国际市场的要强。总的来说，4 个市场的铜金属价格波动除了受到自身波动冲击的影响外，主要受到国际期铜市场价格波动的影响，国际期铜市场对铜金属价格波动具有决定性的引导作用。

②方差分解。

方差分解（Variance Decomposition）是另一种研究 VAR 模型动态特征的方法，表示的是当系统的某个变量受到一个单位的冲击以后，以变量的预测误差百分比的形式反映变量之间的交互作用程度，其核心观点为根据外生变量预测误差的方差成因的不同进行划分，从而得到和内生变量存在相关关系的组成。换句话说，通过研究新息冲击对内生变量变化的贡献度，实现对不同新息重要程度的分析探讨。

基于前文构建 VEC 模型，采用方差分解的方法分析 4 组铜价格变量对各个市场铜价波动的解释程度，横坐标表示响应期数，仅显示了 15 个工作日的结果，纵坐标表示铜价波动的贡献度百分比，方差分解结果如图 4－3 所示。

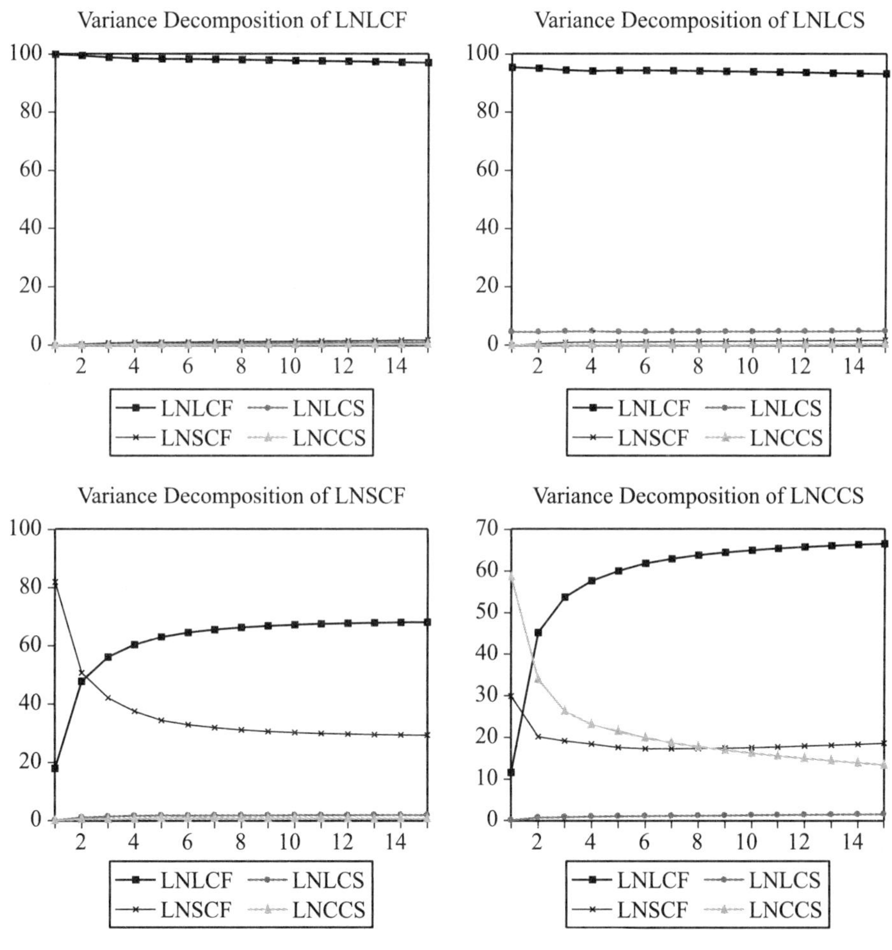


**图 4－3 VEC 模型变量的方差分解**

第一，从国际铜期货价格 LCF 的方差分解来看，LCF 对自身价格波动的贡献度达到了 97% 以上，而其他 3 种铜价的贡献度均未超过 2%，即 LCF 价格受自身波动的影响为主，其他市场铜价对它的作用都非常微弱。

第二，从国际铜现货价格 LCS 的方差分解来看，国际铜期货价格 LCF 对 LCS 波动的贡献度最大，达到了 93% 以上；LCS 对自身价格波动的贡献度不到 5%；而国内期现货市场铜价格对 LCS 的贡献度均不足 2%；即 LCS 价格受 LCF 波动的影响为主，自身价格波动的解释力度不高，国内市场铜价对它的作用更加微弱。

第三，从国内铜期货价格 SCF 的方差分解来看，国际铜期货价格 LCF 对 SCF 波动的贡献度在初期为 18%，随后逐步增强，第 15 期时最高达到了 68%；国际铜现货价格 LCS 对 SCF 的影响则不超过 2%；国内铜期货价格 SCF 对自身价格波动的贡献度在初期到达了 82% 的最高水平，随后逐步减弱，第 15 期后贡献度大约为 30%；而国内现货市场铜价格对 SCF 的贡献度还不到 1%。即 SCF 价格受自身价格波动和 LCF 价格波动的影响为主，初期自身影响较大，随着时间的推移，最终则由国际期货价格占主导，而国内外现货市场铜价对 SCF 波动的解释力度比较低。

第四，从国内铜现货价格 CCS 的方差分解来看，国际铜期货价格 LCF 对 CCS 波动的贡献度在初期为 12%，随后逐步增强，第 15 期时最高达到了 66% 以上；国际铜现货价格 LCS 对 CCS 的影响则不超过 2%；国内期货市场铜价格对 CCS 的贡献度在初期到达了 30% 的最高水平，随后逐步减弱，第 15 期后贡献度大约为 18%，仍然较高；国内铜现货价格 CCS 对自身价格波动的贡献度在初期到达了 58% 的最高水平，随后逐步减弱，第 15 期后贡献度大约为 13%；即 LCF 价格波动、SCF 价格波动和 CCS 自身价格波动对 CCS 波动的贡献度都较高，随着时间的推移，最终仍然由国际期货价格占主导，而国内期货市场和现货市场铜价的解释力度保持中等水平。

总的来说，在铜金属价格波动中，4 组铜价格除了对自身波动的解释力度都较强外，国际铜期货市场价格波动对 4 个市场价格波动的方差贡献率都非常的高，LCF 的解释力度均起到了绝对的主导作用，对于国际两个市场达到 93% 以上，对于国内两个市场长期来看也高达 65% 以上。而国内铜期货市场价格波动对于国内两个市场的方差贡献率相对较高，而对于国际两个市场的影响则较小，SCF 的解释力度对国内市场的影响也是非常重要的，再次证明了期货市场对现货市场价格的引导作用和显著影响。

## 4.2　期现货市场收益率的波动溢出效应检验

在对国内外的期货和现货市场铜金属价格进行了 Granger 因果关系、长期均衡和短期波动关系的研究之后，有必要对期现货市场价格的条件方差相关性进行检验，即波动溢出效应，以判断两市场是否存在风险传染效应。前面的研究主要是考察铜价格间的均值溢出情况，而接下来的研究则是考察铜价格间的波动溢出效应。

### 4.2.1 数据选取和基本统计分析

**（1）数据选取**

前文对4组金属价格的相关性分析表明，国际交易市场的铜价格对国内市场具有显著的主导作用，因而在此仅选择对国际铜金属期货与现货市场价格收益率之间是否存在波动溢出效应进行检验。

沿用上一节的指标，国际铜期货市场价格选择 LME 3 月期铜期货收盘价作为代理变量，国际铜现货市场价格选择 LME 现货官方报价作为代理变量。铜市场收益率采用对数收益率，以对数一阶差分的值表示，计算公式为：

$$r_t = \ln P_t - \ln P_{t-1} \quad (4-3)$$

其中 $r_t$ 为 $t$ 期的收益率，$\ln P_t$ 和 $\ln P_{t-1}$ 分别表示 $t$ 期和 $t-1$ 期铜价格的自然对数值，在此将 LME 铜期货市场收益率和现货市场收益率分别记为 RLCF 和 RLCS。样本范围为 2004 年 1 月 1 日至 2014 年 5 月 30 日（每周五个工作日），共 2 716 组样本数据。本节所使用的计量分析工具是 EViews 6.0 和 Win Rats 软件。

**（2）描述性统计分析**

图 4-4 为国际 LME 期货现货 2 个市场的铜金属价格对数一阶差分序列走势图，反映 4 组铜市场收益率序列的波动状况，图中横坐标表示年份，纵坐标表示铜价收益率。从图中可以看到序列均围绕零均值上下波动，说明国际铜金属期现货 2 个市场收益率序列都是均值复归（Mean-reverting）的时间序列；同时，2 个市场收益率序列的异常波动还具有明显的波动“聚集性”特征，即大的波动后面通常伴随着较大的波动，较小的波动其后面的波动也较小。此外，还计算 2 组铜价对数收益率序列之间的相关系数，结果显示 LME 期现货市场铜价对数收益率序列之间的相关系数高达 0.9748，说明两者的相关性非常强。

为了对样本数据有一个直观的印象，首先对铜价对数收益率数据进行描述性统计分析，如表 4-7 所示。表 4-7 铜价对数收益率序列的描述性统计结果显示：

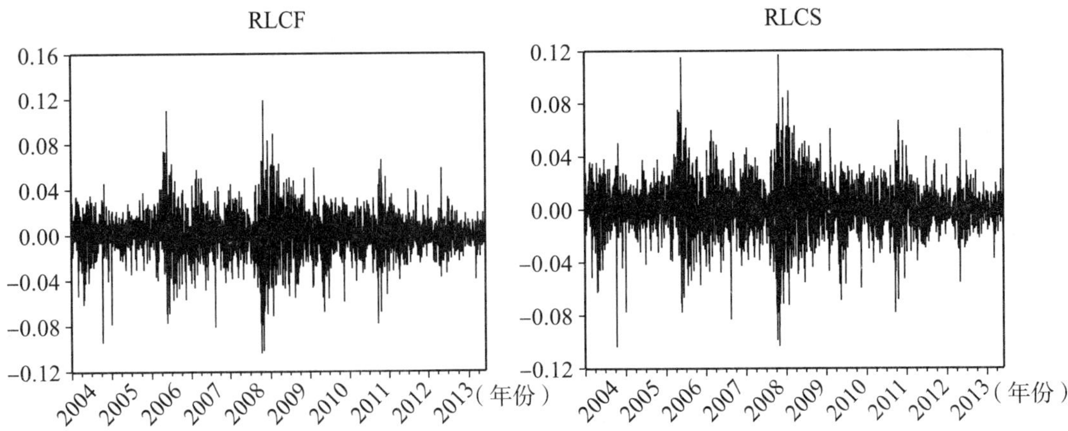


**图 4－4　2004 年 1 月～2014 年 5 月 LME 铜期货和现货市场收益率走势**

**表 4－7　铜价对数收益率序列的描述性统计分析**

| | *RLCF* | *RLCS* |
|---|---|---|
| 均值 | 0.0004 | 0.0004 |
| 标准差 | 0.0193 | 0.0196 |
| 变异系数 | 48.0499 | 48.0958 |
| 最大值 | 0.1188 | 0.1173 |
| 最小值 | －0.1040 | －0.1036 |
| 偏度 | －0.1780 | －0.1595 |
| 峰度 | 6.4746 | 6.4398 |
| Jarque－Bera | 1 380.62*** | 1 350.54*** |
| Q（10） | 26.699*** | 26.454*** |
| $Q^2$（10） | 1 194.4*** | 1 257.2*** |
| LM（10） | 421.590*** | 405.827*** |
| 观测值数目 | 2 716 | 2 716 |

注：变异系数为样本的标准差与均值的比值；***、**、*表示1%、5%和10%的显著性水平。

首先，2 组铜价的平均收益率均值为正值，说明铜价在样本阶段内是上升的，铜金属产业在样本期内也是高速发展的；从 2 组序列的变异系数来看，因为样本数据涵盖的市场周期较长，特别是包括了 2004～2006 年的高速上涨时期和 2008～2009 年的大幅下跌时期，所以变异系数都比较大，反映了市场的剧烈波动，且样本期间内国际期货与现货市场铜价收益率的波动性相当。

其次，Jarque－Bera 统计量的 P 值为 0.0000，说明 2 组收益率序列在 1% 的显著性下都不服从正态分布，且序列峰度均大于 3，偏度均小于 0，说明 2 组收益率均呈现出尖峰厚尾、左偏的非对称非正态分布特征。

再次，Q（10）和 $Q^2$（10）分布表示原收益率序列及收益率平方序列滞后 10 期的 Ljung - Box 统计量，用于检验铜价收益率序列和收益率平方序列是否存在自相关现象，结果显示 2 组序列的 Q 统计量均在 1% 的显著性水平下拒绝了不存在自相关性的原假设，表明铜价收益率序列存在显著的自相关，即前一期的指标值会对后一期指标值产生影响。

最后，LM（10）表示收益率序列 ARCH LM 检验的 Obs * R-squared 统计量，用于检验铜价收益率序列均值回归方程的残差是否存在 ARCH 效应，检验的滞后长度参考回归方程残差平方的自相关和偏自相关函数截断为零的阶数，并尽量使用较大的滞后长度，在此设定滞后长度为 10，结果显示两组收益率序列在 1% 的显著性水平上存在 ARCH 效应。

总的来说，从铜价收益率的基本分析可知，国际 LME 市场的铜期货和现货价格对数收益率均表现出尖峰厚尾、非对称、波动聚集的非正态分布特征，且在上一节对铜价对数一阶差分序列（即对数收益率序列）的 ADF 单位根检验表明，两组收益率序列均为平稳序列。同时，2 组铜价收益率序列存在显著的自相关和 ARCH 效应，因而适合建立 GARCH 族模型进行波动溢出效应检验。

### 4.2.2 BEKK - MGARCH 模型

#### （1）BEKK - MGARCH 模型的基本原理

ARCH 模型由 Engle 和 Kraft 在 1983 年最早提出，在此基础上，Bollerslev（1988）提出了广义 GARCH 模型，随后得到了广泛的应用，并取得良好的效果，代表性的研究有：Bollerslev（1990）提出 CCC - MGARCH 模型，Engle 和 Kroner（1995）提出 BEKK - MGARCH 模型，Andersen 和 Bollerslev（1998）提出 Vech 形式的 MGARCH 模型，Robert、Engle 和 Sheppard（2001）提出 DCC - MGARCH 模型等。

其中，BEKK - MGARCH 模型是多元 GARCH 模型的一种，它能很好地保证协方差矩阵满足正定的条件，同时尽可能减少估计参数的数量，且允许波动序列之间有动态依赖性，故比起其他的多元 GARCH 模型能很好地检验不同序列之间的波动溢出关系。因此本书采用二元 BEKK - MGARCH 模型来分析国际铜金属期货与现货市场的收益率的波动溢出效应，进而研究两个市场间的风险传播问题。

BEKK - MGARCH 模型的基本方程如下所示：

均值方程：$R_{i,t}=\mu_t+\varepsilon_{it}$　　(4-4)

方差方程：$H_t = \sum_{i=1}^{p} A_i(\varepsilon_{t-i}\varepsilon'_{t-i})A'_i + \sum_{j=1}^{q} B_j H_{t-j} B'_j + CC'$　　(4-5)

在均值方程中，$R_{i,t}$是价格序列 $i$ 在 $t-1$ 到 $t$ 时期的连续复合收益率，这里$\mu_t$ 是 $R_{i,t}$ 在给定过去信息下的条件期望，$\varepsilon_{it}$为序列 $i$ 的随机干扰项。在方差方程中，$H_t$ 为条件方差－协方差矩阵，$C$ 是下三角矩阵，$A$、$B$ 均为 $n$ 阶方阵，基于模型的对称参数化，若 $CC'$是正定的，则 $H_t$ 处处正定。

**(2) BEKK－MGARCH 模型的构建**

本书对 LME 的铜金属期货价格和现货价格对数收益率序列建立如下二元 BEKK (1, 1)－MGARCH 模型：

均值方程：$R_{i,t}=\mu_t+\eta R_{i,t-1}+\varepsilon_{it}$　　(4-6)

方差方程：

$$\begin{bmatrix} h_{11,t} & h_{12,t} \\ h_{21,t} & h_{22,t} \end{bmatrix} = \begin{bmatrix} a_{11} & a_{12} \\ a_{21} & a_{22} \end{bmatrix} \begin{bmatrix} \varepsilon_{1.t-1}^2 & \varepsilon_{1,t-1}\varepsilon_{2,t-1} \\ \varepsilon_{2,t-1}\varepsilon_{1,t-1} & \varepsilon_{2,t-1}^2 \end{bmatrix} \begin{bmatrix} a_{11} & a_{12} \\ a_{21} & a_{22} \end{bmatrix}^T + \begin{bmatrix} b_{11} & b_{12} \\ b_{21} & b_{22} \end{bmatrix} \begin{bmatrix} h_{11,t-1} & h_{12,t-1} \\ h_{21,t-1} & h_{22,t-1} \end{bmatrix} \begin{bmatrix} b_{11} & b_{12} \\ b_{21} & b_{22} \end{bmatrix}^T + \begin{bmatrix} c_{11} & c_{12} \\ c_{21} & c_{22} \end{bmatrix} \begin{bmatrix} c_{11} & c_{12} \\ c_{21} & c_{22} \end{bmatrix}^T \quad (4-7)$$

其中，在均值方程中，$R_{i,t}$是铜价序列在 $t-1$ 到 $t$ 期的连续复合收益率，$\mu_t$ 是 $R_{i,t}$的条件期望，$\varepsilon_{it}$为序列 $i$ 的随机干扰项。在方差方程中，$a_{ij}$是 ARCH 系数，$b_{ij}$是 GARCH 系数。当 $i\neq j$ 时，$a_{ij}$表示信息传递效应，即信息从市场 $j$ 向市场 $i$ 的传递程度，$b_{ij}$表示从市场 $j$ 向市场 $i$ 的波动溢出效应。当 $i=j$ 时，ARCH 系数代表前期的残差平方项对市场当期的波动效应，GARCH 系数代表市场自身前期波动对当期波动的效应。

### 4.2.3　模型估计及结果分析

**(1) 模型估计**

用 Rats 软件进行 BEKK (1, 1)－MGARCH 模型估计，估计结果如表 4-8 所示。

表 4-8 LME 铜金属期现市场 BEKK（1，1）-MGARCH 模型估计结果

| 模型系数 | 系数值 | 标准差 | t 统计量 | P 值 |
|---|---|---|---|---|
| $c_{11}$ | 0.001541*** | 0.000242 | 6.355960 | 0.000000 |
| $c_{21}$ | 0.000845 | 0.000312 | 2.709490 | 0.006739 |
| $c_{22}$ | 0.001383 | 0.000095 | 14.614460 | 0.000000 |
| $a_{11}$ | 0.446285 | 0.029171 | 15.299190 | 0.000000 |
| $a_{12}$ | -0.062655 | 0.025781 | -2.430240 | 0.015089 |
| $a_{21}$ | -0.222979 | 0.029583 | -7.537300 | 0.000000 |
| $a_{22}$ | 0.281796 | 0.027184 | 10.366070 | 0.000000 |
| $b_{11}$ | 0.820884 | 0.001925 | 426.541470 | 0.000000 |
| $b_{12}$ | 0.038742 | 0.004032 | 9.609070 | 0.000000 |
| $b_{21}$ | 0.149957 | 0.002198 | 68.235190 | 0.000000 |
| $b_{22}$ | 0.934669 | 0.004032 | 231.790280 | 0.000000 |
| log Likelihood | 18 875.34 | | | |

注：***、**、*分别代表1%、5%和10%的显著性水平。

**（2）结果分析**

首先，从 LME 期现货市场各自的波动率的影响来看，$a_{11}$、$b_{11}$和 $a_{22}$、$b_{22}$的估计值均在 1% 的置信度水平上显著，这说明了期货市场和现货铜市场自身的波动率都有较大的聚集效应，即当期较大的波动和干扰会使下期的波动也比较大。而且 GARCH 系数 $b_{11}$高达 0.82，$b_{22}$高达 0.93，表明铜期货市场和现货市场自身的波动持久性非常高。其次，从两个市场间的波动率的交叉影响和波动溢出效应角度分析，一方面，就模型估计结果来看，在 ARCH 系数矩阵中，$a_{12}$和 $a_{21}$在 5% 的置信度水平上显著为负，说明 LME 铜期货市场与现货市场相互之间存在着较大的波动率信息传递效应，铜金属期现货市场间价格波动率的信息流传递是双向的，也就是说市场风险可以从期铜市场传递到现货铜市场，也可以反向传递，且 $a_{21}$的绝对值显著大于 $a_{12}$的绝对值，说明现货市场对期货市场的信息传递效应要强于期货市场对现货市场的信息传递效应。另一方面，从两个市场的波动溢出效应来看，$b_{12}$的估计值为 0.04，$b_{21}$的估计值为 0.15，表明铜期货市场与现货市场的价格波动存在较为显著的双向正向引导作用；且 $b_{21}$的绝对值显著大于 $b_{12}$的绝对值，说明铜金属现货市场对期货市场的影响程度要显著大于铜期货市场对现货市场波动的影响，也就是说一旦铜现货市场发生价格波动风险，期货铜市场会很快感染到这种风险。

## 4.3 本章小结

本章以铜金属为例，对国际和国内的期货现货市场金属价格序列的均值溢出效应和收益率的波动溢出效应进行了实证检验，从而验证金属的期货市场定价机制。主要结论归纳如下：

**（1）基于 Granger 因果检验和 VEC 模型的均值溢出效应检验方面**

首先，国际 LME 期货和现货、国内 SHFE 期货和 CJYS 现货共 4 组铜金属价格的 Granger 因果检验结果显示，国内外铜市场的期现货价格确实存在显著的 Granger 因果关系，但是与一般研究结论不太一致的是，实证结果的具体影响方向并没有很好地体现出期货价格对现货价格的绝对引导，或者国际对国内价格的绝对引导，而是 4 个市场相互交叉融合，相互引导的关系更为显著。由此说明，Granger 因果关系关注的是价格序列之间短期的引导关系，随着国内外金属期货现货市场的融合和发展，4 个市场之间联动作用越来越显著。其次，基于 VEC 模型的不同市场铜价之间长期均衡和短期波动关系检验结果表明，样本期内铜金属价格的大起大落并没有影响到国际铜金属期货市场的有效性，期货市场运行仍然有效。价格发现过程中，铜金属期货价格能够起到对现货价格的主导作用，且国际 LME 期货市场价格的影响作用较国内 SHFE 期货市场更为显著。

**（2）基于 BEKK – MGARCH 模型的期现货市场波动溢出效应检验方面**

首先，国际 LME 铜金属期货和现货市场收益率的波动性检验结果显示，2 组价格的收益率序列都存在显著 ARCH 效应，可以采用 GARCH 族模型进行一下步研究。其次，从 2 个市场收益率的交叉影响和波动溢出效应来看，结果显示铜金属期现货市场间价格波动率的信息流传递是双向的，且 2 个市场间存在双向波动溢出效应，即期货市场的信息能传导给现货市场价格，期货价格收益率变化会对现货价格收益率产生直接影响，反之亦然。

金属期货市场价格发现功能的有效发挥，一方面为金属商品套期保值、风险规避提供了可靠保障，另一方面又使得各类金融因素能够通过金属期货市场实现对金属价格的显著影响。因此，本章的实证结论为后续研究选取 LME 期货价格作为有色金属价格的代理指标，研究关键金融因素如何通过期货市场影响金属价格提供了合理有效的支撑。

# 5

# 有色金属价格金融影响因素的静态效应分析

2000 年以来，有色金属作为大宗商品的重要类别，其价格呈现出大幅涨跌和剧烈波动的特征，却难以根据商品属性从供需基本面因素方面作出合理的解释。而与此同时，有色金属市场的金融属性不断凸显，金属价格与汇率、利率、股票、期货期权等金融市场价格之间的联系越发紧密且复杂多变，在供需脆弱平衡的前提下，金融因素等非基本面因素对金属市场的影响被放大，可能成为影响铜价走势的主要力量。

目前，有色金属价格波动的相关研究绝大多数都是基于金属价格与其相关影响因素在所研究的样本范围内保持唯一恒定关系式的假设前提，然而现实的情况是，随着经济形势和供需格局的变化，金属价格与相关影响因素之间的作用关系可能会随时间推移而发生变化，使金属价格波动过程发生结构转变，或者说出现结构变点，大宗商品市场结构转变的相关文献见 Sadorsky（1999）、Miller 和 Ratti（2009）、许金华（2012）等。特别是 2000 年以后，有色金属价格存在大幅波动，全球金融危机的发生更深刻改变了金属市场的格局。

因此，本章以铜金属为例，聚焦影响铜金属价格的金融市场因素（主要包括汇率市场、利率市场、股票市场）和投机因素，在市场结构性转变判断的基础上研究不同金融因素对铜金属价格的作用方式及演变过程。首先，根据金属价格波动主要金融驱动因素的分析建立多元回归模型。其次，基于迭代累计平方和（ICSS）算法对有色金属价格本身进行结构断点分析，从而确定金属价格序列的结构性转变。最后，基于结构转变的阶段划分进行多元回归模型的偏最小二乘回归分析，从而考察不同市场结构时期金融因素对金属价格的静态影响效应及其对金属价格作用方式的演变过程，着重对金融因素对金属价格波动的作用机理进行深入分析。

## 5.1 模型构建和计量方法

### 5.1.1 多元线性回归模型构建

本章采用计量模型来考察相关金融因素对铜价波动的影响，根据期铜价格影响因素理论分析和指标选择结果，建立以期铜价格为被解释变量，以黄金价格、美元指数、联邦基金基准利率、标准普尔500指数、铜期货市场非商业交易商净头寸比例为解释变量的多元线性回归模型，具体如下：

$$\ln CP_t = \beta_0 + \beta_{GP}(L)\ln GP_t + \beta_{USDX}(L)\ln USDX_t + \beta_{FFR}(L)\ln FFR_t + \beta_{SP500}(L)\ln SP500_t + \beta_{RNC}(L)RNC_t + \beta_{PNLNC}(L)PNLNC_t + \varepsilon_t \quad (5-1)$$

其中，$\beta_0$ 为常数项，$\beta_{GP}$、$\beta_{USDX}$、$\beta_{FFR}$、$\beta_{SP500}$、$\beta_{RNC}$、$\beta_{PNLNC}$ 为各自变量的系数，$\varepsilon_t$ 为随机误差项，$L$ 是滞后算子，$\beta_{CP}(L)$、$\beta_{USDX}(L)$、$\beta_{FFR}(L)$、$\beta_{SP500}(L)$、$\beta_{RNC}(L)$、$\beta_{PNLNC}(L)$ 是 $L$ 的多项式，根据相关性分析的基本结论将回归模型自变量的最大滞后阶数设定为1。由于本书选择的偏最小二乘回归模型在估计时不要求必须为平稳的时间序列，因而在此选择将变量原始数据的对数时间序列（投机因素变量直接选用原始序列）构建模型。

### 5.1.2 模型估计的 PLS 方法

**（1）PLS 方法简介**

对于多元线性回归模型如果采用普通最小二乘估计方法，建模时选择解释变量的基本要求是，在模型中应包含所有对被解释变量有重要解释意义的因素，并且在用于反映这些因素的解释变量之间不存在多重共线性，且解释变量和被解释变量都为平稳时间序列；模型估计之后则需要检验随机误差项不存在异方差、序列不相关以及解释变量非随机变量等假定条件是否得到满足。其中，多重共线性将对普通最小二乘估计造成负面的影响，不但使得参数估计的偏差增大，还会干扰模型的稳定性，根据基本统计分析可知作为自变量的金融因素之间存在多重共线性的典型病兆，因此需要选择建立一种能够克服多重共线性危害的模型及估计方法。

而由 Wold 和 Albano 于 1983 年提出的一种新型多元统计分析方法——偏最小二乘

回归（Partial Least－Squares Regression，PLS）则为解决多元回归分析中的变量多重共线性或解释变量多于样本点等实际问题开辟了有效的途径。

偏最小二乘回归分析方法是一种将多元线性回归分析与因子分析、典型相关性分析相结合而产生的新的建模技术。其基本思想是采用因子分析中的主成分分析方法对系统中的数据分解和筛选，从中提取出对被解释变量解释力度最大的成分变量，进而识别系统中的噪音信息，得到更为深入、有价值的系统信息，且对样本容量也没有特殊要求。

该方法不仅考虑了自变量的信息，同时也考虑了因变量的信息；在最终模型中可以包含全部自变量，能最大限度地利用数据信息；能够将多维数据映射在二维平面内采用多种辅助分析技术进行直观分析和观察。因此，在成分提取的过程解决变量多重共线性在模型估计中产生的不利影响，能够得到更为可靠的分析结果，在实际系统中的可解释性也更强。该方法的理论研究进展非常迅速，国内主要受益于王惠文（1999，2006）对PLS回归的理论方法和分析技术的引入，其应用领域已经从最初的化工领域快速扩展到了机械、生物、地质、医学、社会学以及经济学等领域。在经济学领域，陈成忠（2009）综合考虑影响价格变化的各种因素，对CPI不同周期性波动的内外驱动因素进行了PLS建模分析。姬强（2010）运用PLS方法对影响国际原油市场和中、美股票市场的诸多因素在次贷危机爆发前后对协动性解释力度的变化进行了分析，结果发现次贷危机对这些因素的解释力度有明显的影响。

在此，本章选择PLS方法进行多元模型回归分析，既可以克服金融时间序列存在多重相关性，又可以对各金融因素对铜金属期货价格作用的贡献程度进行分析。特别地，Wold还主持开发了专用于PLS方法的SIMCA系列数据分析软件，该软件基于Windows平台运行，具有较强的可视性和可操作性，建模和数据处理分析功能都非常卓越。

**（2）PLS方法的基本原理**

由于本章研究仅涉及单变量的PLS方法，在此针对单变量的PLS方法的基本原理进行阐述。设自变量 $X=[x_1, x_2, \cdots, x_k]$，$x_i$，$i=1, 2, \cdots, k$ 分别表示期铜价格波动的金融影响因素对数序列，因变量 $Y$ 表示期铜价格对数序列。首先将各组变量进行标准化处理，记 $X$ 经处理后的数据矩阵为 $E_0=[E_{01}, E_{02}, \cdots, E_{0k}]$，$Y$ 经处理后的数据矩阵为 $F_0$。

第一步：记 $t_1$ 是 $E_0$ 的第1个成分，$t_1=E_0w_1$，$w_1$ 是 $E_0$ 的第1个轴，它是一个单位向量，即 $\|w_1\|=1$。记 $u_1$ 是 $F_0$ 的第1个成分，$u_1=F_0c_1$，$c_1$ 是 $F_0$ 的第1个轴，且有 $\|c_1\|=1$。在PLS回归中要使得 $t_1$ 和 $u_1$ 能分别很好的代表 $X$ 和 $Y$ 中的数据变异信息，根据主成分分析原理则应该有 $\mathrm{Var}(t_1)\to\max$，$\mathrm{Var}(u_1)\to\max$；同时由于回归建模的需求，还要求 $t_1$ 对 $u_1$ 有最大的解释力度，由典型相关分析的思路，$t_1$ 与 $u_1$ 的相关度达到最大

值，即 $r(t_1, u_1)\to\max$。综合起来，则要求 $t_1$，$u_1$ 满足协方差最大，即：$\mathrm{Cov}(t_1, u_1)=\sqrt{\mathrm{Var}(t_1)\mathrm{Var}(u_1)}\mathrm{r}(t_1, u_1)\to\max$。求解该最优化问题得到 $w_1$ 和 $c_1$，进而可得到成分 $t_1=E_0w_1$，$u_1=F_0c_1$。然后，分别求 $E_0$ 和 $F_0$ 对 $t_1$，$u_1$ 的 3 个回归方程：$E_0=t_1p_1^{\mathrm{T}}+E_1$，$F_0=u_1q_1^{\mathrm{T}}+F_1^*$，$F_0=t_1r_1^{\mathrm{T}}+F_1$。其中，$E_1$、$F_1^*$、$F_1$ 分别是 3 个回归方程的残差矩阵。

第二步：用残差矩阵 $E_1$ 和 $F_1$ 代替 $E_0$ 和 $F_0$，求第 2 个轴 $w_2$，$c_2$ 和第 2 个成分 $t_2$，$u_2$，有 $t_2=E_1w_2$，$u_2=F_1c_2$。因此，有回归方程 $E_1=t_2p_2^{\mathrm{T}}+E_2$，$F_1=t_2r_2^{\mathrm{T}}+F_2$。如此计算下去，如果 $X$ 的秩为 $A$，则会有：$E_0=t_1p_1^{\mathrm{T}}+t_2p_2^{\mathrm{T}}+\cdots+t_Ap_A^{\mathrm{T}}$，$F_0=t_1r_1^{\mathrm{T}}+t_2r_2^{\mathrm{T}}+\cdots+t_Ar_A^{\mathrm{T}}+F_A$。由于 $t_1$，$t_2$，…，$t_A$ 均可以表示成 $E_{01}$，$E_{02}$，…，$E_{0k}$ 的线性组合，因此可以还原成如下回归方程形式：$Y=a_1x_1+a_2x_2+\cdots+a_kx_k$。

**（3）PLS 回归有效性分析指标**

①交叉有效性——确定成分个数。

对成分个数的确定可以考察增加一个新的成分 $t_h$ 后，模型的预测功能是否有明显的改进，在 PLS 回归分析中是通过交叉有效性 $Q_h^2$ 来判定成分 $t_h$ 对模型精度的边际贡献。具体定义如下：

交叉有效性：$$Q_h^2=1-\frac{PRESS_h}{SS_{h-1}} \tag{5-2}$$

$Y$ 的预测误差平方和：$$PRESS_h=\sum_{i=1}^{n}(Y_i-\hat{Y}_{h(-i)})^2 \tag{5-3}$$

$Y$ 的误差平方和：$$SS_h=\sum_{i=1}^{n}(Y_i-\hat{Y}_{hi})^2 \tag{5-4}$$

其中，$Y_i$ 是样本值，把所有 $n$ 个样本分成两部分，$\hat{Y}_{h(-i)}$ 是由 $h$ 个成分采用 $n-1$ 个样本点（不含样本点 $i$，$i=1$，2，…，$n$）拟合方程得到的样本点 $i$ 的拟合值，$\hat{Y}_{hi}$ 是由 $h$ 个成分采用 $n$ 个样本点拟合方程得到的样本点 $i$ 的拟合值。

在 SIMCA 软件中，$Q_h^2$ 的临界值设定为 0.0975，即当 $Q_h^2\geqslant 1-0.95^2=0.0975$ 时，$t_h$ 成分的边际贡献是显著的，因此增加成分 $t_h$ 是明显有益的，反之则终止。SIMCA 软件会自动计算交叉有效性并根据临界值给出成分的个数，同时也允许用户根据需要增加或减少成分的个数。

②模型拟合效果检验——$t_1/u_1$ 平面图和预测图。

判断自变量集合与因变量集合之间是否存在较强的相关关系，是检验是否可以建立 $Y$ 对 $X$ 的线性回归方程的基本条件。在 PLS 回归分析中可以借助 SIMCA 软件绘制 $t_1/u_1$ 平面图，标出每个样本点（$t_1(i)$，$u_1(i)$）的位置，如果在图中明显观察到 $t_1$ 与 $u_1$ 之间存在线性关系，则说明 $X$ 与 $Y$ 有显著的相关关系，说明采用 PLS 方法建立 $Y$ 对 $X$ 的线性模型是比较合理的。

为了进一步考察模型的拟合效果，SIMCA 软件还给出了预测图，即以（$\hat{y}_i$，$y_i$）为坐标值，对所有样本点绘制预测散点图或折线图，其中 $\hat{y}_i$ 是第 $i$ 个样本点 $y_i$ 的预测值。在散点图中，如果所有的样本点都能在图的对角线附近均匀分布，则模型的拟合值与原值差异很小，这个模型的拟合效果就是满意的；在折线图中则可以更加直观地看到模型拟合曲线与原时间序列曲线的对比情况，拟合得越好则建模效果越好。

③精度分析——成分的解释力度。

偏最小二乘回归所提取的自变量成分 $t_h$，一方面尽可能多地代表了 $X$ 中的变异信息，另一方面又尽可能地与 $Y$ 相关，解释 $Y$ 中的信息，为了测量 $t_h$ 对 $X$ 和 $Y$ 的解释力度，定义 $t_h$ 的各种解释力度如下：

（a）$t_h$ 对某自变量 $x_j$ 的解释力度为

$$Rd(x_j;\ t_h) = \mathrm{r}^2(x_j,\ t_h) \tag{5-5}$$

（b）$t_h$ 对自变量集合 $X$ 的解释力度为

$$Rd(X;\ t_h) = \frac{1}{k}\sum_{j=1}^{k} Rd(x_j;\ t_h) \tag{5-6}$$

（c）$t_1$，$t_2$，…，$t_m$ 对 $X$ 的累计解释力度为

$$Rd(X;\ t_1,\ t_2,\ \cdots,\ t_m) = \sum_{h=1}^{m} Rd(X;\ t_h) \tag{5-7}$$

（d）$t_1$，$t_2$，…，$t_m$ 对某自变量 $x_j$ 的累计解释力度为

$$Rd(x_j;\ t_1,\ t_2,\ \cdots,\ t_m) = \sum_{h=1}^{m} Rd(x_j;\ t_h) \tag{5-8}$$

（e）$t_h$ 对因变量 $Y$ 的解释力度为（单因变量情况）

$$Rd(Y;\ t_h) = \mathrm{r}^2(Y,\ t_h) \tag{5-9}$$

（f）$t_1$，$t_2$，…，$t_m$ 对 $Y$ 的累计解释力度为

$$Rd(Y;\ t_1,\ t_2,\ \cdots,\ t_m) = \sum_{h=1}^{m} Rd(Y;\ t_h) \tag{5-10}$$

④变量投影重要性指标——自变量的解释力度。

在 PLS 方法中采用变量投影重要性指标 VIP（Variable Importance in Projection, VIP）来测度每一个自变量对因变量的解释力度，VIP 的计算公式如下：

$$\mathrm{VIP}_j = \sqrt{\frac{k}{Rd(Y;\ t_1,\ t_2,\ \cdots,\ t_m)}\sum_{h=1}^{m} Rd(Y;\ t_h)\,\omega_{hj}^2} \tag{5-11}$$

其中 $\omega_{hj}$是轴 $w_h$ 的第 $j$ 个分量，被用于测量 $x_j$ 对构造 $t_h$ 成分的边际贡献，对 $h=1$，2，…，$m$，它满足 $\sum_{j=1}^{k}\omega_{hj}^2 = w_h^{\mathrm{T}} w_h = 1$。在偏最小二乘回归中，$x_j$ 对 $Y$ 的解释是通过成

分 $t_h$ 来传递的，当 $Rd(Y;\ t_h)$ 很大时，即对 $Y$ 的解释力度很大的 $t_h$ 成分上，$\omega_{hj}^2$ 的值也很大，则 $\mathrm{VIP}_j$ 的值也取的较大。

### 5.1.3 结构断点识别的 ICSS 算法

**(1) ICSS 算法简介**

Inclan 和 Tiao（1994）在中心化累计平方和方法的基础上，提出了迭代累计平方和（Iterated CumulativeSums of Sequares，ICSS）算法，用以寻找时间序列在不同时点的突变点。

ICSS 方法提出后在理论界和实务界都得到了广泛的应用和拓展，成为研究突变点问题较为成熟的方法之一。如，Hammoudeh（2008）等人用 ICSS 分析了中东海湾六国股票市场的突变点；Wang（2009）等人用 ICSS 算法研究了中欧五国股票市场收益率波动序列的变点；何兴强和李仲飞（2006）运用 ICSS 方法诊断我国股市收益的方差漂移突变；史代敏（2006）等人利用 ICSS 方法研究深证成分指数和上证指数收益率波动序列的突变点；吴登生（2011）等人运用 ICSS 方法对生猪价格原始时间序列以及各主要模态进行结构变点检验，验证重要外部事件对生猪价格以及其不同时间尺度序列的影响。

**(2) ICSS 算法的基本原理**

ICSS 算法的具体步骤如下：

设有一时间序列 $Y_k=\mu+\varepsilon_k$，其中 $\mu$ 表示时间序列 $Y_k$ 的未知常数均值，$\sigma^2$ 表示序列 $Y_k$ 和误差项 $\varepsilon_k$ 的未知常数方差。ICSS 算法首先从第一个观察值 $Y_0$ 开始，在没有其他信息的情况下，对下一个观察值进行估计的预测误差为零（即序列下一个观察值的估计值与第一个观察值 $Y_0$ 相等）。如果有信息，则可以对预测误差进行标准化处理，通过加入信息集，然后再进行残差估计。ICSS 算法假设迭代残差序列 $\{\varepsilon_k\}$ 为一个均值为 0 方差为 $\sigma_k^2$ 的时间序列，每个阶段序列的方差分别是 $\sigma_j^2(j=1,\ 2,\ \cdots,\ N_T)$，$N_T$ 是 $T$ 个观察样本下方差变点的个数，$1<K_1<K_2<\cdots<K_{N_T}<T$ 是变点的结合。

用累积平方和方法来计算方法变点的个数以及变点发生的时间，从第一个观察点到第 $k$ 个观察点的累积平方和如式（5－12）所示。

$$C_k=\sum_{t=1}^{k}\varepsilon_t^2\text{，其中 }k=1,\ 2,\ \cdots,\ T \tag{5-12}$$

根据公式（5－12）得到的 $C_T$ 表示整个时间序列里平方误差的总和，可计算得到 $D_k$。

$$D_k=\frac{C_k}{C_T}+\frac{k}{T}\text{，其中 }k=1,\ 2,\ \cdots,\ T\text{ 且 }D_0=D_T=0 \tag{5-13}$$

通过这一处理，就可用统计量 $D_k$ 来对序列 $\{\varepsilon_k\}$ 进行变点测量。显然 $D_k$ 是在零值上下波动，如果残差序列 $\varepsilon_t$ 每一时刻的值均相同，或者说 $\varepsilon_t^2$ 为一常数的话，则 $D_k$ 保持为 0，即意味着序列 $Y_k$ 不存在结构性变点；若 $\varepsilon_t$ 发生了变化，则还需要进一步判断序列是否一定存在统计上的显著变点。基于 $D_k$ 分布（定义零假设为 $\varepsilon_t$ 保持为常数）的临界值便提供了在某一已知概率水平下的上、下界限，可以用于检验是否存在一个统计上显著的变点。若定义 $k^*$ 为当 $\max((\sqrt{T/2})|D_k|)$ 达到时 $k$ 在序列中的位置，如果 $\max((\sqrt{T/2})|D_k|)$ 大于预先给出的临界值，则拒绝零假设，表明序列存在一个显著的变点；否则接受零假设，表明序列没有显著的变点。$T$ 表示 $\varepsilon_t$ 序列的长度，可以通过模拟得到 $\max((\sqrt{T/2})|D_k|)$ 分布的临界值。

## 5.2 指标选择和基本分析

### 5.2.1 指标选取

本章将以铜金属为例展开研究。结合前文各种市场驱动因素对金属价格波动的影响分析，为了着重考察金融因素的影响效应，在此选择以下指标对铜金属价格和相关因素进行计量模型设定。

**（1）铜金属价格**

本书选择伦敦金属交易所（LME）三个月期的铜期货收盘价作为铜金属价格的代理变量，原始数据为日度数据，单位为美元/吨，数据来源于伦敦金属交易所官网。

首先，LME 是全球重要的有色金属交易市场，长期以来扮演着国际定价中心的角色，其金属价格具有国际市场代表性。其次，选择期货价格是因为相比现货价格它能够更清楚地反映各市场因素对金属价格的影响以及市场预期，且第 3 章的研究表明铜期货价格对现货价格具有引导作用。最后，由于每种合约的交割月份不同所以其活跃程度也不一样，期铜合约的主力合约为期铜三月期合约，即距离当前时刻三个月交割的期铜合约，该合约的成交量和活跃度是最高的。

**（2）黄金价格**

黄金属于有色金属中的贵金属类别，是兼具商品属性、货币属性和金融属性的特殊而又重要的有色金属品种。非货币化之后的黄金由于其重要的投资保值功能而具有非常显著的金融属性，这是其他金融资产无法比拟的。黄金价格的波动对整个金融市场以及原油、有色金属等大宗商品市场都会产生影响，因而在此将黄金价格作为影响期铜价格波动的金融因素之一。

本书选择的纽约商品交易所（COMEX）的黄金期货结算价作为黄金价格的代理变量，原始数据为日度数据，单位为美元/盎司，数据来源于纽约商品交易所官网。纽约商品交易所是世界最大的黄金期货交易中心之一，价格具有国际市场代表性。

**（3）宏观金融因素**

宏观金融因素主要考虑对有色金属价格有主要影响作用的汇率变动因素、利率变动因素以及股票市场因素，本书具体选择美元指数（US Dollar Index，USDX）、联邦基金基准利率（Federal Funds Rate，FFR）和标准普尔 500 指数（S&P 500 Index，SP500）作为代理变量。

其中，美元指数是汇率市场因素的代理指标，反映了国际外汇市场中美元对选定的一揽子货币的综合汇率变化情况，不但是美元走势强弱的指示标，还间接反映了美国商品进口成本和出口竞争力的变化。特别在 2008 年金融危机之后，美国连续施行量化宽松货币政策，美元发行量与美元指数在近十几年间基本保持反向关系，因此美元指数可以作为反映国际商品市场的流动性因素之一。根据第 3 章中的理论分析可知，由于有色金属等大宗商品的国际市场交易是以美元定价的，因此美元汇率的变化将会对有色金属商品价格产生显著的影响。本章实证中的美元指数原始数据为日度数据，单位为百分比，数据来源于美联署官网。

美国联邦基金利率是利率市场因素的代理指标，FFR 是指美国同业拆借市场的隔夜拆借利率。FFR 的变化是银行之间资金余缺变化情况的直接反映，美联储通过调节 FFR 对商业银行的资金成本进行调控，并将银行间资金余缺的讯息传达给商品生产和消费企业，影响其消费和投资决策，进而形成对有色金属等商品价格变动的影响。FFR 的原始数据为日度数据，单位为百分比，数据来源于美联署官网。

标准普尔 500 指数是股票市场因素的代理指标，标准普尔 500 指数是由标准普尔公司创建和发布的具有权威代表性的股票指数。标准普尔公司是一家提供信用评级、独立分析研究、投资咨询等多元化金融服务的国际金融机构，其编制和发布的 S&P 1200 和 S&P 500 被金融投资界广泛认可为全球股市表现和美国投资组合指数的基准。S&P 500 综合了在美国纽约证券交易所、纳斯达克交易所等主要交易所上市的 500 家公司的股价信息。由于 S&P 500 涵盖了更多公司的股市信息，相较道琼斯指数而言，它能够对更加广泛的市场信息变化产生灵敏反应，风险更为分散。S&P 500 的原始数据为日度数据，单位为点，数据来源于标普公司官网。

**（4）投机因素**

本章主要考察有色金属市场基金行为中的投机因素，主要采用美国商品期货交易委员会（Commodity Futures Trading Commission，CFTC）公布的交易商持仓报告（Commitments of Traders Report，COT）中提供的非商业持仓指标来构造衡量影响金属价格波动的投机因素的代理变量。具体选择纽约商品期货交易所（COMEX）铜期货市场的非商业交易商持仓比例（RNC）和非商业交易商净头寸比例（PNLNC）两个指标，原始数据为周度数据，单位均为百分比，数据来源于 CFTC 官网。

首先，基金持仓变化是反映其交易行为的重要指标，考察基金行为首先要获取其持仓数据。由于 LME 并不公布客户的具体持仓情况，因此选择美国商品期货交易委员会（CFTC）公布的持仓数据进行研究。

CFTC 是美国期货市场最具权威性的监督管理机构，长期以来一直跟踪和记录来自商品流通领域的市场参与者和基金等投机者的交易行为，其公布的交易商持仓报告是市场交易商和分析人士进行市场分析的重要依据，尤其是其中的非商业持仓数据，被普遍认为是跟踪基金交易动向的重要信息来源。

其次，COT 报告中的持仓分为可报告（Reportable）持仓和非报告（Non-reportable）持仓。交易头寸超过 CFTC 持仓限制的是可报告持仓，它又可分为商业（Commercial）和非商业（Non-commercial）持仓两类。其中，商业持仓主要是与生产商、贸易商和消费商有关，一般认为是套期保值性持仓；非商业持仓主要是来自管理期货或商品基金的基金持仓，一般认为是投机性持仓。非报告持仓一般是指“不值得报告”的较小头寸，即分散的小规模投机者。进一步细化，非商业持仓可分为多头（NCL）、空头（NCS）和套利（NCSP），而商业持仓仅分为多头（CL）和空头（CS），非报告持仓也仅分为多头（NRL）和空头（NRS），报告与非报告持仓的总和为市场总持仓（TOI）。它们之间的关系如下：

$$2 \times TOL = (NCL + NCS + 2 \times NCSP) + (CS + CL) + (NRL + NRS) \quad (5-14)$$

再次，而考察各类交易商持仓情况的指标主要有两个：第一个指标是每种类型的交易商持仓占总持仓的百分比，即各类交易商持有的多头和空头总和除以 2 倍的总持仓量。商业持仓比例 $RC = (CL + CS)/(2 \times TOL)$，非商业持仓比例 $RNC = (NCL + NCS + 2 \times NCSP)/(2 \times TOL)$。第二个指标是各类交易商的净多头百分比（the Percent Net Long，PNL），等于各类交易商的多头持仓减空头持仓除以该类交易商的总持仓。商业持仓净多头比例 $PNLC = (CL - CS)/(CL + CS)$，非商业持仓的净多头比例 $PNLNC = (NCL - NCS)/(NCL + NCS \times 2NCSP)$。根据 Sander 等（2004）、De Roon 等（2000）和李艺（2008）等学者的研究，非商业交易商持仓比例和非商业交易商净多头比例可以从不同角度反映市场的投机压力，因此本章将同时使用这两个指标作为代理变量来衡量投机因素对铜金属价格的影响。其中，非商业交易商净多头比例相比非商业交易商持仓比例，可以更好地刻画投机交易者的看涨情绪。

### 5.2.2 指标预处理

综上所述，本章建模指标包括期铜价格、黄金价格、美元指数、联邦基金基准利率、标准普尔500指数、期铜非商业交易商持仓比例和非商业交易商净头寸比例等共计7个代理变量。而模型估计需要尽可能多的样本量，本章选取的绝大多数变量都是日度数据，仅有来自COT报告的交易商持仓数据是公布截至周二的周度收盘持仓数据，因而实证分析能够采用的最高数据频率为周度。在此，对日度变量利用其每周二的数据产生与持仓数据相匹配的连续周度时间序列样本（周二数据缺失时采用前值替代）。所有指标的全样本区间设定为2000年1月4日至2014年5月27日，该区间基本涵盖了铜金属市场的牛市、熊市和平稳阶段，每个指标共计752个周度样本数据。约定指标变量用大写字母缩写表示，分别记为CP、GP、USDX、FFR、SP500、RNC和PNLNC。计量经济学实证研究的理论和经验表明，序列的对数数据不但不会影响原始序列之间的协整关系，而且可以使数据的趋势线性化，尽可能的弱化波动的影响，还可以消除原始序列存在的异方差，因此本章首先对部分代理指标的样本数据进行取对数处理。具体是对期铜价格、黄金价格、美元指数、联邦基金利率和标准普尔500指数取自然对数，分别记为lnCP、lnGP、lnUSDX、lnFFR和lnSP500；而期铜非商业交易商持仓比例和非商业交易商净头寸比例变量存在负数值，因而不存在自然对数，直接采用原始值，分别记为RNC和PNLNC。

### 5.2.3 基本统计分析

基本统计分析主要包括各变量的描述性统计分析、时间序列平稳性检验以及变量间的相关性分析，本节的实证分析工具采用的是EViews 6.0。

**（1）描述性统计分析**

对各指标的周度样本数据进行描述性统计分析，结果如表5-1所示。其中，正态分布的偏度 $S=0$，若样本序列 $S>0$，则呈右偏分布，若 $S<0$ 则呈左偏分布；正态分布的峰度 $K=3$，若样本序列 $K>3$，则序列分布的尾部比正态分布的尾部厚，其分布呈现出“尖峰”状态，若 $K<3$ 则序列分布的尾部比正态分布的尾部薄，其分布呈现出“矮

胖”状态。Jarque－Bera 统计量用来初步检验是否服从正态分布，由概率值 P 来判断。而样本的变异系数是指样本标准差与均值的比值。

从变异系数可以看出，样本期间内联邦基金利率和非商业交易商净头寸比例具有较高的波动性，而铜价格和黄金价格的波动性则相对较低，美元指数、标普 500 指数和非商业交易商持仓比例的波动性相对最低。此外，从 Jarque－Bera 统计值也可以看出，非商业交易商持仓比例时间序列在 5% 的显著性下不是正态分布，其他时间序列在 1% 的显著性下都不是正态分布；其中，标准普尔 500 指数和非商业交易商净头寸比例序列呈现出尖峰厚尾右偏的非正态分布，铜价格和非商业交易商持仓比例则呈现出“矮胖”左偏的非正态分布，黄金价格、美元指数和联邦基金利率均呈现出“矮胖”右偏的非正态分布。

**表 5－1　各指标的描述性统计**

| | CP | GP | USDX | FFR | SP500 | RNC | PNLNC |
|---|---|---|---|---|---|---|---|
| 最大值 | 10 011.00 | 1 869.90 | 130.06 | 6.71 | 1 911.91 | 0.7000 | 0.7500 |
| 最小值 | 1 361.00 | 256.10 | 93.73 | 0.06 | 696.33 | 0.1200 | －0.0900 |
| 均值 | 5 100.29 | 807.51 | 109.37 | 2.09 | 1 253.74 | 0.4041 | 0.2271 |
| 标准差 | 2 730.76 | 488.12 | 9.94 | 2.12 | 233.18 | 0.1027 | 0.1709 |
| 变异系数 | 0.5354 | 0.6045 | 0.0908 | 1.0162 | 0.1860 | 0.2541 | 0.7525 |
| 偏度 S | －0.0599 | 0.5520 | 0.4792 | 0.7292 | 0.3753 | －0.2485 | 0.8601 |
| 峰度 K | 1.4032 | 1.9120 | 2.0116 | 2.0867 | 3.1557 | 2.8800 | 3.2387 |
| JB 统计量 | 80.3469 | 75.2873 | 59.3968 | 92.7726 | 18.4162 | 8.1923 | 94.5016 |
| P 值 | 0.0000 | 0.0000 | 0.0000 | 0.0000 | 0.0001 | 0.0166 | 0.0000 |
| 样本量 | 752 | 752 | 752 | 752 | 752 | 752 | 752 |

**（2）平稳性检验**

采用 ADF 单位根检验法对所有变量进行时间序列的平稳性检验，结果如表 5－2 所示。检验结果显示，期铜价格、黄金价格、美元指数、联邦基金利率和标准普尔 500 指数原序列都是非平稳的，而其 1 阶差分序列都是平稳的，也就是说它们是 1 阶单整的；而期铜非商业交易商持仓比例和非商业交易商净头寸比例变量的原序列本身就是平稳的。

表 5－2　　变量的平稳性检验

| 变量 | 检验形式 $(c, t, k)$ | ADF 统计量 | P 值 | 1% 临界值 | 是否平稳 |
|---|---|---|---|---|---|
| $\ln CP$ | $(c, t, 0)$ | －1.5184 | 0.8228 | －3.9704 | 不平稳 |
| $\Delta\ln CP$ | (0, 0, 0) | －16.6516 | 0.0000 | －2.5681 | 平稳*** |
| $\ln GP$ | $(c, t, 0)$ | －1.8052 | 0.7015 | －3.9703 | 不平稳 |
| $\Delta\ln GP$ | (0, 0, 0) | －27.4446 | 0.0000 | －2.5680 | 平稳*** |
| $\ln USDX$ | $(c, t, 0)$ | －2.2964 | 0.4349 | －3.9703 | 不平稳 |
| $\Delta\ln USDX$ | (0, 0, 0) | －26.6388 | 0.0000 | －2.5680 | 平稳*** |
| $\ln FFR$ | $(c, t, 0)$ | －1.5992 | 0.7928 | －3.9703 | 不平稳 |
| $\Delta\ln FFR$ | (0, 0, 0) | －35.0137 | 0.0000 | －2.5680 | 平稳*** |
| $\ln SP500$ | $(c, t, 0)$ | －1.6938 | 0.7534 | －3.9703 | 不平稳 |
| $\Delta\ln SP500$ | (0, 0, 0) | －30.2585 | 0.0000 | －2.5680 | 平稳*** |
| $RNC$ | $(c, t, 0)$ | －5.2054 | 0.0001 | －3.9703 | 平稳*** |
| $PNLNC$ | $(c, t, 0)$ | －5.2330 | 0.0001 | －3.9703 | 平稳*** |

注：检验形式 $(c, t, k)$ 中 $c$ 表示常数项，$t$ 表示趋势项，$k$ 表示所采用的滞后阶数；***、** 和 * 分别表示 1%、5% 和 10% 的显著水平下平稳；检验形式中滞后阶数根据 SIC 准则自动取值；Δ 表示取一阶差分。

**（3）相关性分析**

各变量之间的相关性如表 5－3 所示，可以看到，除了联邦基金利率与标准普尔 500 指数之间的相关性低于 10% 的显著性水平之外，其他变量两两之间的相关系数都高于 5% 的显著性水平，且相关系数较高。说明所选金融因素指标与期铜价格线性相关，用期铜价格与黄金价格、美元指数、联邦基金利率、标准普尔 500 指数、非商业交易商持仓比例和非商业交易商净头寸比例建立多元线性回归模型是适合的。

但进一步观察可以发现，作为解释变量的各金融因素之间的相关系数过高，其中黄金价格与美元指数、联邦基金利率之间的相关系数都大于 80%，由此可以预见如果采用普通的最小二乘回归方法将出现多重共线性的问题，而下文所引入的偏最小二乘方法则可以有效解决这个问题。

同时，还考察了期铜价格与多个影响因素指标一阶滞后项之间的动态相关性如表 5－4 所示，结果显示期铜价格与黄金价格、美元指数、联邦基金利率、标准普尔 500 指数、非商业交易商持仓比例和非商业交易商净头寸比例等指标的一阶滞后项都具有显著的相关关系，且相关系数较高。由此说明期铜价格将受到各因素一阶滞后项的影响，多元回归模型的建议需要考虑加入各变量的滞后项。

表 5-3 各变量相关系数

| | lnCP | lnGP | lnUSDX | lnFFR | lnSP500 | RNC | PNLNC |
|---|---|---|---|---|---|---|---|
| lnCP | 1.0000 | | | | | | |
| lnGP | 0.9068*** | 1.0000 | | | | | |
| lnUSDX | -0.9521*** | -0.9130*** | 1.0000 | | | | |
| lnFFR | -0.5096*** | -0.7951*** | 0.5665*** | 1.0000 | | | |
| lnSP500 | 0.4734*** | 0.3383*** | -0.4370*** | -0.0369 | 1.0000 | | |
| RNC | 0.4213*** | 0.5005*** | -0.3811*** | -0.4365*** | 0.2338*** | 1.0000 | |
| PNLNC | -0.4908*** | -0.4001*** | 0.4028*** | 0.0755** | -0.1846*** | -0.4692*** | 1.0000 |

注：***、**和*分别表示1%、5%和10%的显著水平下平稳。

表 5-4 各变量动态相关系数

| | lnCP | lnGP | lnUSDX | lnFFR | lnSP500 | RNC | PNLNC |
|---|---|---|---|---|---|---|---|
| lnCP(-1) | 0.9986*** | 0.9067*** | -0.9520*** | -0.5084*** | 0.4753*** | 0.4196*** | -0.4945*** |
| lnGP(-1) | 0.9059*** | 0.9992*** | -0.9123*** | -0.7949*** | 0.3412*** | 0.4990*** | -0.3987*** |
| lnUSDX(-1) | -0.9508*** | -0.9124*** | 0.9970*** | 0.5654*** | -0.4377*** | -0.3799*** | 0.4086*** |
| lnFFR(-1) | -0.5096*** | -0.7946*** | 0.5667*** | 0.9963*** | -0.0407 | -0.4337*** | 0.0669* |
| lnSP500(-1) | 0.4704*** | 0.3349*** | -0.4324*** | -0.0291 | 0.9909*** | 0.2286*** | -0.1906*** |
| RNC(-1) | 0.4211*** | 0.4990*** | -0.3818*** | -0.4363*** | 0.2415*** | 0.9564*** | -0.4726*** |
| PNLNC(-1) | -0.4902*** | -0.4002*** | 0.3991*** | 0.0795** | -0.1868*** | -0.4507*** | 0.9644*** |

注：***、**和*分别表示1%、5%和10%的显著水平下平稳；(-1)表示一阶滞后项。

## 5.3 PLS 回归模型的估计

### 5.3.1 期铜价格的结构断点识别

#### (1) 结构断点识别

由于关注的是金属价格波动的影响因素，因而在此以期铜价格收益率作为代理变量考察铜价波动情况的结构性转变，根据前文的分析，期铜价格收益率序列为平稳的时间序列。根据 ICSS 算法的基本原理，采用 Matlab2010 编程，计算期铜价格收益率周度时间序列的结构断点，样本区间为 2000 年 1 月 11 日至 2014 年 5 月 27 日，共计 751 个样本数据，输出结果如表 5-5 所示。

表 5 -5　　期铜价格收益率序列结构断点

| 结构断点 | 位置 | 对应日期 | 检验统计量 |
|---|---|---|---|
| 1 | 196 | 2003 年 10 月 07 日 | 0.000452 |
| 2 | 263 | 2005 年 01 月 18 日 | 0.001339 |
| 3 | 327 | 2006 年 04 月 11 日 | 0.000536 |
| 4 | 456 | 2008 年 09 月 30 日 | 0.001896 |
| 5 | 501 | 2009 年 08 月 11 日 | 0.004394 |
| 6 | 615 | 2011 年 10 月 18 日 | 0.001428 |

根据 ICSS 算法检验结果确定回归模型存在 6 个结构断点，分别为 2003 年 10 月 07 日、2005 年 01 月 18 日、2006 年 04 月 11 日、2008 年 09 月 30 日、2009 年 08 月 11 日、2011 年 10 月 18 日，即说明在结构断点前后期铜价波动发生了显著结构性转变，因此可将全样本区间分为 7 个子样本阶段，如图 5 -1 所示。

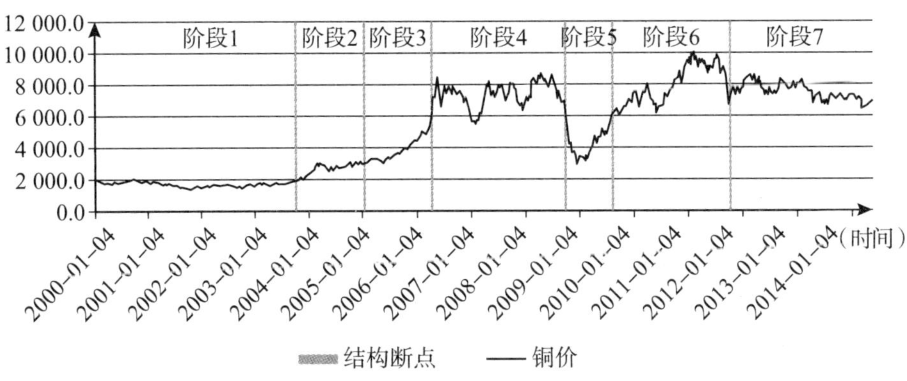


图 5 -1　期铜价格与结构断点

(2) 各阶段样本描述性统计分析

对各阶段期铜价格序列的基本特征进行描述性统计分析，对比分析结果如表 5 -6 所示。根据期铜价格各阶段的波动态势，并结合突变点对应时间的全球经济形势和历史重大事件，初步总结出各阶段波动特征：全样本时期总体趋势是“大起大落”，各个阶段的铜价波动状态可以依次用“相对平静”、“平稳上扬”、“大幅上涨”、“高位震荡”、“大幅下跌”、“震荡回升”和“高位趋稳”来描述。接下来将根据模型估计结果进行深入的定量分析。

表 5-6 各阶段期铜价格的描述性统计分析

| | 全样本 | 阶段 1 | 阶段 2 | 阶段 3 | 阶段 4 | 阶段 5 | 阶段 6 | 阶段 7 |
|---|---|---|---|---|---|---|---|---|
| 起始时间 | 2000/01/04 | 2000/01/04 | 2003/10/07 | 2005/01/18 | 2006/04/11 | 2008/09/30 | 2009/08/11 | 2011/10/18 |
| 终止时间 | 2014/05/27 | 2003/09/30 | 2005/01/11 | 2006/04/04 | 2008/09/23 | 2009/08/04 | 2011/10/11 | 2014/05/27 |
| 最大值 | 10 011.00 | 2 004.00 | 3 095.00 | 5 548.00 | 8 699.00 | 6 360.00 | 10 011.00 | 8 615.00 |
| 最小值 | 1 361.00 | 1 361.00 | 1 854.00 | 3 006.00 | 5 470.00 | 2 915.00 | 5 980.00 | 6 475.00 |
| 均值 | 5 100.29 | 1 678.62 | 2 656.57 | 3 822.62 | 7 402.61 | 4 242.42 | 7 947.45 | 7 532.25 |
| 标准差 | 2 730.76 | 140.38 | 340.07 | 691.31 | 745.74 | 872.61 | 1 213.40 | 521.29 |
| 变异系数 | 0.5354 | 0.0836 | 0.1280 | 0.1808 | 0.1007 | 0.2057 | 0.1527 | 0.0692 |
| 偏度 | -0.0599 | 0.0233 | -0.8290 | 0.6925 | -0.6569 | 0.4059 | 0.1163 | 0.1425 |
| 峰度 | 1.4032 | 2.3175 | 2.5851 | 2.2816 | 2.9117 | 2.3291 | 1.6336 | 2.2644 |
| JB 统计量 | 80.3469 | 3.8213 | 8.1553 | 6.4923 | 9.3182 | 2.0799 | 9.1248 | 3.5528 |
| P 值 | 0.0000 | 0.1480 | 0.0169 | 0.0389 | 0.0095 | 0.3535 | 0.0104 | 0.1692 |
| 样本量 | 752 | 196 | 67 | 64 | 129 | 45 | 114 | 137 |
| 阶段特征 | 大起大落 | 相对平静 | 平稳上扬 | 大幅上涨 | 高位震荡 | 大幅下跌 | 震荡回升 | 高位趋稳 |

## 5.3.2 分阶段模型估计及拟合效果

为了考察不同影响因素在不同时期对期铜价格的影响程度和作用方式，本章的实证部分将在结构断点划分的不同阶段分别使用偏普通最小二乘法（PLS）对 5.1.1 节建立的期铜价格与金融影响因素的多元线性回归模型进行估计。采用的工具软件是 Umetrics 公司官方网站提供的最新版本 SIMCA13.0.3，并借助 SIMCA 强大的统计分析功能对回归模型的估计质量进行多种诊断检验和比较分析。

在全样本阶段以及各个子样本阶段对模型进行 PLS 拟合，系统根据交叉有效性指标选择 PLS 成分，得到最佳的 PLS 回归模型。

首先，绘制各阶段的 $t_1/u_1$ 平面图如图 5-2 所示，全样本阶段和阶段 1、2、3、5、6、7 显示期铜价格与解释变量存在较为明显的线性关系，仅阶段 4 的线性关系稍弱，但基本可以认为各阶段模型的建立是合理有效的。

其次，下面的组图 5-3 给出了期铜价格观测值与拟合值的曲线，由于本书重点关注各类金融因素对金属价格的影响，因此并没有把期铜价格的供需基本面等商品属性的重要影响因素加入模型，因此观察值与拟合值之间必定存在偏差，但从模型的拟合曲线可以看出，在仅考虑金融因素的情况下各阶段的整体拟合效果是比较理想的。

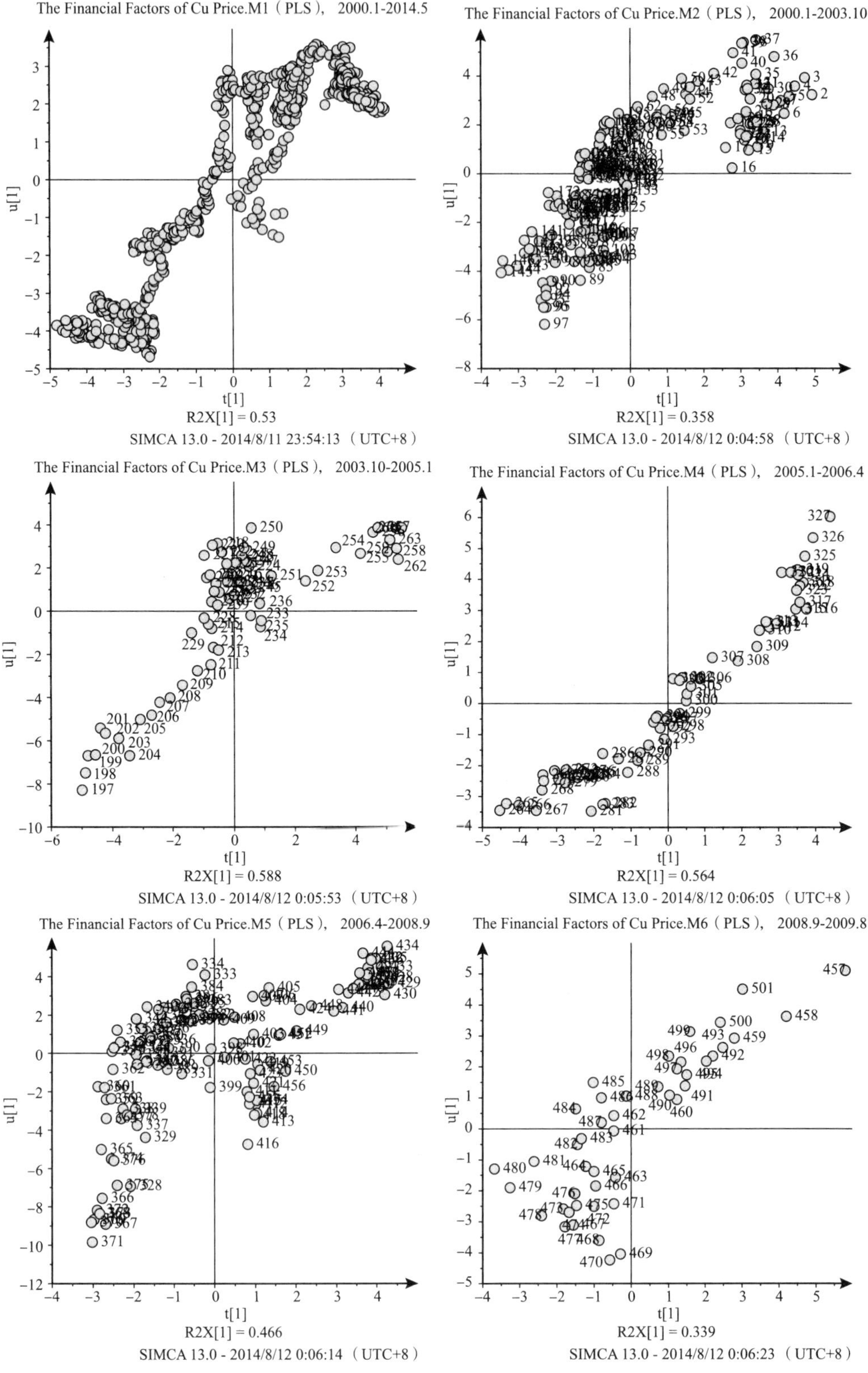
The Financial Factors of Cu Price.M1（PLS），2000.1-2014.5
u[1]
t[1]
R2X[1] = 0.53
SIMCA 13.0 - 2014/8/11 23:54:13（UTC+8）
The Financial Factors of Cu Price.M2（PLS），2000.1-2003.10
u[1]
t[1]
R2X[1] = 0.358
SIMCA 13.0 - 2014/8/12 0:04:58（UTC+8）
The Financial Factors of Cu Price.M3（PLS），2003.10-2005.1
u[1]
t[1]
R2X[1] = 0.588
SIMCA 13.0 - 2014/8/12 0:05:53（UTC+8）
The Financial Factors of Cu Price.M4（PLS），2005.1-2006.4
u[1]
t[1]
R2X[1] = 0.564
SIMCA 13.0 - 2014/8/12 0:06:05（UTC+8）
The Financial Factors of Cu Price.M5（PLS），2006.4-2008.9
u[1]
t[1]
R2X[1] = 0.466
SIMCA 13.0 - 2014/8/12 0:06:14（UTC+8）
The Financial Factors of Cu Price.M6（PLS），2008.9-2009.8
u[1]
t[1]
R2X[1] = 0.339
SIMCA 13.0 - 2014/8/12 0:06:23（UTC+8）

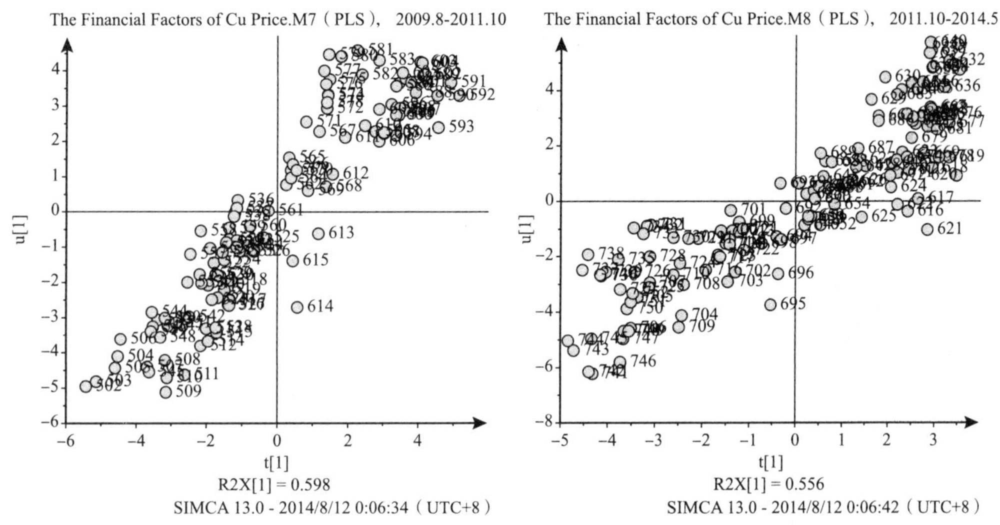


**图 5-2　各阶段 PLS 回归模型的 $t_1/u_1$ 平面图**

同时，从曲线的拟合效果可以观察到更深层更有意义的现象，对于阶段 3、阶段 5 和阶段 6，观察值与拟合值之间偏差较小、拟合效果较好，说明在 2005 ~ 2006 年“大幅上涨”阶段、2009 ~ 2011 年“震荡回升”阶段以及 2011 ~ 2014 年“高位趋稳”阶段，期铜价格受到金融因素的影响较大；反之，在阶段 1、阶段 2、阶段 4 和阶段 7 观察值与拟合值之间偏差稍大，则说明 2005 年之前的“相对平静”和“平稳上扬”阶段，以及 2007 ~ 2008 年受金融危机的影响的高位震荡和大幅下跌期间，铜价格受到金融因素整体的影响则相对较小，这些阶段的铜价波动更多的是受到工业生产和宏观经济形势的影响。而具体影响因素及其作用机理则将在下文中进行量化分析。

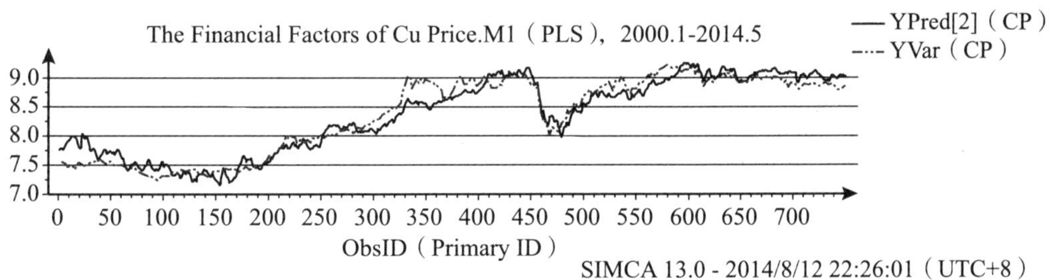

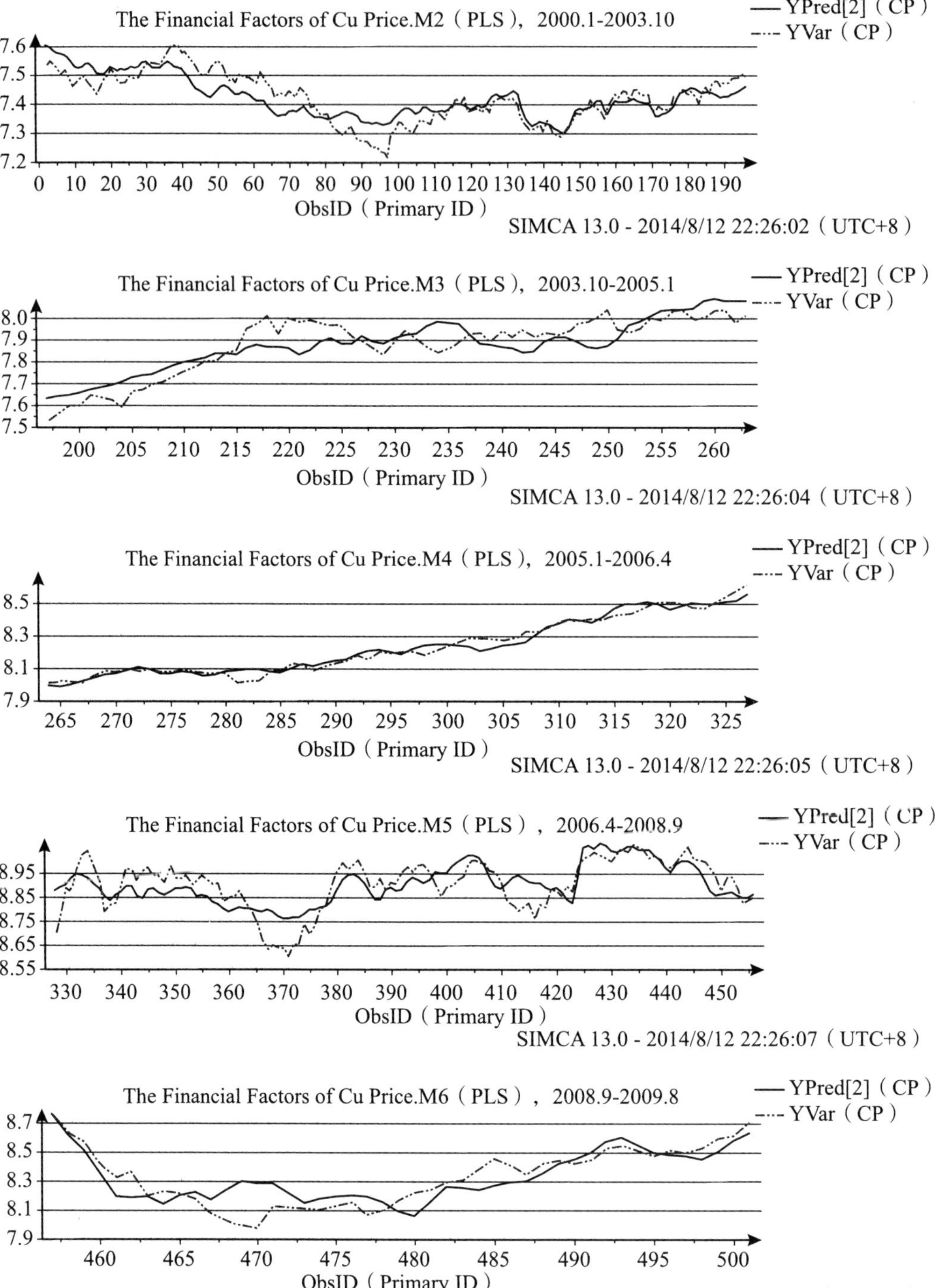
The Financial Factors of Cu Price.M2（PLS），2000.1-2003.10
YPred[2]（CP）
YVar（CP）
7.6
7.5
7.4
7.3
7.2
0 10 20 30 40 50 60 70 80 90 100 110 120 130 140 150 160 170 180 190
ObsID（Primary ID）
SIMCA 13.0 - 2014/8/12 22:26:02（UTC+8）
The Financial Factors of Cu Price.M3（PLS），2003.10-2005.1
YPred[2]（CP）
YVar（CP）
8.0
7.9
7.8
7.7
7.6
7.5
200 205 210 215 220 225 230 235 240 245 250 255 260
ObsID（Primary ID）
SIMCA 13.0 - 2014/8/12 22:26:04（UTC+8）
The Financial Factors of Cu Price.M4（PLS），2005.1-2006.4
YPred[2]（CP）
YVar（CP）
8.5
8.3
8.1
7.9
265 270 275 280 285 290 295 300 305 310 315 320 325
ObsID（Primary ID）
SIMCA 13.0 - 2014/8/12 22:26:05（UTC+8）
The Financial Factors of Cu Price.M5（PLS），2006.4-2008.9
YPred[2]（CP）
YVar（CP）
8.95
8.85
8.75
8.65
8.55
330 340 350 360 370 380 390 400 410 420 430 440 450
ObsID（Primary ID）
SIMCA 13.0 - 2014/8/12 22:26:07（UTC+8）
The Financial Factors of Cu Price.M6（PLS），2008.9-2009.8
YPred[2]（CP）
YVar（CP）
8.7
8.5
8.3
8.1
7.9
460 465 470 475 480 485 490 495 500
ObsID（Primary ID）
SIMCA 13.0 - 2014/8/12 22:26:08（UTC+8）

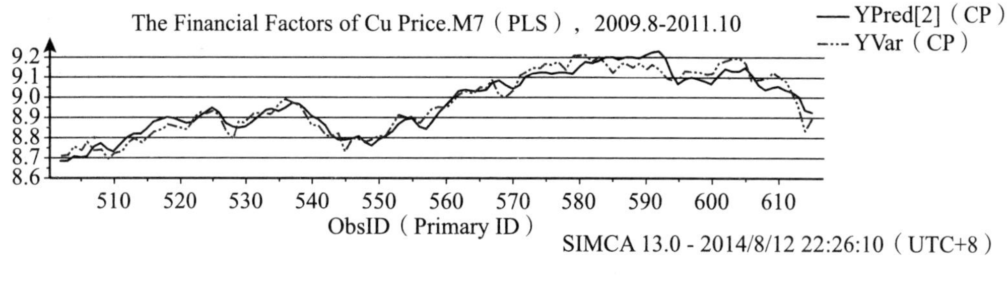


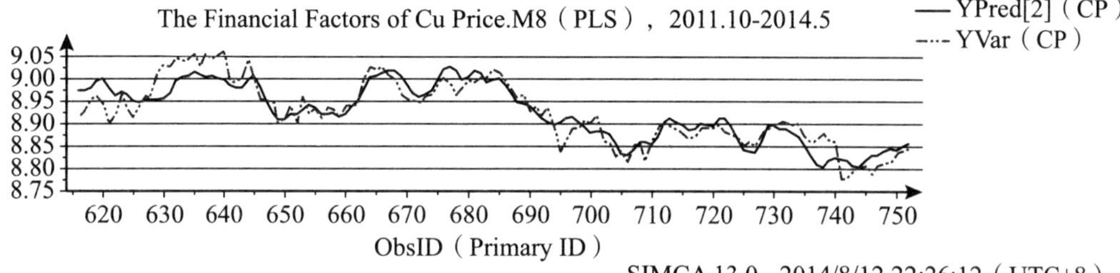


**图 5 -3　观测值与拟合值曲线图**

## 5.4　模型估计的结果分析

### 5.4.1　成分的解释力度

通过模型估计得到各阶段模型拟合的精度评价，即成分对自变量和因变量的解释力度，结果如表 5 -7 所示。

**表 5 -7　　　各阶段 PLS 模型回归的精度分析**

| | 成分 | RdX | RdX（cum） | RdY | RdY（cum） | $Q^2$ | $Q^2$（cum） |
|---|---|---|---|---|---|---|---|
| 全样本 | $t_1$ | 0. 530 | 0. 530 | 0. 843 | 0. 843 | 0. 843 | 0. 843 |
| | $t_2$ | 0. 126 | 0. 655 | 0. 082 | 0. 925 | 0. 520 | 0. 925 |
| | $t_3$ | 0. 112 | **0. 768** | 0. 015 | **0. 940** | 0. 199 | **0. 940** |
| 阶段 1 | $t_1$ | 0. 358 | 0. 358 | 0. 637 | 0. 637 | 0. 636 | 0. 636 |
| | $t_2$ | 0. 385 | 0. 743 | 0. 041 | 0. 678 | 0. 109 | 0. 675 |
| | $t_3$ | 0. 138 | 0. 881 | 0. 037 | 0. 715 | 0. 110 | 0. 711 |
| | $t_4$ | 0. 078 | 0. 959 | 0. 021 | 0. 736 | 0. 068 | 0. 731 |
| | $t_5$ | 0. 011 | **0. 970** | 0. 025 | **0. 760** | 0. 072 | **0. 750** |

续表

| | 成分 | RdX | RdX (cum) | RdY | RdY (cum) | $Q^2$ | $Q^2$ (cum) |
|---|---|---|---|---|---|---|---|
| 阶段 2 | $t_1$ | 0.588 | 0.588 | 0.654 | 0.654 | 0.646 | 0.646 |
| | $t_2$ | 0.200 | 0.788 | 0.051 | 0.706 | 0.088 | 0.677 |
| | $t_3$ | 0.077 | 0.865 | 0.059 | 0.764 | 0.136 | 0.721 |
| | $t_4$ | 0.027 | **0.892** | 0.077 | **0.841** | 0.201 | **0.777** |
| 阶段 3 | $t_1$ | 0.564 | 0.564 | 0.930 | 0.930 | 0.927 | 0.927 |
| | $t_2$ | 0.166 | **0.730** | 0.030 | **0.960** | 0.371 | **0.954** |
| 阶段 4 | $t_1$ | 0.466 | 0.466 | 0.404 | 0.404 | 0.399 | 0.399 |
| | $t_2$ | 0.153 | 0.619 | 0.171 | 0.575 | 0.267 | 0.560 |
| | $t_3$ | 0.251 | **0.870** | 0.020 | **0.595** | 0.035 | **0.575** |
| 阶段 5 | $t_1$ | 0.339 | 0.339 | 0.656 | 0.656 | 0.649 | 0.649 |
| | $t_2$ | 0.437 | 0.776 | 0.055 | 0.712 | 0.140 | 0.698 |
| | $t_3$ | 0.102 | 0.878 | 0.087 | 0.798 | 0.209 | 0.761 |
| | $t_4$ | 0.051 | 0.929 | 0.046 | 0.845 | 0.137 | 0.794 |
| | $t_5$ | 0.022 | **0.951** | 0.032 | **0.877** | 0.105 | **0.816** |
| 阶段 6 | $t_1$ | 0.598 | 0.598 | 0.844 | 0.844 | 0.841 | 0.841 |
| | $t_2$ | 0.163 | 0.761 | 0.082 | 0.926 | 0.500 | 0.920 |
| | $t_3$ | 0.072 | **0.834** | 0.011 | **0.937** | 0.075 | **0.926** |
| 阶段 7 | $t_1$ | 0.556 | 0.556 | 0.788 | 0.788 | 0.786 | 0.786 |
| | $t_2$ | 0.165 | **0.720** | 0.037 | **0.825** | 0.159 | **0.820** |

在全样本阶段，最终确定提取 3 个成分。一方面，从对解释变量的解释力度来看，第 1 个成分对金融因素集合的解释力度达到了 53.0%，第 2 个成分的解释力度为 12.6%，第 3 个成分又有 11.2% 的信息参与对自变量的解释，3 个成分对金融因素集合的累计解释力度为 76.8%。另一方面，从对因变量（期铜价格）的解释力度来看，第 1 个成分对因变量变异的解释力度为 84.3%，第 2 个成分对因变量变异的解释力度为 8.2%，第 3 个成分的解释力度仅为 1.5%，3 个成分对因变量的累计解释力度高达 94.0%。总的来说，所提取的 3 个成分代表了自变量集合中 76.8% 的变异信息，解释了因变量 94.0% 的信息。可见，所提取的成分对自变量集合和因变量的解释力度都较好，表明自变量与因变量之间确实存在较高的相关性。

在子样本阶段，可以进行类似分析。其中，阶段 1 共提取 5 个成分，这 5 个成分对金融因素集合的累计解释力度高达 97.0%，而对期铜价格的累计解释力度也达到了 76.0%；阶段 2 共提取 4 个成分，这 4 个成分对金融因素集合的累计解释力度达到 89.2%，对期铜价格的累计解释力度达到 84.1%；阶段 3 共提取 2 个成分，这 2 个成分对金融因素集合的累计解释力度为 73.0%，对铜价的累计解释力度高达 96.0%；阶段 4

共提取 3 个成分，这 3 个成分对金融因素集合的累计解释力度达到 87.0%，而对铜价的累计解释力度仅为 59.5%；阶段 5 共提取 5 个成分，这 5 个成分对金融因素集合的累计解释力度高达 95.1%，对铜价的累计解释力度达到 87.7%；阶段 6 共提取 3 个成分，这 3 个成分对金融因素集合的累计解释力度达到 83.4%，对铜价的累计解释力度高达 93.7%；阶段 7 共提取 2 个成分，这 5 个成分对金融因素集合的累计解释力度为 72.0%，对铜价的累计解释力度达到 82.5%。

总的来说，在 7 个子样本阶段，所提取的成分综合了各阶段自变量集合 72% 以上的变异信息，对自变量集合的解释力度都是较好的；然而对因变量的解释则从最低的 59.5% 到最高的 93.7%，说明模型中的金融因素对期铜价格的影响在不同阶段产生的作用大小存在明显的差异，对期铜价格解释力度越高的阶段，金融因素的影响越凸显，各阶段成分对期铜价格的累计解释力度从大到小的排序为：阶段 3 > 阶段 6 > 阶段 5 > 阶段 2 > 阶段 7 > 阶段 1 > 阶段 4。

可见发现，在 2005 ~ 2006 年投机因素推动铜价高涨的阶段 3、在 2008 ~ 2009 年金融危机引发铜价大幅下跌的阶段 5，以及在 2009 ~ 2011 年后金融危机时期金融政策促进经济复苏推动铜价震荡回升的阶段 6，期铜价格受到金融因素的综合影响最强；在 2003 ~ 2005 年铜价平稳上扬的阶段 2 和 2011 ~ 2014 年铜价在高位小幅波动趋稳的阶段 7，受到金融因素的综合影响相对较强；而在 2000 ~ 2003 年铜价处于相对平静的阶段 1 和 2006 ~ 2008 年铜价处于高位震荡的阶段 4，受到金融因素的影响相对较弱。值得注意的是，该结论与 5.3.2 节中模型拟合效果直观分析的结论取得了很好的一致性，从而定量验证了前面分析结论的有效性。

### 5.4.2 自变量的解释力度

为了便于比较每个金融因素指标在解释期铜价格时的贡献程度，可以通过解释变量的投影重要性指标 VIP 来测度，即自变量的解释力度。将各阶段每个变量的投影重要性指标按大小排序进行对比，结果如表 5 - 8 所示。

表 5 - 8　　变量投影重要性指标表

| VIP | 全样本 | | 阶段 1 | | 阶段 2 | | 阶段 3 | |
|---|---|---|---|---|---|---|---|---|
| 排序 | Var ID | M1. VIP [3] | Var ID | M2. VIP [5] | Var ID | M3. VIP [4] | Var ID | M4. VIP [2] |
| 1 | USDX | 1.4066 | USDX. L1 | 1.3141 | SP500. L1 | 1.3415 | GP | 1.3369 |
| 2 | USDX. L1 | 1.4020 | USDX | 1.2912 | SP500 | 1.1920 | FFR. L1 | 1.2872 |

续表

| VIP 排序 | 全样本 Var ID | M1. VIP [3] | 阶段 1 Var ID | M2. VIP [5] | 阶段 2 Var ID | M3. VIP [4] | 阶段 3 Var ID | M4. VIP [2] |
|---|---|---|---|---|---|---|---|---|
| 3 | GP | 1. 3026 | SP500. L1 | 1. 1618 | FFR | 1. 0091 | GP. L1 | 1. 2834 |
| 4 | GP. L1 | 1. 3020 | SP500 | 1. 1557 | FFR. L1 | 0. 9736 | FFR | 1. 2741 |
| 5 | FFR | 0. 8410 | FFR | 1. 0868 | USDX | 0. 9468 | SP500 | 1. 1861 |
| 6 | FFR. L1 | 0. 8399 | FFR. L1 | 1. 0541 | RNC. L1 | 0. 9390 | SP500. L1 | 1. 1714 |
| 7 | RNC. L1 | 0. 7734 | PNLNC. L1 | 0. 9290 | RNC | 0. 9304 | RNC. L1 | 0. 8697 |
| 8 | RNC | 0. 7684 | PNLNC | 0. 9167 | USDX. L1 | 0. 9259 | RNC | 0. 7841 |
| 9 | SP500 | 0. 7341 | RNC. L1 | 0. 8611 | PNLNC. L1 | 0. 9207 | PNLNC | 0. 6490 |
| 10 | SP500. L1 | 0. 7287 | RNC | 0. 8428 | GP | 0. 9189 | PNLNC. L1 | 0. 6256 |
| 11 | PNLNC. L1 | 0. 7069 | GP | 0. 4923 | PNLNC | 0. 9060 | USDX. L1 | 0. 4268 |
| 12 | PNLNC | 0. 7020 | GP. L1 | 0. 4806 | GP. L1 | 0. 8941 | USDX | 0. 3748 |
| VIP 排序 | 阶段 4 Var ID | M5. VIP [3] | 阶段 5 Var ID | M6. VIP [5] | 阶段 6 Var ID | M7. VIP [3] | 阶段 7 Var ID | M8. VIP [2] |
| 1 | PNLNC | 1. 5080 | USDX. L1 | 1. 4087 | SP500 | 1. 2721 | USDX | 1. 2538 |
| 2 | PNLNC. L1 | 1. 3978 | USDX | 1. 3762 | SP500. L1 | 1. 2509 | GP | 1. 2251 |
| 3 | USDX | 1. 0626 | SP500 | 1. 2009 | USDX | 1. 1435 | USDX. L1 | 1. 2085 |
| 4 | USDX. L1 | 1. 0566 | SP500. L1 | 1. 1603 | USDX. L1 | 1. 1126 | GP. L1 | 1. 2016 |
| 5 | GP. L1 | 1. 0466 | GP. L1 | 0. 9697 | GP | 1. 0448 | SP500. L1 | 1. 0712 |
| 6 | GP | 1. 0447 | FFR | 0. 8735 | PNLNC. L1 | 1. 0444 | SP500 | 1. 0599 |
| 7 | FFR | 0. 9474 | FFR. L1 | 0. 8716 | PNLNC | 1. 0399 | RNC | 0. 9930 |
| 8 | FFR. L1 | 0. 9235 | RNC | 0. 8318 | GP. L1 | 1. 0273 | RNC. L1 | 0. 9750 |
| 9 | RNC. L1 | 0. 8665 | PNLNC | 0. 8144 | RNC. L1 | 0. 7508 | FFR | 0. 7668 |
| 10 | RNC | 0. 6563 | PNLNC. L1 | 0. 7803 | RNC | 0. 6932 | FFR. L1 | 0. 7143 |
| 11 | SP500. L1 | 0. 4713 | GP | 0. 7645 | FFR | 0. 6929 | PNLNC | 0. 6507 |
| 12 | SP500 | 0. 4306 | RNC. L1 | 0. 5675 | FFR. L1 | 0. 6543 | PNLNC. L1 | 0. 5418 |

首先，从各阶段的 VIP 指标概况来看，分样本时期和全样本时期的 VIP 指标排序差异较大，说明在不同的阶段，各种金融因素对期铜价格的作用效果存在明显差异，可见期铜价格序列存在明显的结构转变特征，根据结构断点对样本进行阶段划分再进行分阶段的模型估计是更为合理有效的。另外，可以注意到，绝大多数变量自身与其一阶滞后项的 VIP 指标大小相近，即它们在解释因变量的时候贡献度相当。说明各解释变量对因变量的影响具有滞后效应，表现出时间序列的记忆性特征，各金融因素对期铜价格的影响是持续的。

其次，从各阶段的 VIP 指标具体排序来看，对于全样本阶段，美元指数、黄金价格和联邦基金基准利率等货币指标的解释力度要大于股市因素和投机因素等指标的解释力度。这表明作为大宗商品的重要类别，铜金属等有色金属商品在金融市场中受到货币因素的长期作用是显著的，而股市和基金市场在 2000 ~ 2014 年的总体样本期内的作用则相对较弱。对于分样本阶段，各类因素解释力度的具体分析如下：

①黄金价格因素在阶段 3 对因变量解释力度的 VIP 值最大，即在铜价“大幅上涨”时期对铜价变化的解释力度最强，在阶段 4、阶段 5、阶段 6 和阶段 7 对期铜价格解释力度也较强，但在阶段 1 和阶段 2 期间解释力度较弱，总体来说黄金从 2005 年铜价上涨直到后来的大幅波动，都对期铜价格变动产生较为突出的影响。

②美元指数因素在阶段 1、阶段 5 和阶段 7 对因变量解释力度的 VIP 值都是最大的，即在铜价“相对平静”、受金融危机影响“大幅下跌”以及近年来的“高位趋稳”阶段对铜价变化的解释力度最强，在阶段 2、阶段 4 和阶段 6 对期铜价格解释力度也较强，仅在铜价“大幅上涨”的阶段 3 解释力度最弱，总体来说美元指数是期铜价格变动非常重要的影响因素之一，这也印证了全样本阶段美元指数因素影响力排名第 1 的结论。

③联邦基金基准利率因素在 7 个阶段都不是对铜价解释力度最强的因素，在阶段 1、阶段 2 和阶段 3 对因变量的解释力度稍强，而在阶段 4、阶段 5、阶段 6 和阶段 7 对期铜价格解释力度则稍弱，可见利率变化对期铜价格变动的影响在各阶段保持相对稳定。

④标准普尔 500 指数在阶段 2 和阶段 6 对因变量解释力度的 VIP 值都是最大的，即在铜价“平稳上扬”和“震荡回升”阶段对铜价变化的解释力度最强，在阶段 1、阶段 3、阶段 5 和阶段 7 对期铜价格解释力度也较强，仅在铜价“高位震荡”的阶段 4 解释力度最弱，总体来说，股市因素对期铜价格变动的影响主要体现在宏观经济环境较好的情况下对铜价的上涨有助推作用。

⑤投机因素中的非商业交易商持仓比例（RNC）变量在各阶段都对铜价的波动有一定的贡献，但没有在任何一个时期对铜价产生主导作用，可见相比非商业交易商净多比例变量而言，非商业交易商持仓比例变量的作用并不是特别凸显。

⑥投机因素中的非商业交易商净多比例（PNLNC）变量在阶段 4 对因变量解释力度的 VIP 值最大，即在 2006 ~ 2008 年铜价“高位震荡”阶段对铜价变化的解释力度最强，在铜价“震荡回升”的阶段 6 对期铜价格解释力度也较强，但在阶段 1、阶段 2、阶段 3、阶段 5 和阶段 7 其解释力度则较弱，由此可见，投机因素仅在某些阶段对铜价产生较为突出的影响，特别是在“震荡”明显的阶段，可以说投机因素是短期内促使铜价剧烈波动的主导因素之一。

### 5.4.3 分阶段模型的回归系数分析

上两节分析了不同阶段期铜价格受到金融影响的整体作用效果，以及不同阶段各金融因素在解释期铜价格变动时的重要性，而不同阶段具体金融因素的具体影响方向和作用机理则可以根据各阶段 PLS 模型估计的回归系数进行分析，估计结果如表 5 –9 所示，系数值是针对标准化数据的回归方程的。

**表 5 –9　　各阶段 PLS 模型估计的自变量回归系数**

| | 全样本 | 阶段 1 | 阶段 2 | 阶段 3 | 阶段 4 | 阶段 5 | 阶段 6 | 阶段 7 |
|---|---|---|---|---|---|---|---|---|
| 对应方程 | M1 | M2 | M3 | M4 | M5 | M6 | M7 | M8 |
| 成分个数 | 3 | 5 | 4 | 2 | 3 | 5 | 3 | 2 |
| *Constant* | 12.7113<br>(0.0000) | 88.4092<br>(0.0000) | 57.4227<br>(0.0000) | 47.3582<br>(0.0000) | 84.4751<br>(0.0000) | 40.8136<br>(0.0000) | 58.4120<br>(0.0000) | 129.0300<br>(0.0000) |
| *GP* | 0.2079<br>(0.0015) | 0.2977<br>(0.0812) | 0.3578<br>(0.6219) | 0.1918<br>(0.0210) | 0.0095<br>(0.0327) | 0.1155<br>(0.4604) | 0.1637<br>(0.0381) | 0.1249<br>(0.0111) |
| *USDX* | –0.2896<br>(0.0023) | –0.0310<br>(0.0948) | 0.5454<br>(0.5072) | –0.0455<br>(0.0346) | –0.0595<br>(0.0411) | –0.2077<br>(0.3005) | –0.1520<br>(0.0432) | –0.1550<br>(0.0222) |
| *FFR* | 0.0461<br>(0.0054) | 0.4796<br>(0.1574) | 0.2009<br>(0.3778) | 0.1377<br>(0.0082) | –0.0294<br>(0.0308) | 0.1061<br>(0.2707) | 0.1197<br>(0.0989) | 0.0850<br>(0.0337) |
| *SP500* | 0.0310<br>(0.0079) | 0.1559<br>(0.1333) | 0.3318<br>(0.1848) | 0.1431<br>(0.0116) | –0.0930<br>(0.1187) | 0.2615<br>(0.3982) | 0.2213<br>(0.0200) | –0.0677<br>(0.0194) |
| *RNC* | –0.0383<br>(0.0079) | 0.0378<br>(0.2155) | 0.0807<br>(0.4784) | 0.0503<br>(0.0274) | –0.1432<br>(0.1006) | –0.7026<br>(0.3739) | 0.0147<br>(0.0837) | –0.1144<br>(0.0171) |
| *PNLNC* | –0.0685<br>(0.0081) | 0.3965<br>(0.1434) | 0.0186<br>(0.4358) | –0.0497<br>(0.0519) | 0.3575<br>(0.0896) | 0.4421<br>(0.3099) | 0.1431<br>(0.0419) | 0.1394<br>(0.0365) |
| *GP. L1* | 0.2061<br>(0.0022) | 0.2921<br>(0.1111) | 0.1459<br>(0.2147) | 0.1844<br>(0.0249) | 0.0058<br>(0.0320) | 0.5838<br>(0.5032) | 0.1510<br>(0.0405) | 0.1139<br>(0.0117) |
| *USDX. L1* | –0.2843<br>(0.0021) | –0.0372<br>(0.0982 | 0.4359<br>(0.6022) | –0.0284<br>(0.0383) | –0.0422<br>(0.0356) | 0.0508<br>(0.4911) | –0.1084<br>(0.0292) | –0.1343<br>(0.0220) |
| *FFR. L1* | 0.0442<br>(0.0036) | 0.4370<br>(0.1505) | 0.2007<br>(0.3839) | 0.1394<br>(0.0069) | –0.0447<br>(0.0376) | 0.0127<br>(0.4122) | 0.0954<br>(0.0643) | 0.0706<br>(0.0207) |
| *SP500. L1* | 0.0278<br>(0.0086) | 0.1060<br>(0.1557) | 0.6521<br>(0.3878) | 0.1470<br>(0.0149) | –0.1157<br>(0.1025) | –0.1371<br>(0.2897) | 0.1838<br>(0.0188) | –0.0762<br>(0.0165) |
| *RNC. L1* | –0.0410<br>(0.0084) | 0.0768<br>(0.1904) | –0.2755<br>(0.5200) | 0.0542<br>(0.0260) | –0.2182<br>(0.1151) | –0.2150<br>(0.2619) | –0.0031<br>(0.0747) | –0.1063<br>(0.0213) |
| *PNLNC. L1* | –0.0737<br>(0.0075) | 0.0848<br>(0.1522) | 0.1965<br>(0.2841) | –0.0437<br>(0.0505) | 0.3191<br>(0.0361) | 0.1472<br>(0.3438) | 0.0868<br>(0.0397) | 0.1161<br>(0.0237) |

注：在 PLS 分析中用 L1 表示变量的一阶滞后项，圆括号内代表该变量标准差。

同时，还可以结合各阶段的回归系数直方图对各类金融因素在解释期铜价格变化时的边际作用进行更加直观的比较分析，如图 5 –4 所示。

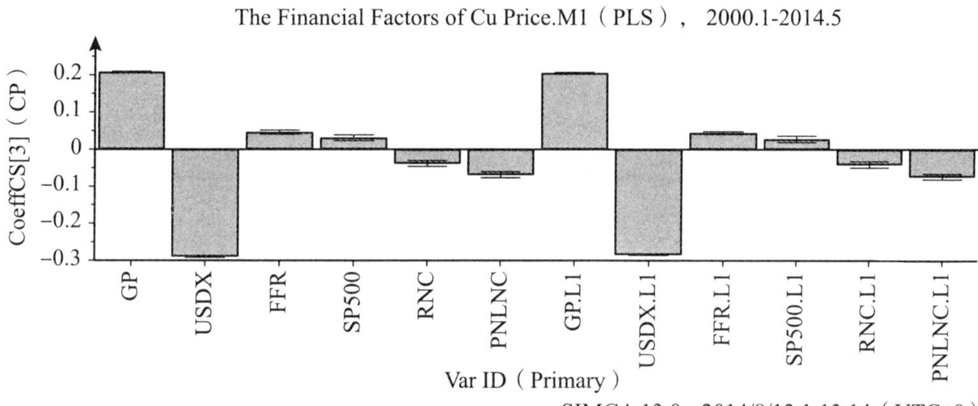
The Financial Factors of Cu Price.M1（PLS），2000.1-2014.5
CoeffCS[3]（CP）
0.2
0.1
0
−0.1
−0.2
−0.3
GP
USDX
FFR
SP500
RNC
PNLNC
GP.L1
USDX.L1
FFR.L1
SP500.L1
RNC.L1
PNLNC.L1
Var ID（Primary）
SIMCA 13.0 - 2014/8/12 1:13:14（UTC+8）

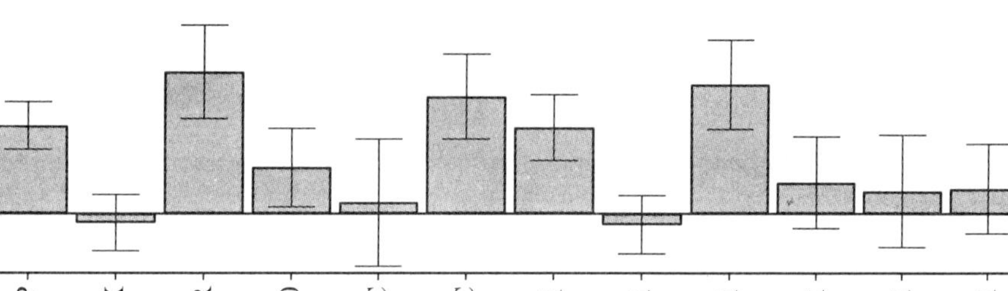
The Financial Factors of Cu Price.M2（PLS），2000.1-2003.10
CoeffCS[5]（CP）
0.6
0.5
0.4
0.3
0.2
0.1
0
−0.1
−0.2
GP
USDX
FFR
SP500
RNC
PNLNC
GP.L1
USDX.L1
FFR.L1
SP500.L1
RNC.L1
PNLNC.L1
Var ID（Primary）
SIMCA 13.0 - 2014/8/12 1:14:22（UTC+8）

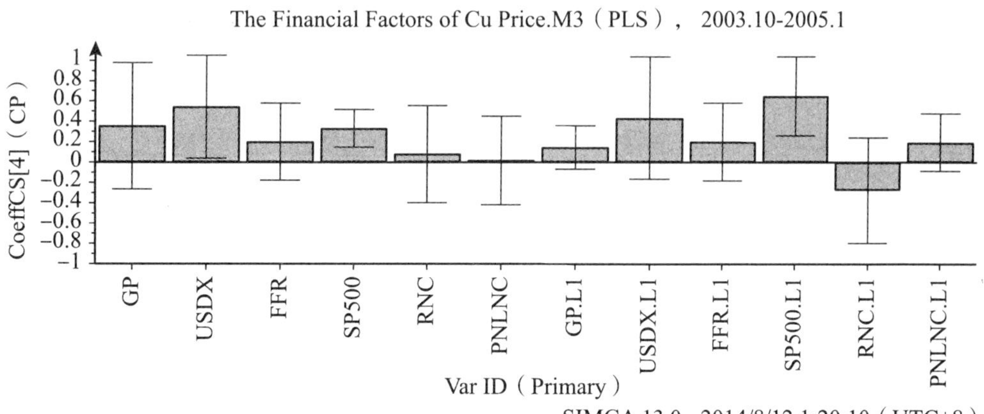
The Financial Factors of Cu Price.M3（PLS），2003.10-2005.1
CoeffCS[4]（CP）
1
0.8
0.6
0.4
0.2
0
−0.2
−0.4
−0.6
−0.8
−1
GP
USDX
FFR
SP500
RNC
PNLNC
GP.L1
USDX.L1
FFR.L1
SP500.L1
RNC.L1
PNLNC.L1
Var ID（Primary）
SIMCA 13.0 - 2014/8/12 1:20:10（UTC+8）

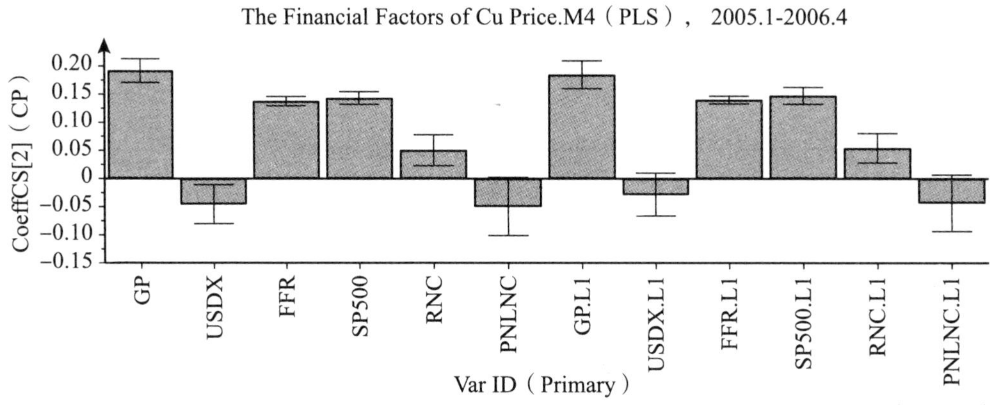
The Financial Factors of Cu Price.M4（PLS）， 2005.1-2006.4
CoeffCS[2]（CP）
0.20
0.15
0.10
0.05
0
−0.05
−0.10
−0.15
GP
USDX
FFR
SP500
RNC
PNLNC
GP.L1
USDX.L1
FFR.L1
SP500.L1
RNC.L1
PNLNC.L1
Var ID（Primary）
SIMCA 13.0 - 2014/8/12 1:20:21（UTC+8）

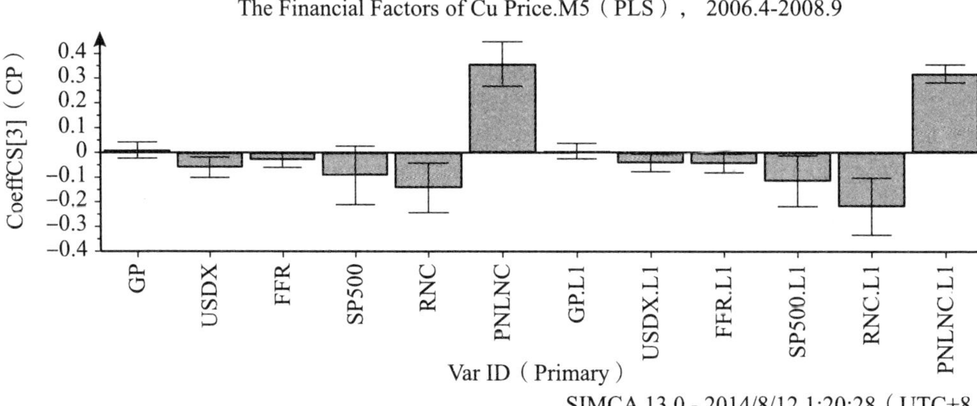
The Financial Factors of Cu Price.M5（PLS）， 2006.4-2008.9
CoeffCS[3]（CP）
0.4
0.3
0.2
0.1
0
−0.1
−0.2
−0.3
−0.4
GP
USDX
FFR
SP500
RNC
PNLNC
GP.L1
USDX.L1
FFR.L1
SP500.L1
RNC.L1
PNLNC.L1
Var ID（Primary）
SIMCA 13.0 - 2014/8/12 1:20:28（UTC+8）

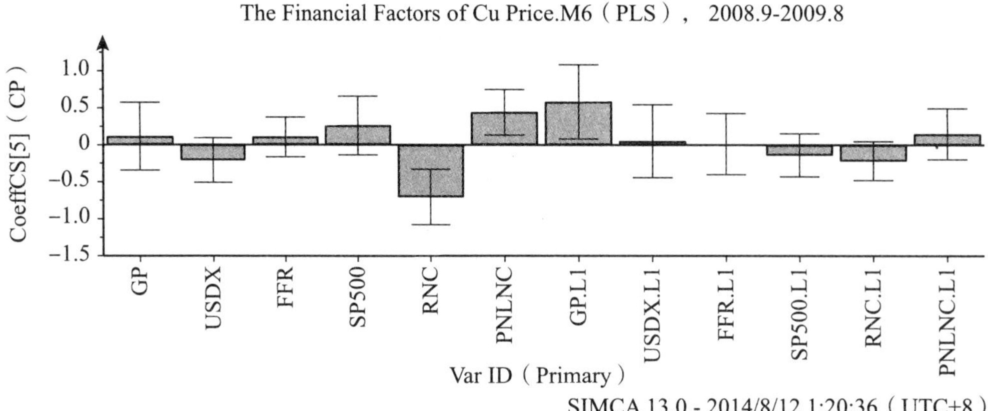
The Financial Factors of Cu Price.M6（PLS）， 2008.9-2009.8
CoeffCS[5]（CP）
1.0
0.5
0
−0.5
−1.0
−1.5
GP
USDX
FFR
SP500
RNC
PNLNC
GP.L1
USDX.L1
FFR.L1
SP500.L1
RNC.L1
PNLNC.L1
Var ID（Primary）
SIMCA 13.0 - 2014/8/12 1:20:36（UTC+8）

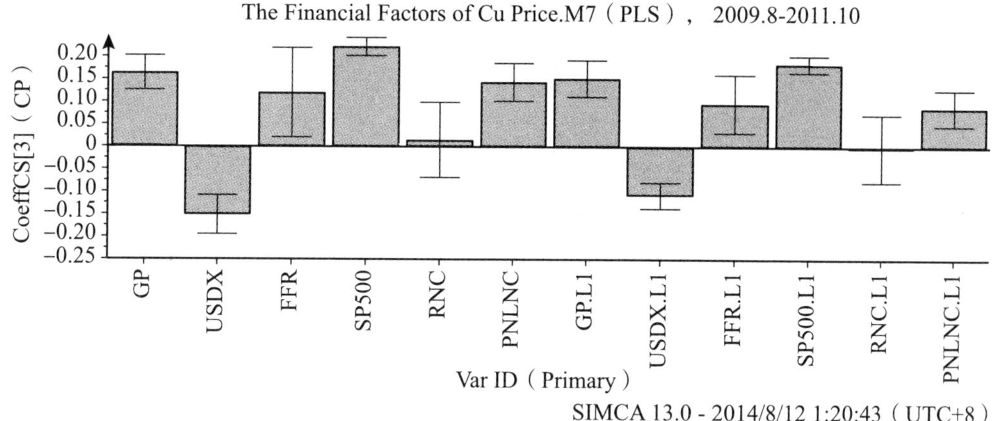



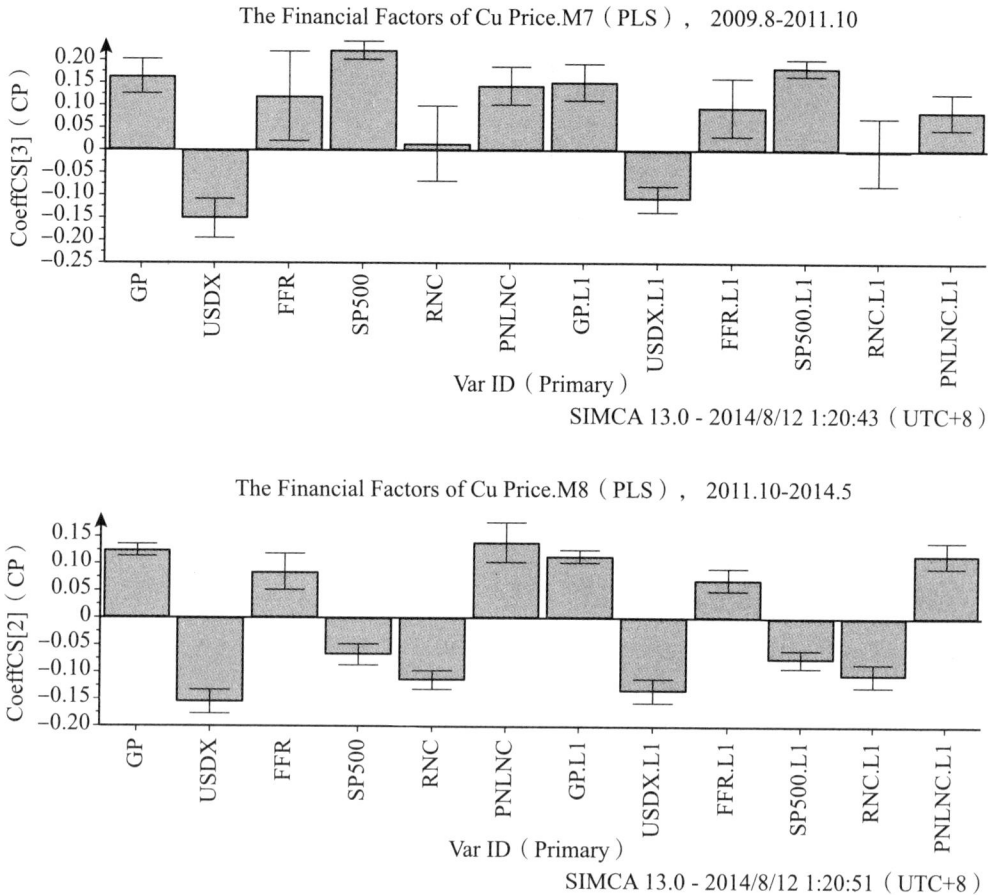


**图 5－4 各阶段的 PLS 回归系数图**

在没有考虑期铜价格波动结构性变化的全样本时期，首先，通过直方图可以直观观测到，全样本时期美元指数和黄金价格对铜价的影响作用最强，且各金融因素滞后一期的作用情况显示它们对期铜价格的影响都具有持续性。

其次，通过回归系数来看各金融因素对铜价影响的方向和作用大小：黄金价格、联邦基金利率、标准普尔 500 指数以及这三个指标的一阶滞后项对铜价的变动都为正向影响，当这些变量当期增加 10% 时，铜价分别提高 2. 08% 、0. 46% 和 0. 31% ，变量滞后一期增加 10% 时，铜价分别提高 2. 06% 、0. 44% 和 0. 28% 。而美元指数、非商业交易商持仓比例和非商业交易商净头寸比例以及它们的一阶滞后项对铜价的影响为负向，当这些变量当期增加 10% 时，铜价分别降低 2. 90% 、0. 38% 和 0. 69% ，变量滞后一期增加 10% 时，铜价分别降低 2. 84% 、0. 41% 和 0. 74% 。而分样本时期的回归系数也可以做类似分析。

### 5.4.4　金融因素的作用机理分析

根据回归模型的结果可以发现，在不同结构性改变时期内影响期铜价格的主要驱动因素会随着市场机制的改变而有所不同，与此同时，期铜价格和主要影响因素的长期关系在不同结构性改变时期内也是变化的。在此，我们更加关注的是不同时期各影响因素的作用方向和作用机理，通过回归系数将每个因素作用情况总结如图 5－5 所示。

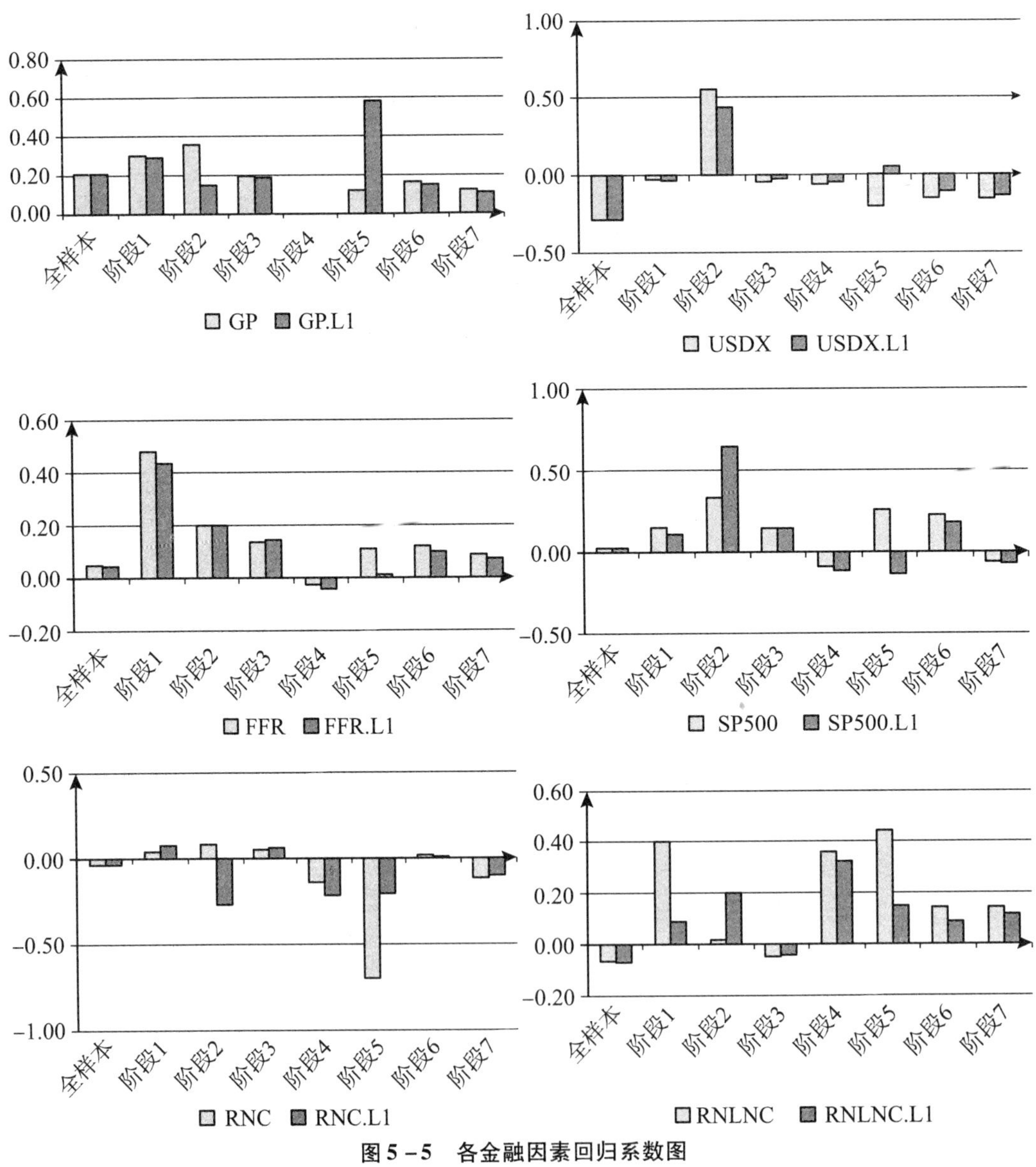


图 5－5　各金融因素回归系数图

**（1）黄金价格的影响**

从各阶段PLS模型的黄金价格（GP）回归系数可知，黄金价格对期铜价格存在显著的正向影响；对比黄金价格与铜价的走势图（图5－6）也可以观测到，除了阶段4二者的相关性较弱之外，其他阶段二者走势都较为一致。

**图5－6　黄金价格与铜价走势**

铜的价格走势与黄金的走势密切正向相关。究其原因，黄金实际上传达了美元价值和通货膨胀变化的讯息，一方面，美元下跌会引起黄金价格上涨，进而推动铜价上涨；另一方面，物价上涨也会引起黄金价格上涨，从而推动铜价上涨。同时，黄金价格还可以作为商品价格长期走势的风向标，原因在于，黄金价格的变动反映了市场对全球宏观经济发展趋势的预期，而宏观经济局势对铜金属商品的价格波动具有显著的影响，因此黄金价格通过传递市场预期的信息影响着铜价的长期走势。

例如在黄金价格对铜价的影响较为显著的阶段1期间，黄金价格从2001年4月的256美元/盎司上涨到了2002年5月的311美元/盎司，涨幅高达25%，而1996年以来这样的上涨从来没有发生过，至此开启了一波长期的上涨行情，黄金的牛市无疑已经确立。而铜追随黄金，在黄金上涨半年之后，铜从2001年11月也开始反弹，由此基本可以验证黄金是商品价格先行者的规律。

**（2）美元指数的影响**

从各阶段PLS模型的美元指数（USDX）回归系数可知，除阶段2外，美元指数对期铜价格存在显著的负向影响；对比美元指数与铜价的走势图（图5－7）可以观测到，期铜价格在长期趋势上与主导定价的美元指数存在负相关性，与全样本阶段二者负相关的基本结论一致。

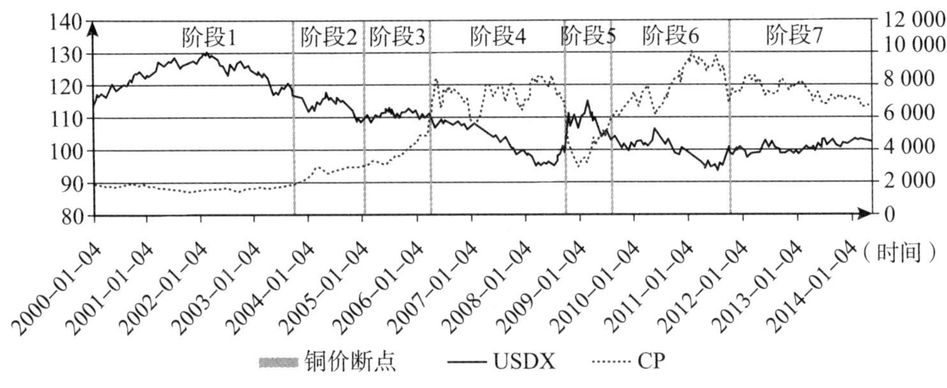


**图 5 – 7　美元指数与铜价走势**

铜市的价格走势与美元指数的走势负向相关。主要原因在于国际商品市场有色金属是以美元计价的，USDX 下跌表示美元对其他货币的比价下跌，即是说美元贬值，则所对应的商品价格是上涨的，若 USDX 上涨，则相反。从美元指数与铜价走势图可以看出，自 2001 年底开始，铜金属市场很好的响应了美元指数中期的下行走势，并且作出了符合常规理论的反应，二者存在较为明显的负相关。

分阶段来看，在铜价相对平稳上涨阶段，美元指数波动对铜价波动的贡献度不大，而与平稳上涨阶段相比，从 2007 年 8 月经济危机开始美国为向市场注入流动性连续降息并推出量化宽松货币政策，美元不断贬值，美元指数处于下降通道，对铜价上涨的推动作用明显。

但在 2003 年 10 月至 2005 年 1 月的阶段 2 却出现了美元指数与期铜价格正向相关的异常情况，究其原因，可能是美元指数自 2002 年展开的一轮中期下跌趋势，却在 2004 ~ 2005 年出现了 10% 以上幅度的逆势修正行情，结束了美元的第一轮主跌趋势；而在需求方面，由于一些供需状况的好转，金属原料商品具有持续增加需求的动力，因此金属市场并没有直接形成下跌趋势，从而形成了美元指数与期铜价格之间的正向相关关系。虽然铜金属价格波动趋势没有在美元指数的第一轮趋势段作出正常响应，但却会延迟到第二波趋势段作出正常响应，因此二者的正向关系在阶段 3 继续显现。

**（3）联邦基金基准利率的影响**

从各阶段 PLS 模型联邦基金基准利率（FFR）的回归系数可知，在全样本阶段和除阶段 4 外的分样本阶段，联邦基金基准利率都对期铜价格存在显著的正向影响，仅在阶段 4 出现负向影响；对比联邦基金基准利率与铜价的走势图（图 5 – 8）可以观测到，期铜价格在长期趋势上与联邦基金基准利率基本形成正向相关，但不乏存在短期相悖的阶段。

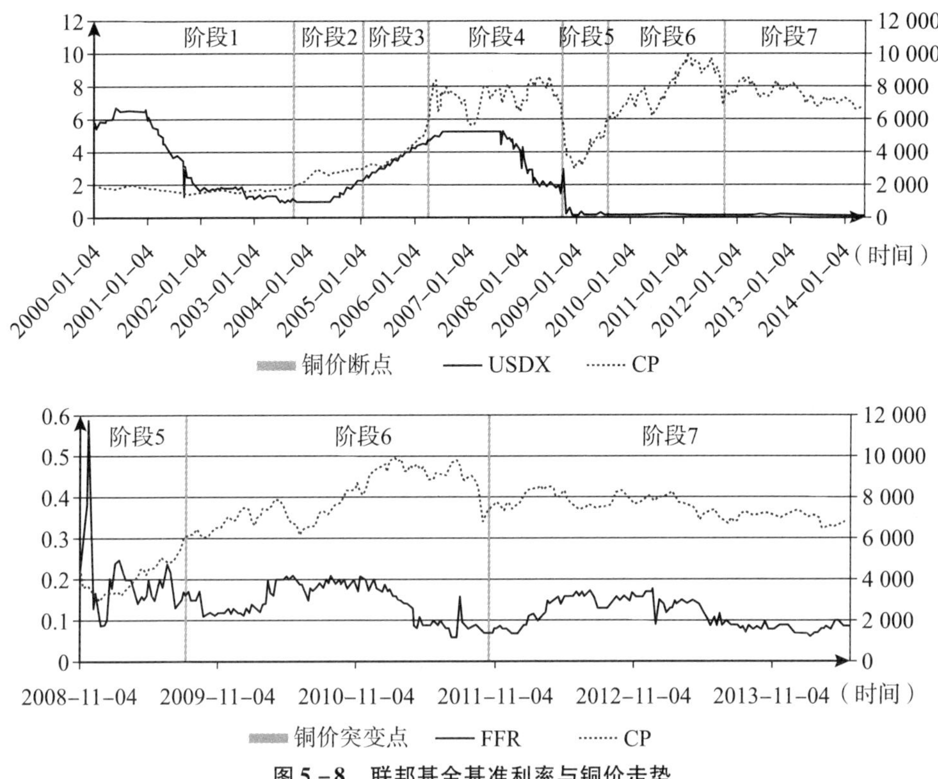


**图 5-8 联邦基金基准利率与铜价走势**

短期而言，存在于利率与铜价之间的并非简单的比例关系。原因在于，利率对铜价的影响可以通过两条路径实现，即工业生产（或经济增长）和通货膨胀，而这两条纽带中利率对铜价的作用效果并不一致，单独的讨论利率对铜价的影响可能得不到有效的结论。因此，需要结合工业生产和美联储的货币政策方向来阐释真实利率变动对铜价形成的影响。

一方面，工业生产状况是金属原料需求变化的重要指示信号，在金属商品定价过程中将产生显著的影响。Frankel（1984，1986）针对真实利率对商品价格的影响机制作了深入的分析，研究发现：在真实利率提高的情况下，生产企业不但急于将收入进行投资以获取高额回报，因而提升了企业进行资源开采的动力，而且促使他们将商品库存占用的资金释放从而进行投资获利；同时，高利率还会刺激投机者把资本金从商品投资领域转入其他金融资产投资领域，而这些影响机制均造成了实物商品供给的增加和需求量的减少，进而推动商品价格的下跌。在真实利率降低的情况下，则形成商品价格上涨的相反结果。

另一方面，作为商品的一种，基本金属的价格不可避免地要受到通货膨胀的影响。特别需要注意的是，真实利率与此存在另一个影响商品价格的路径，即在泰勒规则的作用影响下，形成了真实利率与经济周期和商品价格之间同向变动的相关关系。

泰勒规则：$i_t = \pi_t + R + \frac{1}{2}(\pi_t - \pi) + \frac{1}{2}(y_t - y)$　　(5 - 15)

其中，$i_t$ 代表名义利率，$R$ 代表真实利率，$\pi_t$ 代表通货膨胀率，$\pi$ 代表目标通货膨胀率，$y_t$ 代表当期的产出增长率，$y$ 则代表自然产出增长率。可见泰勒规则体现出货币政策对目标的经济增长率和通货膨胀率的重视。

当前，美国货币政策基本上是依据泰勒规则来制定的，且泰勒规则是一个事先公布的政策规则，市场参与者可以预计到，一旦通货膨胀率提高，名义利率也会随之同比甚至超比提高，由于金属商品的价格变动信息会影响到整个物价水平，因而投资者可以预计名义利率将对金属商品价格的变动产生响应。且名义利率和金属商品价格都属于快速响应的变量，当它们同时被某一个市场因素所驱动时，则会出现正向相关的变化关系。因此，联邦基金利率的提高与美国经济的增长是同向变化的，也就形成了利率与铜价之间中长期的正向影响关系。

而 2006 年 4 月至 2008 年 9 月期铜价格“高位震荡”的阶段 4 出现利率对铜价负向影响显著的情况。主要是由于 2007 年 8 月开始，美联储连续 10 次降息，联邦基金基准利率由最高的 5.41% 降至 0% ~0.25% 的极低水平，施行零利率政策或近似零利率政策使得利率工具失效，从而构成了利率与铜价之间短期的负向影响关系。随后美国央行便开始连续推出一轮又一轮的量化宽松货币政策，即通过购买国债等中长期债券，增加基础货币供给，向市场注入大量流动性资金。

**（4）标准普尔 500 指数的影响**

从各阶段 PLS 模型标准普尔 500 指数（SP500）的回归系数可知，在全样本阶段、阶段 1、阶段 2、阶段 3 和阶段 6，标普 500 指数都对期铜价格存在显著的正向影响，在阶段 4 和阶段 7 出现负向影响，而在阶段 5 出现指数当期正相关，滞后一期负相关的逆转。对比标普 500 指数与铜价的走势图（图 5 - 9）可以观测到，期铜价格与标普 500 指数中长期的正向相关是基本成立的，同时也存在一些短期负相关的情况。

标准普尔 500 指数对期铜价格中长期趋势上的正向影响，究其原因主要在于股票市场具有产生短期财富效应的特性，股价上涨相当于资产升值，从而形成了商品价格的相对降低。对于工业生产企业来说，股市的短期财富效应使得本来应该投资于实物原料商品的资金转向投机领域，造成实物商品需求的短期下滑；但长期来看，介于股票市场可以为生产企业提供较为便利的融资服务，则会促进企业扩大生产的积极性，这样又使得企业对实物原料商品需求的提升，形成长期趋势下对金属商品价格上涨的动力。此外，股市作用全球经济基本面晴雨表发挥的作用。股市的涨跌反映了市场对未来经济基本面的预期程度，此时，股市对工业生产形势具有显著的正向作用，股市投资也和金属价格形成较高的正向关系。

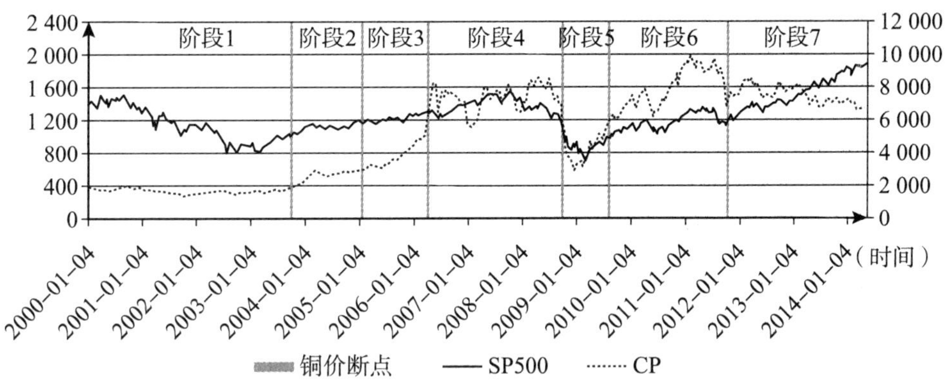


**图 5－9 标准普尔 500 指数与铜价走势**

而股市因素对铜价的影响，在 2006～2008 年铜价“高位震荡”的阶段 4 以及 2011～2014 年“高位趋稳”的阶段 7，出现从正向影响转为负向影响，说明在铜金属处于高价位时期，铜期货市场成了股市的替代性投资产品，资金从股票市场撤出，进入期铜市场参与炒作，从而呈现出了铜价和股市投资之间较显著的负向关系。

**（5）投机因素 RNC 的影响**

从各阶段 PLS 模型投机因素中的非商业交易商持仓比例（RNC）的回归系数可知，在全样本阶段、阶段 4、阶段 5 和阶段 7，RNC 对期铜价格存在负向影响，在阶段 1 和阶段 3 对期铜价格存在正向影响，而在阶段 2 和阶段 6 出现当期正相关，滞后一期负相关的逆转。对比 RNC 与铜价的走势图（图 5－10），却并不容易观测到二者的相关关系。

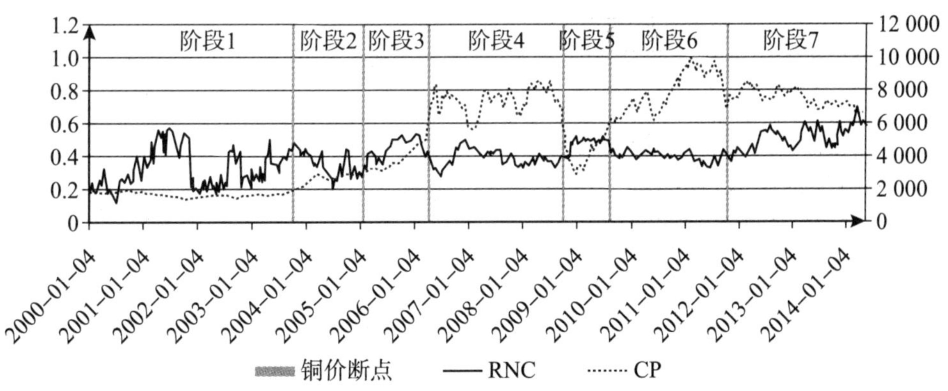


**图 5－10 非商业交易商持仓比例与铜价走势**

RNC 是非商业交易商包括多头、空头和套利头寸在内的总持仓比例，代表投机压力，但投机者持仓资金量和交易量的增大与铜价的飙升没有必然联系。因为金融市场中的商品期货合约是不限量的，无论场内资金的多少，做多资金与做空资金都是相等的，在商品价格的市场预期不变的条件下，商品期货的价格并不会发生变动，所以，不能根据投机者的持仓量高低来衡量投机因素对期铜价格变动的影响。

事实上，总体而言 RNC 与铜价的负相关性更为显著，一种可能的解释是，由传统的期货市场理论可知，投机者是期货市场的重要参与者，正是因为他们为套期保值者提供相反的持仓头寸，才能保证市场具有必要的流动性，投机者的存在是期货市场发挥价格发现功能的必要条件，是期货市场能够进行套期保值规避风险的力量保证。因此，RNC 对铜价负向影响是符合理论意义的。特别地，在 2008 年金融危机铜价大跌之后，投资者避险情绪较明显，成了铜价变化的追随者，根据铜价的涨跌来采取相反的操作策略，即铜价下涨时，投资者倾向于买空操作，反之则采取卖空策略，这基本可以解释阶段 5 期间投机因素与期铜价格之间形成显著的负向关系。

而在铜价以上涨趋势为主的阶段 2 和阶段 6，RNC 当期项和滞后项作用方向发生逆转，可能的解释是投机者持仓增加造成当期铜需求增加的表象，推动了铜价的上涨，但是需求信息被市场充分吸收后，供给的增加又使后期铜价下降回归均衡。这更加证明了期货市场风险规避和价格发现功能的发挥。

**（6）投机因素 PNLNC 的影响**

从各阶段 PLS 模型投机因素中的非商业交易商净多头比例（PNLNC）的回归系数可知，在全样本阶段和阶段 3，PNLNC 对期铜价格存在负向影响，而在阶段 1、阶段 2、阶段 4、阶段 5、阶段 6 和阶段 7 期间 PNLNC 都对期铜价格存在较为显著的正向影响，且在阶段 4 和阶段 5 影响最为强烈。对比 PNLNC 与铜价的走势图（图 5 – 11）可以观测到，2006 年以来二者存在较为一致的正向相关关系。

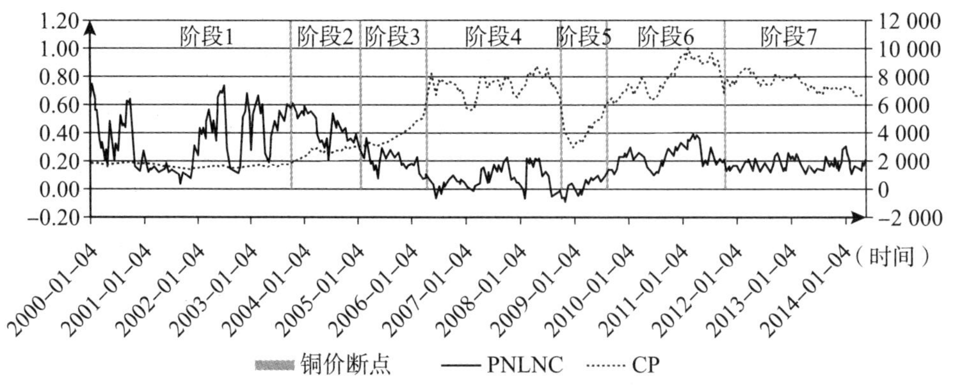


**图 5 – 11　非商业交易商净多头比例与铜价走势**

PNLNC 是非商业交易商净多头的持仓比例，代表的是基金持仓的主要势力。商品指数基金是期货市场的一种新型参与者，他们借助商品期货市场的投资来对冲通胀风险，同时还可以加强投资组合的多样性。值得一提的是，与一般投机者的投资方式不同，商品指数基金仅做多头持仓，并且通过期货合约交割日临近时转换头寸的方式来形成对期货合约的长期持有。

在全球通胀预期明显和股市低迷的时候，各种避险基金纷纷进入能源、金属等大宗商品期货市场以求保值，商品指数投资者在期货市场只做多不做空的特性，导致了对铜金属等商品的超额需求，这些“虚拟”需求推动了期铜未来交割价格的上涨，这就解释了 2000 年以来的绝大多数时期，投机因素中的 PNLNC 与期铜价格之间显著的正向关系。

2008 年受全球经济危机影响，使得与铜金属相关的国际金融市场都遭受严重打击，全球流动性紧缺和需求锐减改变了市场整体格局，随着投机基金加速撤离大宗商品期货市场，因而出现 2009 年之后基金操作形成的投机因素对期铜价格影响力大幅减弱的状况。“后经济危机”时期，随着经济基本面的缓慢复苏，对大宗商品的需求也逐步恢复，金融市场和商品市场之间的活动重新变得活跃起来，避险资金和投机资金重新进入大宗商品期货市场，使得铜金属市场和金融市场之间的关系再次变得紧密。

## 5.5 本章小结

本章重点关注有色金属的金融属性，以 LME 铜金属期货价格为例，基于 PLS 回归模型考察金融因素对期铜价格的静态影响效果和作用机制，同时考虑铜金属价格的结构性转变，分阶段探究期铜市场价格波动的不同特点和形势，综合考察了黄金价格、美元指数、利率市场、股票市场和投机因素对铜价变化的影响，识别出各阶段中影响铜价波动的主要金融驱动因素。本章的基本结论可以归纳为以下方面：

①铜价 ICSS 结构断点识别的结果显示：2000 年 1 月至 2014 年 5 月的样本期内，期铜市场存在明显的结构性改变特征，6 个结构断点表明期铜市场经历了 6 次重大的市场机制调整，因而将全样本区间划分的 7 个子样本阶段。

②多阶段 PLS 回归模型估计结果显示：第一，各阶段 PLS 模型建立合理有效，且拟合效果较好。第二，各阶段 PLS 估计的成分对作为自变量的金融影响因素以及作为因变量的铜价格的解释力度都较高。第三，各阶段金融影响因素的 VIP 指标排序差异较大，说明在不同的阶段，各类金融因素对期铜价格的作用效果存在明显差异，再次验证了期

铜价格序列存在明显的结构转变特征，因此根据结构断点对样本进行阶段划分，再进行分阶段的模型估计是更为合理的。第四，各阶段回归系数分析结果显示，黄金价格、美元指数、联邦基金基准利率、标准普尔500指数、投机因素中的非商业交易商持仓比例和非商业交易商净多头比例等主要金融市场因素对期铜价格波动的影响，无论是在全样本阶段还是分样本阶段都是较为显著的，但各阶段各类金融因素的作用程度和作用方式随市场机制的调整而不断发生变化。

# 6

# 有色金属价格金融影响因素的动态效应分析

有色金属商品价格是影响工业生产和工业经济运行的关键因素，根据商品价格的决定理论，金属产品价格的波动路径长期而言是由其供需基本面状况决定的，然而大量实证研究表明，现实中金属价格的剧烈波动并非仅受其供需状况影响，而是与经济体系中的众多经济变量息息相关，特别随着有色金属商品金融属性凸显，其价格受各类金属因素影响的作用越发引人关注。因此，各类金融因素对金属价格的影响机制具有重要的研究意义。但综观现有相关研究，出于具体实证目的的不同，以及受到变量数据可获得性的局限，大部分研究仅选择了为数不多的几个影响因素变量构建金属价格波动的分析框架，很难更加切近实际的揭示金属价格波动的内在机制。

与此同时，由于有色金属品种多样，不同金属品种的价格受到金融因素影响的作用效果又各有不同。比如 2006 年开始的各类有色金属价格大幅上涨，或是 2008 年金融危机引发的金属价格大幅下跌，不同金属价格涨跌幅度和时间是不尽相同的，其主要原因在于，不同金属的市场价格受到工业经济、货币政策、金融市场等宏观经济的基本状况的影响程度不同，且金属价格还会受到自身特有的的供需关系的影响。

因此，本章将从一个更为宏观的层面出发，借助较为先进因素增广的向量自回归模型方法，建立基于大规模宏观经济信息集的非结构化模型，对金属价格波动的宏观因素和特质因素进行分解，进而考察宏观冲击和特质冲击对金属价格波动的不同贡献和作用效果，最后基于宏观因子进一步具体分析关键金融因素对多种有色金属品种价格波动的动态影响效应。

# 6.1　FAVAR 模型的理论基础

## 6.1.1　FAVAR 方法的提出

VAR 模型是研究模型中某一变量对其他变量冲击效应的有效方法。1980 年 Sims 采用向量自回归（Vector Autoregression，VAR）模型进行货币政策冲击的研究，极大地推动了 VAR 模型及其扩展形式在经济系统内在动态性和结构性冲击等研究领域方面的发展。

标准 VAR 模型设定如下：

$$Y_t = \Psi(L)Y_{t-1} + v_t \tag{6-1}$$

其中，$Y_t$ 为 $m \times 1$ 的变量，$\Psi(L)$ 为滞后多项式矩阵。

但因为受到参数识别和模型估计的限制，VAR 模型能够包含的变量个数并不多。而在现实的宏观经济问题研究中，需要考虑较多的指标变量，如果仅将问题涉及的少数指标纳入 VAR 模型分析框架，则很容易产生模型的有偏估计，由此得到的信息冲击也是不确切的，从而造成了 VAR 模型在宏观经济问题研究领域应用的局限性。现有文献对金属价格影响因素的研究很多使用 VAR 模型，同样出于 VAR 模型受到变量数目限制的原因，不能较全面的对金属价格多方面的影响因素进行有效分析。

为了克服传统 VAR 方法的局限性，学者 Bemanke 和 Boivin（2005）等提出了一种将因子分析融入 VAR 分析框架的扩展的 VAR 方法，即 FAVAR 模型。FAVAR 的研究思路是：首先构建一个大规模宏观经济信息集，然后从中提取少量能够反映宏观经济基本状况的共同因子，即宏观共同因子，再通过宏观共同因子来构建标准的 VAR 模型进行后续分析。FAVAR 不但实现了对 VAR 模型的降维，还保留了原始大规模信息集中的大部分有效信息，减少了信息损耗，同时有效回避了大量的参数估计。可见，FAVAR 方法实现了大规模数据环境下的建模和估计，有效解决了传统 VAR 遇到的问题，在传统 VAR 模型过度参数化和信息不足之间寻找到了一个合适的均衡，能够得到更加贴近现实状况的计量模型。与此同时，可以基于 FAVAR 模型对大规模信息集中的任意一个变量进行脉冲响应函数分析。

FAVAR 模型的优良特性吸引了越来越多的学者的应用和拓展。近年来，较具代表性的相关研究有：Boivin 等（2009）将 FAVAR 模型应用到分类通胀黏性特征的研究中，结果表明采用FAVAR模型对分类通胀进行分析是合理有效的。Reis和Watson（2010）基于FAVAR模型对分析了宏观冲击对美国通胀总指数和分类通胀的方差的贡献；随后Foerster等（2011）也采用FAVAR模型考察了宏观冲击对美国产出指数方差逐渐降低的重要贡献。Morana（2013）通过FAVAR模型研究了金融投机因素对原油价格的影响。沈悦（2012）在对VAR宏观计量经济模型的演变与最新发展的总结中指出，处理大规模变量的FAVAR模型已经成为宏观计量经济分析的前沿之一。国内比较有代表性的应用有：李颖（2011）在经济活动水平、外部市场需求、国内流动性状况、房地产市场以及股票市场等宏观经济领域的大量相关指标信息集框架下，运用FAVAR方法对我国物价的影响因素及波动特征进行分析。陈普（2012）采用FAVAR度量了我国货币政策的有效性。韩立岩等（2012）建立FAVAR模型体系，选择涵盖中美两国实体经济、国际投机因素、商品期货市场供需与库存状态等方面的532个指标对国际大宗商品价格影响因素进行了多视角实证研究。尹力博等（2012）基于FAVAR模型全视角分析了外部冲击对PPI指数的结构性传导，并考察了国内宏观经济政策对外部冲击的抵御效果。王少平和朱满洲（2012，2013）则系统的研究了动态因子模型的理论和应用，将FAVAR模型用于货币政策冲击的度量，进而用于通胀波动源的分解，考察中国通胀分类指数的波动源及其性质，并根据FAVAR模型的估计结果计算了我国CPI的宏观成分，进而揭示其宏观冲击效应。

### 6.1.2 FAVAR模型的基本原理

假定完整信息集合为 $N\times 1$ 维信息矩阵 $X_t$，在FAVAR中，形如式（6－1）的基本经济模型具有如下设定

$$C_t = \Phi(L)C_{t-1} + v_t \tag{6-2}$$

其中，$C_t$ 为共同因子向量，与标准 *VAR* 模型不同，$C_t$ 不是完全可观测的。$C_t$ 可以写成如下形式

$$C_t = \begin{bmatrix} F_t \\ S_t \end{bmatrix} \tag{6-3}$$

式（6－2）和式（6－3）即称为FAVAR模型。在式（6－2）中，$M\times 1$ 维矩阵 $S_t(M<N)$ 为待考察的关键变量集合向量表示（本章中设为对金属价格产生影响的关键金融因素指标），是可观测的变量，设定 $S_t$ 为可观测变量有利于冲击源的识别；$K\times 1$ 维矩阵 $F_t$ 则为完整信息集合 $X_t$ 中除去 $S_t$ 以外信息集合的潜因子向量，是不可观测的变量，$\Phi(L)$ 是滞后因子多项式矩阵；$v_t$ 是均值为零，协方差矩阵为 $Q$ 的残差项向量。当

$Cov(S_t, F_{t-1})=0$ 时，式（6－2）即转化为标准的 VAR 模型，当 $Cov(S_t, F_{t-1})\neq 0$ 时即是一个 FAVAR 模型，可见式（6－2）的设定更接近真实经济的基本模型。

式（6－2）的关键问题是潜因子 $F_t$ 未知，$F_t$ 和共同因子个数 $K$ 都有待估计，在此借助动态因子模型进行估计（Sargent and Sims，1977；Stock and Watson，2002b，2005，2011）。

本章中设 $X_t$ 为完整信息集，出于估计因子的需要假设 $X_t\sim I(0)$ 且均值 0，一般的，信息集中的变量需要处理成无量纲且均值为 0、标准差为 1 的标准化序列。$X_t$ 涵盖了大量实体经济和金融市场等宏观经济方面的信息，是一个高维向量。按照 FAVAR 模型的基本假设，完整信息集向量 $X_t$、关键因素子集向量 $S_t$ 和潜因子向量 $F_t$ 之间有如下关系：

$$X_t=\Lambda C_t+e_t=\Lambda^f F_t+\Lambda^s S_t+e_t \qquad (6-4)$$

其中，$\Lambda^f$ 是 $N\times K$ 维因子载荷矩阵（$K\ll N$），$\Lambda^s$ 是 $N\times M$ 维系数矩阵，$e_t$ 为 $N\times 1$ 维残差向量，该关系式是进行 FAVAR 模型估计的基础。值得注意的是，将 $\Lambda^s S_t$ 从潜因子中分离出来，是为了得到需要关注的影响因素的脉冲响应函数，从而分析所关注的因素产生的冲击对被解释变量的影响。

## 6.2 FAVAR 模型构建和指标选取

### 6.2.1 模型构建

本章 FAVAR 模型的完整信息集 $X_t$ 包括：需要考察的 8 种有色金属的价格指标、中美两国实体经济运行状况和美国金融市场信号相关的 111 个经济指标，以及重点关注的 6 个关键金融因素指标集合 $S_t$。将这 125 个经济指标构成的大规模宏观经济信息集纳入一个统一的分析框架，进而基于 FAVAR 模型的估计对影响有色金属价格波动的宏观金融因素进行实证分析。

本章依据 Boivin（2009）、王少平（2012）等学者的研究思路，基于 FAVAR 模型的估计将有色金属价格的波动源分为两大类：一类是工业经济、货币政策、金融市场等宏观经济因素决定的共有冲击，称为宏观冲击，宏观冲击对不同金属品种具有类似的影响路径，从而形成不同金属价格同时上涨或下跌的趋势；另一类则是由各类金属自身供需关系变化的差异化等微观因素决定的特有冲击，称为特质冲击，特质冲击一般与金属品种及其属性相关。一般而言，宏观冲击和特质冲击同时存在，在多种因素的共同作用下，不同的金属品种价格呈现出不同的动态变化特征。

模型估计和分析的主要内容包括：首先，从直接或间接影响金属价格变动的众多宏观经济因素信息集中提炼出反映金属价格波动本质的综合因素，即提取得到少数不可观测的潜在共同因子 $F_t$，而关键金融因素变量 $S_t$ 为其中可观测的共同因子，不需估计；然后，分解影响金属价格波动的宏观因素和特质因素成分，其中宏观成分即为所有宏观共同因子 $C_t$ 对金属价格的解释部分，而剩余的残差向量 $e_t$ 即为特质成分，基于此分解来考察宏观冲击和特质冲击对金属价格波动的主要贡献和效用；最后，基于估计所得的宏观因子 $C_t$ 通过标准 VAR 模型进行 6 个关键金融因素对金属价格的脉冲响应分析，从而考察关键金属因素冲击的动态效应。

### 6.2.2 指标选取

完整信息集 $X_t$ 共包括 125 维时间序列，指标选择主要参考 Bernanke 等（2005）、Koop（2009）、韩立岩（2012）和王少平等（2012）的数据集，具体如下：

**（1）有色金属价格指标**

有色金属种类繁多，不同金属品种的特质属性和价格变化具有或多或少的差异，且 FAVAR 模型的优势之一是能够同时分析多个自变量受到的冲击效应，为了更为全面地了解宏观金融因素对不同金属品种的作用机制，本章选择了铜（Cu）、铝（Al）、铅（Pb）、锌（Zn）、锡（Sn）、镍（Ni）6 种基金金属，以及黄金（Au）和白银（Ag）2 种贵金属共计 8 个品种作为有色金属的主要代表进行研究，6 种基本金属价格数据指标为具有国际市场代表性的伦敦金属交易所（LME）的三个月期货收盘价，2 种贵金属价格数据指标为纽约商业交易所（COMEX）的期货结算价。

**（2）实体经济运行指标**

美国和中国两国的经济结构互补，发展阶段各异，可以作为世界上的发达国家和发展中国家的典型代表，因此选择中美两国的宏观经济变量构建实体经济运行信息集。一方面，美国不仅是世界上最大的单一发达市场经济体，而且是主要大宗商品的主产区和消费国，其实体经济运行状况更是具有全球经济走向风向标的作用，可以作为世界经济发展趋势的代表。另一方面，中国是全球最大的发展中国家，是世界新兴经济体的重要代表，而且是各类工农业商品和原材料的生产和消费大国，中国的实体经济在一定程度上能够代表新兴经济体发展状况，“中国因素”的影响越发成为国际市场关注和讨论的热点。

主要包括以下 8 个方面的 92 个指标：①实际产出类，主要包括美国的工业产能利用率、工业产出指数，中国工业增加值指数等；②实际消费和零售类，包括美国的贸易库存和销售、制造商订货量、消费者信心指数，中国的消费者信心指数；③价格指数类，美国和中国的消费者物价指数（CPI）、生产者价格指数（CPI）、采购经理指数（PMI）以及企业商品价格指数；④对外贸易类，美国和中国的进出口金额；⑤就业和收入类，包括美国的个人收入和支出、工资和工时、就业数据和失业数据；⑥经济景气指数类，包括美国的芝加哥联储全国活动指数、ECRI 领先指标，中国的宏观经济景气指数；⑦房地产开发投资类，包括美国和中国的房地产开工面积，房地产开发投资、销售指数，以及房地产综合景气指数等；⑧大宗商品价格中具有重要影响的原油期货价格。

**（3）金融市场信号指标**

选择美国金融市场相关指标作为全球金融状况的代表。主要包括美国的利率类、美元对主要货币汇率、存款准备金、货币供应量、主要证券交易所指数等，共计 19 个指标。

**（4）关键金融因素指标（可观测的因子 $S_t$）**

对于金属价格波动重点关注的金融类影响因素，选择了 6 个可观测的金融市场和投机因素的代理变量作为关键金融因素指标。具体包括以美元指数作为汇率变动的代理变量（USDX）；联邦基金利率作为货币政策的代理变量（FFR）；美国货币供应量 M2 作为货币流动性的代理变量（M2）；标准普尔 500 指数作为全球股票市场波动的代理变量（SP500）；COT 报告中铜的非商业持仓净多头比例作为铜市场投机因素的代理变量（PNLC）；COT 报告中黄金的非商业持仓净多头比例作为黄金市场投机因素的代理变量（PNLG）。

由于受部分指标样本数据起止时间和数据频率的限制，最终样本可获取的时间区间为 2001 年 1 月至 2013 年 5 月，样本频率为月度数据。其中美国宏观数据主要来源于美联储官网、彭博数据库、Wind 数据库和同花顺数据库，中国宏观数据主要来源于中国国家统计局、Wind 数据库和同花顺数据库，金属期货基金持仓数据来源于 CFTC 官网。数据处理和分析主要采用 Matlab2010、EViews6 等软件工具。

### 6.2.3　数据预处理

为了满足 FAVAR 模型建模和估计的基本条件，首先对 125 维指标的样本数据进行预处理，具体处理工作如下：

①统一频率。由于采集的125维原始指标数据有日度、周度和月度等不同的时间频率，因此需要将日度数据和周度数据转化为月度数据，变频方法是取当月的最后一条数据作为该月的月度值。

②查漏补缺。对于原始数据的少数缺失值，采用前后两个数据取平均值的方法填补，使样本序列长度相同。

③季节调整。采用X-12季节调整方法对部分受到季节因素影响的序列进行调整。

④平稳性处理。FAVAR模型要求$X_t$的分量为平稳序列，因此需对$X_t$的数据通过差分和取对数的变换，使所有时间序列满足平稳性要求。变换方式主要参考Bernanke等（2005）和Zagaglia（2010）的做法，基本原则是：根据序列平稳性检验的结果，同时考虑序列本身的含义选择适当的变化方式；且对于同类型的指标尽可能的采取相同的变化方式。具体而言：一是取水平值：对于部分景气指数、消费者指数和工业增加值等本身就是平稳的序列，直接取原值而无须处理；二是取一阶段差分值：对本身不满足平稳性要求的利率类变量，直接取一阶差分使之变换为平稳数据；三是取对数值：对于少数取对数后满足平稳性要求的序列，直接取对数；四是取对数一阶差分值：对于金属价格和大部分的宏观经济指标变量，则通过取对数后进行一阶差分的变换使之成为平稳的月度环比数据。对经过上述方法处理后的$X_t$序列进行单位根检验，ADF检验结果表明所有分量都为$I(0)$。

⑤标准化处理。根据FAVAR模型假定和因子估计的前提条件，还要对经过平稳性变化后的$X_t$分量进行标准化处理，具体方法是各组序列减去序列的均值，再除以序列的标准差，得到均值为0、标准差为1的标准化序列。

## 6.3 FAVAR模型的估计

### 6.3.1 共同因子个数的确定

估计FAVAR模型式（6-2）和式（6-3），首先要估计恰当的共同因子个数。在此采用的是Bai和Ng（2002）提出的因子个数估计方法，其检验过程如下：

基于FAVAR模型中的式（6-3），令误差项平方和为

$$V(k,\ \hat{C}_t^{\ k}) = \min_{\Lambda} \frac{1}{NT}\sum_{i=1}^{N}\sum_{t=1}^{T}(X_{it} - \lambda_i^{k\prime}\hat{F}_t^{\ k})^2 \tag{6-5}$$

其中，$\lambda$ 和 $F$ 的右上角的上标 $k$ 是表示这个因子模型选择了 $k$ 个因子来检验真实的因子个数 $r$ 是多少。Bai 和 Ng 将损失函数定义为 $V(k,\ C_t^{\ k}) + kg(N,\ T)$，$g(N,\ T)$ 表示对过度拟合的惩罚。对于因子个数的确定有两大类信息准则：其一是 $PC(k) = V(k,\ C_t^{\ k}) + kg(N,\ T)$，其二是 $IC(k) = \ln(V_k(k,\ C_t^{\ k})) + kg(N,\ T)$，根据准则在增加因子的成本和收益之间进行权衡取舍。

对于 $PC(k)$ 类，Bai 和 Ng（2002）提出以下三个常用的准则：

$$PC_{p1}(k) = V(k,\ C_t^{\ k}) + k\hat{\sigma}^2\left(\frac{N+T}{NT}\right)\ln\left(\frac{NT}{N+T}\right) \tag{6-6}$$

$$PC_{p2}(k) = V(k,\ C_t^{\ k}) + k\hat{\sigma}^2\left(\frac{N+T}{NT}\right)\ln C_{NT}^2 \tag{6-7}$$

对于 $IC(k)$ 类，也有两个常用准则：

$$IC_{p1}(k) = V(k,\ C_t^{\ k}) + k\left(\frac{N+T}{NT}\right)\ln\left(\frac{NT}{N+T}\right) \tag{6-8}$$

$$IC_{p2}(k) = V(k,\ C_t^{\ k}) + k\left(\frac{N+T}{NT}\right)\ln C_{NT}^2 \tag{6-9}$$

根据 $IC(k)$ 类准则确定因子个数的主要步骤是：对任意 $k$，直接使用主成分法估计式（6-8）和式（6-9），得到残差平方和 $V(k,\ \hat{C}_t^k)$；根据 $V(k,\ \hat{C}_t^k)$ 和给定的 $g(N,\ T)$，计算对应的 $IC(k)$；变化 $k$，获得一系列的 $IC(k)$ 值，最终选择使 $IC(k)$ 最小的 $k$ 值作为因子个数。

$IC(k)$ 类准则相对于 $PC(k)$ 类准则的优势在于，它不需要使用 $\hat{\sigma}^2$，而计算 $\hat{\sigma}^2$ 计要用到的 $k$max 存在一定的任意性。因此，本章选择依据 $IC(k)$ 类准则，最小化目标函数 $IC(k)$ 来获得因子个数 $k$ 的估计。

对本章完整信息集 $X_t$ 除去可观测的 $S_t$ 以外剩余的 119 维信息集进行潜在因子个数的估计，得到的信息准则估计结果如表 6-1 所示。表 6-1 的计算结果显示，基于 $IC_{p1}$ 准则确定的因子个数为 7，而基于 $IC_{p2}$ 准则确定的因子个数为 6。通常来说，如果两个信息准则的结果不一致，一种方法是取两个准则计算结果的平均数来作为最终的因子个数，另一种方法是直接选择其中一个准则的因子个数估计结果。考虑到若选择的因子个数小于真实的因子个数，会导致接下来潜因子的估计无法满足一致性，因此本章选择了两个准则计算结果中的较大值作为因子个数的估计，最终将因子个数 $K$ 确定为 7。于是，本章完整信息集共有 13 个共同因子，包括含 7 个待估计潜因子的 $F_t$ 和含 6 个可观测金融因子的 $S_t$。

表 6－1 Bai 和 Ng 信息准则分析结果

| K | 1 | 2 | 3 | 4 | 5 | 6 | 7 | 8 | 9 | 10 |
|---|---|---|---|---|---|---|---|---|---|---|
| $IC_{p1}$ | 9.5709 | 9.5165 | 9.4848 | 9.4581 | 9.4454 | 9.4334 | **9.4317** | 9.4328 | 9.4355 | 9.4415 |
| $IC_{p2}$ | 9.5799 | 9.5344 | 9.5116 | 9.4939 | 9.4901 | **9.4871** | 9.4943 | 9.5044 | 9.5160 | 9.5310 |

### 6.3.2 模型的估计

因子个数 $K$ 确定之后，本章采用两阶段法进行 FAVAR 模型的估计：第一阶段是获得式（6－3）中 $\hat{F}$、$\hat{\Lambda}$ 和 $\hat{e}_t$ 的估计，根据较新的理论文献，在此选择 Boivin 等（2009）提出的基于主成分迭代策略的估计方法，基本原理是先通过迭代排除 $X_t$ 中由 $S_t$ 解释的信息，然后提取 $X_t$ 剩余部分的主成分，进而获得 $\hat{F}$、$\hat{\Lambda}$ 和 $\hat{e}_t$；第二阶段是获得 $\hat{\Phi}(L)$ 和 $\hat{v}_t$ 的估计，Stock 和 Watson（2002）、Bai 和 Ng（2006）已证明，可以将 $\hat{F}_t$ 直接作为数据代入式（6－2），然后使用普通最小二乘方法估计式（6－2），进而得到 $\hat{\Phi}(L)$ 和 $\hat{v}_t$。

FAVAR 模型式（6－2）和式（6－3）的估计和迭代具体步骤可以表述如下：

第一阶段，首先通过主成分法获得 $X_t$ 的前 $K$ 个主成分作为 $F_t$ 的初始估计，记作 $F_t^{(0)}$，然后按如下步骤进行迭代：

①将 $X_t$ 对 $F_t^{(0)}$ 和 $S_t$ 做回归，获得 $S_t$ 的系数，记作 $\hat{\lambda}_s^{(0)}$；

②计算 $\tilde{X}_t^{(0)} = X_t - \hat{\lambda}_s^{(0)} S_t$，逐步剔除 $X_t$ 中由 $S_t$ 直接解释的信息；

③提取 $\tilde{X}_t^{(0)}$ 的前 $K$ 个主成分作为 $F_t$ 的进一步估计值，记为 $F_t^{(1)}$，$F_t^{(1)}$ 与 $S_t$ 的重叠信息减少；

④将 $\tilde{X}_t^{(0)}$ 与 $F_t^{(1)}$ 返回到①，如此重复迭代 50 次，产生最终的估计 $\hat{F}_t$。将 $\hat{F}_t$ 和 $S_t$ 代入式（6－3），运用普通最小二乘法估计参数 $\Lambda$ 和特质成分 $e_t$。

第二阶段，将 $\hat{F}_t$ 替换式（6－2）中的 $F_t$，根据经济意义确定模型式（6－2）的滞后阶数，然后使用最小二乘法估计式（6－2），最终得到估计量 $\hat{\Phi}(L)$ 和 $\hat{v}_t$。

通过以上步骤，最终获得 148×7 维的潜因子 $F_t$、125×10 维的载荷矩阵 $\Lambda$ 和 148×125 维的特质成分 $e_t$ 的估计，以及 FAVAR 模型式（6－2）中系数矩阵的估计 $\hat{\Phi}(L)$ 和扰动项的估计 $\hat{v}_t$。将 FAVAR 模型估计第一阶段获得的 $\hat{F}_t$ 代入式（6－2），实质上是将式（6－2）转化为关键金融因素变量 $S_t$ 和估计的潜因子变量 $\hat{F}_t$ 组成的普通 VAR 模型。根据估计结果，下一步可进行关键金融因素冲击的识别。FAVAR 的估计和脉冲响应结果输出均通过 Matlab 软件编程实现。

## 6.4 模型估计的结果分析

### 6.4.1 估计结果的解释力度

FAVAR 模型估计结果中的含 13 个宏观因子的向量 $C_t$（包括估计所得的 7 个潜在宏观因子 $F_t$ 和 6 个可观测金融因子 $S_t$）综合反映了宏观经济变量系统的基本特征，参考 Bernanke 等（2005）的做法，宏观因子 $C_t$ 对模型中 119 维宏观经济变量方差的综合解释力度 $CR^2$ 可以通过下面公式计算得到：

$$CR_i^2 = \frac{\operatorname{var}(\hat{\lambda}'_i \hat{C}_t)}{\operatorname{var}(x_{it})} = \frac{\sum_t (\hat{\lambda}'_i \hat{C}_t)^2}{\sum_t (x_{it})^2} \tag{6-10}$$

其中，var 表示方差。同时，还可以将 7 个潜在宏观因子 $F_t$ 分别与信息集中所有变量进行 OLS 回归，得到各潜在因子对每个经济指标的拟合优度 $F_iR^2$。而 6 个可观测的关键金融因素因子 $S_t$ 对金属价格的影响则可以通过后面的脉冲响应函数进行深入分析。

根据 119 维宏观信息集变量 $CR^2$ 的计算结果，其平均值为 0.589，即宏观因子宏观信息集的平均贡献度达到了 58.9%，表明宏观因子对宏观经济信息集的解释力度较高，能够较好的描述宏观经济运行的基本特征。同时也表明本章用于研究金属价格波动影响因素的 FAVAR 模型设计是合理有效的。此外，根据 $F_iR^2$ 的均值来看，第 1 个主因子贡献度最大，后续因子贡献度逐渐减小，这与 FAVAR 模型主因子的提取原理是一致的，检验了因子估计结果的有效性。

表 6-2 宏观因子对 119 维指标的平均解释力度

| 宏观因子 | $CR^2$ | $F_1R^2$ | $F_2R^2$ | $F_3R^2$ | $F_4R^2$ | $F_5R^2$ | $F_6R^2$ | $F_7R^2$ |
|---|---|---|---|---|---|---|---|---|
| 解释力度均值 | 0.589 | 0.222 | 0.076 | 0.062 | 0.054 | 0.042 | 0.040 | 0.032 |

#### （1）宏观因子对主要经济指标的解释力度分析

表 6-3 具体列出了宏观因子对部分主要宏观经济变量解释力度指标值。结果显示，宏观因子 $C_t$ 解释了美国 CPI、PPI、产能利用率、工业总体产出指数、库存销售比、芝加哥联储全国活动指数、ECRI 领先指数等重要宏观经济指标的方差的 88.3%、75.4%、

78.6%、91.7%、85.4%、95.9%和71.8%；解释了中国CPI、PPI、工业增加值、先行指数等重要宏观经济指标的方差的75.5%、76.7%、95.0%、和75.0%；解释了美国1年期国债收益率、道琼斯工业平均指数、纳斯达克综合指数、纽约证交所综合指数等重要金融市场指标的方差的81.6%、94.4%、86.2%和97.4%。由此可见，13个宏观因子对大规模宏观经济信息集具有很高的解释力度，综合了美国和中国宏观经济、金融市场关键变量的主要变化信息。

**表6-3　　宏观因子对主要经济指标的解释力度和拟合优度**

| 美国宏观 | $CR^2$ | $F_1R^2$ | $F_2R^2$ | $F_3R^2$ | $F_4R^2$ | $F_5R^2$ | $F_6R^2$ | $F_7R^2$ |
|---|---|---|---|---|---|---|---|---|
| 美国：CPI | 0.883 | 0.183 | 0.009 | 0.227 | 0.002 | **0.291** | 0.001 | 0.016 |
| 美国：PPI | 0.754 | 0.185 | 0.002 | 0.179 | 0.005 | **0.188** | 0.003 | 0.005 |
| 美国：供应管理协会：PMI | 0.806 | **0.702** | 0.093 | 0.007 | 0.005 | 0.001 | 0.001 | 0.014 |
| 美国：产能利用率 | 0.786 | **0.445** | 0.008 | 0.149 | 0.175 | 0.030 | 0.021 | 0.004 |
| 美国：非农就业人数 | 0.872 | **0.643** | 0.159 | 0.060 | 0.064 | 0.024 | 0.001 | 0.004 |
| 美国：库存销售比 | 0.854 | **0.571** | 0.189 | 0.003 | 0.079 | 0.014 | 0.001 | 0.004 |
| 美国：工业总体产出指数 | 0.917 | **0.508** | 0.019 | 0.198 | 0.208 | 0.010 | 0.010 | 0.014 |
| 美国：制造业产出指数 | 0.911 | **0.621** | 0.006 | 0.134 | 0.170 | 0.000 | 0.012 | 0.010 |
| 美国：芝加哥联储全国活动指数 | 0.959 | **0.832** | 0.070 | 0.111 | 0.019 | 0.001 | 0.003 | 0.000 |
| 美国：ECRI领先指标 | 0.718 | 0.025 | **0.337** | 0.033 | 0.009 | 0.002 | 0.049 | 0.036 |
| 中国宏观 | $CR^2$ | $F_1R^2$ | $F_2R^2$ | $F_3R^2$ | $F_4R^2$ | $F_5R^2$ | $F_6R^2$ | $F_7R^2$ |
| 中国：CPI | 0.755 | 0.124 | 0.001 | 0.008 | 0.051 | 0.032 | 0.216 | **0.289** |
| 中国：PPI | 0.767 | **0.317** | 0.005 | 0.169 | 0.147 | 0.000 | 0.004 | 0.132 |
| 中国：企业商品价格指数 | 0.819 | **0.254** | 0.001 | 0.111 | 0.151 | 0.026 | 0.020 | 0.229 |
| 中国：工业增加值 | 0.950 | **0.406** | 0.126 | 0.241 | 0.000 | 0.105 | 0.158 | 0.001 |
| 中国：工业增加值：重工业 | 0.931 | **0.412** | 0.100 | 0.255 | 0.000 | 0.107 | 0.133 | 0.001 |
| 中国：一致指数 | 0.756 | **0.371** | 0.251 | 0.079 | 0.061 | 0.032 | 0.000 | 0.010 |
| 中国：先行指数 | 0.750 | **0.341** | 0.002 | 0.101 | 0.064 | 0.100 | 0.006 | 0.049 |
| 金融市场 | $CR^2$ | $F_1R^2$ | $F_2R^2$ | $F_3R^2$ | $F_4R^2$ | $F_5R^2$ | $F_6R^2$ | $F_7R^2$ |
| 美国：国债收益率：1年期 | 0.816 | 0.140 | 0.105 | 0.027 | 0.054 | 0.093 | 0.345 | 0.062 |
| 美国：道琼斯工业平均指数 | 0.944 | 0.044 | **0.181** | 0.057 | 0.073 | 0.055 | 0.024 | 0.161 |
| 美国：纳斯达克综合指数 | 0.862 | 0.032 | **0.230** | 0.033 | 0.066 | 0.022 | 0.066 | 0.158 |
| 美国：纽约证交所综合指数 | 0.974 | 0.052 | **0.232** | 0.061 | 0.082 | 0.053 | 0.023 | 0.100 |

**（2）宏观因子对金属价格指标的解释力度分析**

表 6 -4 列出了宏观因子对 8 种金属价格变量解释力度指标值。结果显示，宏观因子 $C_t$ 分别解释了基本金属铜、铝、铅、锌、锡、镍 LME 期货价格方差的 71.9%、62.5%、46.3%、62.7%、54.4%和52.2%，解释了贵金属黄金、白银 COMEX 期货价格方差的 63.1%和 60.5%，对 8 个有色金属品种价格方差的解释力度平均值达到了 59.2%，说明宏观因子描述了有色金属价格变量的主要变化信息。且铜金属价格受宏观因子的影响高达71.9%最为强烈，铝、锌、黄金、白银4 种金属受到宏观因子影响较为强烈且程度相当，铅、锡和镍 3 种金属价格受到的影响较弱。

从 4 个潜在因子对金属价格的拟合优度可以进一步发现，铜、铅、锌、镍 4 种金属价格受到第 2 个主因子的影响最大，铝和锡金属的价格同时受到第 1 和第 2 个主因子的较大影响，黄金和白银价格受到第 7 个主因子的影响最大，同时还受到第 5 个主因子的较大影响。总的来说，第 2 个主因子的平均解释力度最高，主要影响基本工业金属价格；而第 5 个主因子的平均解释力度次之，主要影响贵金属价格。此外，还可以注意到，白银价格受到第 2 个主因子影响的程度与第 5 个主因子相当，说明白银金属相较黄金而言具有更强的工业属性。

**表 6 -4　　宏观因子对金属价格指标的解释力度和拟合优度**

| 金属价格 | $CR^2$ | $F_1R^2$ | $F_2R^2$ | $F_3R^2$ | $F_4R^2$ | $F_5R^2$ | $F_6R^2$ | $F_7R^2$ |
|---|---|---|---|---|---|---|---|---|
| 铜（Cu） | **0.719** | 0.082 | **0.262** | 0.001 | 0.003 | 0.049 | 0.020 | 0.005 |
| 铝（Al） | 0.625 | **0.155** | **0.181** | 0.005 | 0.003 | 0.047 | 0.001 | 0.001 |
| 铅（Pb） | **0.463** | 0.026 | **0.163** | 0.003 | 0.002 | 0.026 | 0.002 | 0.013 |
| 锌（Zn） | 0.627 | 0.022 | **0.198** | 0.040 | 0.010 | 0.088 | 0.011 | 0.001 |
| 锡（Sn） | 0.544 | **0.103** | **0.109** | 0.002 | 0.000 | 0.061 | 0.001 | 0.001 |
| 镍（Ni） | 0.522 | 0.018 | **0.204** | 0.018 | 0.013 | 0.077 | 0.001 | 0.007 |
| 黄金（Au） | 0.631 | 0.000 | 0.020 | 0.004 | 0.052 | **0.084** | 0.079 | **0.109** |
| 白银（Ag） | 0.605 | 0.008 | 0.053 | 0.000 | 0.039 | **0.067** | 0.036 | **0.083** |
| 均值 | **0.592** | 0.052 | **0.149** | 0.009 | 0.015 | **0.062** | 0.019 | 0.028 |

## 6.4.2　价格的成分分解

每个时期的宏观经济状况都不尽相同，因此宏观因子的波动情况也存在差异，因此宏观因子对信息集中变量的解释程度和影响效果是动态变化的，也就是说不同时期各种金属价格的宏观成分是不同的。

为分解各种金属价格的宏观因素和特质因素成分，在此基于 FAVAR 模型的估计结果，采用式（6－11）来计算 8 种有色金属价格（记为 $M_{it}$）的宏观成分与特质冲击：

$$M_{it} = \lambda'_i C_t + e_{it} \qquad (6-11)$$

其中，$\lambda'_i$ 是载荷矩阵 $\Lambda^f$ 中对应 8 种金属价格矩阵的行，$\lambda'_i C_t$ 为 $M_{it}$的宏观冲击成分，$e_{it}$特质冲击成分。

根据式（6－11）计算得到的宏观成分和特质成分是对应标准化金属价格的结果。为了减少标准化对分析的影响，于是在此将标准化金属价格及其宏观成分和特质冲击分别乘以金属价格平稳序列的标准差，而该处理过程对金属价格原始序列波动性和波动持续性的分析将不会产生实质性的改变。基于此，得到 8 种有色金属价格的宏观成分和特质冲击的分解如组图 6－1 所示，图中各价格成分大于 0 表示大于均值，小于 0 则表示小于均值。

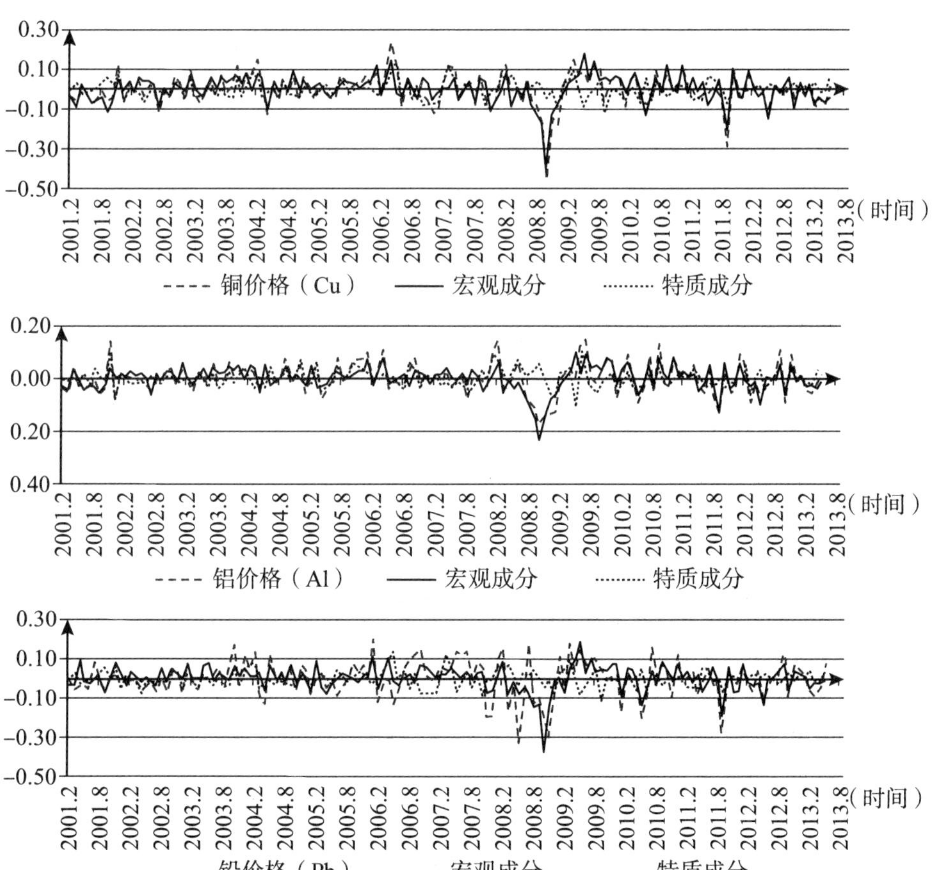

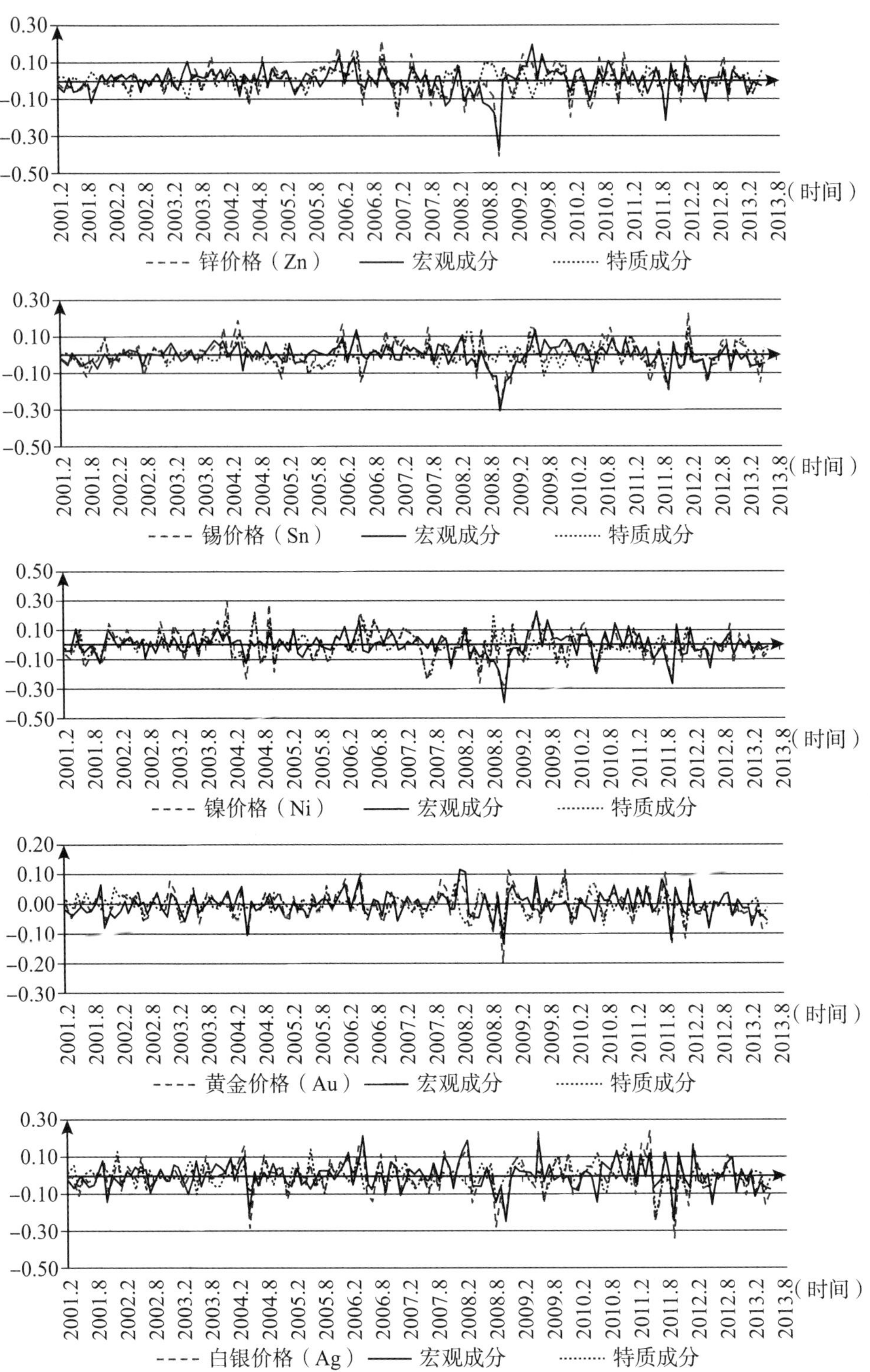


**图6-1　金属价格宏观成分和特质成分分解**

### 6.4.3 价格的波动性分析

由图 6 – 1 的分解结果可以看出，8 种有色金属价格与其宏观成分的波动基本对应，但不同品种金属价格与其宏观成分的对应效果各不相同。基于金属价格宏观成分和特质成分的分解，可以通过计算每种金属价格序列、宏观成分和特质成分的标准差来度量它们的波动性，从而考察三者的基本特征，标准差统计量计算结果如表 6 – 5 所示。

表 6 – 5 金属价格及分解成分的波动性

| 金属品种 | 价格标准差 | 宏观成分标准差 | 特质成分标准差 | 宏观成分解释力度 |
|---|---|---|---|---|
| 铜（Cu） | 0.084 | 0.072 | 0.045 | **0.719** |
| 铝（Al） | 0.060 | 0.047 | 0.037 | 0.625 |
| 铅（Pb） | 0.096 | 0.065 | 0.070 | **0.463** |
| 锌（Zn） | 0.088 | 0.069 | 0.053 | 0.627 |
| 锡（Sn） | 0.080 | 0.059 | 0.054 | 0.544 |
| 镍（Ni） | **0.111** | **0.080** | **0.077** | 0.522 |
| 黄金（Au） | **0.051** | **0.041** | **0.031** | 0.631 |
| 白银（Ag） | 0.098 | 0.076 | 0.061 | 0.605 |

结果显示，8 种有色金属价格序列的标准差在 0.051 ~ 0.111 之间，可见不同品种金属价格的标准差存在较大差异。而 8 种金属价格宏观成分的标准差在 0.041 ~ 0.080 之间，特质成分的标准差在 0.031 ~ 0.077 之间，说明不同金属价格标准差的差异并非单独来自宏观因素或者特质因素冲击的影响。

图 6 – 2 为 8 种金属价格的宏观成分 $\lambda'_i C$ 和特质成分 $e_i$ 的标准差的散点图，可以更加深入的认识二者之间的关系，如图 6 – 2 所示，金属价格的宏观成分标准差较大的，对应其特质成分的标准差也较大，也就是说金属价格的宏观成分和特质成分的标准差之间存在较强的正相关性。金属价格的特质成分与具体金属品种的特性相关，因而不同金属的特质成分的标准差存在显著差别；而宏观成分代表所有变量产生的共同冲击，其标准差的差异是因不同变量对宏观冲击有不同响应而产生的。特质因子与宏观因子的正相关关系体现了金属价格特质成分的波动性与其对宏观冲击的响应之间存在内在关联。

另外，通过宏观成分对价格序列的方差占比（宏观成分解释力度 $CR^2$）来看，宏观冲击对铜金属价格的方差解释力度最高，达到 71.9%，对于铅金属价格的方差解释力度最低，为46.3%，而8种金属中有7种金属的宏观成分解释力度高于50%。可见，宏观成分和特质成分均为8种金属价格的重要冲击源，由于金属品种的不同而存在不同的作用效果，总体而言，金属价格波动性受到宏观成分的影响要大于其特质成分的影响。

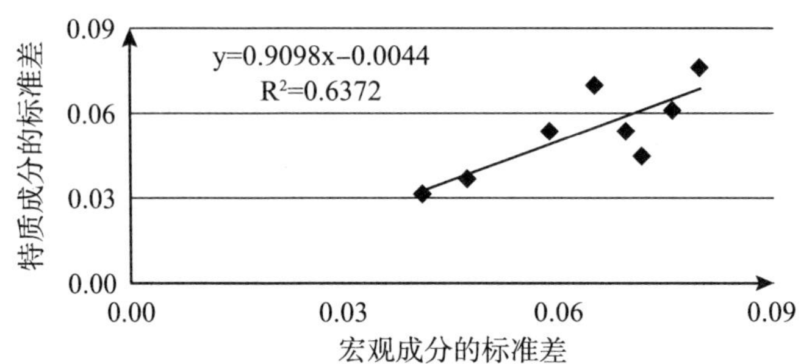


**图6－2　金属价格的宏观成分和特质成分标准差散点**

## 6.4.4　价格波动的持续性分析

为了考察金属价格宏观成分和特质成分的惯性特征，在此对金属价格及其宏观成分和特质成分进行持续性分析，持续性较大意味着未来值和当前值有着较强的联系，时间序列的变化较为平缓。借鉴Boivin等（2009）的方法，可以基于自回归过程AR模型式（6－12）来估计时间序列的持续性。

$$w_t = \rho(L) w_{t-1} + \varepsilon_t \qquad (6-12)$$

其中，$w_t$表示金属价格序列、对应的宏观成分和特质成分，$\rho(L)$为滞后算子$L$的多项式，使用*OLS*估计每个序列的形如式（6－12）的自回归过程，获得对应的滞后项系数的估计，其滞后项的系数之和$\rho(1) = \rho_1 + \rho_2 + \cdots + \rho_l$定义为时间序列持续性，计算结果如表6－6所示。

**表6－6　　金属价格波动的持续性**

| 金属品种 | 价格序列的持续性 | 宏观成分的持续性 | 特质成分的持续性 |
|---|---|---|---|
| 铜（Cu） | 0.220（1） | 0.520（3） | 0.036（1） |
| 铝（Al） | −0.029（8） | 0.632（3） | −0.104（1） |
| 铅（Pb） | 0.079（1） | 0.485（3） | −0.353（4） |
| 锌（Zn） | 0.009（1） | 0.438（3） | −0.068（1） |
| 锡（Sn） | 0.381（3） | 0.587（3） | 0.022（1） |
| 镍（Ni） | 0.057（1） | 0.379（3） | −0.037（1） |

续表

| 金属品种 | 价格序列的持续性 | 宏观成分的持续性 | 特质成分的持续性 |
|---|---|---|---|
| 黄金（Au） | -0.178（1） | -0.092（1） | -0.059（1） |
| 白银（Ag） | -0.086（1） | -0.068（1） | -0.429（3） |

注：括号内的数字表示根据 AIC 等信息准则确定的回归方程滞后期数。

结果显示，8 种金属价格宏观成分的持续性均显著大于价格序列本身的持续性，从理论上说，金属价格的宏观成分最重要的内涵是宏观经济环境和条件对金属价格的综合性影响，因此，宏观成分的持续性相对较大，或者说波动惯性较大；其中铜、铝、锌三种金属的宏观成分持续性较高，都达到了 0.5 以上，说明这三种金属受宏观因素的影响持续时间较长。而各种金属价格本身的持续性又大于对应价格特质成分的持续性，原因在于特质成分是反映金属自身的供求、价格的冲击而具有相对较小的持续性。可见，实证结果与理论解释非常一致，金属价格的持续性主要是由宏观成分带来的，特质成分的贡献相对较少，因此宏观因素对金属价格波动的持续性有着至关重要的影响。

## 6.5 关键金融因素的脉冲响应

根据 FAVAR 模型的估计结果可以得到 13 个宏观因子构成的标准 VAR 模型的估计，首先，需要确定标准 VAR 模型的滞后期，根据 FPE、AIC、SC 等准则取最小值原则，确定 VAR 模型的滞后阶数为 1 阶。

**表 6-7　　标准 VAR 模型滞后期选择标准**

| Lag | logL | LR | FPE | AIC | SC | HQ |
|---|---|---|---|---|---|---|
| 0 | -950.28 | NA | 9.00e-11 | 13.76 | 14.03 | 13.87 |
| 1 | -405.98 | 979.74 | 4.26e-13* | 8.40 | 12.22* | 9.95* |
| 2 | -245.13 | 259.65 | 5.06e-13 | 8.52 | 15.89 | 11.51 |
| 3 | -89.66 | 222.11* | 7.12e-13 | 8.71 | 19.64 | 13.15 |
| 4 | 44.35 | 166.55 | 1.59e-12 | 9.21 | 23.69 | 15.09 |
| 5 | 222.26 | 188.08 | 2.39e-12 | 9.08 | 27.11 | 16.41 |
| 6 | 439.96 | 189.71 | 2.92e-12 | 8.39 | 29.97 | 17.16 |
| 7 | 708.32 | 184.01 | 3.01e-12 | 6.97 | 32.10 | 17.18 |
| 8 | 1 082.44 | 187.06 | 1.77e-12 | 4.04* | 32.72 | 15.69 |

注：*表示相应准则选取的最优滞后期数。

然后，检验 VAR 模型的 AR 特征多项式的根（如图 6－3 所示），VAR 模型所有根都位于单位圆内，即所有根的倒数模小于 1，说明 VAR 模型满足平稳性条件。由于模型参数不是 VAR 模型重点关注的，因此略去 VAR 模型的参数估计值，直接进行脉冲响应分析。

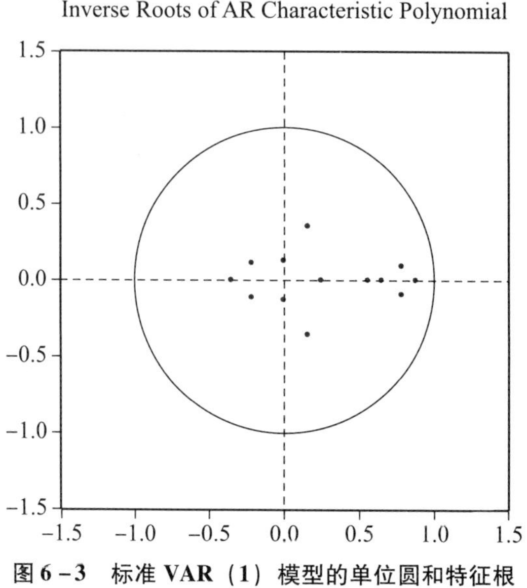


**图 6－3　标准 VAR（1）模型的单位圆和特征根**

### 6.5.1　FAVAR 估计的脉冲响应基本原理

由于 FAVAR 模型是一种非理论性的模型，模型估计结果的重点并不在于一个变量对另一个变量的影响情况，更多的是关注变量的脉冲响应函数（Impulse Response Function，IRF），IRF 是用于分析在其他变量不发生变动的情况下，当一个变量的误差项发生变化时，或者说模型受到某种冲击时，对整个向量系统的动态影响，进而分析扰动项的影响如何在模型变量间传播。

结合式（6－2）和式（6－3）将 FAVAR 模型写成如下形式：

$$\begin{pmatrix} X_t \\ S_t \end{pmatrix} = \begin{bmatrix} \Lambda^f & \Lambda^s \\ 0 & 1 \end{bmatrix} \begin{pmatrix} F_t \\ S_t \end{pmatrix} + e_t \tag{6-13}$$

$$\begin{pmatrix} F_t \\ S_t \end{pmatrix} = \Phi_1 \begin{pmatrix} F_{t-1} \\ S_{t-1} \end{pmatrix} + \cdots + \Phi_p \begin{pmatrix} F_{t-p} \\ S_{t-p} \end{pmatrix} + v_t = \Phi(L) \begin{pmatrix} F_{t-1} \\ S_{t-1} \end{pmatrix} + v_t \tag{6-14}$$

将式（6－14）写成 VMA 形式为

$$\begin{pmatrix} F_t \\ S_t \end{pmatrix} = (I - \Phi_1 L - \cdots - \Phi_1 L^p) v_t = \Phi\ (L)^{-1} v_t \tag{6-15}$$

再将式（6－15）代入式（6－13）得到

$$\begin{pmatrix} X_t \\ S_t \end{pmatrix} = \begin{bmatrix} \Lambda^f & \Lambda^s \\ 0 & 1 \end{bmatrix} \Phi\ (L)^{-1} v_t + e_t = B(L)\eta_t \tag{6-16}$$

至此，得到的VMA形式可以用于脉冲响应分析。在此将冲击设为金融因素 $S_i(i=1, 2, \cdots, 6)$ 的1个单位正向冲击，并选择使用残差协方差矩阵的Cholesky因子逆来正交化脉冲的方法计算 $S_t$ 冲击的任意 $h$ 期的响应值向量 $\tilde{C}_h$。

考虑到 $\eta_t$ 的后 $M$ 个元素仅与 $S_t$ 的方程相关，残差向量 $e_t$ 的后 $M$ 个变量都是0，即 $\eta_t$ 的相应元素仅反映 $S_t$ 作为因变量方程的残差，因此公式（6－16）可以用于计算 $S_t$ 中任意一个变量对 $X_t$ 的脉冲响应函数。在模型（6－16）中，$x_{it}$ 和 $C_t$ 对金融因素 $S_t$ 冲击的 $h$ 期响应值具有如下关系：$\tilde{x}_{ih} = \lambda'_i \tilde{C}_h$。其中，$\lambda'_i$ 为 $\Lambda^f$ 的第 $i$ 行。

### 6.5.2 脉冲响应结果分析

基于 $\Lambda^f$ 的估计，计算8种金属价格对6个关键金融因素冲击的脉冲响应函数，响应结果如图6－4至图6－9所示，以此分析关键金融因素对各种金属价格作用的动态效应。在各个脉冲响应图中，横坐标代表冲击作用的滞后时期（单位：月），纵坐标代表金属价格因子的变化，实线为脉冲响应函数，表示金属价格因子对不同金融因素变量1个单位正向冲击的响应，虚线为脉冲响应函数正负两倍标准差偏离带。

**（1）美元指数对金属价格的冲击**

从金属价格对美元指数（USDX）冲击的脉冲响应图6－4中可以发现，美元指数的1个单位正向冲击，8种金属价格均于第1期开始产生－0.35左右较强的负向响应，基本金属经历了先抑后扬的过程后趋于平稳，并一直持续到第36期都为负向，这与第4章中金属价格与美元指数呈负相关性的结论一致，符合美元指数升高，美元贬值，以美元计价的金属价格迅速上涨的理论解释。

从响应的动态变化来看，不同金属品种的脉冲响应函数在响应速度和响应深度方面存在一定差异。一方面，6种基本金属的响应情况较为相似，短期内金属价格下降，在6个月前后达到阶段最低值，随后出现逐渐上升的趋势，并在18个月前后开始趋于平稳，最终分别保持在－0.1～－0.5的影响水平上持续。

而另一方面，黄金和白银2种贵金属的响应与基本金属有所不同，在3个月前后的短期内略微上升后就开始趋于平稳，最终保持在－0.35左右的影响水平上持续，说明贵金属对美元指数变化的响应非常迅速，且响应过程较基本金属而言更为稳定。

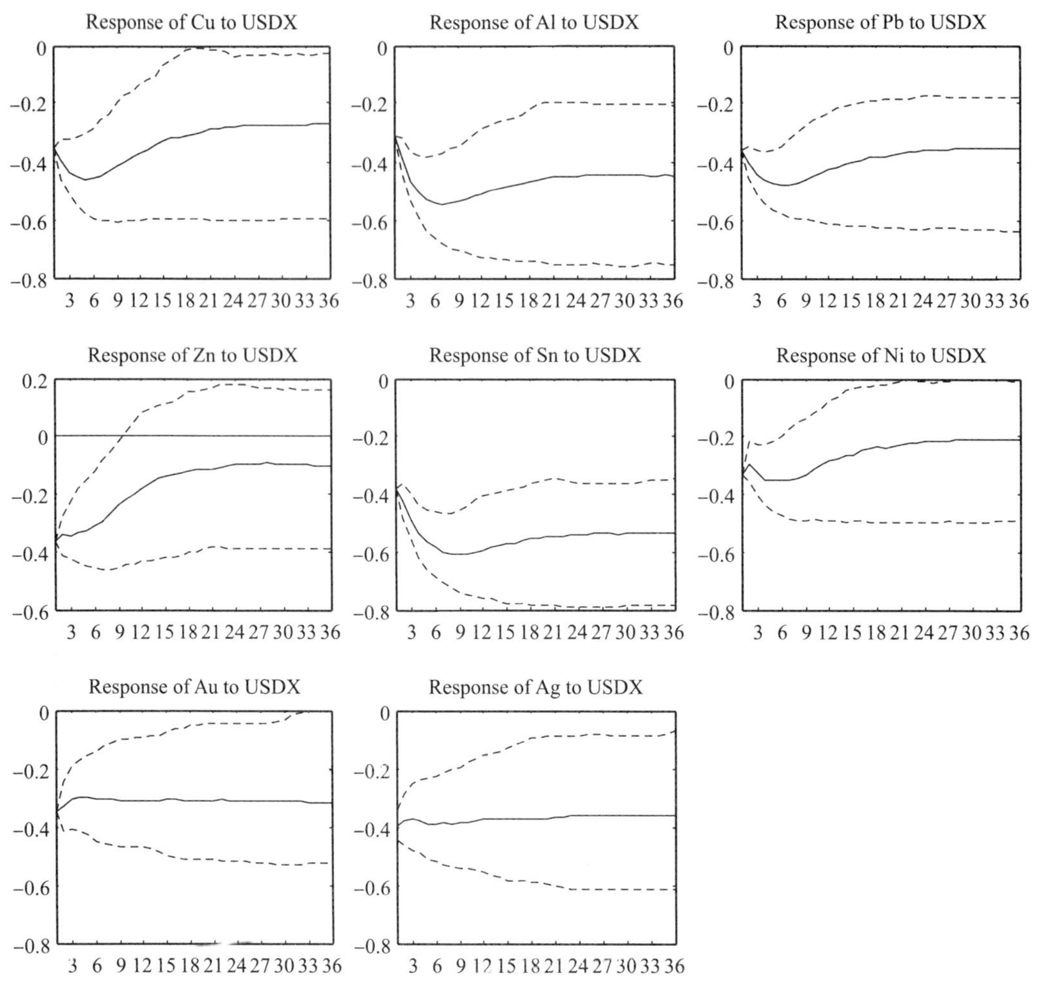


**图 6-4　金属价格对美元指数冲击的脉冲响应**

进一步分析还可以发现，由于相对于基本金属品种，白银在金融属性方面更类似于黄金，因此白银对源于美元指数冲击的响应与黄金的响应情况较为相似。但在 1 至 36 期，美元指数冲击对白银价格的影响都比对黄金价格的影响要强，可能的解释是，由于黄金的货币属性比白银的货币属性更为突出，黄金具有更优良的保值避险功能，所以黄金价格的波动幅度要小于白银价格波动的幅度。与此同时，白银又有比黄金更为广泛的工业用途，商品属性较强，因此，白银价格对于来自金融市场的冲击相对于黄金价格来说，会在一定程度上受到商品市场供需关系变化的影响，对外来冲击的响应更加灵敏，因而产生更强的波动。

**（2）联邦基金基准利率对金属价格的冲击**

从金属价格对联邦基金基准利率（FFR）冲击的脉冲响应图 6-5 中可以发现，联邦基金基准利率的 1 个单位正向冲击，8 种金属价格均于第 1 期开始产生较强的正向响应，与第 5 章中金属价格与联邦基金基准利率呈正相关性的结论一致，符合在泰勒规则意义下，美国联邦基金利率与金属商品价格正相关的理论解释，但中长期转为负向响应，体现了利率影响货币流动性的效用，使得金属价格出现回调。

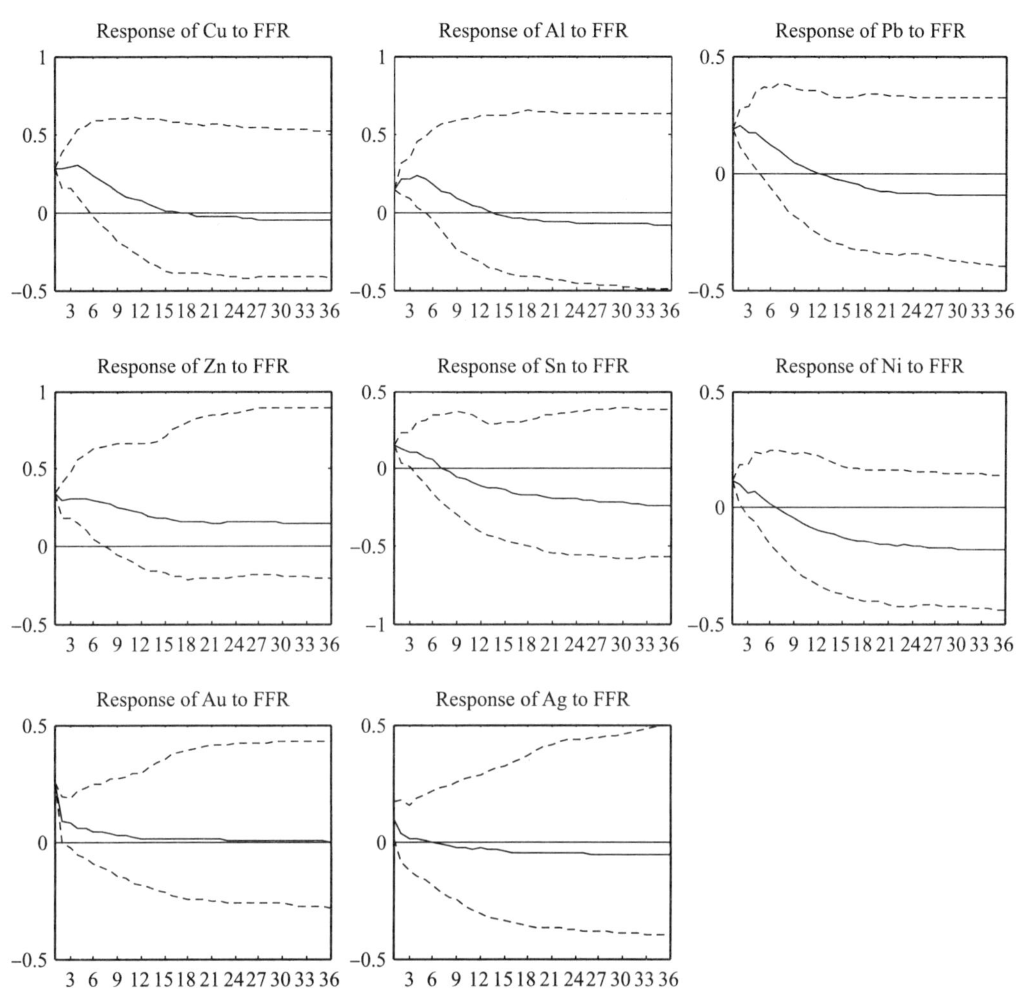


**图 6-5 金属价格对联邦基金基准利率冲击的脉冲响应**

但不同金属品种的脉冲响应函数动态变化存在差异。一方面，6 种基本金属大致可以分为三种情况：第一，铜和铝 2 种基本金属的响应情况大体相同，都经历了从第 1 期开始的小幅上升，在 6 个月前后达到峰值，随后逐渐大幅下降，在 18 个月前后逆转为负向响应，并于第 24 个月开始趋于平稳，最终保持在 -0.05 左右的影响水平上持续。第二，铅、锡和镍 3 种基本金属的响应情况较为相近，第 1 期或第 2 期为 0.15 左右的峰值，第 3 期开始出现略微波动，随后开始大幅下降。铅在第 14 个月逆转为负向响应，并于第 30 个月前后开始趋于平稳，最终在 -0.1 左右的影响水平上持续；锡和镍在第 9 个月前后逆转为负向响应，并于第 24 个月前后开始趋于平稳，最终保持在 -0.2 左右的影响水平上持续。第三，锌金属对利率冲击的响应最为强烈，第 1 期就达到最大值 0.34，在第 2 期经历了一次小幅波动，从第 3 期开始逐渐下降，但一直保持正向响应而没有出现逆转，最后在第 24 个月前后趋于平稳，保持在 0.1 左右的影响水平上持续。

另外，黄金和白银 2 种贵金属的响应与基本金属有所不同，第 1 期均达到最大值，但期初黄金的响应达到 0.25，要显著大于白银 0.09 的响应，随后都开始在 3 个月内出现短期的大幅下降，黄金价格从第 6 期前后就开始趋于平稳，最终保持在 0.02 左右的影响水平上持续，白银价格则在第 10 个月逆转为负向响应，随后从第 15 个月开始趋于平稳，最终在 -0.03 左右的影响水平上持续。白银价格出现逆转，表明相较黄金而言白银金属还具有一定的工业属性。

总的来说，贵金属对利率变化的响应较基本金属更为迅速，基本金属基本上都经历了一个先扬后抑的复杂过程，贵金属则直接大幅下降，主要原因应该在于，贵金属相较基本金属而言具有更强的金融属性，因此对利率因素的响应更加直接和迅速。而商品属性占主导的基本金属还受到金融因素透过工业生产渠道对金属价格的间接影响，理论和实践表明，随着利率的上升，企业的利息负担必然增加，在成本加成定价的条件下，企业不得不将这一负担转嫁到产品价格之上，从而最终导致金属原料价格在短期之内的上升，所以金属价格对利率因素的冲击呈现出更为复杂的动态效应。

**（3）美国货币供应量 M2 对金属价格的冲击**

从金属价格对美国货币供应量 M2 冲击的脉冲响应图 6 -6 中可以发现，M2 的 1 个单位正向冲击，除黄金以外的 7 种金属价格，均于第 2 期开始产生负向响应，并于中长期维持负向。

不同金属品种的脉冲响应函数动态变化存在差异。一方面，6 种基本金属大致可以分为两种情况：第一，铜、铝、锡和镍 4 种基本金属价格的响应情况非常相似，第 1 期为 -0.1 左右的最小负向响应，短期内负向响应大幅加强，在 6 个月达到 -0.3 左右负向响应的峰值，随后逐渐回升，到 18 个月前后开始趋于平稳，最终保持在 -0.2 左右的影响水平上持续。第二，铅和锌 2 种基本金属价格的响应情况较为相近，第 1 期为 0.03 左右较弱的正向响应，第 2 期开始便逆转为负向响应，与第一种情况类似的在短期内负向响应迅速加强，在 5 个月达到 -0.15 左右负向响应的峰值，随后逐渐回升，到 18 个月前后开始趋于平稳，最终保持在 0.0 左右的影响水平上持续。

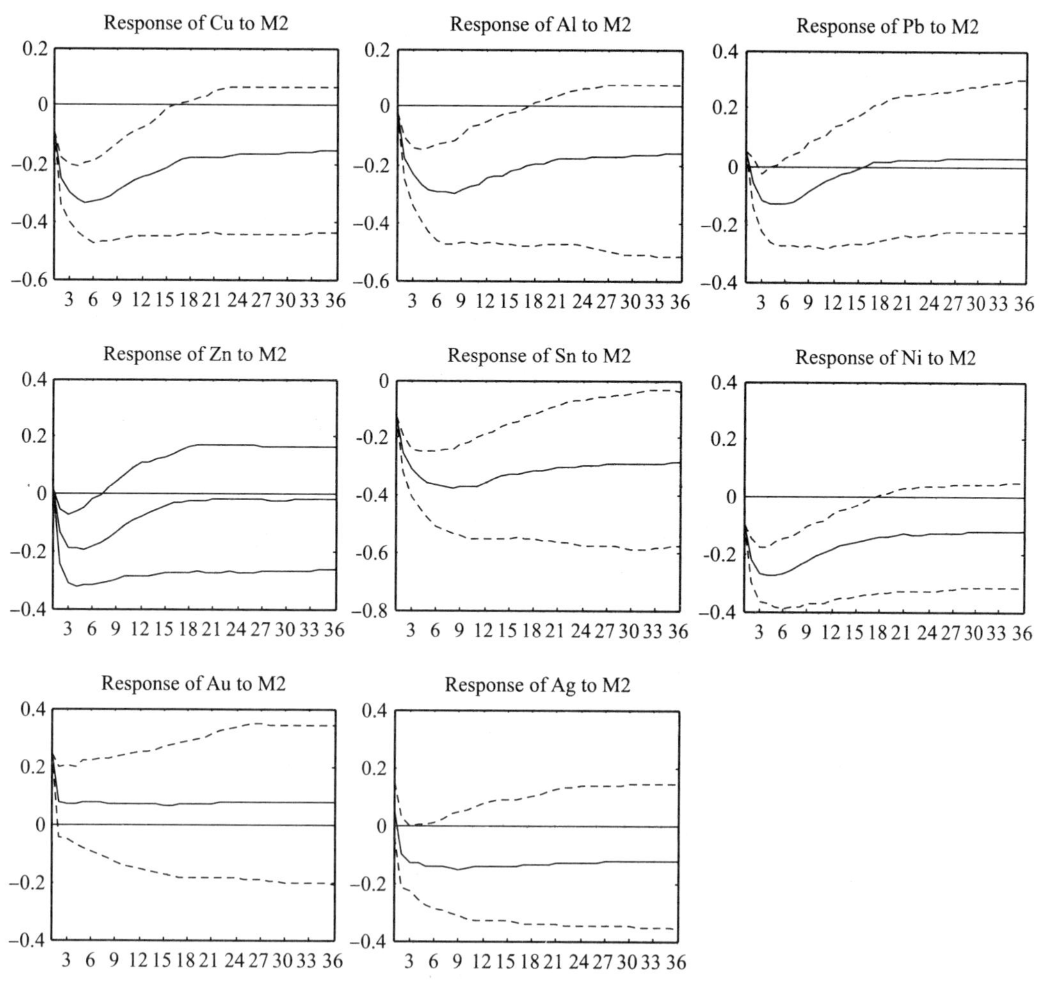


**图 6-6 金属价格对 M2 冲击的脉冲响应**

另一方面，黄金和白银 2 种贵金属的响应差异较大。第一，白银价格在第 1 期产生 0.05 的微弱正向响应，6 个月的短期内迅速逆转下降到 -0.15 的负向响应峰值，随后趋于稳定并保持在 -0.12 左右的影响水平上持续。第二，黄金价格在第 1 期就产生了 0.24 的强烈正向响应，在 3 个月的短期内迅速下降到 0.07 左右，但并未发生负向逆转，随后在正向区间趋于平稳，最终保持在 0.07 左右的影响水平上持续。相较而言，白银响应的状况综合了基本金属和黄金的变化特征，这与白银同时具有工业属性和货币属性的特殊性非常吻合。此外，与利率的冲击响应类似，贵金属对 M2 变化的响应较基本金属更为迅速和直接，基本金属基本则出现了先下降后回升的过程。

总的来说，货币供应量 M2 是市场货币流动性的关键信号，从货币数量论的角度来分析，货币供应量的增加扩大了市场的流动性，一方面可能使得通胀发生进而导致商品价格上涨，另一方面可能会刺激投资需求，引起资产需求量上升进而推高资产价格。国内外关于货币供应量影响资产价格现有研究，主要集中于对股票和房地产价格的影响，由于研究数据和分析方法的不同，在结论上并没有达成统一的共识，有的学者认为货币供应量的增加会正向推动资产价格上涨，而有的研究结果则发现仅存在非常微弱的影响。而对于在当前经济形势下大幅波动的大宗商品市场，特别研究货币流动性对金属价格的影响则很少见。

根据我们的实证结论，仅有黄金价格符合货币流动性常规理论的解释，其他金属都出现了与 M2 负相关的异象，可见金属类大宗商品中，黄金价格与股票、房地产等资产价格受到货币供应量的影响较为相似，都为正向响应；而主要基本金属品种和具有一定工业属性的白银金属，它们的价格与股票、房地产等资产价格受到货币供应量的影响则是存在显著区别的。针对货币供给的一次性冲击，基本金属品种的价格水平主要呈现负向响应过程，究其原因，可能的解释是股票、房地产等资本市场的发展对货币供给的增加产生了显著的分流的作用，而这种分流作用影响到了货币供给与通货膨胀之间的对应关系，稳定了一般商品价格水平；与此同时，工业金属期货价格受到美元指数的负向影响更为显著和迅速，而美元指数对于来自 M2 的正向冲击在短期内会产生显著的正向响应，通过美元指数渠道最终形成了工业金属价格对货币供应量的负向响应。

**（4）标准普尔 500 指数对金属价格的冲击**

从金属价格对标准普尔 500 指数（SP500）冲击的脉冲响应图 6－7 中可以发现，标准普尔 500 指数的 1 个单位正向冲击，8 种金属价格均于第 1 期开始产生较强的正向响应，经历短期波动后，一直持续到第 36 期都为正向，这与第 4 章中金属价格与标准普尔 500 指数呈正相关性的结论一致，有效验证了股票市场作为宏观经济晴雨表的作用，在宏观经济形势好的时候有助于推动金属期货市场价格的上涨，反之亦然。

从响应的动态变化来看，不同金属品种的脉冲响应函数在响应速度和响应深度方面存在一定差异。一方面，6 种基本金属的响应情况较为一致，从第 1 期开始不断推动金属价格上升，在 6 个月前后达到正向影响的峰值，其中，铜和铝金属响应峰值最高，达到 1.4 左右，而另外 4 种金属峰值在 0.9 左右，随后 6 种金属都出现逐渐下降的趋势，并在 18 个月前后开始趋于平稳，铜和铝金属最终在 0.6～0.9 的影响水平上持续，而另外 4 种金属最终在 0.5 左右的影响水平上持续。

另一方面，黄金和白银 2 种贵金属的响应与基本金属有所不同，黄金价格在 3 个月前后的短期内略微下降后就开始趋于平稳，最终保持在 0.1 左右的影响水平上持续；而白银价格在 6 个月前后的时间内略微上升后就开始趋于平稳，最终保持在 0.3 左右的影响水平上持续。

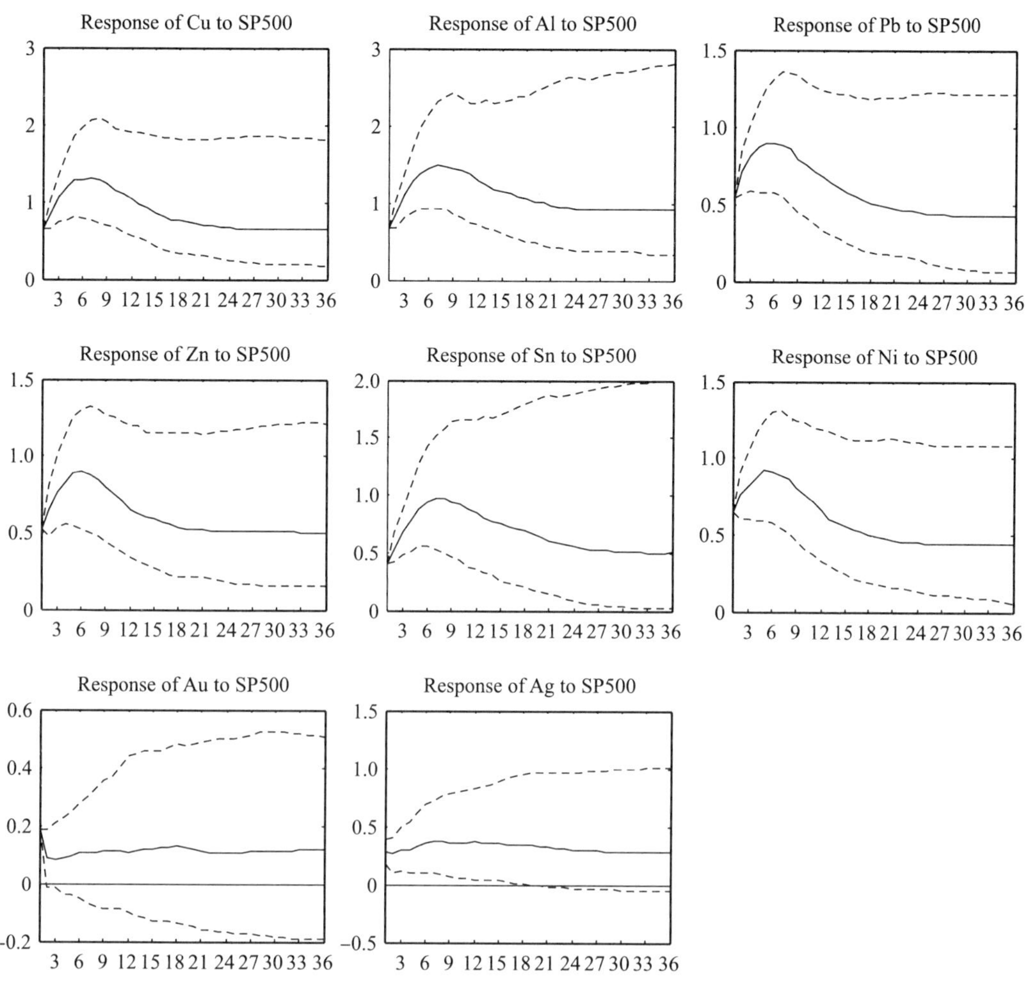


图 6－7 金属价格对标准普尔 500 指数冲击的脉冲响应

总的来说，基本金属基本都经历了 18 个月前后先扬后抑的响应过程，且响应深度较贵金属而言要强烈得多；而贵金属对股票市场变化的响应非常迅速，响应过程较基本金属更为稳定。另外还可以注意到，对于股市指数的冲击，白银金属的响应过程同时综合了基本金属先扬后抑和贵金属快速平稳的特性，再次体现了白银兼具工业属性和货币属性的双重特性。

**（5）铜的非商业交易商持仓净多头比例对金属价格的冲击**

从金属价格对铜的非商业交易商持仓净多头比例（PNLC）冲击的脉冲响应图 6－8 中可以发现，PNLC 的 1 个单位正向冲击，8 种金属价格均于第 1 期开始产生正向响应，随后逐渐大幅减弱，且除白银金属之外都出现负向逆转。可见铜金属价格的响应在短期内和第 4 章中铜金属价格与 PNLC 呈正相关性的结论一致，但中长期转为负向响应，说明铜期货的投机因素对金属价格的影响出现回调。

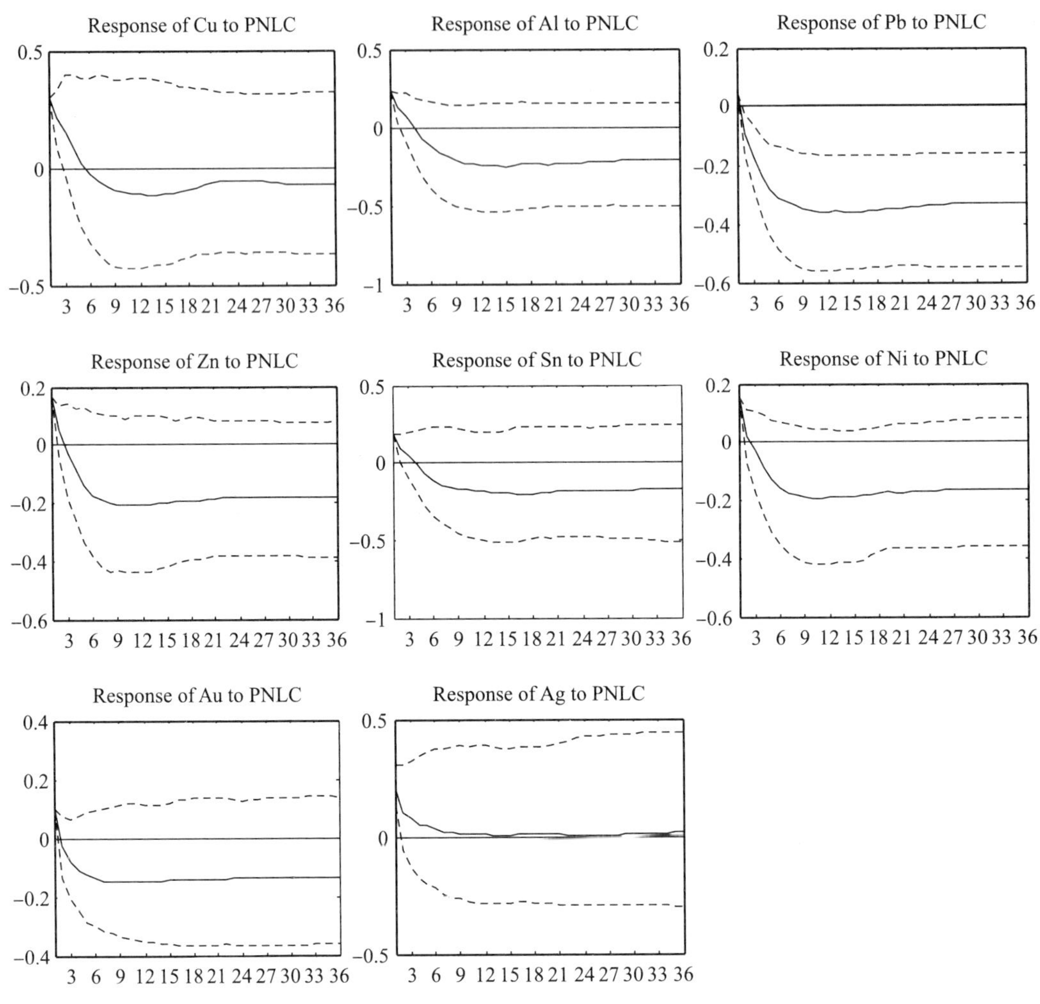


**图 6-8　金属价格对铜金属 PNL 冲击的脉冲响应**

不同金属品种的脉冲响应函数的动态变化存在差异。一方面，6 种基本金属的动态响应状况类似，不过响应深度有所不同，大致可以分为三种情况：第一，铜金属初期响应最为强烈，达到 0.3 左右的最大值，随后逐渐大幅下降，在 6 个月时逆转为负向响应，并于第 14 个月达到负向峰值后开始趋于平稳，最终保持在 -0.07 左右的影响水平上持续。第二，铝、锌、锡和镍 4 种基本金属的响应情况较为相近，第 1 期为 0.2 左右的峰值，随后逐渐大幅下降，在第 3 个月逆转为负向响应，并于第 12 个月前后达到负向峰值后开始趋于平稳，最终在 -0.2 左右的影响水平上持续。第三，铅金属的响应在初期最弱，为正向 0.05 的峰值，在第 2 期便出现逆转，随后逐渐大幅下降，在 15 个月

时达到 -0.35 的负向峰值后开始趋于平稳，最终在 -0.33 左右的影响水平上持续。

另一方面，2 种贵金属的动态响应状况则存在较大差异，黄金价格的响应在第 1 期为 0.1 左右的峰值，随后逐渐大幅下降，在第 1 个月便逆转为负向响应，并于第 13 个月前后达到负向峰值后开始趋于平稳，最终在 -0.13 左右的影响水平上持续。而白银价格的响应在第 1 期达到 0.2 左右的峰值，随后逐渐大幅下降，但始终没有发生负向逆转，于第 9 个月前后开始趋于平稳，最终在 0.01 左右的影响水平上持续。

总的来说，虽然 PNLC 仅为铜金属期货的投机因素指标，但结论显示该冲击对于其他品种金属价格产生了联动效应，铜期货市场投机因素的增强助推了铜价短期上涨的同时，还带动其他金属品种价格上涨，但 12 个月前后的时间投机因素的影响褪去，金属价格回归初始水平。同时可以注意到，在产生负向调整的 7 种金属中，除铜之外的 6 种金属价格，其负向响应的程度大于正向响应的程度，主要由于后期负向调整想要将上涨后的金属价格拉回初期水平，则需要的调整幅度必定比正向拉动时的幅度大，需要的调整时间也比价格上涨的时间要长；而对于铜金属与它们不同，正向响应的程度大于负向响应的程度，结果则促使铜金属价格受投机因素影响而形成中长期的上涨。此外，白银金属出现了较为特殊的响应状况，在此分析的是铜金属期货的投机因素指标的冲击，COT 报告仅包含铜 1 种基本金属，以及黄金、白银、铂金、钯金 4 种贵金属的期货持仓数据，本书 FAVAR 模型中的关键金融因素选取了铜和黄金的持仓指标，为了对比分析并没有加入白银品种的持仓指标。而现实情况是白银金属价格还将受到自身基金持仓投机因素的影响，因而可能造成负向回调部分与自身投机因素的影响相互抵消，最终产生了与其他金属品种不一样的响应。

**（6）黄金的非商业交易商持仓净多头比例对金属价格的冲击**

从金属价格对黄金的非商业交易商持仓净多头比例（PNLG）冲击的脉冲响应图 6-9 中可以发现，与 PNLC 冲击的响应存在显著差异。PNLG 的 1 个单位正向冲击，8 种金属价格均于第 1 期开始产生正向响应，随后逐渐上升，仅铅和镍金属的响应出现负向逆转，而其他金属都在经历了先扬后抑的波动后在正向区间趋于平稳。由此说明，黄金期货的投机因素不但显著推动了自身价格的上涨，同时带动大多数金属品种价格的上涨，但对少数金属品种的价格变动却影响微弱。

不同金属品种的脉冲响应函数的动态过程存在差异。一方面，6 种基本金属的动态响应状况可以分为不同的两种情况：第一，铜、铝、锌和锡 4 种金属初期为 0.2 左右的正向响应，随后逐渐大幅上升，在 9 个月前后铜、铝和锡达到 0.6 左右的正向峰值，而锌达到 0.35 左右的正向峰值，随后都缓慢下降，并于 24 个月前后开始趋于平稳，最终铜、铝和锡保持在 0.4 左右的影响水平上持续，锌则保持在 0.18 左右的影响水平上持续。第二，铅和镍2种基本金属的响应情况较为复杂，第1期为0.02左右的微弱正向响应，经过第2期短暂的下降后于第3期开始上升，在第6个月前后达到0.07的峰值，随后逐渐下降，在第12个月前后逆转为负向响应，并于第24个月前后开始趋于平稳，最终在-0.09左右的影响水平上持续。

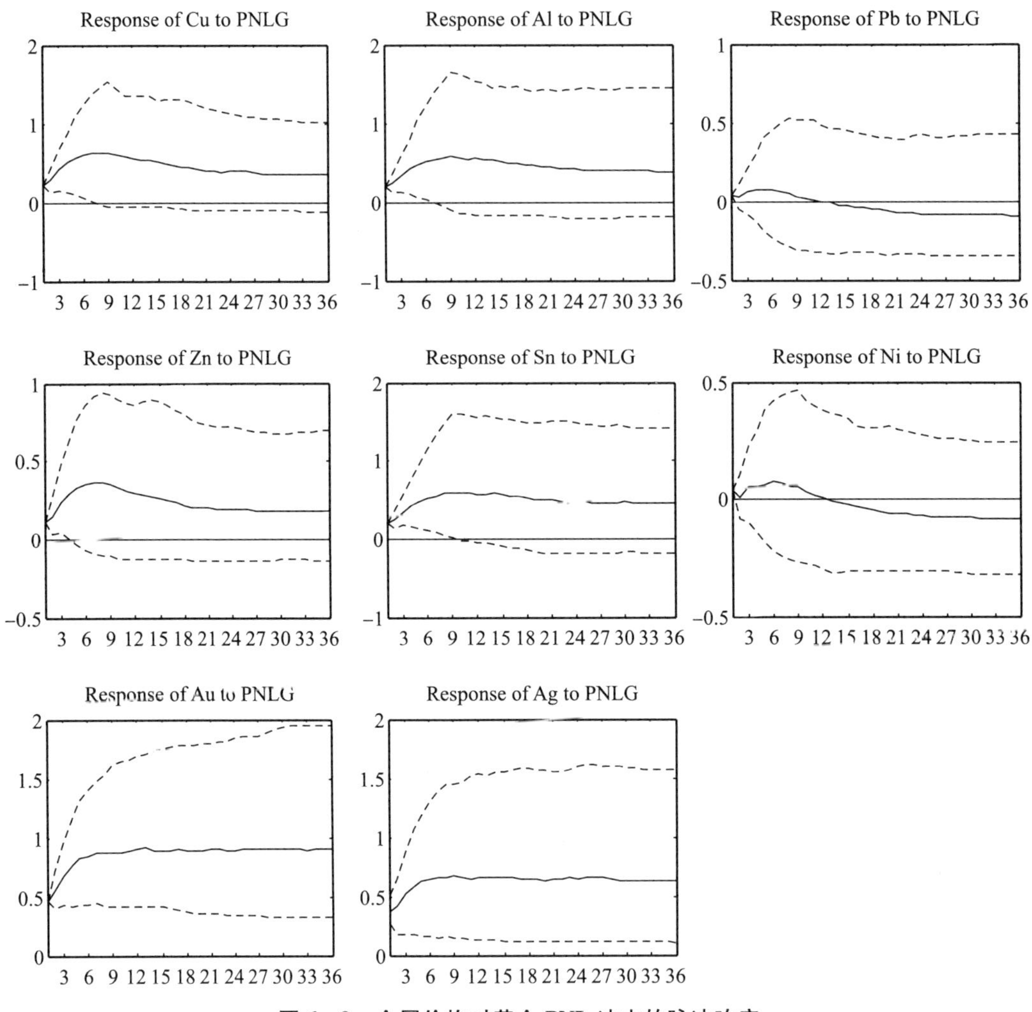


**图6-9　金属价格对黄金PNL冲击的脉冲响应**

另一方面，2种贵金属的动态响应状况和响应时间相近，但响应深度显著不同。黄金价格的响应在第1期为0.46的正向响应最低值，随后6个月迅速大幅上升，在第13个月达到正向峰值0.91后开始趋于平稳，最终在0.9左右的影响水平上持续。而白银与黄金动态趋势类似，白银价格的响应在第1期为0.37的正向响应最低值，随后6个月迅速大幅上升，在第9个月达到正向峰值0.67后开始趋于平稳，最终在0.6左右的影响水平上持续。

总的来说，PNLG 仅为黄金期货的投机因素指标，但结论显示该冲击对于其他品种金属价格产生了显著的联动效应，黄金期货投机因素的增强不但助推了黄金价格短期显著上涨，还带动其他金属品种价格上涨。对于在 24 个月前后的时间投机因素的影响褪去，金属价格回归。值得注意的是，铜、铝、锌和锡 4 种金属先扬后抑的程度来看，价格上涨的程度显著大于价格回调的程度，最终使得金属价格实质性的增长；而铅和镍由于上涨和下跌回调的程度都较为微弱，因此受到黄金期货投机因素的影响不是很显著；对于黄金和白银两种贵金属而言，投机因素推动价格上涨后就趋于稳定，并没有经历显著的回调过程，结果就是贵金属的价格实质性显著上涨，特别是对黄金价格的影响要比对白银价格的影响大得多。

## 6.6 本章小结

本章基于 FAVAR 模型考察了铜、铝、铅、锌、锡、镍、黄金和白银 8 种主要有色金属价格波动的宏观经济影响因素，并重点分析了美元指数、联邦基金基准利率、美国货币供应量 M2、标准普尔 500 指数、铜的非商业交易商净多头比例和黄金的非商业交易商净多头比例 6 个关键金融因素的影响效果及作用机制。实证的主要过程是，首先构建以美国和中国宏观经济指标为代表的宏观经济信息集，包含 119 个指标及 6 个关键金融因素指标为可观测的宏观因子；然后通过 FAVAR 模型的估计从宏观经济信息集中提取 7 个潜在的宏观因子；最后基于这 13 个宏观因子进行金属价格波动的宏观成分和特质成分分解，以及针对 6 个关键金融因子的脉冲响应分析。本章的主要结论归纳如下：

①FAVAR 模型估计结果的解释力度方面：首先，13 个宏观因子对 119 维宏观信息集变量方差的综合解释力度的平均值到达 58.9%，表明本章 FAVAR 模型估计结果合理有效；其次，宏观因子对大部分重要指标的解释力度达到了 70%，表明宏观因子对宏观经济动态运行的综合性描述较好，基本能够概括宏观经济运行的基本特征；最后，宏观因子对 8 个有色金属品种价格方差的解释力度平均值达到了 59.2%，表明了宏观因子解释了有色金属价格变量的大部分变化。

②基于金属价格影响因素成分分解的价格波动性和持续性方面：基于 FAVAR 的宏观因子估计结果将金属价格影响因素分解为宏观成分和特质成分。首先，根据宏观成分和特质成分的波动性分析可知，二者都是金属价格的重要冲击源，但是对不同金属品种价格的影响程度存在差异；且金属价格的宏观成分与特质成分之间存在较强的正相关

性。其次，8 种金属中有 7 种金属价格的宏观成分解释力度高于 50%，可见金属价格波动性受到宏观成分的影响要大于其特质成分的影响。最后，8 种金属价格宏观成分的持续性均显著大于价格序列本身的持续性，而各种金属价格本身的持续性又大于对应价格特质成分的持续性，即金属价格的持续性主要是由宏观成分带来的，特质成分的贡献相对较少，因此宏观因素对金属价格波动的持续性有着至关重要的影响。

③金属价格对关键金融因素冲击的脉冲响应方面：通过 FAVAR 的宏观因子估计结果建立标准 VAR 模型从而进行关键金融因素冲击的脉冲响应分析，再通过宏观因子载荷矩阵转换得到 8 种金属价格对 6 种关键金融因素变量的脉冲响应。总体而言，不同金属品种的脉冲响应函数在响应速度和响应深度方面有所不同，且基本金属与贵金属价格的动态响应过程存在显著的差别。而大多数情况下，白银价格的脉冲响应态势则同时综合了基本金属和黄金价格响应的特点，很好地体现了白银兼具基本金属的工业属性和贵金属的货币属性特征。

# 7

# 有色金属价格波动特征分析

对价格波动特征的分析将有助于深入理解和分析有色金属市场行为，并进而对市场风险作出正确的判断。因此，本章主要对有色金属市场存在的长期记忆特征、周期性、状态转换特征以及多重分形特征进行检验和分析，为进一步理解有色金属市场以及风险测度和分析提供实证基础。

## 7.1 长期记忆特征分析

长期记忆特征刻画了时间序列在时间间隔相差较远的观察值之间存在持续的时间上的依赖关系。具有长期记忆特征的时间序列，意味着时间序列中相隔较远的观测值之间仍具有一定的相关性，也就意味着利用过去的历史收益情况可以预测未来的收益率。因此，研究金融资产是否具有长期记忆特征对于准确地分析和预测金融市场走势、控制投资风险等具有重要的现实意义，已经成为近年来国内外金融理论界关注的一个热点。

### 7.1.1 长期记忆特征的定义及其检验方法

长期记忆特征描述了时间序列中相距较长的时间间隔的两个观测值之间存在的持续性的长期的相互依赖关系。目前，关于时间序列的长期记忆性特征的定义很多，其中一个常用的定义是 Liu（1995）通过自相关函数而定义，即若平稳时间序列 $X_t$的自相关函数 $\rho(k)$，依负幂指数率（双曲率）随滞后阶数 $k$ 的增加而缓慢下降，即满足表达式：

$$\rho(k) \sim ck^{2d-1}(k \to \infty) \tag{7-1}$$

则称时间序列 $X_t$ 为具有长期记忆特征的时间序列。其中，参数 $d$ 被称为长记忆参数。

对于长期记忆性的检验方法，目前也很多，如重标极差分析法、周期图法、高斯半参数估计法、ARFIMA 模型以及 Figarch 模型等方法。其中重标极差分析法（Rescaled Range Analysis，R/S 分析法）是水文学家 Hurst 在大量实证研究的基础上提出的可有效研究时间序列的相关性和持续性的半参数统计方法。因此，本节采用 R/S 分析法分析沪铜和沪铝收益序列的长期记忆特征。

### 1. *R/S* 分析法

Hurst（1951）在大量实证研究的基础上，发现自然现象都遵循“有偏随机游走”，即一个趋势加上噪声，从而提出 $R/S$ 分析方法，其一般的形式为：

$$(R/S)_n = Cn^H \tag{7-2}$$

其中，$R/S$ 是重标极差；$n$ 为时间增量区间长度；$C$ 为常数；$H$ 为 Hurst 指数，简称 $H$ 指数，且 $0<H<1$。

由式（7－2）可知，$\log(R/S)_n = \log C + H \times \log(n)$，故通过线性回归即可计算出 Hurst 指数。

具体计算步骤如下：

（1）将长度为 $N$ 的时间序列 $\{R_i\}$ 等分为长度为 $n(n\geqslant 3)$ 的 $A$（取 $N/n$ 的整数部分）个连续的子区间，记每个子区间为 $D_a(a=1,2,3,\cdots,A)$，$R_{k,a}$ 表示每个子区间内的元素；

（2）计算每个子区间序列的均值：

$$\bar{x}_a = (1/n)\sum_{k=1}^{n} R_{k,a} \tag{7-3}$$

（3）计算每个子区间 $D_a$ 偏离每个子区间均值的累计离差：

$$X_{k,a} = \sum_{i=1}^{k} (R_{i,a} - \bar{x}_a) \tag{7-4}$$

（4）计算每个子区间 $D_a$ 的极差（最大值减去最小值）：

$$R_a = \max(X_{k,a}) - \min(X_{k,a}) \tag{7-5}$$

（5）计算每个子区间 $D_a$ 的标准差：

$$S_a = \sqrt{(1/n)\sum_{k=1}^{n} (R_{k,a} - \bar{x}_a)^2} \tag{7-6}$$

（6）计算每个子区间 $D_a$ 的重标极差：

$$(R/S)_a = R_a/S_a \tag{7-7}$$

（7）对每个子区间，通过重复第 2 步至第 6 步得到重标极差序列 $(R/S)_a$，并计算该序列的均值：

$$(R/S)_n = \frac{1}{A}\sum_{a=1}^{A} (R/S)_a \tag{7-8}$$

（8）将子区间的长度 $n$ 增加到一个更大的数值，重复第 1 步至第 7 步直到 $n = N/2$。根据方程：$\log(R/S)_n = \log C + H \times \log(n)$，以 $\log(R/S)_n$为被解释变量，$\log(n)$ 为解释变量，进行最小二乘法估计。所求的 Hurst 指数即为解释变量的系数。

Hurst 指数可衡量一个时间序列是否独立分布或具有相关持续性。对于一个有效市场而言，其 Hurst 指数为 0.5，表明时间序列是独立随机过程，此时间序列的不同时间的观测值是相互独立的。当 Hurst 指数不等于 0.5 时，表明时间序列不是正态分布，其各个观测值之间存在着一定程度的相关性，位于前面的观测值对其后的观测值都会产生相对持续的影响。Hurst 指数值越高，时间序列就具有更强的持久性和更清晰的趋势性（Peters，1991）。

### 2. 修正 R/S 分析方法

由于 Hurst 提出的 R/S 分析法不能有效地区分长期相关性和短期相关性，Lo（1991）通过对 R/S 分析法进行修正，提出了修正 R/S 分析法。二者的主要差别在于修正的 R/S 分析法用新的变量代替了观测值的标准差去除极差。修正的 R/S 分析法如下：

$$Q_n^m = \frac{1}{\sigma_n(q)}\{[\max_{1\leqslant k\leqslant n}\sum_{j=1}^{k}(r_j - \bar{r}_n) - \min_{1\leqslant k\leqslant n}\sum_{j=1}^{k}(r_j - \bar{r}_n)]\} \tag{7-9}$$

其中，$\sigma_n(q) = \left\{\frac{1}{n}\sum_{j=1}^{n}(r_j - \bar{r}_n)^2 + \frac{2}{n}\sum_{j=1}^{q}\omega_i(q)\left[\sum_{i=j+1}^{q}(r_j - \bar{r}_n)(r_{i-j} - \bar{r}_n)\right]\right\}^{1/2}$

$$\omega_i(q) = q - \frac{j}{q+1},\ q < n$$

采用修正的 R/S 分析法，首先必须确定式（7-9）中的滞后值 $q$。Lo（1991）给出的计算公式为：

$$q = \left[\left(\frac{3n}{2}\right)^{1/3}\left(\frac{2\rho}{1-\rho}\right)^{2/3}\right]$$

其中，$n$ 为取整函数，$\rho$ 为 AR(1) 中的一阶自相关系数。但这个方法仅适合服从 AR(1) 过程的时间序列，$Q_n^m/\sqrt{n}$是 $q$ 的函数。

## 7.1.2 基于传统与改进的 R/S 分析法的长记忆特征的实证检验

### 1. 长记忆特征的 R/S 检验

根据前述分析原理与计算过程，用 R/S 方法分别对沪铜和沪铝的日度和周度对数收益率序列的长期记忆性进行实证分析，样本区间均为2002年1月~2011年12月。由于前面的实证结果表明，沪铜和沪铝的收益序列同样存在着短期的自相关性。因此，为了避免短期相关性的影响，本节除了对原始序列进行 *R/S* 分析之外，同样采用 *AR*(1) 模型对收益序列进行拟合，去除短期相关性后采用 *R/S* 方法进行长记忆性检验。在此，选取 $q=1$，即选择 *AR*(1) 模型。Brock、Dechert 和 Sheinkman（1987）的研究表明，尽管 *AR*(1) 模型的残差不能消除所有的线性依赖，但是不管是2阶还是3阶等，都可以消除足够的线性依赖，降低了非显著性的影响。采用传统和改进的 *R/S* 分析法计算的 Hurst 指数结果，如表7-1所示。图7-1和图7-2分别是沪铜2002年至2011年未消除短期相关性和已消除短期相关性的收益率序列的 *R/S* 分析图。

**表7-1　沪铜和沪铝2002~2011年的Hurst指数计算结果**

| 金属 | 方法 | 时间序列 | 日度 | 周度 |
|---|---|---|---|---|
| 沪铜 | *R/S* 方法 | 收益序列 | 0.6469 | 0.6859 |
| | | *AR*(1) 序列 | 0.6471 | 0.6752 |
| | 修正 *R/S* 方法 | 收益序列 | 0.6516 | 0.6997 |
| | | *AR*(1) 序列 | 0.6518 | 0.6867 |
| 沪铝 | *R/S* 方法 | 收益序列 | 0.5930 | 0.6013 |
| | | *AR*(1) 序列 | 0.5924 | 0.6027 |
| | 修正 *R/S* 方法 | 收益序列 | 0.5968 | 0.6118 |
| | | *AR*(1) 序列 | 0.5961 | 0.6135 |

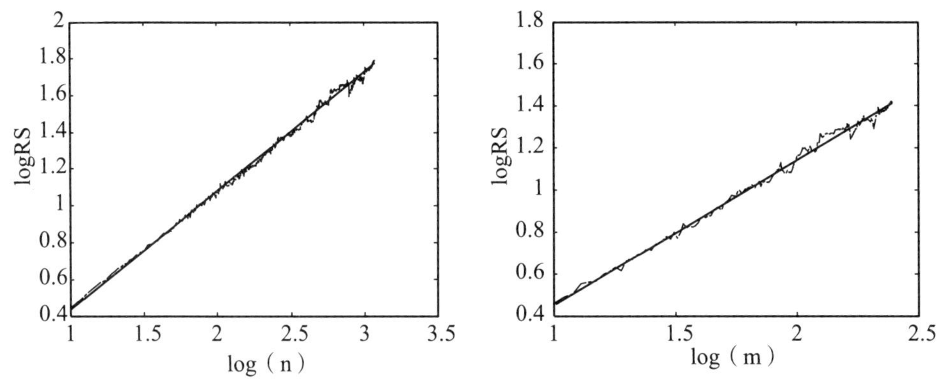


**图7-1　沪铜日度和周度收益率 *R/S* 分析（未消除短期自相关性）**

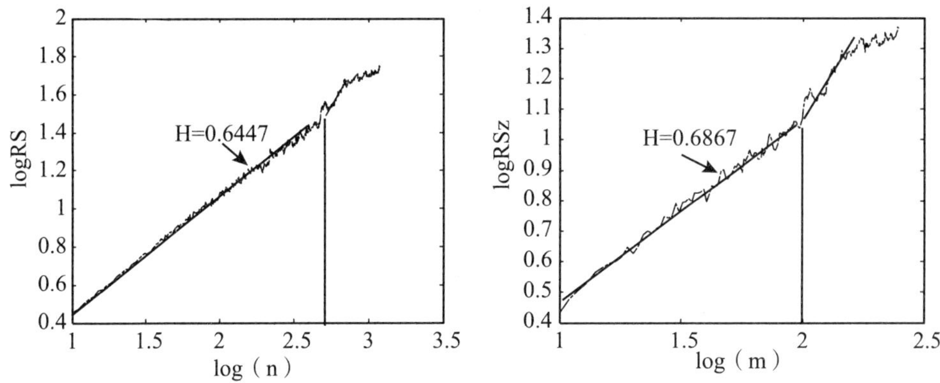


**图 7－2 沪铜日度和周度收益率 *R/S* 分析（已消除短期自相关性）**

从表 7－1 可以看到，对于沪铜，当采用日度收益率序列时，对于未消除短期相关性的收益率序列，采用传统的 *R/S* 分析法和改进的 *R/S* 分析法所计算的 Hurst 指数分别为 0.6469 和 0.6516，对于已采用 *AR*(1) 模型消除短期相关性的收益率序列，采用传统的 *R/S* 分析法和改进的 *R/S* 分析法所计算的 Hurst 指数分别为 0.6471 和 0.6518；而当采用周度收益率序列时，对于未消除短期相关性的收益率序列，相应的 Hurst 指数分别为 0.6859 和 0.6997，对于已采用 *AR*(1) 模型进行消除短期相关性的收益率序列，相应的 Hurst 指数分别为 0.6752 和 0.6867。可知，所有的 Hurst 指数均大于 0.5。根据 Hurst 指数的性质，我们可以得到以下结论：

①Hurst 指数不等于 0.5，说明沪铜日度和周度收益率序列为非随机序列，其分布不是正态分布，这和第 3 章关于正态分布的检验结果是一致的；

②Hurst 指数大于 0.5，也说明收益序列各个观测值之间不是互相独立的，后面的收益率都带着在它之前的观测值的记忆，此时序列具有状态持续性，即存在着长期记忆特征，若当期的收益率处于上升（下降）状态，则其将来时期的状态将继续保持上升（下降）的概率要大于下降（上升）的概率。

③日度收益率和周度收益率的 Hurst 指数均大于 0.5，也说明收益序列的长期记忆特征并没有随着时间标度的变化而改变，未来的日变化与过去的日变化相关，未来的周变化也与过去的周变化相关。

④尽管采用 R/S 分析法计算出的未消除短期相关性的收益序列和已消除短期相关性的收益序列的 Hurst 指数均大于 0.5，且其数值差异并不大，但从图 7－1 和图 7－2 可以发现，收益序列存在着短期自相关性，并且对于长期记忆性的识别存在着影响。一般而言，通过 log(*R/S*)－log(*n*) 双对数关系图，可以观察出 Hurst 指数的发展趋势在何处发生转折，转折之处所对应的 *N* 值被认为是序列的初始条件信息或影响完全消失的

时间的长度，也即序列的长记忆特征的记忆长度。然而从图 7 - 1 和图 7 - 2 对比来看，图 7 - 1 并未显示出明显的趋势转折点，而图 7 - 2 在消除了短期相关性的影响后，则呈现出相对明显的转折点（如图 7 - 2 所示），对于日度收益序列，大概在 log(*n*) 等于 2.7 左右，出现了趋势的明显转折。因此，可以认为沪铜的长期记忆长度大概在 500 天左右。而对于周度数据，同样可以发现，在 log(*m*) 等于 2 时，趋势出现变化，即在 100 周的时候，同样为 500 天左右，长期记忆特征会逐渐消失。

为了验证长期记忆特征的记忆长度，在此以 500 天的间隔为界限，对沪铜日度数据分别做 s <500 和 s >500 的时间间隔的 R/S 分析，观察 Hurst 指数的变化，结果如图 7 - 3 和图 7 - 4 所示。

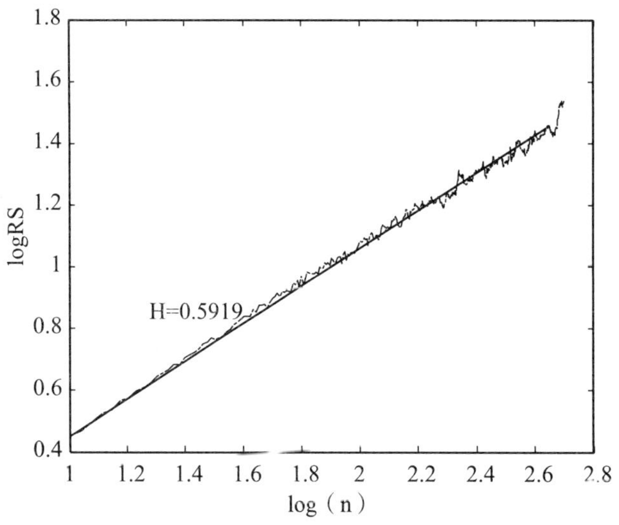


**图 7 - 3　沪铜日度收益率 *R/S* 分析（*s* <500）**

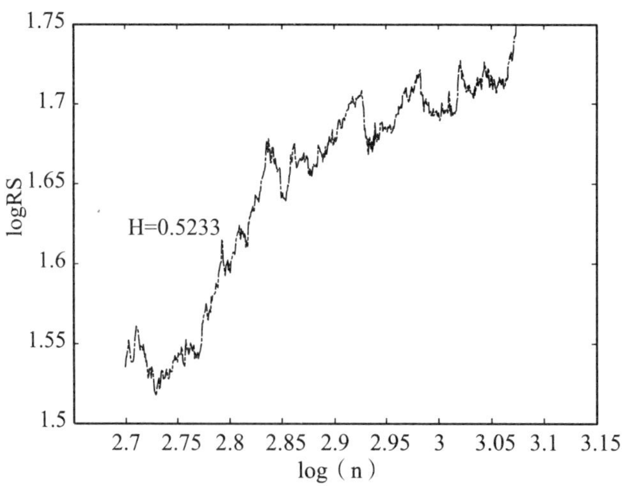


**图 7 - 4　沪铜日度收益率 *R/S* 分析（*s* >500）**

如图 7－3 所示，当 s＜500 时，Hurst 指数为 0.5919，观察 log(R/S)－log(N) 双对数图，其趋势特征十分明显，且直到 log(n) 等于 2.7 左右后，才出现趋势转折。而当 s＞500 时，Hurst 指数为 0.5233，已经比较接近随机过程的独立分布下 Hurst 指数为 0.5 的理论值，而观察 log(R/S)－log(N) 双对数图，可以看到其图形相对复杂，短期内趋势特征已不清晰。在 500 天的记忆长度内，Hurst 指数为 0.5919，具有相对明显的长期记忆特征；而在超过 500 天的记忆长度后，Hurst 值降为 0.5233，也就是说沪铜某一时间的收益率只有与它超过记忆长度后的收益率才接近于独立。

对于沪铝，在此仅对采用 AR(1) 模型消除过短期相关性的日度和周度收益率序列进行 R/S 分析，以分析沪铝收益率序列存在的长期记忆特征。结果如表 7－1 和图 7－5 所示。

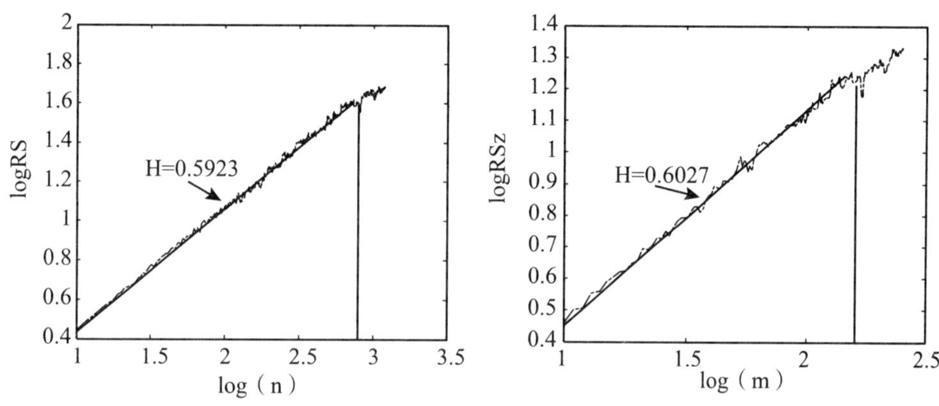


**图 7－5　沪铝日度和周度收益率 R/S 分析（已消除短期自相关性）**

从表 7－1 和图 7－5，我们可以得到和沪铜类似的结论。

①沪铝所有的 Hurst 指数同样均大于 0.5，表明日度和周度收益率序列同样为非随机序列，其分布不是正态分布，且存在着长期记忆特征。但与沪铜相比，沪铝的 Hurst 指数均相对较小，这说明沪铝市场所具有长期记忆特征的程度要弱于沪铜市场。此外，沪铝市场消除短期相关性前后的日度和周度收益率序列的 Hurst 指数相比，变化十分微小，这说明相比沪铜，长期记忆特征对于沪铝的收益率变化影响更大，而短期相关性影响则极其微小。

②从图 7－5 的 log(R/S)－log(n) 双对数关系，可以看到沪铝的 Hurst 指数变化趋势。对于日数收益序列，大概在 log(n) 等于 2.9 左右，出现了趋势的明显转折。因此，可以认为沪铝的长期记忆长度大概在 800 天左右。而对于周度数据，转折则在 log(m) 等于 2.2 左右，即在 158 周的时候出现趋势的变化，按 5 天工作制计算，大概为 790 天

左右的周期长度后，长期记忆特征会逐渐消失。

为此，同样以 800 天的间隔为界限，对沪铝日度收益率序列分别做 $s<800$ 和 $s>800$ 的时间间隔的 $R/S$ 分析，观察 Hurst 指数的变化，结果如图 7－6 和图 7－7 所示。

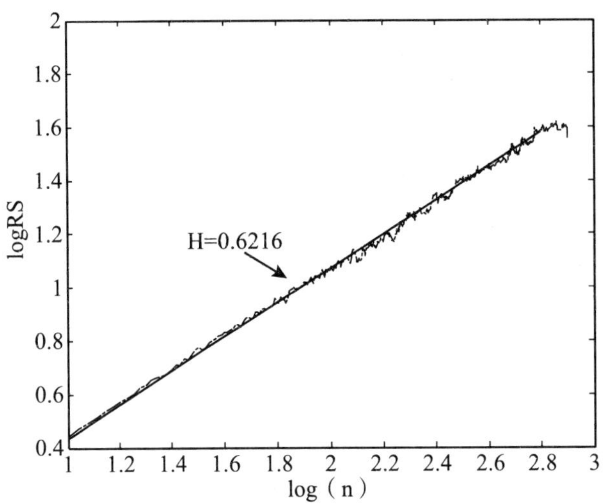


**图 7－6　沪铝日度收益率 $R/S$ 分析（$s<800$）**

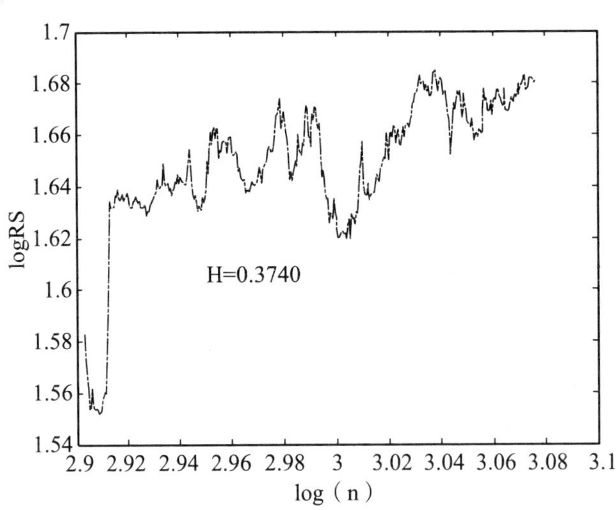


**图 7－7　沪铝日度收益率 $R/S$ 分析（$s>800$）**

如图 7－6 所示，当 $s<800$ 时，沪铝日度收益率序列的 Hurst 指数为 0.6216，观察 $\log(R/S)-\log(N)$ 双对数图，其趋势特征十分明显，此时序列处于持续性状态，存在着较为强烈的长期记忆特征。而当 $s>800$ 时，如图 7－7 所示，Hurst 指数降为 0.3740，小于 0.5。这表明由于超过了沪铝的记忆长度，此时沪铝收益率序列处于反持续性状态

（或者均值回复），该序列比随机过程具有更高的反转频率。也就是说，如果目前沪铝收益率处于下降趋势，则在下一阶段将处于上升趋势的概率要大于继续下降的趋势。

## 2. 长记忆特征的演化分析

为了进一步分析长期记忆性的变化，同样按第 3.3.3 小节的分法，把整个样本时期分成五个子时期，对比 Hurst 指数的变化。五个子时期分别为 2002～2003 年、2004～2005 年、2006～2007 年、2008～2009 年以及 2010～2011 年五个时期。同时，考虑到沪铜在有色金属市场中的重要地位，在此仅以沪铜日度收益序列进行 *R/S* 分析为例，分析有色金属市场的长记忆特征的演化。沪铜日度收益不同时期的 Hurst 指数计算结果和 *R/S* 分析图如表 7－2、图 7－8 至图 7－12 所示。

**表 7－2　　沪铜不同阶段的 Hurst 指数及其记忆长度**

| | 2002～2003 年 | 2004～2005 年 | 2006～2007 年 | 2008～2009 年 | 2010～2011 年 | 全区间 |
|---|---|---|---|---|---|---|
| Hurst 指数 | 0.5712 | 0.5951 | 0.6605 | 0.7110 | 0.5643 | 0.6447 |
| log(*n*) | 2.05 | 1.95 | 2.1 | 1.9 | 2.05 | — |
| 记忆长度 | 112 天 | 90 天 | 126 天 | 80 天 | 112 天 | — |

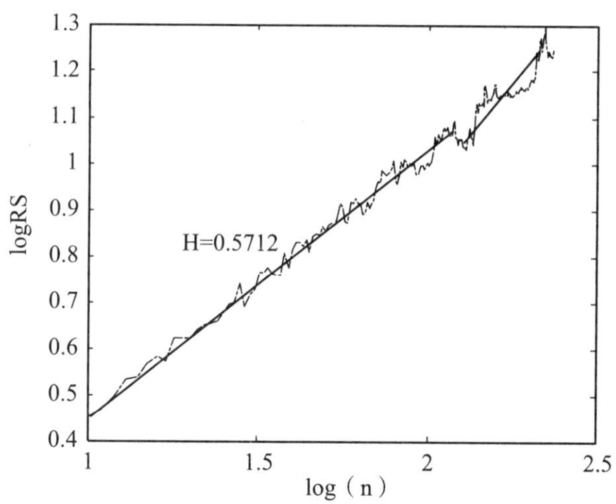


**图 7－8　沪铜 2002～2003 年日度收益率 *R/S* 分析**

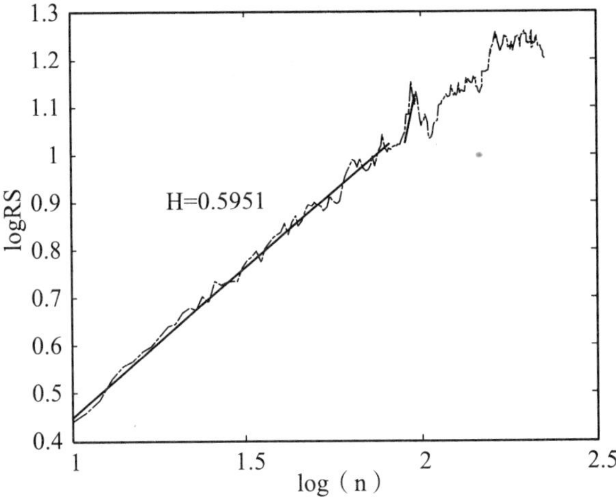


图 7－9　沪铜 2004～2005 年日度收益率 *R/S* 分析

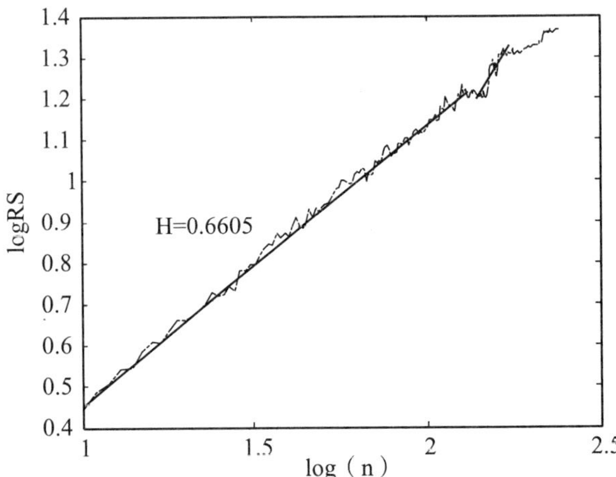


图 7－10　沪铜 2005～2006 年日度收益率 *R/S* 分析

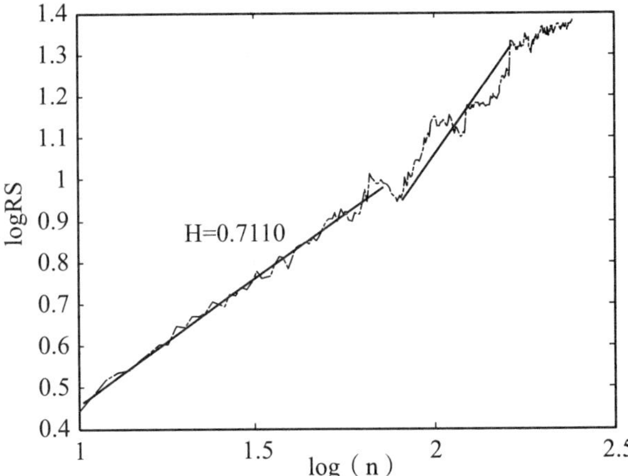


图 7－11　沪铜 2008～2009 年日度收益率 *R/S* 分析

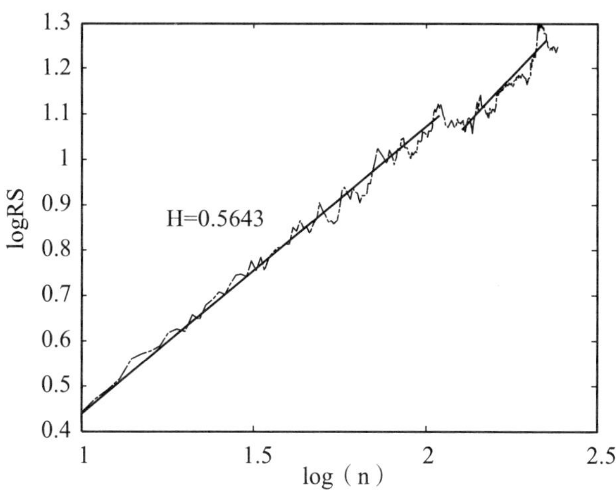


**图 7－12　沪铜 2010～2011 年日度收益率 *R/S* 分析**

从表 7－2 和五个阶段的 *R/S* 分析图可以简单对样本期间内长记忆特征演化进行如下分析：

①从 2002～2005 年的两个阶段的 Hurst 指数分别为 0.5712 和 0.5951，这说明这两段时间内存在着一定程度的长记忆特征，但相比较而言，其长期记忆特征的强度相对较低，对初始条件的敏感依赖性也相对较低。同时，其记忆长度也相对接近，基本维持在 log($n$) 在 1.95～2.05 之间，即 90～112 天。

②2006～2007 年间，Hurst 指数为 0.6605，说明相比较前面四年，沪铜市场的长期记忆特征相对明显，收益率受前期状态影响更大。需要注意的是，此阶段 log($R/S$)－log($N$) 双对数图的趋势特征十分明显，直到 log($n$) 为 2.1 左右才出现相对明显的趋势转折点，是五个阶段中记忆长度最长的，达到了 126 天。从市场上来看，相对较长的记忆长度使得前期收益的影响持续时间更久，市场上涨和下跌的状态持续时间相对较长。但 Hurst 指数为 0.6605 则说明长期记忆特征强度一般，在记忆长度内存在着出现反持续状态的可能。因此，该样本期间内沪铜价格行为容易呈现出一段时间的连续上涨之后出现连续下跌的现象，市场波动的集聚特征较为明显。

③2008～2009 年间，Hurst 指数为 0.7110，为五个阶段的 Hurst 指数中最高的。这说明此阶段内，沪铜市场长期记忆特征程度更加明显，在记忆长度内出现反持续状态的可能性是五个阶段中最低的。尽管本阶段到 log($n$) 为 1.9 左右就出现相对明显的趋势转折点，记忆长度最短，为 80 天左右，但相对较强的长期记忆特征表明本阶段同样容易出现连续上涨和连续下跌的现象。

④2010～2011 年间，Hurst 指数为 0.5643，记忆长度为 112 天。尽管本阶段与 2002～

2003年间从数值大小上十分类似，然而，从有色金属市场上看，两个阶段应该有本质的不同。2002年，世界及我国有色金属产业仍然处于缓慢的市场恢复期，市场交易偏少，尽管其Hurst指数也相对较小，但其出现高频大幅波动的可能性却相对较低。而2010～2011年间，经过近十年有色金属产业的发展，投资者参与度大幅上升，市场更为活跃。较低的Hurst说明市场出现反持续状态的可能相对较高，因此，即使在记忆长度内，市场出现从上涨到下跌或者从下跌到上涨的可能性均大幅上升，市场波动更加频繁。

从以上分析可以看到，Hurst指数从收益率时间序列的相关性和持续性角度来解释市场的价格行为，在一定程度上能够反映市场所具有的不确定的市场风险。同时，作为非线性理论的一种方法，Hurst指数对于收益序列没有分布的要求，从而能够弥补方差衡量风险的缺陷。因此，本书将在第6章具体讨论用Hurst指数测度有色金属市场风险的可行性和有效性。

### 7.1.3 考虑交易量的双长记忆性分析

价格、收益率和交易量等都是衡量期货市场的重要指标。其中，价格的变动反映了市场投资者对新信息的反应，而交易量则反映了投资者对新信息的认同的差异程度。大量的理论与实证研究表明价格与交易量的关系是理解市场波动性的关键。Gallant（1992）指出，相比仅对价格单一序列进行研究，对价格与交易量的联合动态研究能够提供更多关于资本市场的信息。对量价关系的研究可以揭示市场信息流的到达速率、信息的扩散、消化和传播方式及市场价格对市场信息的反映程度，对于深刻理解市场的价格传导机制有着重要的作用。

#### 1. 现有相关研究

目前，对于长期记忆特征的研究更多地集中在对于单一金融时间序列的研究。对于量价相关性的长记忆特征，由于序列所具有的非平稳性、非线性特征，使得长记忆性的研究更加复杂。Lamoureux和Lastrapes（1994）的研究表明相同的、潜在的信息到达过程并不能描述成交量和波动性过程的短期相关关系。相反，它描述的是一种长期相关关系，即在信息到达市场初期，成交量和波动性过程没有必要一定做出相同的反应。Bollerslev和Jubinski（1999）分析了混合分布假说模型，发现潜在信息到达过程具有长期记忆的特点，并通过对美国标准普尔100复合指数所包含的100只股票进行了实证研究，发现绝大多数股票的成交量和价格波动序列具有相同的长期记忆性参数。Lobato和Velasco（2000）采用了频域加窗周期图估计方法研究了美国道－琼斯工业平均指数所包含的 30 只股票，得出了与 Bollerslev 和 Jubinski 相似的结论：即成交量序列具有长期记忆性；大多数股票的波动序列与成交量序列具有相同的长期记忆性。张庆翠和王春峰（2005）采用多变量频域两步半参数估计方法，辅助数据加窗技术对中国股票市场的成交量和波动性的长期记忆性进行了一致有效的估计，结果表明成交量和波动性均具有显著的长期记忆性，并且大多数股票的成交量和波动性序列具有相同程度的长期记忆特征。

总体而言，对于金融市场的单一时间序列，如价格和收益率序列，其存在的长期记忆特征已经进行了比较深入的探讨和研究，并得出了一些有意义的结论。而对于量价相关性的长记忆特征，现有文献更多的是通过分别研究价格和交易量序列的长期记忆性的相关参数，再通过统计检验分析序列间存在的长期记忆特征。对于在模型中同时考虑价格和交易量相关性的长记忆性，进而揭示价格波动持续性根本原因的相关文献并不多见。因此，本节在以上文献的基础上，采用 Zhou（2008）提出的 MF－DCCA 方法通过计算我国金属期货市场量价相关性的广义 Hurst 指数，分析有色金属市场存在的量价相关性的长记忆特征。

### 2. 数据及方法选取

#### （1）数据选取

本节应用 MF－DCCA 方法研究沪铜和沪铝的每日收益率与交易量之间的长期记忆性特征。数据选取沪铜和沪铝两种金属的日度结算价格和交易量数据，样本范围分别为 1993 年 9 月 15 日至 2011 年 7 月 4 日和 1994 年 10 月 5 日至 2011 年 7 月 4 日的日度数据，样本量分别为 4 203 个和 3 055 个。

#### （2）方法介绍

Zhou（2008）通过将 MFDFA 方法和 Podobnik 及 Stanley（2007）提出的 DCCA 分析方法结合，提出了 MF－DCCA 方法，主要用于研究两个同时发生的非平稳序列之间的长期相关性及其多重分形特征，从而为研究量价关系的长记忆特征提供了新的方法，在此简单地介绍 MF－DCCA 方法。假设有两个时间序列 $x(i)$ 和 $y(i)$，$i=1，2，\cdots，L$。

①构造新的时间序列：

$$x(i) = \sum_{k=1}^{i}[x(k) - \bar{x}], \quad y(i) = \sum_{k=1}^{i}[y(k) - \bar{y}] \qquad (7-10)$$

其中，$\bar{x}$ 和 $\bar{y}$ 分别为序列的均值。

②将新序列 $x(i)$ 和 $y(i)$ 分成 $m$ 个互不重叠的等长区间，每一区间均含有 $S$ 个数据，即 $m=\text{int}(L/S)$。由于长度 $L$ 经常不是 $S$ 的整数倍，为了不丢弃尾部剩余数据，从

序列尾部重复这一分个过程。因此对于给定的 $S$，可以得到 $2m$ 个区间。

③去趋势处理并求区间序列的相关系数。对每一区间 $v(v=1, 2, \cdots, 2m)$ 里的 $S$ 个点，用最小二乘法对局部趋势进行拟合，得拟合方程分别为$\tilde{X}_v(k)$ 和$\tilde{Y}_v(k)$。对每一个区间进行去趋势处理，最终得到区间相关序列的相关系数公式：

$$F_v(s) = \frac{1}{s}\sum_{k=1}^{s} |x_v(k) - \tilde{X}_v(k)| \cdot |y_v(k) - \tilde{Y}_v(k)| \tag{7-11}$$

④计算两个序列的 $q$ 阶相关系数。

$$F_{xy}(q, s) = \left[\frac{1}{2m}\sum_{v=1}^{2m} |F_v(s)|^{\frac{q}{2}}\right]^{\frac{1}{q}}, q \neq 0 \tag{7-12}$$

$$F_{xy}(0, s) = \exp\left[\frac{1}{4m}\sum_{v=1}^{2m} In|F_v(s)|\right], q = 0 \tag{7-13}$$

⑤如果幂律相关性存在，则标度关系满足：

$$F_{xy}(q, s) \sim s^{h_{xy}(q)} \tag{7-14}$$

其中，相关系数指数 $h_{xy}$（$q$）为两个时间序列之间存在的幂律相关性。如果时间序列 $X$ 和 $Y$ 是一致的，则 MF－DCCA 方法即等同于 MFDFA 方法，而 $h_{xy}(q)$ 为 MFDFA 方法中的广义 Hurst 指数。当 $q=2$ 时，广义 Hurst 指数为水文学家赫斯特（Hurst）在 1951 年提出的用于分析时间序列中存在的长期记忆过程的 Hurst 指数。若 $h_{xy}(2)>0.5$，表明两个序列的相关性存在着长期记忆特征；$h_{xy}(2)<0.5$，则意味着不存在相关性，序列处于反持续状态。

根据 Shadkhoo 和 Jafari（2009），可得到多分形标度 $\tau_{xy}(q)$ 和 $q$ 之间的关系：

$$\tau_{xy}(q) = qh_{xy}(q) - 1 \tag{7-15}$$

如果 $\tau_{xy}(q)$ 与 $q$ 之间存在着非线性关系，则表明相关序列之间的相关系数存在多分形特征。

通过钱德勒转换，可以得到描述多重分形特征的多重分形谱，即

$$\alpha = h_{xy}(q) + qh'_{xy}(q) \tag{7-16}$$

$$f_{xy}(\alpha) = q(\alpha - h_{xy}(q)) + 1 \tag{7-17}$$

多重分形谱的宽度被认为是对于分形强度的估计。对于不同的 $q$，如果研究的系统是单分形的，那么其多重分形谱是一个点，即多重分形谱的宽度是 0。

**（3）量价相关性的长记忆特征的实证分析**

基于以上提到的 MF－DCCA 方法，本部分将检验沪铜和沪铝价格序列和交易量序列之间是否存在非线性依赖和多重分形特征，并通过广义 Hurst 指数来判断是否两种金属的价格和交易量之间的相关性存在长记忆性特征。其中，标度 $S$ 的取值范围为 10～$N/4$ 天（$N$ 为时间序列的总长度），局部趋势拟合方程阶数取值为 1。

图 7－13 为沪铜和沪铝量价相关性的广义 Hurst 指数特征图。从图 7－13 中可以看到，对于不同的 $q$ 值，广义 Hurst 指数 $h$ 有不同的取值，这表明沪铜和沪铝价收益率与交易量之间存在着不同的幂律相关性，并且相关性的广义赫斯特指数 $h_{xy}(q)$ 对 $q$ 有很强的依赖性。因此，量价相关性具有非线性依赖特征。根据式（4－13）以及 Hurst 指数与广义 Hurst 指数的关系可知，当 $q=2$ 时，广义 Hurst 指数即为一般的 Hurst 指数。从图 7－13 中可知，当 $q=2$ 时，沪铜的广义 Hurst 指数值 $h(2)=0.9264>0.5$，沪铝的广义 Hurst 指数值 $h(2)=0.7952>0.5$。因此，这说明沪铜和沪铝的收益率与交易量之间存在着长记忆性，并且沪铜量价相关性的长期记忆特征更为明显，这和第 4.1.2 小节所得采用收益序列所得的长期记忆特征的结论是一致的。

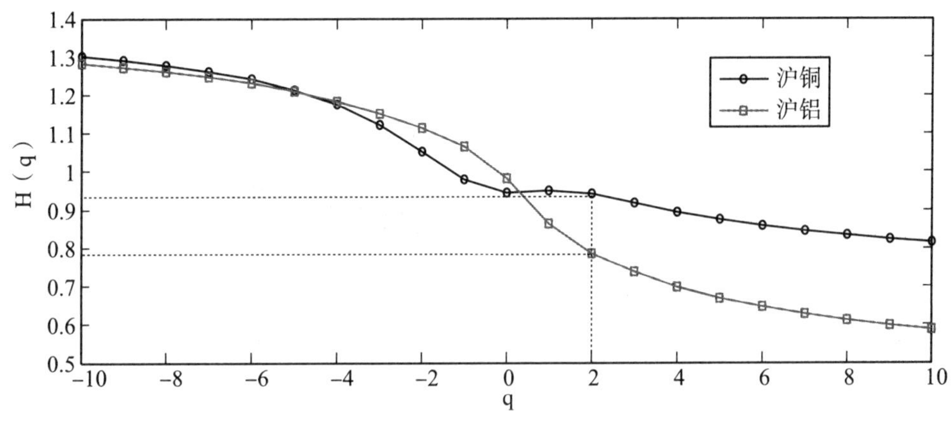


**图 7－13　沪铜和沪铝量价相关性的广义 Hurst 指数**

由于经济增长、通货膨胀等因素，金融市场的时间序列总是包含相关因素所产生的趋势，从而导致由于外在趋势影响出现伪相关现象。因此，为了进一步准确分析沪铜和沪铝两种金属量价相关性的长期记忆特征，区分外在趋势和序列自身固有的长期特征，在此分别做出对沪铜和沪铝量价序列进行 1 阶、2 阶和 3 阶趋势消除后的量价相关性的 $q$ 阶相关系数函数与阶数 $q$ 的双对数图（以 10 为底），分别如图 7－14～图 7－16 和图 7－17～图 7－19 所示。其中，当 $q<0$ 时，此时序列中的小幅波动成分对图形起决定性作用，$q$ 阶矩主要描述小幅波动的统计信息；$q>0$ 时，此时序列中的大幅波动成分对图形起决定性作用，$q$ 阶矩主要描述大幅波动的统计信息。因此，随着 $q$ 值取值的不同，图形反映了序列中不同程度的波动成分的信息。

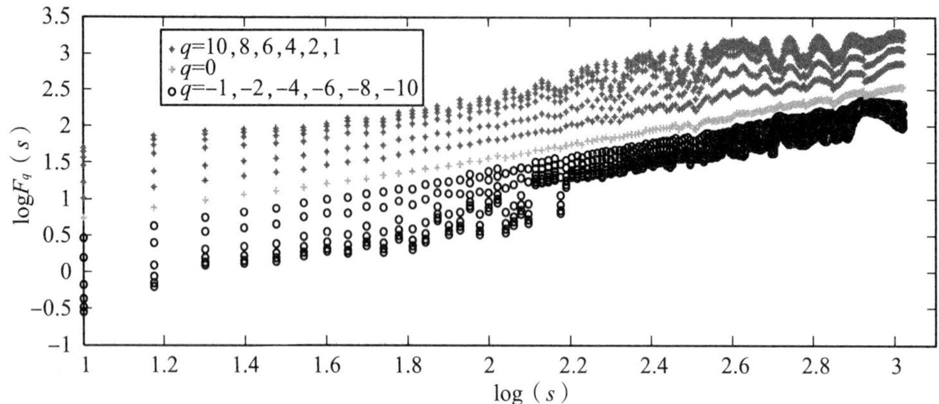


图7－14　对量价序列进行1阶去趋势处理后，沪铜量价相关性的 $\log F_{xyq}$ 和 $\log(s)$ 特征

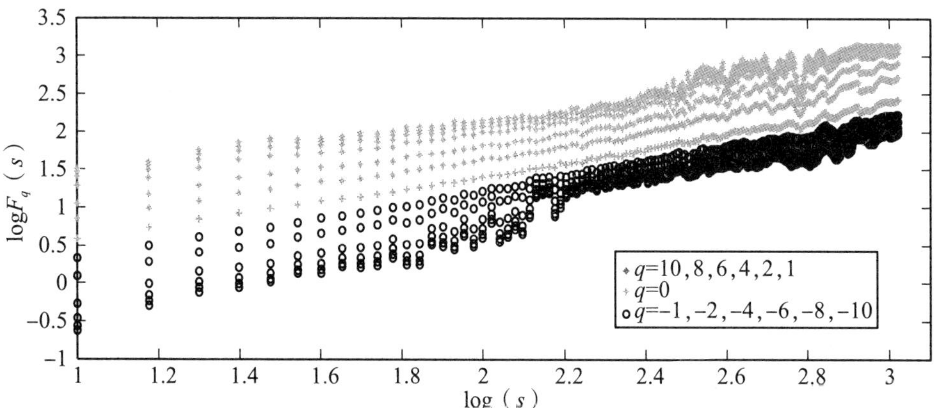


图7－15　对量价序列进行2阶去趋势处理后，沪铜量价相关性的 $\log F_{xyq}$ 和 $\log(s)$ 特征

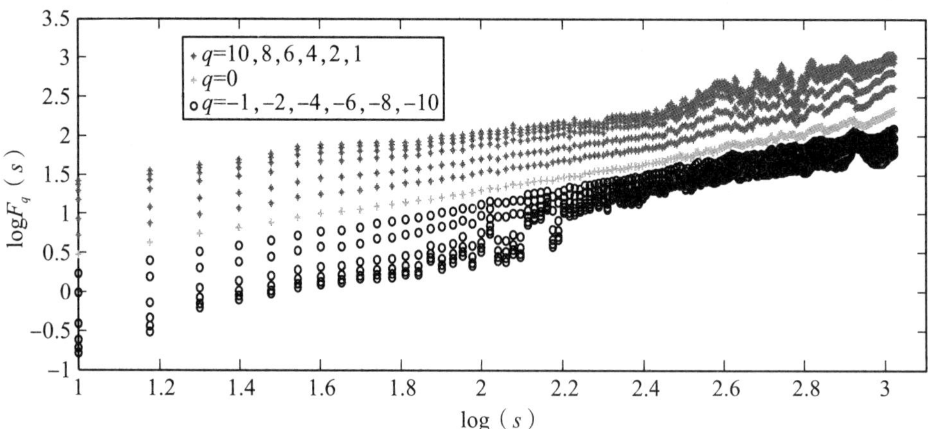


图7－16　对量价序列进行3阶去趋势处理后，沪铜量价相关性的 $\log F_{xyq}$ 和 $\log(s)$ 特征

从图 7－14～图 7－16 可以看到，当阶数 $q$ 从 －10 到 10 时，量价相关性系数函数 $F_{xyq}$ 与标度 $S$ 之间存在着非线性依赖关系。此外，图 7－14～图 7－16 均表明，当 $q>0$ 时，在 $1<\log(s)<2$ 以及 $\log(s)>2.6$ 的范围内，图形基本表现出分散、震荡、非线性的特征，而在 $2<\log(s)<2.6$ 的范围内，图形则较为集中，并具有较好的线性特征，这说明在 $2<\log(s)<2.6$ 范围内，序列中存在的小幅波动成分满足标度不变形；当 $q<0$ 时，则在 $1<\log(s)<2.2$ 以及 $\log(s)>2.7$ 的范围内，图形均表现出分散或者震荡以及非线性的特征，而在 $2.2<\log(s)<2.7$ 的范围内，图形则较为集中，具有较好的线性特征，这说明在 $2.2<\log(s)<2.7$ 范围内，序列中存在的大幅波动成分具有标度不变形。因此，在 $2.2<\log(s)<2.6$ 范围内，即 158 天～400 天的区间内，沪铜量价相关性满足标度不变形，具有统一的持久性波动特征，而在 501 天后长记忆性特征将基本消失。

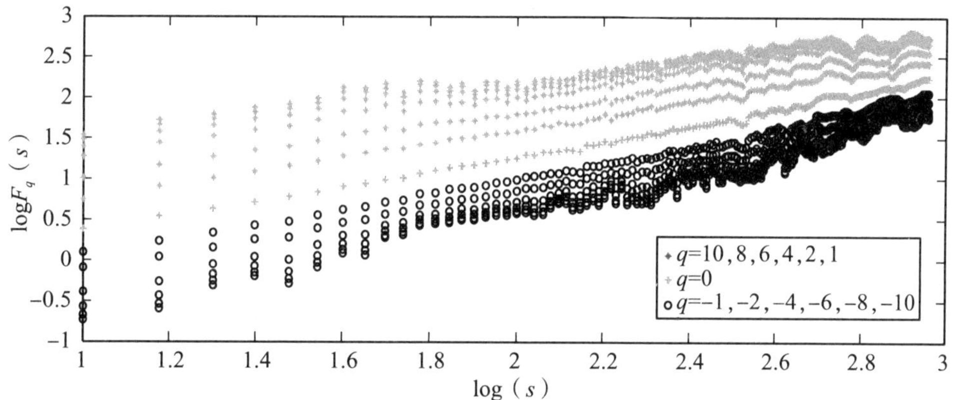


**图 7－17　对量价序列进行 1 阶去趋势处理后，沪铝量价相关性的 $\log F_{xyq}$ 和 $\log(s)$ 特征**

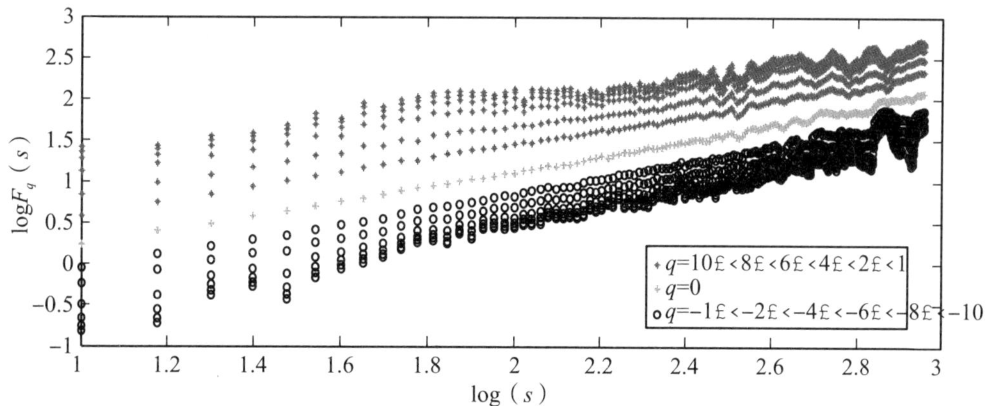


**图 7－18　对量价序列进行 2 阶去趋势处理后，沪铝量价相关性的 $\log F_{xyq}$ 和 $\log(s)$ 特征**

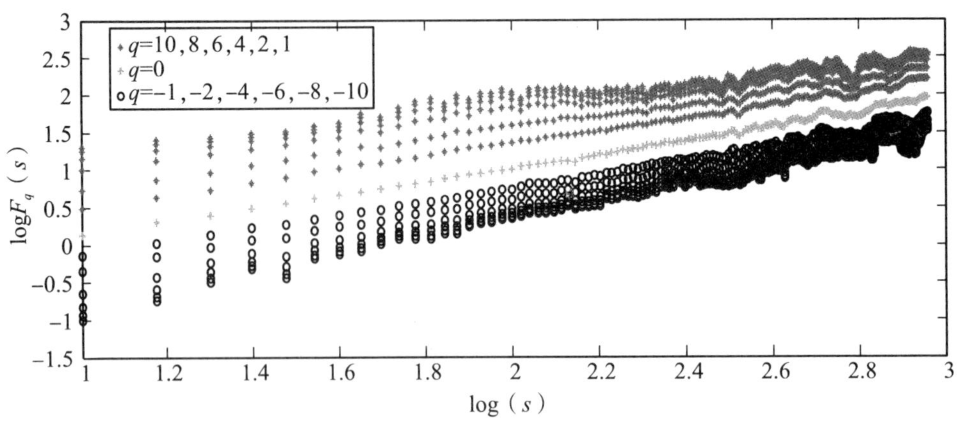


**图 7-19　对量价序列进行 3 阶去趋势处理后，沪铝量价相关性的 $\log F_{xyq}$ 和 $\log(s)$ 特征**

和沪铜相似，从图 7-17～图 7-19 可以看到，当阶数 $q$ 从 -10 到 10 时，沪铝量价相关性系数函数 $F_{xyq}$ 与标度 $S$ 之间同样存在着非线性依赖关系。当 $q>0$ 时，在 $2<\log(s)<2.5$ 的范围内，小幅波动成分满足标度不变形；当 $q<0$ 时，在 $2<\log(s)<2.8$ 的范围内，大幅波动成分具有标度不变形。因此，对于沪铝而言，在 $2<\log(s)<2.5$ 范围内，即 100～316 天的区间内，图形则较为集中，并具有较好的线性特征，此时沪铜量价相关性满足标度不变形，具有统一的持久性波动特征，而在 316 天后长记忆性特征将基本消失。

长期记忆性的存在，一方面意味着市场中的消息对量价相关性的冲击不会很快消失，而可能对市场产生长期和深远的影响，因此在一定的长期记忆长度内，基于更多的历史信息将可以在一定程度上对我国沪铜和沪铝的价格波动行为进行预测。但在独立同分布假定之上所建立的研究价格行为的相关模型只有在时间期限大于长期记忆长度时才能够更好地被应用，一旦现有模型的时间期限小于序列的长期记忆长度，就必须对模型加以改进以剔除量价相关性中存在的长期记忆性；另一方面，沪铜和沪铝量价相关性均存在着一定程度的长期记忆特征，这也表明金属市场量、价间存在着相互的推动作用，对金属市场的分析应该将量、价作为一个整体来全面考虑，这也为进一步对有色金属价格行为的研究提供了新的方向。

### 7.1.4　长记忆产生的原因分析

目前，对于长期记忆特征产生的原因，国内外学术界还存在一定程度的争论。作为分形市场理论的提出者，Peters（1991）认为长期记忆特征可能来源于市场投资者在面对新信息而做出决策时的锚性以及投资者思维过程中的路径依赖。投资者在决策过程中，受现有信息获取程度影响，同时习惯于使用自身熟悉的知识和背景来做出决策。当投资者获取新信息后，不会立即有所反应，而是试图对新信息进行分析。同时，由于投资者的异质性，其对新信息进行分析，并确定预期趋势从而做出投资决策所需的时间同样是不同的，市场所表现出的对信息的不均等消化过程就导致市场价格行为呈现出有偏随机游走过程，具有一定程度的长期记忆特征。所以 Peters 认为存在长期记忆特征的市场，过去的信息将影响当前的市场，过去的经验对当前的市场、当前信息对未来的市场都存在着反馈效应。而在市场呈现出一定的趋势后，或者当信息突破某一临界点时，投资者往往会将对以往忽略的信息的反应爆发性地表现出来，在一定程度上造成了市场价格的大幅波动。

## 7.2 波动的周期性分析

目前，大部分学者的研究结论表明有色金属价格的波动存在着一定的周期现象，但由于研究方法的不同，对于周期性的研究结论存在着较大差异，甚至对于周期的存在性还存在争议。然而，波动的周期性研究对于分析市场波动规律、进行市场预测和制定市场监管政策都有着重要的参考意义。因此，本节采用 *R/S* 分析法中的 *V* 统计量和时频分析方法相结合对我国有色金属价格波动行为的周期性特征进行实证分析。

### 7.2.1 基于 *V* 统计量的有色金属价格波动行为的非周期循环研究

1. *V* 统计量

Peters 在 1994 年的《分形市场分析——将混沌理论应用到投资和经济理论上》一书中，认为分形时间序列虽然没有绝对的频率，但是存在着非规则循环，表现为时间序列所具有的内在的平均频率。而 Hurst 使用的用来检验 Hurst 指数稳定性的 *V* 统计量则是一个可用于精确度量循环长度的统计量。Peters 采用 R/S 分析法以 1888 ~ 1991 年的道 - 琼斯工业指数为样本，得出了平均长度分别为两个月和四年的两个非规则周期，并且研究表明，无论是采用日度收益率数据、20 天的收益率数据，还是月度收益率数据，所得到的两个平均循环周期的长度是基本一致的，即两个周期对于不同的时间标度序列来说都是稳定的。

前面章节的研究结果表明，沪铜和沪铝等金属收益率序列是分形时间序列，因此，本节将采用 *R/S* 分析方法中的 *V* 统计量来测度金属收益序列中的平均循环周期长度。*V* 统计量具体计算公式如下：

$$V_n = (R/S)_n/\sqrt{n}$$

对于一个时间序列，如果序列观测值相互独立，即 Hurst 指数等于 0.5 时，*V* 统计量将是一条关于 *n* 的平坦直线；如果序列存在着长期记忆特征，即 Hurst 指数大于 0.5 时，*V* 统计量将是向上倾斜的，表明 *R/S* 值比 *n* 的平方根的增长速度要快；如果序列具有反持续状态，即 Hurst 指数小于 0.5，*V* 统计量将是向下倾斜的，表明 *R/S* 值比 *n* 的平方根的增长速度慢。如果 *V* 统计量在某一时点由向上趋势转为向下趋势，那么可认为此转折点是时间序列持续性的耗散点，亦即是序列的一个平均循环长度。

## 2. 实证分析

在前面所介绍方法基础上，同样选取 2002～2011 年沪铜和沪铝日度和周度收益率序列来研究有色金属市场的周期性特征。由于周期性是样本区间内短期相关性和长期相关性共同作用而产生，故此处样本采用未消除短期相关性的对数收益率序列。图 7－20 和图 7－21 分别为沪铜和沪铝 2002～2011 年的日度和周度对数收益率的 *V* 统计量变化图。

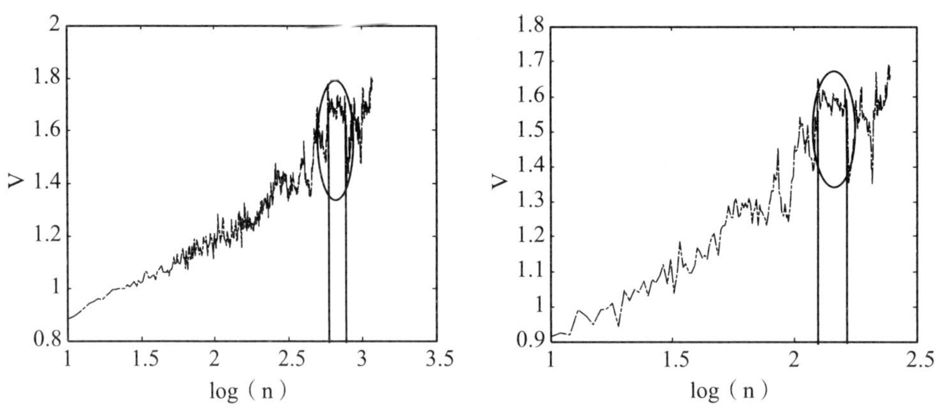


**图 7－20　沪铜 2002～2011 年日度和周度对数收益率的 *V* 统计量变化**

从图 7－20 可以看到，对于沪铜日度收益率序列的 *V* 统计量变化图，从 log(*n*) = 2.8 的位置开始出现短暂的上下波动，而在 log(*n*) = 2.9 的位置则出现了明显的 *V* 统计量由向上趋势转为向下趋势。因此，可以认为 log(*n*) = 2.9 的位置，即 794 天左右为序列持续性状态的耗散点，亦即序列的一个平均循环周期长度为 794 天左右。而对于周度收益率序列，同样可以看到从 log($n$) = 2.1 的位置开始出现短暂的上下波动，而在 log($n$) = 2.2 的位置则出现了明显的 $V$ 统计量由向上趋势转为快速的下降趋势，即可以认为对于周度收益率序列，其平均循环周期为 log($n$) = 2.2，即 158 周（相当于 790 天）。此结果也与日度收益序列所展示的平均循环长度基本一致。

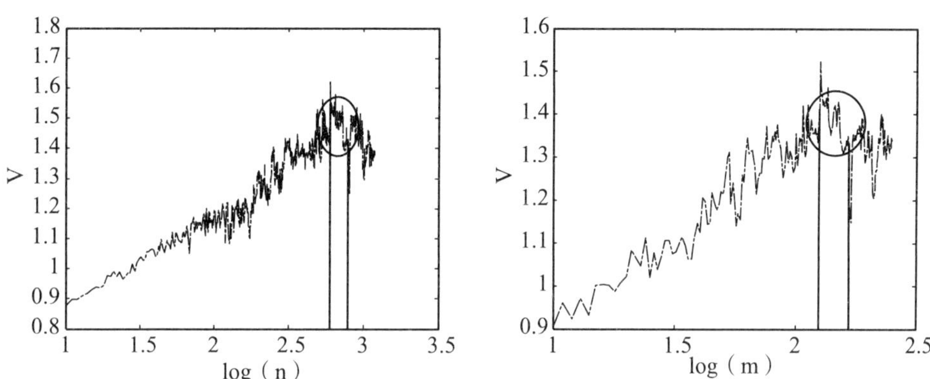


**图 7－21　沪铝 2002～2011 年日度和周度对数收益率的 V 统计量变化**

对于沪铝来说，从其日度和周度收益序列的 $V$ 统计量变化图我们发现其所呈现出的明显的非周期循环长度和沪铜类似，即对于日度收益序列，在 log($n$) =2.9 的位置则出现了明显的 $V$ 统计量由向上趋势转为向下趋势，而对于周度收益率序列，同样在 log($n$) =2.2 的位置则出现了 $V$ 统计量趋势的变化，因此同样可以认为对于沪铝来说，其一个平均循环周期基本也在 790 天左右。沪铜和沪铝在一定程度上存在极为相近的循环周期长度，这可能是因为一方面样本期间内我国有色金属的价格行为间相互影响程度相对较深；另一方面可能是受到极为相同的因素影响，导致价格出现了类似的波动行为，如宏观经济或者政策变化的影响。

需要指出的是，本书所寻找的是序列中存在的相对明显的平均循环周期，但 $V$ 统计量在趋势上同样存在着其他拐点，这也说明收益序列存在着其他的平均循环次周期成分。以沪铜周度收益序列的 $V$ 统计量图为例，如图 7－22 所示，其在 log($n$) =1.9 的位置，同样存在拐点和相对应的平均循环周期。平均循环长度主要是由市场内在机制决定。而次周期成分可视为一些不稳定的循环周期，可能反映了不同因素的影响或者由外在信息噪声造成的。为了进一步分析不同的周期性，本书在下一节采用经验模式分解方法进行分析。

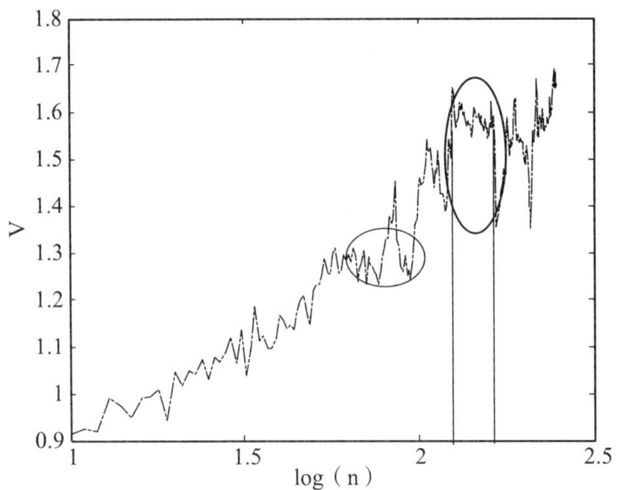


图 7－22　沪铜 2002～2011 年周度收益率的 V 统计量变化

### 7.2.2　基于时频理论的周期性分析

时频分析也称傅里叶分析，是一种传统的时间序列周期分析方法，通过采用不同频率的余弦（或正弦）函数来叠加时间序列中的各个周期分量，从而对时间序列进行刻画。经验模式分解（Empirical Mode Decomposition，EMD）是一种常用的时频分析方法。

1. EMD 方法概述

经验模式分解是由美国航天局的 Huang 等人在 1998 年所提出的一种适用于分析和处理非线性、非平稳随机信号的处理方法。以信号序列本身所具有的时间尺度特征为基础，EMD 方法将一个信号中的不同尺度（频率）的波动或趋势成分逐级逐层地提取出来，从而产生了一系列具有不同特征尺度的时间序列，Huang 将分解后的各时间序列称为本征模态函数或固有模态函数（Intrinsic Mode Function，IMF）。分解后得到的各 IMF 按频率由高到低排列，其最低频率的 IMF 代表着原始信号的趋势或者均值。

EMD 方法最初是用来研究海浪的，随后被广泛应用到医学、海洋、地震、语音及图像分析和处理等诸多工程领域。2003 年，Huang 将 EMD 方法应用于对金融时间序列数据的分析。近年来，越来越多的国内外学者将 EMD 方法引入经济和金融领域，对原油、电力、股票、汇率、投资等相关时间序列进行分析。

2. EMD 方法的原理及步骤

采用 EMD 方法对信号进行分解所得到的 IMF 波动分量是平稳信号，具有非线性和显著的缓变波包特征，缓变波包特征意味着不同特征尺度波动分量的波幅随时间变化，具有时域上的局域化特征。而分解得到的趋势分量则是单调函数或者均值函数，代表其长期变化趋势或平均态势。一般而言，IMF 分量需要同时满足以下两个条件：

①整个信号序列中的极值点的数目与过零点的数目必须相等或者最多相差一个；

②信号关于时间轴局部对称，即在任何一点，由信号序列的上包络线（局部极大值点所确定）和下包络线（由局部极小值点所确定）的均值为零。

设 $X(t)$ 为原始信号，EMD 方法的具体分解步骤如下：

步骤一：找出原始信号的所有局部极大值点和极小值点，对所有的局部极大值点采用三次样条曲线拟合，即形成信号的一条上包络线；同样用三次样条曲线去拟合所有的局部极小值点，形成下包络线。上下包络线的平均值记为 $m_1$，待分解信号 $X(t)$ 和 $m_1$ 的差值定义为：$h_1=X(t)-m_1$，如果 $h_1$ 满足上述 IMF 分量条件，则是待分解原始信号 $X(t)$ 中的第一个 IMF 分量。

步骤二：如果 $h_1$ 不能满足 IMF 分量的两个条件，则对 $h_1$ 重复步骤一，得到上下包络线的平均值与 $h_1$ 的差值 $h_{11}$。若序列 $h_{11}$ 仍然不能满足 IMF 条件，则继续重复步骤一，直至 $h_{1k}$ 满足 IMF 分量条件。令 $c_1=h_{1k}$，则 $c_1$ 为信号 $X(t)$ 的第一个 IMF 分量。

步骤三：将分解出的 IMF 分量 $c_1$ 从待分解的原始信号 $X(t)$ 中分离出来，得到新的待分解信号 $r_1$，即 $r_1=X(t)-c_1$，对新信号 $r_1$ 重复步骤一和步骤二，直至得到原始信号 $X(t)$ 的第二个 IMF 分量 $c_2$。

步骤四：不断重复步骤一至步骤三，提取信号中的 IMF 分量，直至残余项 $r_n$ 是一个单调函数，不能再从待分解信号中提取出满足 IMF 条件的分量时，整个分解过程结束。

对于采用 EMD 方法从原始信号 $X(t)$ 中提取出的 $n$ 个 IMF 分量和一个残余项 $r_n$，若将其叠加即可恢复原始信号，即有：

$$X(t)=\sum_{i=1}^{n}c_i+r_n$$

分解后得到的每个 IMF 分量 $c_i$ 都可以看成是周期性信号，可据此对原始信号的周期性进行分析。而残余项 $r_n$ 一般为信号的中心趋势。在非平稳信号中，$r_n$ 是信号的趋势项；在平稳信号中，$r_n$ 均值一般为零，可近似看成是信号的随机扰动项。

### 3. 基于 EMD 的金属价格波动周期分析

本节利用 EMD 方法分析金属价格波动的周期性特征，对金属价格波动进行多尺度分析。按照以上步骤，对 2002 年 1 月至 2011 年 7 月的沪铜价格日度数据（共 2009 个数据）进行 EMD 分解，结果如图 7－20 所示，各尺度的周期及方差贡献率如表 7－3 所示。

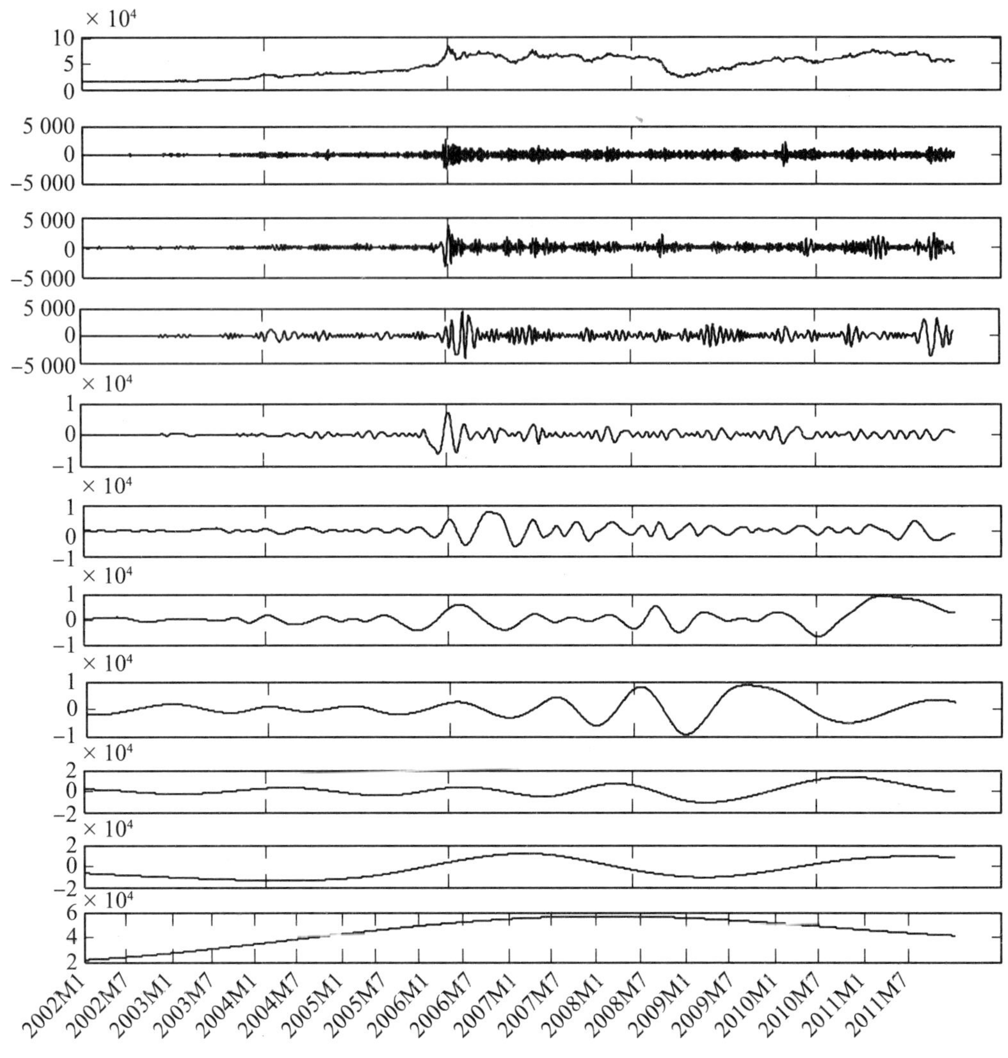


图 7-23　2003 年 1 月～2011 年 7 月沪铜价格波动 EMD 分解

**表 7-3　　2003 年 1 月～2011 年 7 月沪铜价格波动的 IMF 分量周期及方差贡献**

<table>
<tr><th></th><th>平均周期（天）</th><th>方差</th><th>方差占原序列方差的百分比</th><th>方差占分解成分总方差的百分比</th><th>按尺度分类的方差贡献率</th></tr>
<tr><td>原序列</td><td></td><td>385 219 300. 3</td><td></td><td></td><td></td></tr>
<tr><td>IMF1</td><td>4</td><td>206 540. 4</td><td>0. 05%</td><td>0. 08%</td><td rowspan="4">1. 08%</td></tr>
<tr><td>IMF2</td><td>13</td><td>273 007. 2</td><td>0. 07%</td><td>0. 11%</td></tr>
<tr><td>IMF3</td><td>29</td><td>646 456. 4</td><td>0. 17%</td><td>0. 27%</td></tr>
<tr><td>IMF4</td><td>36</td><td>1 498 149. 6</td><td>0. 39%</td><td>0. 62%</td></tr>
</table>

续表

| | 平均周期（天） | 方差 | 方差占原序列方差的百分比 | 方差占分解成分总方差的百分比 | 按尺度分类的方差贡献率 |
|---|---|---|---|---|---|
| IMF5 | 103 | 3 868 516.5 | 1.00% | 1.59% | 53.87% |
| IMF6 | 396 | 10 118 089.9 | 2.63% | 4.16% | |
| IMF7 | 264 | 12 608 639.6 | 3.27% | 5.18% | |
| IMF8 | 791 | 29 841 499.6 | 7.75% | 12.26% | |
| IMF9 | 1 187 | 74 711 969.2 | 19.39% | 30.69% | |
| 余项 | | 109 664 448.5 | 28.47% | 45.05% | 45.05% |
| 合计 | | 243 437 316.9 | 63.19% | 100.00% | 100% |

图7-23显示沪铜价格波动隐含的9个具有不同波动周期的IMF模态和一个演化趋势项（长期趋势模态），9个IMF分量的频率、幅值和周期均不相同，表7-3表明IMF1到IMF9的平均周期从4.02天到1187天不等，频率由高到低，反映了有色金属价格变化的多尺度性。其中趋势项模态、IMF9模态、IMF8模态的方差贡献较大，这三个尺度序列的总方差贡献高达88%，从而构成了有色金属价格行为的主要模态。而IMF1模态至IMF4模态方差贡献度较低，但其反映了价格行为中的短期因素及价格短期内会有一个自我调整的功能。

**（1）长期趋势模态项**

如图7-24所示，长期趋势项波动较为平滑，其方差贡献度最大，达到45.05%，是价格行为中的主要波动模态，说明其在有色金属价格走势中起着主导作用。从长期趋势来看，有色金属价格从2002年1月到2011年12月，经历了从低谷到顶峰（2008年），再下降的过程。

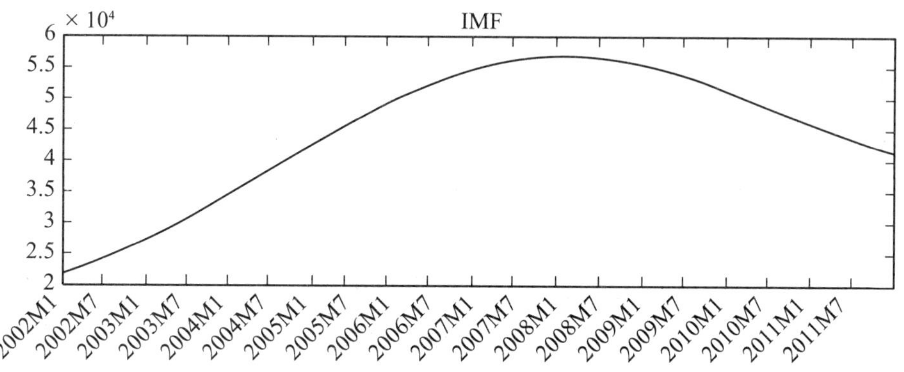


**图7-24 长期趋势项模态**

（2）IMF9 模态

从表 7－3 可以看到，IMF9 模态的方差贡献度仅低于长期趋势项的方差贡献度，达到了 30.69%，也是有色金属价格行为的主要波动模态。IMF9 模态的平均周期为 1189 天，即 4～5 年，这和有色金属产业的平均周期基本一致。一般而言，有色金属产业建设周期较长，从勘探到产出精炼产品，往往需要数年时间。而铜的开采冶炼周期一般需要四年。一旦供求关系出现变化，有色金属产业产能扩张速度极易跟不上价格变化速度，供求矛盾持续时间相对较久，因此，金属价格的长期趋势一旦确定，往往持续数年。在此，IMF9 模态可称为产业周期模态。

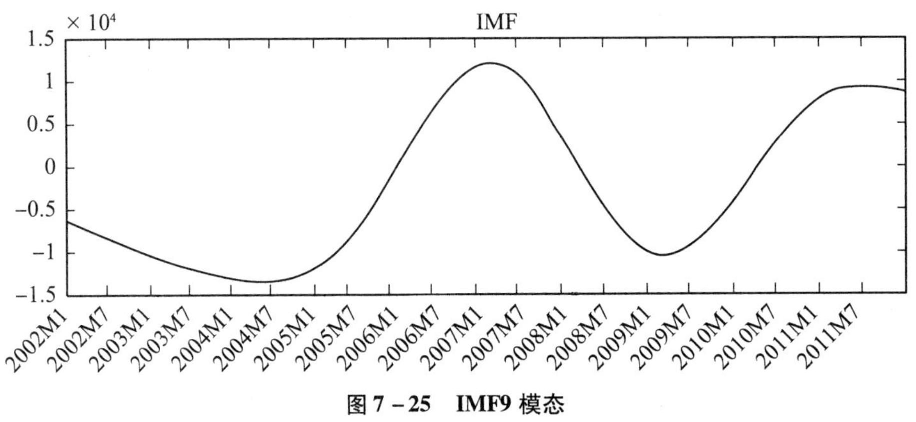


**图 7－25　IMF9 模态**

（3）IMF8 模态

IMF8 模态的方差贡献度达到了 12.26%，仅低于趋势项模态和 IMF9 的产业模态。表 7－3 表明 IMF8 的平均周期为 791 天，这和 4.2.1 中基于 $V$ 统计量而得出的平均循环周期极为接近，因此可以认为 IMF8 模态是由经济周期或者宏观经济环境变化而引起的价格波动，可称之为经济周期模态。从图 7－26 同样可以看到，从 2002 年至今，价格波动幅度逐渐增大。

（4）高频小尺度模态

从图 7－23 和表 7－3 可以看到，IMF1 至 IMF4 为频率高、幅度小的高频模态，其周期分别为 4 天、13 天、29 天和 36 天，可将其定义为小尺度波动模态。高频小尺度反映了价格在短期内（数天到数周）由于自我回调而出现的价格波动，一般是由于经济变量（如汇率）、特殊事件（地震）以及期货市场的投机行为所造成，但其对长期的价格周期影响相对较低，其方差贡献度之后仅为 1.08%。但考虑到有色金属日益增长的价格波动性，其短期波动性同样不容忽视。

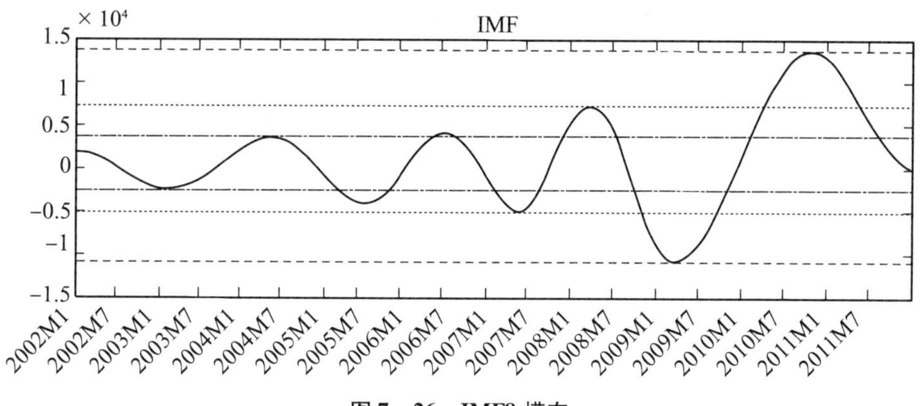


**图 7 – 26 IMF8 模态**

通过上述分析可以看出，有色金属价格波动中主要包括了长期趋势模态、产业周期模态、经济周期模态和短期高频小尺度 4 大模态。从各尺度的方差贡献率来看，沪铜价格波动主要以大尺度的中期波动（占 53.87%）和长期趋势模态（占 45.05%）为主，而小尺度的短期波动方差贡献率仅占了 1.08%，即市场短期的价格高频波动对金属价格的周期变化和长期趋势并没有产生太大的影响。

# 7.3 波动的状态转换特征

为了进一步分析金属市场中存在的不同尺度的波动成分，本节采用 Hamilton（1989）提出的马尔科夫状态转换模型，进一步分析各波动成分的状态转换特征。

## 7.3.1 数据选取和方法选择

### 1. 数据选取

本节选取 2001 年 2 月 ~2011 年 3 月的沪铜价格收益数据为样本，总共 2 048 个数据。选用日数据可以最好地发现股市的实际状态转换规律。与前面对数收益不同的是，本节参照张兵（2005）的做法，采用价格序列的相对收益率：

$$R_t = (P_t/P_{t-1}) \times 100 - 1$$

为了避免使用月度数据可能导致样本量不足的问题，本节采用日度收益数据进行状态转换分析，这将会更大限度地考虑市场上短暂冲击所带来的价格波动，使分析更加精确。同时在马尔科夫链具有遍历性和稳定性的前提下，充足的样本量才可能更好地避免初始值设置对实证结果的影响。因此，选择日度收益率，才能保证充足的样本量，从而可以消除初值设置的随意性的影响，实证结果更可靠，也更能反映沪铜价格的波动情况。

## 2. 方法选择

Hamilton（1989）提出的马尔科夫状态转换模型（Markov Regime Switching Model，MRS）是一种用来研究时间序列内部的结构性变化的方法。该方法通过对外部数据进行计算，对金融时间序列在不同阶段起主导作用的内在状态进行刻画，分析系统内部处于何种不可观测的体制的概率，从而实现对系统状态的分析和对未来状态预测。由于 MRS 模型对于状态间转换的假设是离散的转换，因此已逐渐地被运用于关于价格波动的研究中去。如 Ihle 和 Taubadel（2009）研究商品市场的价格传导状态；Reboredo（2010）研究石油价格波动对美国证券市场收益的非线性影响；Bergman 和 Hansson（2005）、Yuan（2011）等人采用马尔科夫切换模型研究汇率时间序列变动中的状态转换行为。

国内学者，如张兵（2005）、严太华（2009）均采用三状态 MRS 模型系统研究了我国股市在不同状态之间的转换行为以及价格波动的特征，实证结果表明，MRS 模型能够较为有效地刻画股市波动的阶段性特征，反映中国股市波动的内在特性。而将 MRS 模型应用于有色金属价格波动问题的研究文献出现在张鹤和黄琨（2007）中。但该文主要是利用 MRS 模型对 LME 铝、铜市场以及 SHFE 铝、铜市场的价格联动关系进行比较研究。因此本节将采用 MRS 模型进一步对我国有色金属价格的状态转换行为及特征进行分析。

## 3. 模型设定

本书采用的 MRS 模型与 Hamilton（1989）、Perlin（2010）基本相同，其主要方程为：

$$y_t = \sum_{i=1}^{N_{nS}} \beta_i x_{i,t}^{n,S} + \sum_{j=1}^{N_S} \phi_{j,S_t} x_{j,t}^{S} + \varepsilon_t \,, \quad \varepsilon_t \sim P(\phi_{St}) \tag{7-18}$$

其中，$N_S$ 和 $N_{nS}$ 分别代表转移（非转移）系数的个数。变量 $x_{i,t}^{n,S}$ 是 $x_{i,t}$ 的子集，并且包含所有的除了转移系数之外的解释变量。同样，变量 $x_{j,t}^{S}$ 包含所有有转换效果（Switching Effect）的变量。$P(\phi)$ 是以向量 $\phi$ 为参数集的转换的概率密度函数。而本书所用模型根据需要设定为：

$$y_t = \alpha_{s_t} + \sum_{i=1}^{N_s} \beta_{i,S_t} y_{t-i} + \varepsilon_t \,, \quad \varepsilon_t \sim N(0,\ \sigma_{St}^2) \tag{7-19}$$

其中，$\alpha_{s_t}$：为模型在状态 $S_t$ 时的常数项，

$\sigma_{St}^2$：在状态 $S_t$ 的方差，

$\beta_{i,S_t}$：解释变量 $i$ 在状态 $S_t$ 时的自回归项系数，$i=1$，2，3

$\varepsilon_t$：模型残差，服从正态分布，

$S_t$：时间 $t$ 的状态，$S_t=1$，…，$k$，$k$ 是状态数量，$S_t$ 服从一阶马尔科夫链。

经过 Hamilton 以及众多学者的研究，MRS 模型的迭代算法目前已经比较成熟。该模型的重要假设是状态不能直接观测，而只能通过现实的历史数据，对每个阶段的内在状态通过概率进行估计。以下简要对 MRS 模型的计算方法进行叙述。

### 7.3.2 状态转换特征分析

#### 1. 模型参数估计

根据马尔科夫状态转换原理，本节用三种状态描述沪铜收益率的变化。利用 Matlab 2010b 编程进行估计，程序参考 Perlin（2010），所得参数基本均显著，如表 7－4 所示。参数 $\mu_1$、$\mu_2$、$\mu_3$ 的估计值分别为 0.0008、－0.0267 和 0.0210，表明沪铜价格波动行为主要在三种状态下转换。在状态 1 中，价格平均收益率为 0.08%，此时，收益率以较小的速度上涨，市场处于慢涨状态。在状态 2 中，沪铜价格平均收益率为－2.7%，此时，收益率以较快的速度下跌，市场处于快跌状态。在状态 3 中，平均收益率为 2.1%，说明收益率以较快的速度上涨，此时市场处于快涨状态。综上所述，沪铜价格波动行为在三种状态下切换，即慢涨（状态 1）、快跌（状态 2）和快涨（状态 3）。

表 7－4　　参数估计结果

| 参数 | 参数估计值 | 标准差 | P 值 |
|---|---|---|---|
| $\mu_1$ | 0.0008 | 0.0003 | 0.02 |
| $\mu_2$ | －0.0267 | 0.0018 | 0.00 |
| $\mu_3$ | 0.0210 | 0.0014 | 0.00 |
| $\sigma$ | 0.000168 | 0.00 | 0.00 |
| 最大似然值 | 6 626.2298 | | |
| AIC | －1.3226e＋04 | | |
| BIC | －1.3151e＋04 | | |

表 7－5 给出了由 MRS 模型计算得到的不同状态之间的转移概率的估计以及不同状态的持续性，转移概率的大小体现了不同状态之间的转换的顺序和方向，而持续值大小则反映了状态的稳定性。

表 7－5　　概率转移矩阵

| | 状态 1 | | | 状态 2 | | | 状态 3 | | | 持续期（天） |
|---|---|---|---|---|---|---|---|---|---|---|
| | 转移概率 | 标准差 | P 值 | 转移概率 | 标准差 | P 值 | 转移概率 | 标准差 | P 值 | |
| 状态 1 | 0.9840 | 0.02 | 0.00 | 0.0014 | — | 0.90 | 0.1002 | 0.0295 | 0.00 | 63 |
| 状态 2 | 0.0071 | 0.003 | 0.04 | 0.3842 | 0.0778 | 0.00 | 0.4145 | 0.0397 | 0.00 | 1.62 |
| 状态 3 | 0.0093 | 0.003 | 0.02 | 0.6144 | 0.0589 | 0.00 | 0.4853 | 0.0789 | 0.00 | 1.93 |

从以上计算结果可得到以下结论：

①P11＝0.9840，即沪铜价格小幅上涨后继续小幅上涨的概率约为 0.9840。P12＝0.0014＜P13＝0.1002，说明在小幅上涨后出现大幅上涨的概率要大于出现大幅下跌的概率，但均远远小于发生小幅上涨的概率。

②P22＝0.3842，即大幅下跌之后继续出现大幅下跌的概率为 0.3842。而 P21＝0.0074，P23＝0.4145，说明大幅下跌之后出现大幅上涨的概率要远大于出现小幅上涨的概率。同时，P22 和 P23 相差不大，也说明大幅下跌后出现大幅波动的概率要远大于出现小幅上涨的概率。

③P33＝0.4853，即铜价大幅上升之后继续出现大幅上升的概率约为 0.4853。而 P31＝0.0085，说明大幅上升之后出现小幅上升的概率很小，而出现大幅下跌的概率则达到了 0.6144。

④P21＝0.0071 和 P31＝0.0093 的概率如此之小，也证明了我国铜价的波动存在着显著的波动集聚性，即大的波动之后往往跟随着大的波动，而小的波动之后往往伴随着是小的波动。

⑤各种状态下的持续时间是不同的。根据前面部分对某一状态平均持续期的推到，可计算得到沪铜三种状态的平均持续时间分别为 63 天、1.62 天和 1.93 天。需要指出的是，尽管模型计算出的大幅上涨和大幅下跌的持续时间非常短，但要注意到沪铜收益率波动存在的明显的集聚性。

### 2. 平滑概率分析

根据平滑概率的算法，可以得到图 7－27（a，b，c，d）。图 7－27（a）是沪铜收益率处于状态 1，即小幅上涨的平滑概率；图 7－27（b）是沪铜收益率处于状态 2，即大幅下跌的平滑概率；图 7－27（c）是沪铜收益率处于状态 3，即大幅上涨的平滑概率；图 7－27（d）是将三种状态重叠在一起的效果图。通过观察平滑概率可以更加清晰地了解每种状态的持续性，以及每个时刻最可能出现的是哪一种状态，基本判断法则是，如果 $S_t=1$ 的平滑概率大于0.5，表示铜价处于小幅上涨的状态；如果 $S_t=2$ 的平滑概率大于0.5，表示铜价处于大幅下跌的状态；如果 $S_t=3$ 的平滑概率大于0.5，表示铜价处于大幅上涨的状态。从图7－27（a）~图7－27（c）可以看到，图7－27（a）小幅上涨状态的平滑概率图的波峰更宽，而图7－27（b）和图7－27（c）的平滑概率图的波峰相对较窄，这说明大幅波动状态的持续时间相对较短，而小幅上涨的持续时间则相对较长，处于铜价的主导状态，这与我们根据转换概率计算出来的某一种状态的持续性大小的结果基本上是一致的。但在两个阶段，即2006年4月至2006年8月和2008年9月至2009年5月期间，大幅下跌和大幅上升的波峰均比较宽，这表明在此期间，沪铜收益率由大幅波动状态主导。而2010年至今，随着我国经济走出金融危机影响，沪铜价格的大幅波动频率相比于2006~2009年间逐渐减弱，但从图7－27（d）可以看到，尽管频率下降，但大幅波动现象仍然时常发生，而不像有效市场所假设的，大幅波动的概率几乎为0。

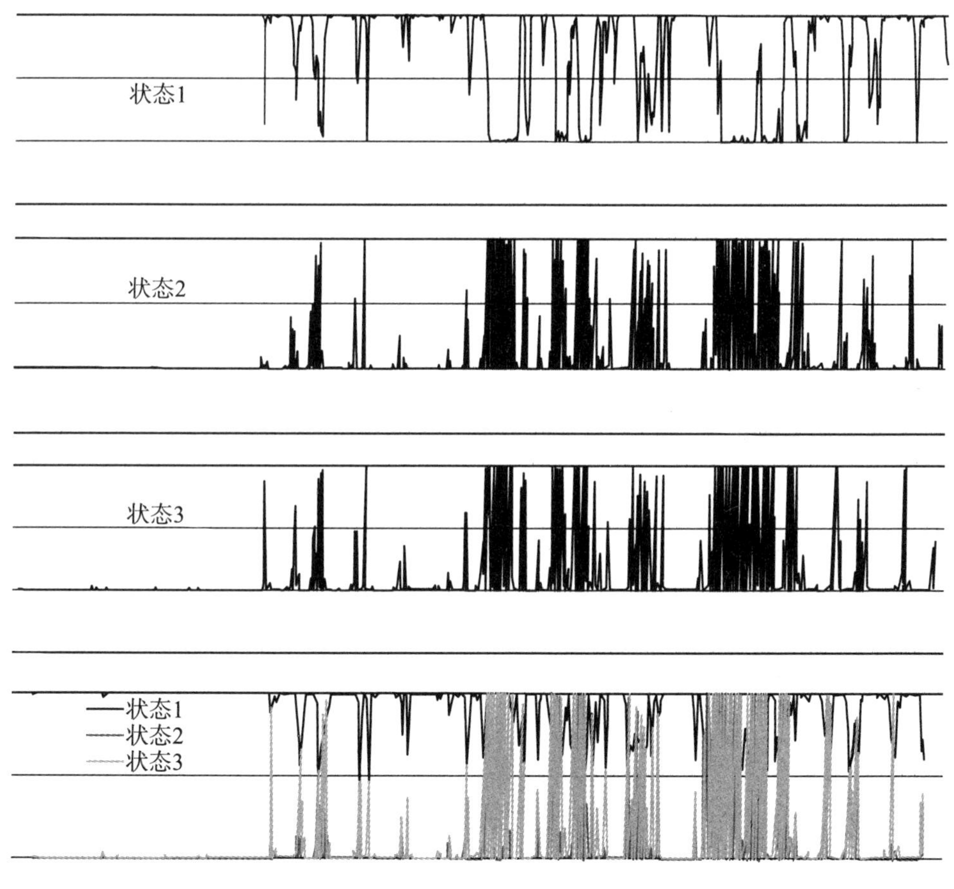


**图7－27（a，b，c，d） 沪铜收益率小幅上涨、大幅下跌以及大幅上涨的平滑概率图和重叠效果**

从以上分析可以看到，沪铜价格波动行为主要存在着三种状态：小幅上涨、大幅上涨和大幅下跌，并且三种状态分别具有63天，1.62天和1.93天的持续期，小幅上涨状态较其他两种状态持续时间更长，这说明有色金属市场价格是呈现出缓慢上升的趋势的。状态转换概率则表明，不同的状态具有不同的转换概率，小幅上涨的持续性要强于大幅波动的持续性，且沪铜大幅上升之后出现小幅上升的概率很小，而出现大幅下跌的概率则达到了0.6144。这表明金属价格的波动行为在呈现出明显的集聚性和持续性的特点的同时，同样存在着比较高的价格突变行为的概率。因此，当外来冲击的影响具有较长的持续性时，市场参与者应全面评估和权衡冲击影响的持续性效果，提前对可能产生的不利影响做好准备。波动的持续性，也反映了价格波动的阶段性。

# 7.4 波动的多重分形特征

## 7.4.1 有色金属市场多重分形结构的实证检验

### 1. 基于传统 MFDFA 方法的多重分形特征分析

**(1) 研究方法**

Kantelhardt 在2002年提出的多分形去趋势波动分析法（Multifractal Detrended Fluctuation Analysis，MFDFA）被认为是有效验证一个非平稳时间序列是否具有多重分形特征的方法。简单介绍 MFDFA 方法如下。

①对于给定长度为 $N$ 的序列 $x(i)$，$i=1, 2, \cdots, N$，通过求和构造新的时间序列：

$$y(i) = \sum_{k=1}^{i} [x(k) - \bar{x}], \ i=1, 2, \cdots, N$$

其中，$\bar{x}$ 是序列 $x(i)$ 的均值。

②将新序列 $y(i)$ 分成 $m$ 个互不重叠的等长度的子区间，每一个子区间均含有 $S$ 个数据，即 $m=\text{int}(N/S)$。考虑到长度 $N$ 经常不是 $S$ 的整数倍，从序列尾部重复分区过程，从而避免丢弃尾部剩余数据。因此对于给定的 $S$，可以得到 $2m$ 个区间。

③去趋势处理并求区间序列的相关系数。对每一区间 $v(v=1, 2, \cdots, 2m)$ 里的 $S$ 个点，用最小二乘法对局部趋势进行拟合，得拟合方程 $\tilde{Y}_v(k)$。对每一个区间进行去趋势处理：

$$F_v(s) = \frac{1}{s}\sum_{k=1}^{s} |y_v(k) - \tilde{Y}_v(k)|$$

④分别计算 $2m$ 个消除趋势的子区间序列的平方均值，并进而求出序列的 $q$ 阶波动函数 $F_q(s)$。

$$F^2(s, v) = \frac{1}{s}\sum_{j=1}^{s} |F_v(s)|^2$$

$$F_q(s) = \left[\frac{1}{2m}\sum_{v=1}^{2m} |F_v(s)|^{\frac{q}{2}}\right]^{\frac{1}{q}}$$

⑤确定波动函数的标度指数，并通过双对数图分析幂律关系。如果幂律相关性存在，则标度关系满足：

$$F_q(s) \sim S^{h(q)}$$

即对每一个子区间，均可求出相应的波动函数 $F_q(s)$。对 $\ln(F_q(s))$ 和 $\ln(s)$ 做双对数关系图，则所得斜率即为 $q$ 阶广义 Hurst 指数 $h(q)$。对于单一分形结构的序列，其 $h(q)$ 将独立于 $q$，为一常数；而对于具有多分形结构的序列，其 $h(q)$ 表现为 $q$ 的函数。而当 $q=2$ 时，广义 Hurst 指数为水文学家赫斯特（Hurst）在 1951 年提出的用于分析时间序列中存在的长期记忆过程的 Hurst 指数。若 $h(2)>0.5$，表明两个序列的相关性存在着长期记忆特征；$h(2)<0.5$，则意味着不存在相关性，序列处于反持续状态。

⑥可得到多分形标度 $\tau(q)$ 和 $q$ 之间的关系：

$$\tau(q) = qh(q) - 1$$

如果 $\tau(q)$ 与 $q$ 之间存在着非线性关系，则表明相关序列之间的相关性存在多重分形特征。

通过钱德勒转换，可以得到描述多重分形特征的多重分形谱，即

$$\alpha = h(q) + qh'(q)$$

$$f(\alpha) = q[\alpha - h(q)] + 1$$

其中，$\alpha$ 为前述的奇异指数，可刻画复杂系统中各个区间所表现出的奇异程度，$\alpha$ 越大表明奇异性越小；反之，则越大。$f(\alpha)$ 即为多重分形谱，其值为奇异指数 $\alpha$ 的分形维数，其宽度可用 $\Delta\alpha = \alpha_{max} - \alpha_{min}$ 表示，意味着系统中最大概率与最小概率间的差别。若系统的多重分形强度越大或者序列的分布越不均匀，则差值 $\Delta\alpha$ 越大。

**（2）实证检验**

Movahed（2006）指出，如果时间序列是非平稳序列，那么直接计算序列相关性、谱密度指数以及分形维等，不能产生真实的结果。可以很容易地判别，我国沪铜和沪铝价格序列为非平稳时间序列。为此，本书采用 MFDFA 方法，分别对沪铜和沪铝 2004 年 1 月 15 日至 2011 年 7 月 4 日的日度价格序列的多重分形特征进行分析。其中，参数 $q$

取值为 -10 到 +10，$s$ 取值为 10 天 ~ $N/5$ 天（$N$ 为时间序列的总长度），得到的多重分形特征图如图 7 -1 至图 5 -4 所示。

采用上述 MFDFA 方法对沪铜和沪铝价格序列分别做 1 阶 MFDFA、2 阶 MFDFA 和 3 阶 MFDFA 计算，所得波动函数 $F(s)$ 和标度区间 $s$ 的双对数关系如图 7 -28 所示。可以发现，当时间标度 $s$ 相同时，波动函数 $F(s)$ 值越小，即对于 $F(s)$ 值来说，MFDFA1 > MFDFA2 > MFDFA3。随着标度 $s$ 的增大，MFDFA1、MFDFA2、MFDFA3 对应的 $F(s)$ 值差异从大逐渐变小。MFDFA2、MFDFA3 中 $F(s)$ 序列较为接近，表明随着时间标度的增大，不同阶数（MFDFA2，MFDFA3）的去趋势处理获得的波动成分逐渐接近，对局部趋势的拟合效果越好。对于沪铜价格序列，采用 3 阶 MFDFA 方法比较合适，而对于沪铝价格序列采用 2 阶 MFDFA 方法合适。

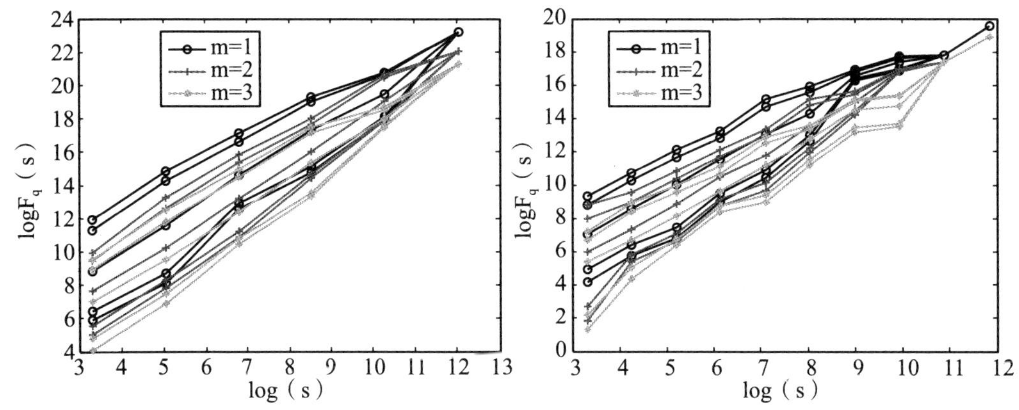


**图 7 -28　阶数 m 取值为 1，2，3 时，沪铜和沪铝价格序列的 $\log F(s)-\log(s)$**

从图 7 -29 可以看出：①沪铜和沪铝价格序列的广义赫斯特指数 $H(q)$ 对 $q$ 有很强的依赖性。其中，当 $q$ 从 -10 变化到 10 时，沪铜价格序列的 $h(q)$ 从 0.7597 递减到 0.4773，沪铝价格序列的 $h(q)$ 从 0.9267 递减到 0.3731。两种金属的 $h(q)$ 均显著地不为常数，说明价格序列均呈现出较为明显的多重分形特征，不适合用单一分形模型进行刻画。②当阶数 $q$ 为负数或相对小的正数时，此时价格序列的小幅波动成分被放大，而 $h(q)>0.5$，则说明小幅波动成分表现出一定程度的持续性特征；当阶数 $q$ 为相对大的正数时，$h(q)$ 更多地反映了价格序列的大幅波动成分的行为信息，此时 $h(q)<0.5$，说明大幅波动成分呈现出反持久性特征，更容易出现趋势的变化。③通过对 $h(q)$ 的变化范围进行比较，沪铝的 $h(q)$ 的变化范围要大于沪铜。这说明沪铝价格序列具有较强的多重分形特征，其风险相对较大；而沪铜表现为较弱的多重分形特征，其风险相对低于沪铝。④当 $q=2$ 时，此时广义 Hurst 指数为传统的 Hurst 指数。此时，沪铜的 Hurst

指数为0.58008，沪铝的Hurst指数为0.5233。Hurst指数大于0.5，说明市场存在长期记忆特征。由此可知，采用传统的MFDFA方法，沪铜市场存在着相对明显的长期记忆特征，但沪铝市场的长期记忆特征则不是特别明显。⑤从沪铜和沪铝的 $\tau(q)-q$ 图（图7-30）同样可以看到两种金属的价格序列的 $\tau(q)$ 与 $q$ 的关系表现出非线性的特征，且为凸的递增函数，再次证明价格序列中存在着多重分形特征。

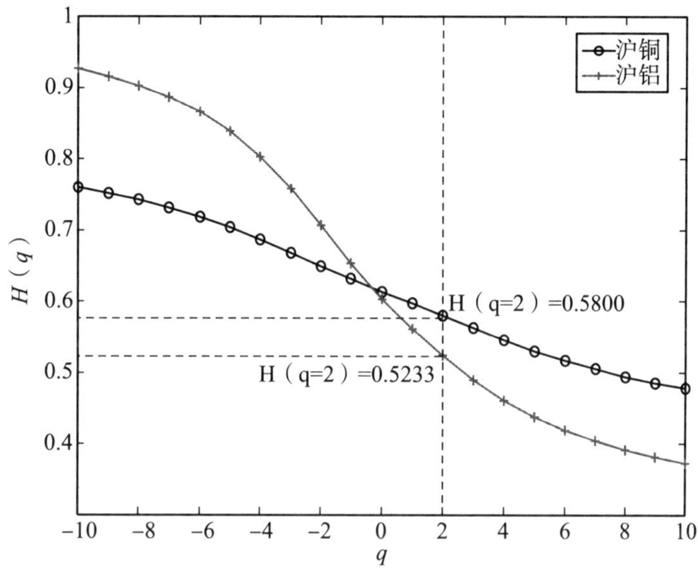


图7-29 沪铜和沪铝价格序列的广义Hurst指数

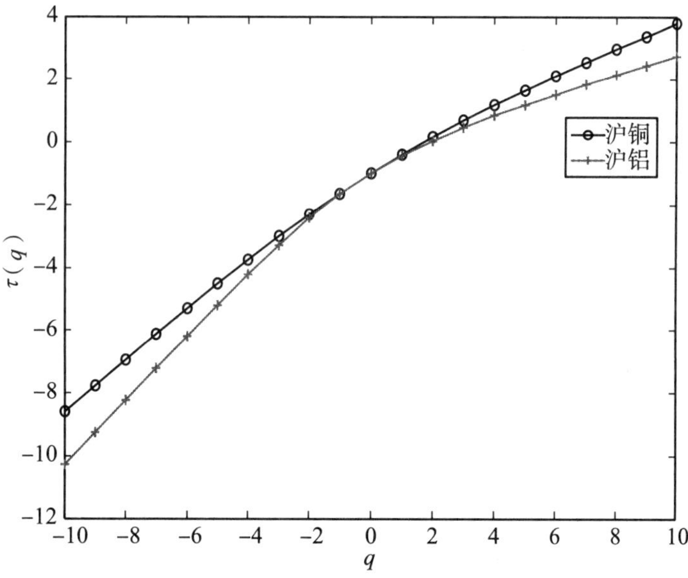


图7-30 沪铜和沪铝价格序列的 $\tau(q)-q$

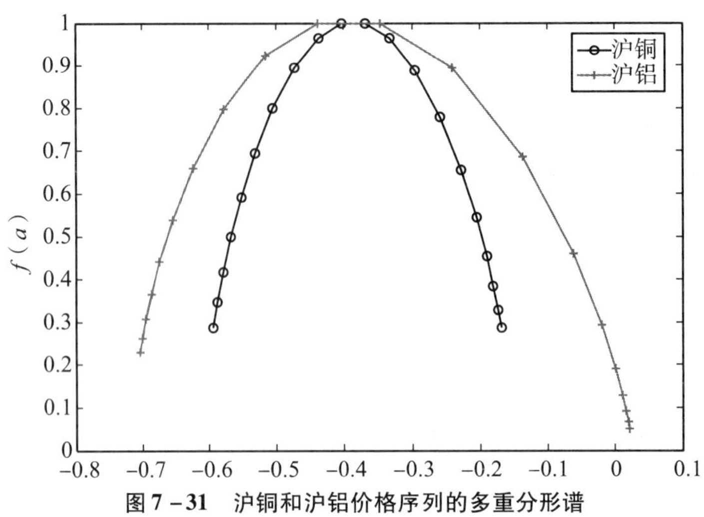


**图 7－31　沪铜和沪铝价格序列的多重分形谱**

图 7－31 为沪铜和沪铝价格序列的分形谱图形。从图中可以看两种金属价格序列的多重分形谱是以 α 值的一个范围为特征的。其中，沪铜的 α 值在 －0. 5931 ～ －0. 1364 之间，沪铝价格序列的 α 值在 －0. 7013 ～0. 2596 之间。从 α 值变化范围来看，沪铜和沪铝分别为 0. 7095 和 0. 9609。沪铝的 α 值变化范围明显大于沪铜，这表明总体上来说，沪铝价格序列的奇异性要强于沪铜的奇异性，其波动程度大于沪铜。此外，从图中还可以看到，沪铝的 $f(\alpha)$ 图是不对称的，呈现出左偏态势，说明沪铝价格处于最高价位的机会比处于最低价位的机会要大，一般可以认为价格此时有上涨的趋势。

## 2. 基于 EMD－MFDFA 方法的多重分形特征分析

### （1）研究方法

总体而言，MFDFA 方法相对于其他方法，能够很好地对非平稳时间序列中的多重分形特征进行刻画和对序列的长期记忆特征进行准确判断。但是该方法同样存在一些不足。例如，MFDFA 方法要求对时间序列进行去趋势处理，目前较为常用的均为采用多项式进行拟合，从而进行去趋势处理，但多项式阶数的选择却没有固定的方式，从一次多项式到二次，甚至三次。此外，由于 MFDFA 方法对整个序列进行分割后所形成的分割区间是不连续的，这就会导致相邻分割区间上的拟合多项式不连续，从而可能引入新的伪波动误差，进而可能使波动函数产生偏差，引起标度指数的失真，为此，部分文献通过引入滑动窗口技术对其进行改进，如 Yuan Ying（2009）。本书在传统的 DFMFA 基础上，采用 Qian 和 Zhou（2009）提出的 EMD－MFDFA 方法，并同样引入滑动窗口技术。该方法简单介绍如下：

通过将经验模态分解所提取的趋势项从原序列中剔除，从而实现剔除时间序列中的趋势的目的。而基于滑动窗口技术主要是利用滑动窗口技术对 MFDFA 方法的区间分割方法进行改进。具体表现在 MFDFA 方法的第（2）步和第（4）步两个步骤：在步骤（2）中采用滑动窗口技术，从而使得传统的 MFDFA 方法中的不重叠的区间分割改变为连续重叠的区间分割。尽管这一处理会使子区间大量增加（从 $2N_S$增加到 $N-S+1$ 个），但消除了由于分割数据连接点处的不连续性而使得多项式拟合时所产生的伪波动误差。

**（2）实证检验**

为了与传统的 MFDFA 方法进行比较，本节所采用样本与第 7.2.1 小节所用样本相同。$s$ 的取值范围为 10 ~ N/4 天（N 为时间序列的总长度），当 $q$ 从 −10 到 10 变化时，采用基于滑动窗技术的 EMD − MFDFA 方法得到的价格序列的多重分形特征图如图 7 − 32 至图 7 − 34 所示。

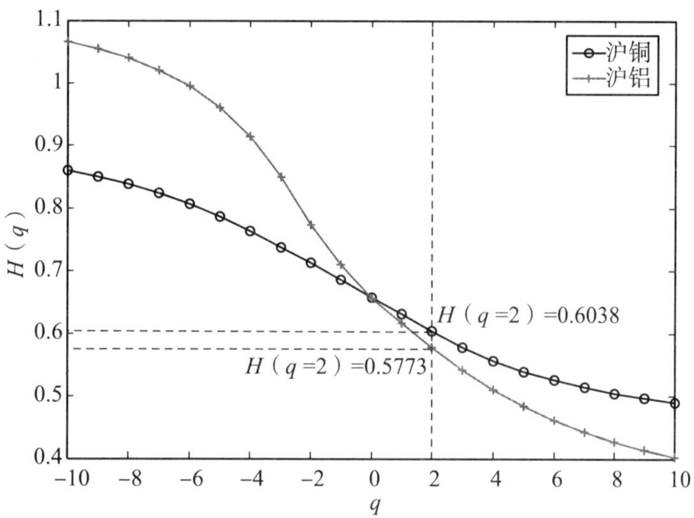


**图 7 − 32 基于 EMD − MFDFA 方法的沪铜和沪铝广义 Hurst 指数**

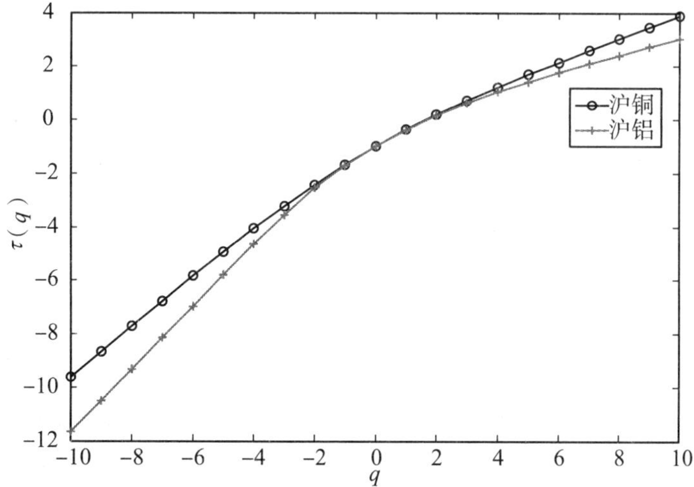


**图 7 − 33 基于 EMD − MFDFA 方法的沪铜和沪铝的 $\tau(q)-q$**

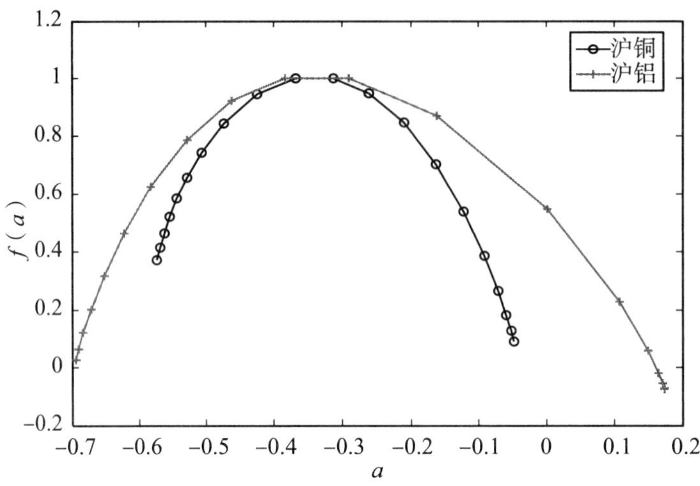


**图 7-34 基于 EMD-MFDFA 方法的沪铜和沪铝多重分形谱**

从图 7-32 至图 7-34，我们可以得出与采用传统 MFDFA 方法类似结论：①沪铜和沪铝价格序列的广义赫斯特指数 $h(q)$ 对 $q$ 有很强的依赖性。沪铜和沪铝价格序列的 $h(q)$ 值不为常数，说明两种金属价格序列均呈现出较为明显的多重分形特征，且沪铝指数 $h(q)$ 的变化范围要大于沪铜指数，即样本区间内沪铝价格序列具有较强的多重分形特征，其风险相对较大；而沪铜表现为较弱的多重分形特征，其风险相对低于沪铝。图 7-33 中 $\tau(q)$ 与 $q$ 的关系同样是非线性的，而且表现为凸的递增函数，即市场存在着多重分形特征。②与传统 MFDFA 方法所计算的 Hurst 指数不同的是，本节所计算的 Hurst 指数显著增大，其中沪铜的 Hurst 指数为 0.6038，沪铝的 Hurst 指数为 0.5773。Hurst 指数大于 0.5，也说明了两种金属市场存在着明显的长期记忆特征，并且沪铜市场长记忆特征更强烈，其风险则相对较小。此外，图 7-7 中沪铝的 $\alpha$ 值变化范围要大于沪铜，这同样表明总体上来说，沪铝价格序列的奇异性要强于沪铜的奇异性，其波动程度大于沪铜。但与传统 MFDFA 结果不同的是，两种金属的 $f(\alpha)$ 图均是不对称的，呈现出左偏态势，说明两种金属价格处于最高价位的机会比处于最低价位的机会要大，一般可以认为价格此时有上涨的趋势。

## 3. 结果分析

一直以来，供需、投机、汇率以及政策等因素都被认为是影响有色金属价格行为的重要因素。而一个存在多重分形特征的市场，则意味着其价格的形成必然存在着多个相互作用的“价格发生器”，这些发生器共同作用形成了一个复杂的价格发现机制。从本节的研究结果来看，铜铝等有色金属市场存在着较为显著地多重分形特征，进一步表明有色金属市场是个复杂的动态系统，其价格的形成是市场上各异的参与者相互影响以及政策、制度等因素共同作用的结果。而多重分形特征还意味着由于具有不同投资起点的投资者的参与，使得在不同的时间标度范围下，不同的因素所起的作用同样是不同的。市场中存在的大量随机过程的交易可能是短期的价格剧烈波动行为产生的主要原因，而长期的价格趋势的变化则可能受到供需基本面和政策面的重大变化所影响。因此，不同的时间标度范围下，价格的波动行为可能遵循着不同的标度规律，这种标度关系的不同同样意味着不同程度的波动的相关性也不一样。对于市场上的投资者而言，应在关注影响金属价格的各种内在因素的同时，对不同标度规律的波动风险应采取针对性的风险管理策略。

### 7.4.2 加入交易量的多重分形特征分析

1. 相关文献综述

国内外学者对量价关系的研究主要集中在量价之间的正相关关系、线性和非线性关系、因果关系以及短期和长期相关性等特征上。目前，学者们对量价关系的研究结论，大都支持成交量与价格波动正相关，大的成交量伴随着大的价格波动。其中，Clark（1973）首先提出了金融资产日价格波动的混合分布假说模型（Mixture Distribution Hypothesis，MDH）。在 Clark 的模型中，交易量与价格波动之间并没有直接的因果关系，市场信息是把二者联系起来的桥梁与纽带，从而产生了两者之间的正相关关系。在此基础上，Tauchen 和 Pitts（1983）建立了 MDH 假说的二元混合分布模型，Andersen（1996）建立了修正的混合分布模型（Modified Mixture Model），Liesenfeld（2001）对二元混合模型进行了扩展，提出了广义二元混合模型。华仁海和仲伟俊（2002）运用 GARCH（1，1）模型，对上海期货交易所铜期货价格的实证检验发现期货价格的变动值与交易量变动值之间存在正相关关系，或者说期货价格的收益与交易量变动值之间存在正相关关系。李双成和邢志安（2006）采用非对称成分 GARCH－M 模型，以 MDH 理论为分析框架，把交易量作为信息流过程的替代指标，对中国股票市场波动性与交易量之间的关系进行了实证检验，结果表明我国股票市场符合量价关系的主流理论——混合分布假说理论。

此外，Gallant（1992）和 Campell（1993）等的研究证明了股票价格与交易量之间的非线性关系。Jain 和 Joh（1988）、Smirlock 和 Starks（1988）用传统的 Granger 因果检验方法证实了量价之间的线性因果关系。Hiemstra（1997）等则用非参数方法，证实了

NYSE 的市场收益和交易量之间的非线性双向因果关系。王承炜和吴冲锋（2002）实证研究了沪市和深市价格和交易量之间的线性和非线性因果关系，研究结果表明，两个市场之间存在着收益对交易量的线性 Granger 因果关系和双向的非线性 Granger 因果关系。华仁海和仲伟俊（2002）的研究表明我国期货市场的信息传播机制与国外期货市场存在一定的差异，对大连期货交易所而言，其信息传播方式符合混合分布假设，而对上海期货交易所，其信息传播方式不能用传统的混合分布假设以及连续信息假设来解释，这有待进一步分析。上海期货交易所铜和铝仅呈现从绝对价格波动到交易量的单向 Granger 因果关系。郭梁和周炜星（2010）使用高频数据研究了中国股市个股的成交量与价格变化之间的关系。实证研究发现，中国股市成交价格波动和成交量之间具有相关关系，量价关系曲线为一非线性凸函数。Bollerslev 和 Jubinski（1999）分析了混合分布假说模型，发现潜在信息到达过程具有长期记忆的特点，并通过对美国标准普尔 100 复合指数所包含的 100 只股票进行实证研究，发现绝大多数股票的成交量和价格波动序列具有相同的长期记忆性参数。Lobato 和 Velasco（2000）采用频域加窗周期图估计方法得出了与 Bollerslev 和 Jubinski 相似的结论：即成交量序列具有长期记忆性，且大多数股票的波动性序列与成交量序列具有相同的长期记忆性。

从以上文献可以看到，价格和交易量是相互影响的，它们之间既有线性关系也有非线性关系。目前的研究更多的是以传统的有效市场假说理论为基础，更多的是针对线性关系的研究，而量价之间的各种非线性特征则研究相对较少。随着越来越多的实证研究表明石油、金属等商品市场的收益率不是线性及正态分布的，而是呈现出非线性、尖峰厚尾、长记忆以及多重分形等特征，这使得在传统的有效市场假说理论下的模型所获得的结论可能是不准确的或虚假的（He，2011）。而近几年的一些研究揭示了现有模型存在的一些缺陷，如 Lamoureux 和 Lastrapes（1994）的研究显示，二元混合模型潜在的信息流过程不能充分解释价格波动的持续性。Liesenfeld（1998）估计了带有自相关潜在信息过程的二元混合模型，发现利用二元混合模型所估计的波动持续性参数比不包含交易量方程的一元模型所估计的持续性参数显著降低，研究认为价格波动与交易量可能有不同程度的序列相关性。因此，有必要考虑其他的决定价格波动与交易量时变性和序列相关特性的因素。Hajian（2010）等认为传统的时间序列受到了大量的非平稳因素的影响，如趋势、噪声，这些因素的存在使得普通的数据分析方法不能够得出可靠的结果。因此，本节在以上研究的基础上，采用由 Zhou（2008）提出了 MF - DCCA，对我国金属期货收益率和交易量变化率的相关性的多重分形特征进行研究，以期能够解释我国金属期货价格和交易量之间存在的非线性依赖关系和潜在的动力学机制。

## 2. 数据及方法选取

本节采用 MF－DCCA 方法研究沪铜和沪铝的每日收益率与交易量的相关性的多重分形特征。数据选取沪铜和期铝两种金属的日度结算价格和交易量数据，样本范围均为 2004 年 1 月 15 日至 2011 年 7 月 4 日的日度数据，样本量分别为 2 009 个和 1 975 个。数据来自于南华期货富远行情分析系统。MF－DCCA 方法在前已有论述，在此不再介绍。

## 3. 金属量价关系的多重分形特征分析

基于以上提到的 MF－DCCA 方法，本节将检验沪铜和沪铝量价相关性之间是否存在非线性依赖和多重分形特征，并通过相关系数指数来判断两种金属的量价相关性是否存在长记忆性特征。其中 s 的取值范围为 10～N/4 天（N 为时间序列的总长度），当 $q$ 从－10 到 10 变化时，得到量价相关性的多重分形特征图，如图 7－35（a，b，c，d）所示。从图中我们可以得出以下结论：

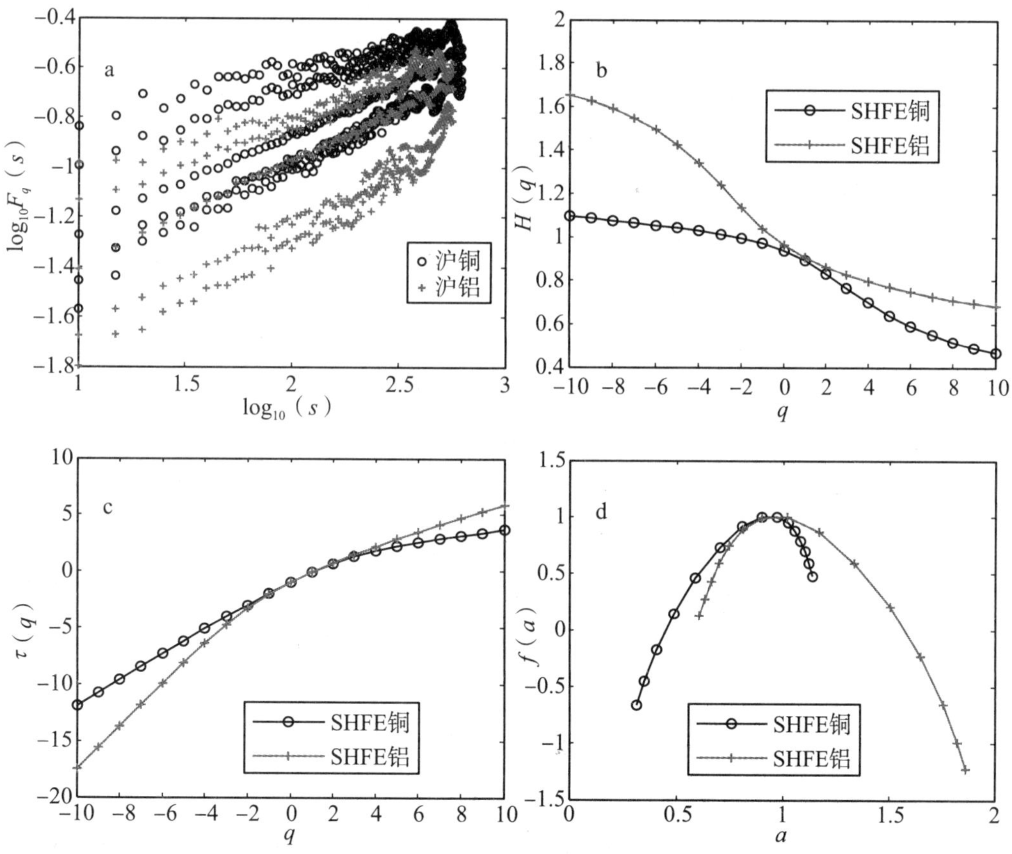


**图 7－35 （a，b，c，d）沪铜和沪铝量价相关性的多重分形特征**

第一，图7－35（a）为当$q$从－10到10时，相关系数$F_{xy}$与标度$S$之间的依赖关系，可以看到$F_{xy}$与$S$之间存在着非线性依赖关系。第二，图7－35（$b$）中，对于不同的$q$值，有不同的相关系数指数$h_{xy}(q)$。这表明沪铜和沪铝量价关系存在着不同的幂律相关性，并且相关系数指数$h_{xy}(q)$对$q$有很强的依赖性。因此，量价相关性具有非线性依赖和多重分形特征。其中，当$q$从－10变化到10时，沪铜量价相关系数指数$h_{xy}(q)$从1.0932递减到0.4694，沪铝量价相关系数指数$h_{xy}(q)$从1.6518递减到0.6814。$h_{xy}(q)$均显著地不为常数，同样说明两种金属的量价相关性存在着较明显的多重分形特征，不合适用单分形模型进行描述。而根据Hurst指数与广义Hurst指数的关系可知，当$q=2$时，相关系数指数$h_{xy}(q)$即为一般的Hurst指数。从图中可知，当$q=2$时，沪铜的相关系数指数$h_{xy}(2)=0.8318>0.5$，沪铝的相关系数指数$h_{xy}(2)=0.8626>0.5$。这说明，我国沪铜和沪铝的量价关系存在着长期记忆性。第三，通过对相关系数指数$h_{xy}(q)$的变化范围进行比较，沪铝指数$h_{xy}(q)$的变化范围要大于沪铜指数。这说明沪铝市场具有较强的多重分形特征，其风险相对较大；而沪铜表现为较弱的多重分形特征，其风险相对低于沪铝，这与前面的研究结论基本相同。第四，从图7－35（c）沪铜和沪铝的$\tau(q)-q$图同样可以看到两种金属的$\tau(q)$与$q$的关系均是非线性的，而且表现为凸的递增函数，再次证明了沪铜和沪铝量价相关性存在着多重分形特征。第五，图7－35（d）为沪铜和沪铝量价关系的分形谱图形，其宽度被认为是对于分形强度的估计。从图中可以看到两种金属的多重分形谱是以$\alpha$值的一个范围为特征的。其中，沪铜的$\alpha$值在0.3126～1.1379之间，沪铝的$\alpha$值在0.6029～1.8650之间。从$\alpha$值变化范围来看，沪铜和沪铝分别为0.8253和1.2531。沪铝的$\alpha$值变化范围要略大于沪铜，证明了两个市场存在多重分形的特征，并且沪铝量价关系的多重分形强度要略强于沪铜的多重分形强度，也说明其波动程度大于沪铜。

以上结果表明，我国金属市场量价关系存在着明显的多重分形特征，同时$q=2$时，沪铜和沪铝量价相关系数指数均大于0.5，这意味着我国金属期货市场量价关系存在着长期记忆特征。He（2011）认为，量价关系的多重分形特征的存在，意味着价格与交易量之间存在着非线性依赖关系，以有效市场假说为前提对量价关系进行研究可能是不正确的。同时，研究者或者技术分析师在理解和分析市场行为时，应该同时考虑二者的影响，而不是单独量化，仅仅讨论这些变量中的一个，而忽略另一个变量，对市场的理解将是存在偏差的。

### 7.4.3　多重分形特征的比较分析

为了进一步分析金属市场量价相关性的多重分形特征，本节将从时间和空间两个维度来比较分析金属量价相关性的多重分形特征。

### 1. 不同时期金属量价相关性的多重分形特征比较

考虑到2008年我国金属价格出现了剧烈的暴涨暴跌现象，而在2008年前和2009年至今，金属价格为相对稳定的持续上涨阶段，为此将样本数据分为三个时间区间进行比较分析，即：2004年1月至2007年12月、2008年1月~2008年12月和2009年1月~2011年7月。三个时间区间段的金属量价相关性的多重分形特征图如图7-9和图7-10所示。

从图7-36和表7-6可以看到，三个时间期间内，沪铜和沪铝量价相关系数指数 $h_{xy}(q)$ 均对 $q$ 有依赖性，表现出不同程度的幂律相关性和多重分形特征。其中，2008年沪铜和沪铝量价相关系数指数 $h_{xy}(q)$ 分别从1.6509和1.5690降低至0.5227和0.6133，差值分别为1.1282和0.9558，明显大于其他两个时间区间的差值。这说明2008年沪铜和沪铝的量价相关性存在的分形特征要明显的强于其他两个时间区间。当 $q$ 从-10到10时，2008年沪铜和沪铝的量价相关系数指数 $h_{xy}(q)$ 均大于0.5，且同样基本大于其他两个时期的 $h_{xy}(q)$ 值，这说明2008年金属市场量价相关性存在着显著的强于其他两个时期的持续性。由于当 $q$ 值为负数并且绝对值越大时，量价相关性较小的波动起到了决定性的作用，此时 $q$ 阶矩主要描述了相关性的小幅波动的特征；当 $q$ 值为正数并且绝对值越大时，量价相关性较大的波动起到了决定性的作用，此时 $q$ 阶矩主要描述了相关性的大幅波动的特征。从图7-36（$a$）可以看到，对于沪铜而言，当 $q$ 从0趋向于10或-10时，即当 $q$ 阶矩主要描述小幅波动或者大幅波动的特征时，2004~2007年间沪铜量价相关性的波动持续性要弱于2009年至今；而对于沪铝而言，当 $q$ 从0到-10时，即考虑相关性的小幅波动成分时，2004~2007年的相关性的持续性要强于2009年后的时期，但当 $q$ 从0到10时，即考虑大幅波动成分时，2004~2007年的相关性的持续性要弱于2009年后的时期，这在一定程度上说明2009年后，沪铝市场量价相关关系的波动性要强于2004~2007年间。

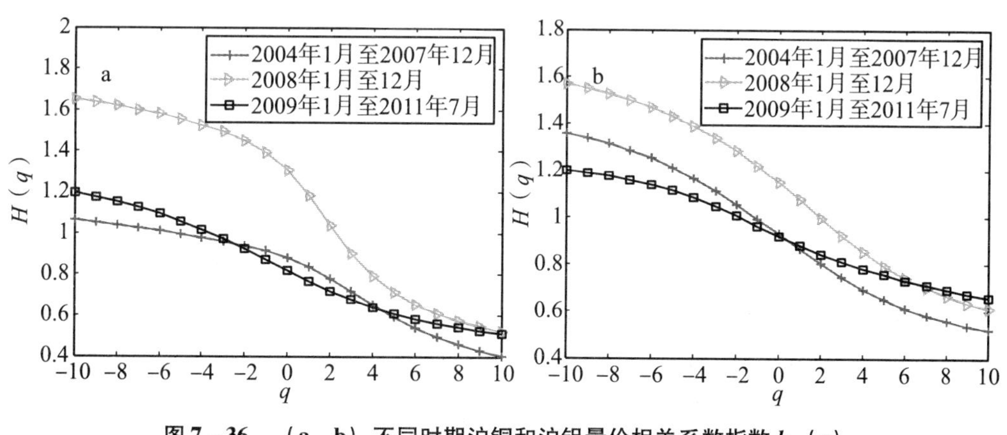


**图7-36 （a，b）不同时期沪铜和沪铝量价相关系数指数 $h_{xy}(q)$**

表 7－6　（a，b）不同时期沪铝量价相关性的相关系数指数 $h_{xy}(q)$

| 阶数 $q$ | 沪铜收益率与交易量相关性的 $h_{xy}(q)$ | | | 沪铝收益率与交易量相关性的 $h_{xy}(q)$ | | |
|---|---|---|---|---|---|---|
| | 2004～2007 | 2008 | 2009～2011 | 2004～2007 | 2008 | 2009～2011 |
| －10 | 1. 0636 | 1. 6509 | 1. 1944 | 1. 3573 | 1. 5690 | 1. 2012 |
| －8 | 1. 0392 | 1. 6196 | 1. 1520 | 1. 3139 | 1. 5260 | 1. 1753 |
| －6 | 1. 0099 | 1. 5793 | 1. 0937 | 1. 2527 | 1. 4674 | 1. 1385 |
| －4 | 0. 9764 | 1. 5265 | 1. 0166 | 1. 1665 | 1. 3876 | 1. 0838 |
| －2 | 0. 9381 | 1. 4503 | 0. 9227 | 1. 0552 | 1. 2826 | 1. 0068 |
| 0 | 0. 8814 | 1. 3043 | 0. 8189 | 0. 9311 | 1. 1506 | 0. 9203 |
| 2 | 0. 7808 | 1. 0358 | 0. 7198 | 0. 8055 | 0. 9983 | 0. 8443 |
| 4 | 0. 6518 | 0. 7925 | 0. 6401 | 0. 6950 | 0. 8542 | 0. 7831 |
| 6 | 0. 5401 | 0. 6524 | 0. 5827 | 0. 6140 | 0. 7437 | 0. 7331 |
| 8 | 0. 4599 | 0. 5727 | 0. 5424 | 0. 5585 | 0. 6668 | 0. 6922 |
| 10 | 0. 4042 | 0. 5227 | 0. 5135 | 0. 5196 | 0. 6133 | 0. 6592 |
| 差值 | 0. 6594 | 1. 1282 | 0. 6809 | 0. 8377 | 0. 9558 | 0. 5420 |

图 7－37 和表 7－7 分别为不同时期内沪铜和沪铝的多重分形谱及其特征参数值。同样我们可以看到，两种金属的多重分形谱的宽度均显著的不为零，表明量价相关性存在着多重分形特征。而 2008 年沪铜和沪铝多重分形谱的宽度宽于其他两个时期，这同样说明 2008 年金属期货市场量价相关关系波动更为剧烈。这可能是由于受金融危机及全球商品期货市场影响，我国期货市场同样出现恐慌，市场噪声增加，量价相关性由于市场剧烈的波动行为变得更为复杂。由于多重分形谱的 $\alpha$ 参数指示的是某个时间段内测度对象走势的相对强弱大小，其中 $\alpha_{\min}$ 表示走势相对较低的位置，$\alpha_{\max}$ 表示走势相对较高的位置，因此 $\Delta\alpha$ 表示了样本区间内相对最高值和相对最低值之差，从而衡量波动的绝对大小。从表 7－2 可以看到，沪铜和沪铝 2008 年 $\Delta\alpha$ 值分别为 1. 3952 和 1. 2445，是三个时间段中最大的，说明 2008 年我国金属量价相关性走势分布分散，波动的绝对幅度较大。此外，参数 $f$ 表示了测度对象在一定时间和空间范围内的某种测度性质的均匀性和复杂性。其中，$f_{min}$ 表示了测度对象走势在平均值上方运行的可能性概率，而 $f_{max}$ 则表示了测度对象走势在平均值下方运行的可能性概率，因此，$\Delta f = f_{min} - f_{max}$ 表示了测度对象走势在平均走势上下方运行的可能性。一般而言，$\Delta f$ 的绝对值越大时，时间序列的局部波动混乱程度的差别就越大，波动分布越不均匀，波动行为越复杂。从图 7－37 和表 7－7 可以看到，对于沪铜而言，2004～2007 年和 2008 年两个时期内多重分形谱均

呈现出“右钩”的形状，这表明量价相关性的走势在样本区间平均值下方运行的时间大于在平均值上方运行的时间；而在2009～2011年的样本区间内，多重分形谱呈现出“左钩”的形状，这说明2009年开始，量价相关程度要强于2004～2008年间的两个时间区间。同时，2004～2007年和2008年间的$\Delta f$的绝对值分别为1.1498和0.9264，显著大于2009～2011年的0.4039，也说明2004年至今沪铜量价相关性的波动程度呈现出逐渐减弱的趋势，沪铜量价关系逐渐趋于平稳。对于沪铝而言，与沪铜不同的是，沪铝2004～2007年和2009～2011年的多重分形谱图形呈现出类似的形状，而2008年多重分形谱则呈现出“右钩”的形状，同时$\Delta f$的绝对值0.4149也明显的大于其他两个样本区间的0.1270和0.1001，说明沪铝量价相关性在2008年相关程度较低，出现了相对剧烈的波动，而在其他两个时期，量价相关性相对稳定。

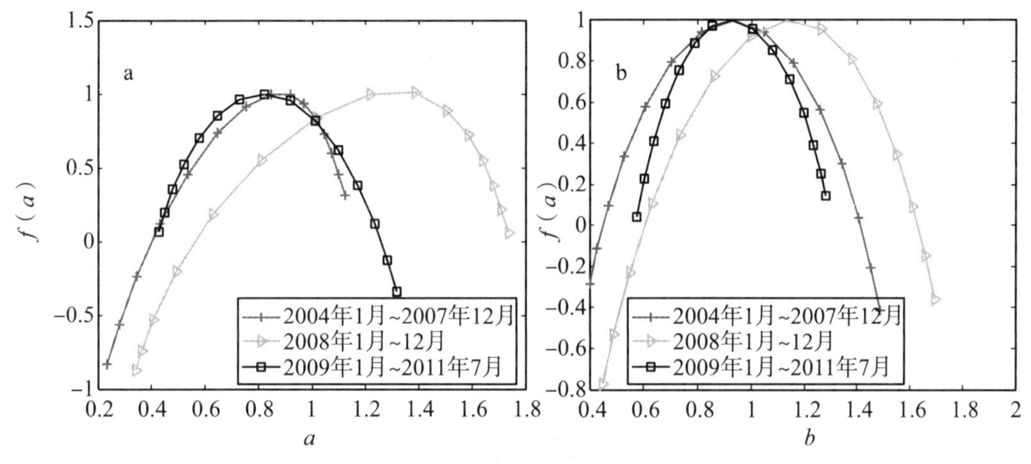


图7－37 （a，b）不同时期内沪铜和沪铝量价相关性的多重分形谱

表7－7 不同时期沪铜和沪铝量价相关性的多重分形谱的参数

| | | $\alpha_{min}$ | $\alpha_{max}$ | $\Delta\alpha$ | $f_{min}$ | $f_{max}$ | $\Delta a$ |
|---|---|---|---|---|---|---|---|
| 沪铜 | 2004～2007年 | 0.2342 | 1.1231 | 0.8889 | －0.8350 | 0.3148 | 1.1498 |
| | 2008年 | 0.3404 | 1.7355 | 1.3952 | －0.8699 | 0.0565 | 0.9264 |
| | 2009～2011年 | 0.4272 | 1.3164 | 0.8892 | 0.0650 | －0.3390 | －0.4039 |
| 沪铝 | 2004～2007年 | 0.4000 | 1.4878 | 1.0878 | －0.2856 | －0.4126 | －0.1270 |
| | 2008年 | 0.4485 | 1.6930 | 1.2445 | －0.7727 | －0.3578 | 0.4149 |
| | 2009～2011年 | 0.5749 | 1.2811 | 0.7062 | 0.0431 | 0.1432 | 0.1001 |

## 2. 不同地区金属量价相关性的多重分形特征比较

目前，作为全球金属期货市场的新兴市场，SHFE 已成为仅低于 LME 的全球第二大金属期货交易所，因此，将 SHFE 铜铝量价相关性的分形特征与成熟的 LME 市场进行比较分析。图 7－38 为 SHFE 和 LME 铜铝量价相关性的多重分形特征比较图。

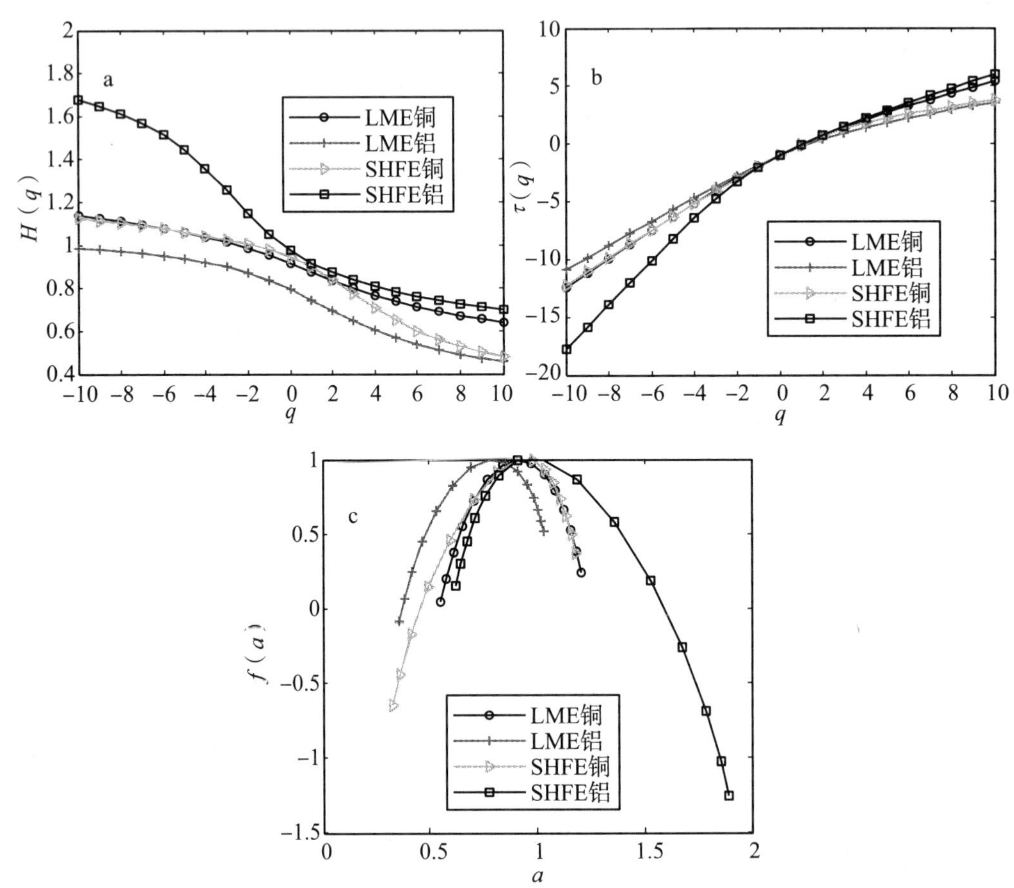


**图 7－38　SHFE 和 LME 铜铝量价相关性的多重分形特征比较**

从图 7－38 可以看到，作为相对成熟的金属期货市场，LME 铜铝量价相关系数指数 $h_{xy}(q)$ 和标度指数 $\tau(q)$ 同样存在着对 $q$ 的非线性依赖性，这说明 LME 铜铝量价相关性同样存在着幂律相关性和多重分形特征。然而，相比较而言，LME 铜铝量价相关性的多重分形程度要显著的低于 SHFE 市场的多重分形程度，这表明，尽管我国金属期货市场的多重分形程度逐渐降低，市场相对趋于有效，但是相比于成熟的 LME 金属期货市场而言，我国金属期货市场的有效性依然要低于 LME 市场的有效性。而从多重分形谱的图形比较中，我们可以得出同样的结论。

### 7.4.4 多重分形特征来源分析

一般认为，如果时间序列中存在多重分形特征，那么分形特征主要有两个基本来源：一种是由于不同程度的波动的长期记忆性造成，在这种情况下，数据的概率密度函数具有有限矩，如高斯分布；另一种是由于波动的厚尾概率分布引起的。目前，有两种方法能够发现上述两种原因对多重分形起因贡献的大小，即对数据进行随机重排处理或者相位调整处理。其中，数据重排处理能够破坏时间序列中的长期记忆性，重排的数据具有与原始数据相同的波动分布但是没有记忆性，数据展示为单分形特征。当序列的多分形特征的来源仅为序列存在的长期记忆性时，重排后的数据序列 $h(q)=0.5$。当多重分形特征来源为概率密度函数的厚尾分布时，对数据进行相位调整处理，将在不改变数据相关性的同时，弱化时间序列分布的非高斯性，相位调整处理后的数据序列的 $h_{xy}(q)$ 将独立于 $q$ 值。如果两种来源都存在，那么采用两种方法处理后的数据序列将呈现出弱化的多分形特征（Kantelhardt，2002；Matia，2003；Movahed，2006）。在此，分别对沪铜和沪铝的收益率和交易量序列进行随机重排处理和相位调整处理。对处理后的时间序列同样采用 MF-DCCA 方法检验序列的多重分形特征，结果如图 7-39、图 7-40 以及表 7-8 所示。

①从图 7-39 和表 7-8 可以看到，对于沪铜来说，对比随机重排、相位调整后的序列和原始序列所表现出的分形特征可以发现，经过处理后的序列的相关系数指数 $h_{xy}(q)$ 和标度指数 $\tau(q)$ 的变化幅度均出现显著减小，其中，原始序列的 $h_{xy}(q)$ 值从 1.0901 递减到 0.4735，随机重排后 $h_{xy}(q)$ 值从 1.5094 递减到 1.0926，相位调整后的 $h_{xy}(q)$ 值从 0.9419 递减到 0.6180，其差值分别从 0.6166 分别变化为 0.3238 和 0.4169，说明随机重排后多重分形特征同样显著减弱。从图 7-39（c）多重分形谱的变化可以看出，随机重排和相位调整后的时间序列的多重分形谱宽度出现显著变窄，同样说明处理后的序列的多重分形特征显著减弱。因此，可以说明沪铜量价相关性所存在的多重分形特征在一定程度上是由于存在着显著的长期记忆性以及尖峰厚尾分布所导致。

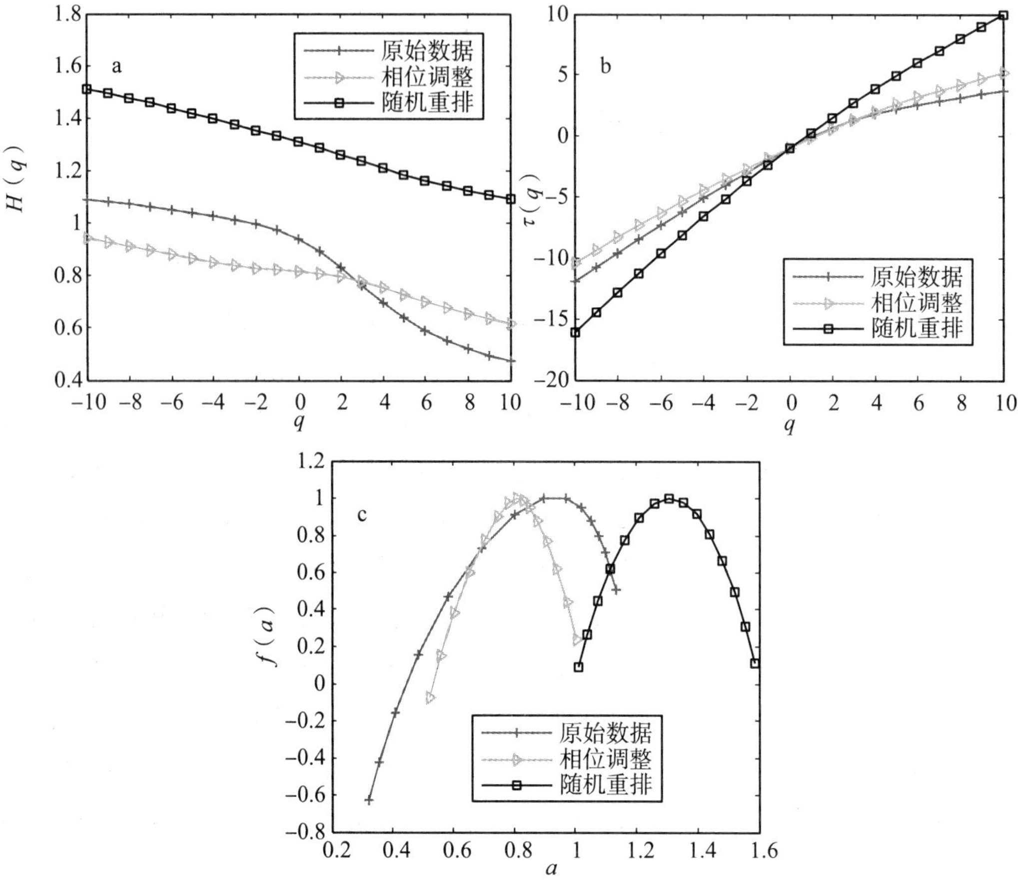


图 7-39（a，b，c）　沪铜原始序列、随机重排以及相位调整后的量价相关性的多重分形特征

表 7-8　原始序列、随机重排和相位转换后的量价相关性的相关系数指数 $h_{xy}(q)$

| 阶数 $q$ | 沪铜量价相关性的 $h_{xy}(q)$ | | | 沪铝量价相关性的 $h_{xy}(q)$ | | |
|---|---|---|---|---|---|---|
| | 原始数据 | 随机重排 | 相位调整 | 原始数据 | 随机重排 | 相位调整 |
| -10 | 1.0901 | 1.5094 | 0.9419 | 1.6476 | 1.3520 | 0.6892 |
| -8 | 1.0723 | 1.4773 | 0.9123 | 1.5863 | 1.3221 | 0.6696 |
| -6 | 1.0514 | 1.4394 | 0.8798 | 1.4909 | 1.2862 | 0.6528 |
| -4 | 1.0274 | 1.3974 | 0.8500 | 1.3395 | 1.2447 | 0.6417 |
| -2 | 0.9959 | 1.3548 | 0.8291 | 1.1367 | 1.1996 | 0.6358 |
| 0 | 0.9386 | 1.3113 | 0.8163 | 0.9671 | 1.1533 | 0.6291 |
| 2 | 0.8304 | 1.2622 | 0.7967 | 0.8652 | 1.1051 | 0.6159 |
| 4 | 0.6972 | 1.2105 | 0.7548 | 0.7986 | 1.0500 | 0.5963 |
| 6 | 0.5917 | 1.1629 | 0.7015 | 0.7500 | 0.9883 | 0.5740 |
| 8 | 0.5211 | 1.1236 | 0.6545 | 0.7139 | 0.9302 | 0.5523 |
| 10 | 0.4735 | 1.0926 | 0.6180 | 0.6865 | 0.8837 | 0.5326 |
| 差值 | 0.6166 | 0.4169 | 0.3238 | 0.9611 | 0.4683 | 0.1566 |

②对于沪铝来说，从表7-8和图7-40（a，b，c）可以看到，与沪铜类似，经过处理后的序列的相关系数指数 $h_{xy}(q)$ 和标度指数 $\tau(q)$ 的变化幅度均出现显著减小。其中，原始序列的 $h_{xy}(q)$ 值从1.6476递减到0.6865，随机重排后 $h_{xy}(q)$ 值从1.3520递减到0.8837，相位调整后的 $h_{xy}(q)$ 值从0.6892递减到0.5326，其差值从0.9611变化为0.4683和0.1566，说明随机重排后多重分形特征同样显著减弱。从图7-40（c）多重分形谱的变化可以看出，处理后的时间序列的多重分形谱宽度出现显著变窄，同样说明多重分形特征显著减弱。因此，可以证明沪铝量价相关性所存在的多重分形特征同样在一定程度上是由于存在着显著的长期记忆性以及厚尾分布所导致。

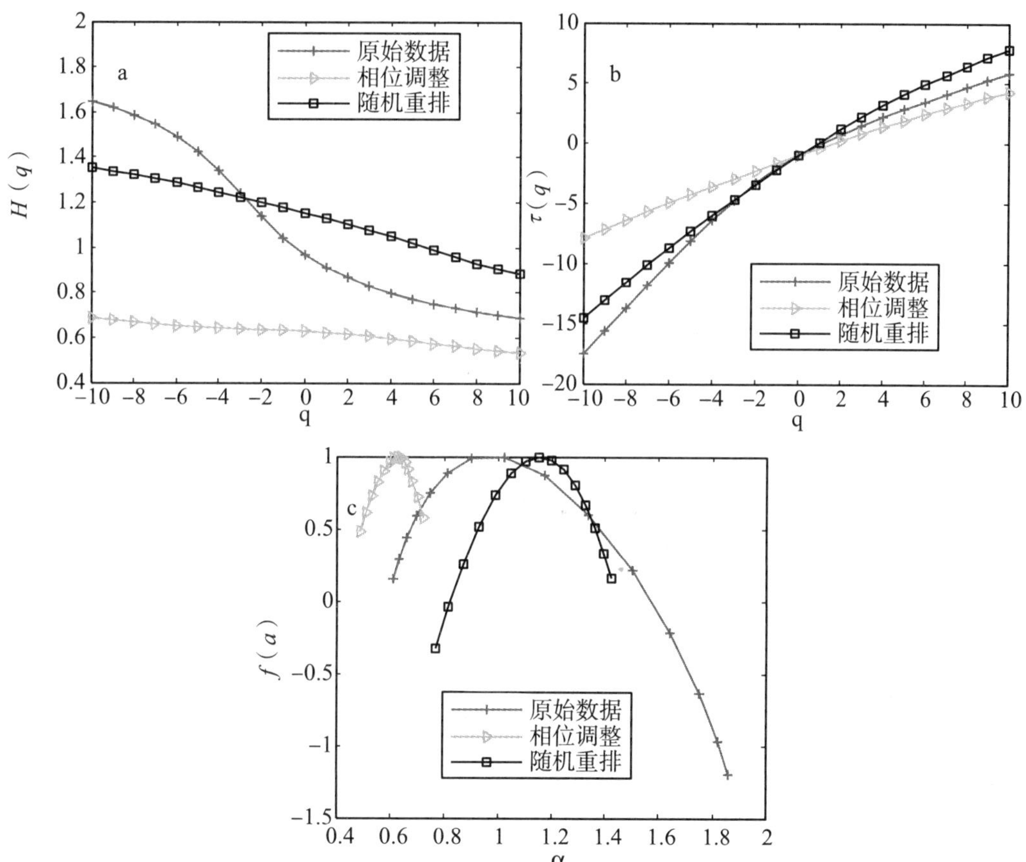


**图7-40（a，b，c）　沪铝原始序列、随机重排以及相位调整后的量价相关性的多重分形特征**

通过对原始序列进行随机重排和相位调整，结果表明我国金属市场存在的分形特征可能是由于市场上存在的长期记忆性以及厚尾分布所导致。厚尾分布说明，金属市场不像有效市场理论所阐述的那样大幅波动的概率几乎为零。而长期记忆性的存在意味着市场中的事件和消息对量价相关性的影响不会马上消失，在一定的长期记忆长度内，基于更多的历史信息将可以在一定程度上对我国沪铜和沪铝的价格波动进行预测。而现有的建立在独立同分布假定之上的对于价格行为研究的模型只有在期限大于记忆长度时才适用，一旦期限小于记忆长度，就必须对模型加以改进以剔除量价相关性中存在的长期记忆性。

## 7.5 本章小结

本章对有色金属价格波动行为的长期记忆性、周期性、状态转换以及多重分形特征四个特征进行了研究：

①采用 R/S 分析法对沪铜和沪铝不同标度下收益序列的长期记忆特征进行了分析，结果表明有色金属市场存在着较为明显的长期记忆特征，并且沪铜市场的长记忆特征程度要强于沪铝市场。长期记忆特征的存在，说明我国金属市场存在着大量的噪声，使得市场信息以非线性的方式呈现，市场投资者也以非线性方式对市场信息作出反应，并且只有在信息累积到一定程度时，才会对信息作出反应，并按照他们所能接受的价格进行交易，而不管价格是否公平，这就导致价格的有偏随机游走，因此金属市场未达到弱势有效。而对量价相关性存在的长期记忆性的分析则表明金属市场量、价间存在着相互的推动作用，对金属市场的分析应该将量、价作为一个整体来全面考虑，这也为进一步对有色金属价格行为的研究提供了新的方向。

②采用 *R/S* 分析法中的 *V* 统计量及频谱理论综合对我国有色金属价格波动行为的周期性特征进行了实证分析。其中 *V* 统计量的结果表明我国沪铜和沪铝存在着一个极为相近的平均循环周期长度，为 790 天。这一方面可能是因为近年来我国有色金属间相互影响程度相对较深；另一方面则可能是受到极为相同的因素影响，导致价格出现了类似的波动行为，如宏观经济或者政策变化的影响。*V* 统计量反映的平均循环长度主要是由市场内在机制决定，而采用 EMD 方法的实证结果表明，沪铜价格存在着不同尺度的次周期性成分，这些不稳定的次周期成分可能反映了不同因素的影响或者由外在信息噪声造成的。

③对不同程度的波动成分间的状态转换特征的研究表明，我国金属价格的波动行为在呈现出明显的集聚性和持续性的特点的同时，同样存在着比较高的出现价格突变行为的概率。因此，当外来冲击的影响具有较长的持续性时，市场参与者应全面评估和权衡冲击影响的持续性效果，提前对可能产生的不利影响做好准备。

④对我国金属价格的波动行为的多重分形特征进行了实证分析。结果表明不仅收益序列显示出明显的多重分形特征，市场量价相关性同样存在着明显的多重分形特征。量价关系的多重分形特征的存在，意味着价格与交易量之间存在着非线性依赖关系，以有效市场假说为前提对量价关系进行研究可能是不正确的。同时，研究者或者技术分析师在理解和分析市场行为时，应该同时考虑二者的影响，而不是单独量化，仅仅讨论这些变量中的一个，而忽略另一个变量，对市场的理解将是存在偏差的。此外，通过将样本区间分为三个阶段，并对不同阶段我国金属市场的量价相关性进行对比，发现三个时期内我国金属期货市场量价相关性存在着不同程度的分形特征。结果表明，2008 年金属期货市场量价相关关系波动更为剧烈。这可能是由于受金融危机及全球商品期货市场影响，我国期货市场同样出现恐慌，市场噪声增加，量价相关性由于市场剧烈的波动变得更为复杂。相比较而言，2009 年至今，我国金属期货市场量价相关性的多重分形程度逐渐减弱，这说明我国期货市场逐渐趋于相对有效的市场状态。而与 LME 市场相比，我国金属期货市场量价相关性的分形特征更为明显，这说明尽管我国金属期货市场逐渐趋于有效，但有效性依然要低于成熟的 LME 金属期货市场的有效性，期货市场依然需要进一步发展完善。

# 8

# 有色金属价格波动风险测度

以上各章的结论有助于我们更为深入和全面地理解和分析有色金属价格波动。在此基础上，有效地测度和控制市场风险是有色金属产业相关利益者更为关注也更为紧迫的问题。为此，本章在以上各章的基础上，通过将分形特征参数引入对市场风险的测度中，从而实现风险管理的目的。

## 8.1 传统风险测度

### 8.1.1 经典风险的测度方法

不确定性是一切风险的来源。而金融风险是指金融市场的参与者的未来收益的不确定性或波动性。一般而言，风险管理过程包括三个方面的内容：即风险识别、风险测度和风险控制。其中风险测度是风险管理的核心，针对风险辨识的结果，对主要的风险进行定量的分析。评估和测度风险程度的大小以及影响，一直是风险管理的重点和难点。目前，学术界和实务界都提出了很多各具特色的方法对风险进行测度。杜本峰（2002）将目前主要的风险测度方法归纳为相对测度法和绝对测度法两种类型。

1. 相对测度方法

风险的相对测度方法是指在确定利率、汇率和商品价格等市场因素的变化对金融市场价格或者收益变化的影响大小的基础上，通过分析市场因素的变化从而对资产或资产组合的市场风险进行测度的方法，其实质是对资产或资产组合价值和相关市场因素之间的敏感性进行测度。由于该方法相对直观和简单，故逐渐得到了广泛的应用。如股票市场的 Beta 值，以及金融衍生产品的 Delta、Theta、Gamma、Vega 和 RHO 等指标。

### 2. 风险的绝对测度方法

风险的绝对测度是指对市场因素变化所引起的金融资产价值受到损失的绝对大小进行直接测度的方法。目前，比较常用的风险绝对测度指标即方差和 VaR 方法。

**（1）方差及其变形**

1952 年，Harry Markowitz 在《金融学杂志》（Journal of Finance）上发表的论文《证券组合选择》（Portfolio Selection）被认为是现代金融经济学诞生的重要标志。在这篇论文中，Markowitz 假定投资风险可以视为投资收益的不确定性，这种不确定性可以用统计学中的方差（Varianee）或标准差（Standard Deviation）加以度量。一般而言，方差测度的是投资收益率围绕其平均值变化的程度。当方差越大时，收益率将围绕其均值出现剧烈波动，未来收益有很大的不确定性，市场风险相对较大。例如，若某一资产价值为 1 000 万元，而标准差为 10%，那么该资产的风险可能为 10 万元。而对于投资组合的风险则可以通过将组合的方差分解为组合中单个资产的方差和协方差来进行风险测度。由于方差在测度市场风险时所表现出的良好的统计特征，用方差或标准差作为金融资产及其投资组合风险的测度指标逐渐为理论界和实务界所接受。目前，Markowitz 提出的“均值 - 方差”（Mean - Variance）模型依然是测度资产及投资组合风险的最为常用的测度指标。

**（2）VaR 模型**

另一种较为常用的风险绝对测度方法即风险价值（Value at Risk，VaR）模型。VaR 模型是 20 世纪 80 年代提出的一种利用统计思想对风险进行估值的方法。J. R. Morgan 投资银行在 1994 年的 RiskMetries 系统中最早将 VaR 模型应用于对市场风险的测度和管理。作为一种风险绝对测度方法，VaR 模型用于测度某一置信水平下，资产或投资组合在未来某个时期内由于市场波动所导致出现的价值的最大损失量。相对于其他风险测度模型，VaR 方法由于以严谨的统计理论为基础，同时又能够相对简单清晰地对金融市场风险大小进行测度，因此逐渐为理论和实业界广泛接受，如国际银行业巴塞尔委员会（Basle Committee）同样是采用 VaR 模型来估计市场风险，从而对银行以及其他金融机构的资本充足率进行评估。

### 3. 经典风险测度方法的不足

风险的相对测度方法虽然简单，但是在测度市场风险时有以下问题。首先，风险的相对测量方法只是一个相对的比例概念，并没有回答某一资产组合的风险或损失到底有多大。其次，相对测度方法对测度对象的依赖性较高。如 Beta 只适用于股票类资产而久期只适用于债券类资产，这样将无法测度包含不同市场因子、不同金融产品资产组合的风险，同时也无法比较不同资产的风险程度。第三，它是一种局部性测量方法，只有在市场因子的变化范围很小时，这种近似关系才与现实相符。此外，相对测度的假设条件要求较高。在计算投资组合的 Gamma 值时，一般都假定标的资产的波动率和期间的无风险利率为常数，而实际情况往往不能满足这样的假设。

与相对测度方法一样，传统的风险绝对测度方法也并非无懈可击。用方差或 VaR 作为一种有效的风险测度指标的一个重要假设前提则是：金融资产的收益率应该服从正态分布，也就是说，金融市场本身要服从 Fama 提出的“有效市场假说”（EMH）。然而，实证研究表明，金融资产的收益率并非独立同分布（i. i. d）的随机变量，也就是说，收益率本身并不服从正态分布，而是呈现出所谓的“尖峰胖尾”分布。同时，金融资产收益率的非线性形式（如平方、绝对值等）在很长的时间范围内保持着相当程度的相关性，即收益率波动具有长期记忆特征和持久性特征。20 世纪 70 年代以后，世界金融市场不断出现的种种异常现象对 Fama 的有效市场假说提出了严重的质疑。因此，用方差（及其变形）和 VaR 来作为金融风险测度指标也同样存在着不足。

### 8.1.2 主流波动率测度的理论与方法缺陷

尽管波动测度及建模研究在过去几十年里取得了极大进展，但目前主流的波动率测度方法都不是完美无缺的，常用的几种波动模型在模型结构、估计方法、适用范围等方面都存在着一些难以克服的缺点，如 ARCH 类模型结构很难捕捉到金融市场突然发生的大幅波动，SV 模型始终存在着估计和直观性的问题，隐含波动率模型的应用受限于基础定价公式的正确性和交易产品的存在性，而实现波动率模型也存在诸如最优抽样频率难以确定、动力学模型仍有待改进等缺陷。王鹏（2010）对当前的主流波动率测度模型存在的缺陷做出了非常详细的总结，认为目前主流的波动率测度方法都是将目光局限在某一个特定的时间标度上，而忽略了不同时间标度波动率之间所存在的如标度不变性、自相似性、非线性等典型特征。以 ARCH 类模型为例，Campbell 在为 Calvet 和 Fisher（2008）最近出版的金融多分形专著《Multifractal volatility：Theory，Forecasting and Pricing》所作的序言中写到的，“……尽管 ARCH 模型框架为时变波动率的特征刻画提供了一个自然的起点，然而却不能为不同频率上的收益率特征提供综合的解释。ARCH 模型框架通过假定外生的非正态冲击（Exogenous Non-normal Shocks）来拟合收益率的非正态性，并且运用缓慢衰减的（分整）波动过程来描述收益率波动的持续性。因此，ARCH 模型框架对金融数据典型特征的刻画是“被分割的”，即需要分别选择不同参量来描述这些典型特征。”

除了以上诸多缺陷外，现有的主流波动率测度方法在理论推论和实证结果之间也出现了明显的矛盾。比如说，高频波动模型和低频波动模型在理论性质和实证研究中表现出了严重的偏差和不一致现象。因为从本质上来讲，由于高频数据当中蕴含着比低频数据更多的市场波动信息，因此基于高频数据的波动率测度一定是一种更加真实的市场波动描述（Engle 和 Gallo，2006），而且基于高频数据的波动模型（如实现波动率模型）应该可以获得比低频数据更优的波动率预测、风险状况预测和衍生产品定价精度。这一理论推论得到了一些实证研究的支持。如 Koopman 等（2005）利用 S&P500 指数的高频数据样本，研究了历史波动率（HV）模型（主要是 GARCH 类模型和 SV 模型）、实现波动率（RV）模型以及隐含波动率（IV）模型对未来 1 天市场波动的预测能力问题。他们发现 RV 模型具有比其他模型高出很多的波动率预测精度表现，并且在加入 RV 和 IV 作为解释变量后，明显有助于提升 HV 模型的预测能力。

但是，与支持上述理论推论的实证结果相比，更多的实证研究结论却与这一认识相冲突。举例来说，Giot 和 Laurent（2004）通过对 2 种股价指数和 2 种汇率价格的实证研究发现，虽然基于实现波动率（RV）的自回归分整移动平均模型（ARFIMA）比 GARCH - normal 和 Riskmetrics 模型具有更高的风险价值预测精度，但是在考虑到收益分布的有偏和尖峰胖尾特征后，具有非对称杠杆效应的 APARCH - skewed - t 模型却表现出了比 RV - ARFIMA 模型更优的 VaR 预测精度。

因此，现有的主流金融波动率测度方法都存在这样或者那样的问题，特别是在波动理论和实证结果之间出现了较为严重的分歧和冲突。王鹏（2010）认为，这些问题和冲突出现的根本原因可能在于现有的波动率测度技术在刻画金融波动所具有的诸多复杂特征方面无能为力。比如说，现有测度方法都没有将市场波动的自相似性和标度不变性、价格运动的突然跳跃性等纳入描述的范围；另外，许多测度方法在本质上都是以价格服从几何布朗运动（Geometric Brown motion，GBM）为前提的，在此基础上，一个自然的推论就是价格变化独立且服从正态分布（Hull，1997）。然而，来自众多金融时间序列的实证经验表明，几何布朗运动并非股价行为模式的合理描述，而起源于物理学中的分形布朗运动（Fractal Brown Motion，FBM）却在股价动力学特征的刻画中大显身手（周孝华，2000；Muniandy，2001）。

## 8.2　基于分形特征参数的波动率测度指标

### 8.2.1　分形特征参数在市场风险管理中的应用

目前，随着分形理论的发展以及越来越多的实证研究表明，相比于有效市场假说，分形市场理论及其方法能够更好地解释市场的种种行为，研究者开始进一步地将分形理论应用于对市场风险的识别、测度和控制中。Mandelbrot（1963）在对棉花价格波动进行研究时发现价格收益具有尖峰厚尾特征，从而创造性地提出了资本市场收益序列服从分形分布（Fractal Distribution）。Calvet 和 Fisher（1997）以分形布朗运动为基础，提出了资产收益多分形模型（Multifractal Model of Asset Returns，MMAR），该模型能够有效捕获时间序列所具有的厚尾和波动的持续性，Pantanella 和 Pianese（2009）将其应用于对资产组合的 VaR 风险测度中。而 Calvet 和 Fisher（2004）随后将马尔科夫状态转换引入 MMAR 模型中，提出了马尔科夫转换多分形模型（Markov Switching Multifractal，MSM），该模型通过马尔科夫转换预测波动中异质成分的转换概率，从而实现对波动率的预测。Mogensen（2011）采用 MSM 模型对道琼斯指数、纳斯达克指数以及标准普尔 500 指数的波动率进行的测度和预测，并将 MSM 与 VaR 模型相结合，对其风险进行了测度，并通过与 GARCH 族模型进行比较，验证了该模型在风险测度中的有效性。Liu 和 Lux（2005）以金融市场中存在的长期记忆特征为基础，提出了双变量多分形模型（Bivariate Multi-fractal Model，BMF），并将其应用于对汇率和债券到期利率的市场风险进行测度。魏宇（2004）将多重分形理论和相关方法引入金融风险管理中的风险管理思路，并建立了基于多重分形谱参数 $\Delta\alpha$ 和 $\Delta f$ 的全新的风险测度指标，并以上证指数为例，验证了风险测度指标在证券风险管理中的可行性和有效性。魏宇和黄登仕（2005）在以往研究的基础上，将基于多重分形谱两个主要参数的市场风险测度指标通过上证综指高频数据进行了实证检验，认为基于多重分形谱参数的风险测度指标弥补了非有效市场下用传统风险测度指标测度风险所存在的不足。侯建荣和黄丹（2008）等探讨了序列分形时变维数函数特征和股价指数显著性结构变化之间的关系，提出了一种股灾预报方案，并以上海综合指数波动为例展开分析，对算法的回溯性进行了检验。王鹏和王建琼（2008）提出了一种基于多重分形谱的奇异指数 $\alpha$ 标准差的多分形波动率测度 $S_\alpha$。与传统测度 $\Delta\alpha$ 相比，$S_\alpha$ 能够充分反映对描述市场波动有益的多分形过程中的统计信息，并以上证综指和深证成指的高频数据为例进行实证研究。结果表明：$S_\alpha$测度对市场真实波动率的估计比 $\Delta\alpha$ 更为精确。Yuan Ying 和 Zhuang Xin-tian（2009）用广义 Hurst 指数的极差和标准差来测度证券市场的风险，认为 $\Delta h$ 和 $\sigma_h$越大，多重分形强度越大，市场风险就越大。实证结果证明该风险测度指标对中国股市风险测度具有一定的合理性。魏宇（2009）以上证综指长达 6 年时间的 5 分钟高频数据为实证样本，首先提出了一种基于多分形谱分析为基础的市场波动率测度方法并应用于市场风险价值（VaR）的测度，实证结果表明：与各类线性和非线性 GARCH 族模型相比，在高风险水平上，基于多分形波动率测度的 VaR 模型具有更高的风险测度精度。

综合以上研究文献不难发现：国内外学者把分形理论应用在股票市场风险测度方面取得了丰硕成果，但在商品期货市场的尝试并不多。本书之前的研究表明，金属市场存在着明显的多重分形特征，而 Mitia（2003）指出，商品期货市场作为以实体现货市场为基础的交易市场，与股票、汇率等市场是不同的。近年来，随着商品市场的发展，市场投机气氛更加浓烈，利用方差度量风险的局限性逐渐显现。因此，本书在以上各章的基础上，探讨将分形特征参数引入金属市场，构建基于分形特征参数的波动率测度指标，并探讨对其应用于金属市场的风险价值测度的可行性和有效性。

### 8.2.2 基于分形特征参数的波动率测度指标

#### 1. 基于 Hurst 指数的波动率测度

传统的风险管理方法用方差来度量市场的风险，一般假定资产价格分布符合随机运动，但这一假定在一定程度上限制了该方法的适用性。而 R/S 分析（重标极差分析法）按照单位波动率下数据的极差来表示风险，并且可以显示时间序列是否具有长期记忆性以及其长期记忆周期长度。在记忆长度内，市场投资者可以通过 Hurst 指数实现风险控制的目的。Hurst 指数与相对波动率也存在着正相关，而且与日平均收益率也可能存在一定程度的关系。

在我国期货市场上，其投机气氛更加浓烈，利用方差度量风险具有很大的局限性，而作为度量分形市场特征的 Hurst 指数在风险评估上具有一定的合理性。Hurst 指数作为非线性理论的一种方法，从时间序列的相关性和持续性角度来度量风险，并且对所衡量的时间序列分布没有要求，能够有效反映市场，更符合期货市场的实际情况，弥补方差衡量风险的缺陷。一般而言，Hurst 指数大时，价格趋势性越强，未来不确定性越小，风险就越小。YuanYing、Zhuang Xin-tian 和 Jin Xiu（2009）提出采用广义 Hurst 指数的

极差 $\Delta h$ 以及其标准差 $\sigma_h$ 来测度金融市场的风险，即：$\Delta h = h_{\max} - h_{\min}$。

$$\sigma_h = \sqrt{\frac{\sum_{t=1}^{n} (h_t - \bar{h})^2}{n}}$$

当 $\Delta h$ 和 $\sigma_h$ 越大时，说明分形程度越大，市场风险也越大。在此，借鉴 YuanYing 等人的做法，以广义 Hurst 指数的极差 $\Delta h$ 以及其标准差 $\sigma_h$ 为基础，构建基于广义 Hurst 指数的风险测度指标。此外，考虑到期货市场不是不间断的全天交易，其收盘和重新开盘之间存在着一定的时间间隔。除周一至周五正常的交易日，相邻交易日会存在着十几个小时的时间间隔外，周末以及法定节假日则存在着长达几天的时间间隔。这些不规则的"空白"时间窗口，会导致价格在重新开盘时出现一个"跳空"波动。Hansen 和 Lunde（2005）以及魏宇（2009）认为由于在所能获取的价格数据中，只是对有交易时期的市场信息所作出的反映，而对无交易时期的市场出现的信息则无法得到有效反映。因此，为了增强波动率测度指标的适用性，Hansen 和魏宇等人在定义新的波动率测度指标时，应考虑对其进行某种尺度变换处理，从而确保波动率测度指标能够刻画这种不是全天连续交易、具有一定时间间隔的金融市场的波动信息，对具有非交易间断时间的市场的全天波动情况提供更加准确的描述。在此，借鉴相关处理方法，有：

若将第 $t$ 天的广义 Hurst 指数标准差 $\sigma_h$ 为 $\sigma_{h,t}(t=1, 2, \cdots, T)$，则第 $t$ 天的波动率定义为：

$$MH_{\sigma}V_t - \eta\sigma_{\alpha,t}$$

其中，$\eta$ 定义为平方收益率 $r_t^2$ 和 $\sigma_{h,t}$ 的期望值的比值，即 $\eta = E(r_t^2)/E(\sigma_{h,t})$（其中 $E$（•）表示期望值）。具体计算时，尺度参数 $\eta$ 可以通过式（8-1）进行估计获得。

$$\eta = \frac{T^{-1}\sum_{t=1}^{T} r_t^2}{T^{-1}\sum_{t=1}^{T} \sigma_{h,t}} \tag{8-1}$$

而对于广义 Hurst 指数的离差有：

若将第 $t$ 天的广义 Hurst 指数的离差 $\Delta h$ 表示为 $\Delta h_t(t=1, 2, \cdots, T)$，则第 $t$ 天的波动率测度 $MH_{\Delta h}V_t$ 定义如下：

$$MH_{\Delta h}V_t = \eta\Delta h_t$$

其中，$\eta$ 定义为平方收益率 $r_t^2$ 和广义 Hurst 指数离差 $\Delta h_t$ 的期望值之比，即 $\eta = E(r_t^2)/E(\Delta h_t)$（$E$（•）表示期望值）。在实际计算时，可以应用式（8-2）获得对尺度参数 $\eta$ 的估计。

$$\eta = \frac{T^{-1}\sum_{t=1}^{T} r_t^2}{T^{-1}\sum_{t=1}^{T} \Delta h_t} \qquad (8-2)$$

此外，考虑到 Hurst 指数在分形理论中的重要地位，以及其所具有的良好的风险度量特征，本章同样选取样本期间内每天的 Hurst 指数值，通过考察 Hurst 指数的波动情况，测度市场波动率，即：

若将第 $t$ 天的 Hurst 指数表示为 $h_t(t=1, 2, \cdots, T)$，则第 $t$ 天的 Hurst 指数波动定义为：$D_h = |h_t - h_{t-1}|$。

## 2. 基于多重分形谱参数的波动率测度

由于多重分形谱对于价格的突变所展现的良好的预测和预警能力，采用多重分形谱参数的变化测度市场风险的研究相对较多。魏宇（2009）的实证结果表明：在股票市场上，与各类线性和非线性 GARCH 族模型相比，基于多分形波动率测度的 VaR 模型在高风险水平上具有更高的风险测度精度。具体而言，利用多重分形谱进行波动率测度主要有以下几种方式：

①利用奇异指数 $\alpha$ 的宽度（即 $\alpha$ 的极差 $\Delta\alpha$）测度市场波动：

$$\Delta\alpha = \alpha_{max} - \alpha_{min} = (\ln R_{min} - \ln R_{max})/\ln\delta$$

它表示分形时间序列的归一化收益分布在标度不变情况下的均匀程度（$R_{max}/R_{min} \propto \delta^{-\Delta\alpha}$），即刻画出收益的波动程度。$\Delta\alpha$ 越大表示归一化收益分布越不均匀，收益波动越剧烈；$\Delta\alpha=0$ 表示收益分布完全均匀。当波动的幅度变小时，奇异指数将呈现出变窄的趋势；当收益没有出现任何波动时，奇异指数将变成平面上的一个点，此时就是均匀分形。

②通过多重分形谱 $f$ 的宽度（即 $f$ 的极差）测度：

$$\Delta f = f(\alpha_{min}) - f(\alpha_{max}) = (\ln N_{R_{min}} - \ln N_{R_{max}})/\ln\delta$$

分形谱的形态是由收益序列的内部动力学特征所决定的。$\Delta f$ 的大小反映了最高的归一化收益的数目和最低的归一化收益数目的比例，即收益处于波峰（最高点）、波谷（最低点）位置数目的比例。$\Delta f>0$ 表明收益更多的处于波峰，此时谱的顶部相对较圆滑；$\Delta f<0$ 表明收益更多的处于谷底，此时谱的顶部相对较尖锐。

③用奇异指数 $\alpha$ 的标准差 $S_\alpha$ 测度。$S_\alpha$ 测度了奇异指数 $\alpha$ 分布的离散程度，从而可测度每天价格的波动程度的大小。当 $S_\alpha$ 越大时，说明当天价格走势分布越分散，即意味着价格波动的绝对程度越大。

④多重分形谱 $f(\alpha)$ 的标准差 $S_f$ 测度。$f(\alpha)$ 其实就是测度对象的豪斯道夫维数

(Hausdorff dimension)。一般而言，豪斯道夫维数被用来对测度对象的局部的复杂和混乱程度进行刻画。当测度对象具有差别较大的局部豪斯道夫维数时，则多重分形谱 $f(\alpha)$ 的标准差 $S_f$ 就会越大，这也意味着测度对象所表现出的复杂和混乱程度就会越高。因此，一天中价格波动的程度大小可采用 $f(\alpha)$ 分布的离散程度 $S_f$ 来测度。$S_f$ 越大，说明价格序列所表现出的局部波动程度的差别就越大，价格波动行为也越复杂。

本书在此主要采用王鹏（2008）构建的奇异指数 $\alpha$ 的标准差 $S_\alpha$ 和奇异指数的极差 $\Delta\alpha$ 等两种指标来度量有色金属一天的波动程度大小，并同样借鉴 Hansen 和 Lunde（2006）在定义波动率测度时考虑某种尺度参数 $\eta$ 思想。对构建的波动测度指标介绍如下。

**（1）奇异指数 $\alpha$ 的标准差 $S_\alpha$ 测度**

一天中奇异指数 $\alpha$ 的标准差 $S_\alpha$ 定义为：

$$S_\alpha = \left[\frac{1}{Q-1}\sum_{i=1}^{Q}(\alpha_i - \bar{\alpha})^2\right]^{1/2}$$

其中 $\bar{\alpha} = \frac{1}{Q}\sum_{i=1}^{Q}\alpha_i$；而 $Q$ 为由 $|q|$ 决定的金融价格时序奇异指数的总数。

即将第 $t$ 天的 $S_\alpha$ 表示为 $S_{\alpha,t}(t=1,2,\cdots,T)$，则第 $t$ 天的多分形波动率测度 $MFV_t$ 定义如下：

$$MFV_t = \eta S_{\alpha,t}$$

其中，$\eta$ 定义为平方收益率 $r_t^2$ 和 $S_{\alpha,t}$ 的期望值之比，即 $\eta = E(r_t^2)/E(S_{\alpha,t})$。具体计算时，可通过以下公式获得对尺度参数 $\eta$ 的估计。

$$\eta = \frac{T^{-1}\sum_{t=1}^{T}r_t^2}{T^{-1}\sum_{t=1}^{T}S_{\alpha,t}}$$

**（2）奇异指数 $\alpha$ 的离差 $\Delta\alpha$ 测度**

奇异指数 $\alpha$ 的离差 $\Delta\alpha = \alpha_{\max} - \alpha_{\min}$

若将第 $t$ 天的奇异指数的离差 $\Delta\alpha$ 表示为 $\Delta\alpha_t = \alpha_{t\max} - \alpha_{t\min}(t=1,2,\cdots,T)$，则第 $t$ 天的波动率测度 $M_{\Delta\alpha}V_t$ 定义如下：

$$M_{\Delta\alpha}V_t = \eta\Delta\alpha_t$$

其中，$\eta$ 定义为平方收益率 $r_t^2$ 和奇异指数离差 $\Delta\alpha_t$ 的期望值之比，即 $\eta = E(r_t^2)/E(\Delta\alpha_t)$（$E(\bullet)$ 表示期望值）。在实际计算时，可以应用：

$$\eta = \frac{T^{-1}\sum_{t=1}^{T}r_t^2}{T^{-1}\sum_{t=1}^{T}\Delta\alpha_t}$$

获得对尺度参数 $\eta$ 的估计。

### 3. 基于多分形特征参数的波动率

**数据与方法选取**

基于分形特征参数的波动率的计算与基于实现波动率 RV 的计算类似，都是以日内高频数据为基础。对于如何选择数据抽样频率的问题，Andersen（2001）和 Engle（2006）认为，尽管高频数据相对于低频数据来说蕴含着更多的市场信息，然而由于一些市场微观结构因素的影响，如非同步交易和买卖报价差效应等，使得在实际计算波动率时，并不是所使用的高频数据频率越高越好，而应尽量平衡规避市场微观结构效应和数据信息的利用之间的关系。Andersen 等（2001；2003；2005）认为基于高频数据的波动率最好采用 5 分钟的高频数据来计算。而魏宇（2008）、王鹏（2010）等人亦沿用这一做法，并在一定程度上验证了方法的有效性。因此，本书同样采用每 5 分钟数据来计算基于多分形特征参数的波动率。为此，本书同样选用沪铜和沪铝五分钟数据，具体数据样本为 2006 年 7 月 6 日至 2011 年 6 月 7 日的沪铜和沪铝五分钟价格数据，数据来自万德数据库。

方法选择 5.2.1 所述的 MFDFA 方法。同时，由于采用 5 分钟高频数据，每日数据为 54 个，为了避免由于样本容量偏少带来的误差，在具体计算中，参照许林（2011），采用更为合理的滑动窗口方法，选择固定窗口长度为 5 个交易日，滑动窗口的大小为 1 个交易日（如图 8－1 所示），固定窗口 $S=5$，步长 $K=1$。

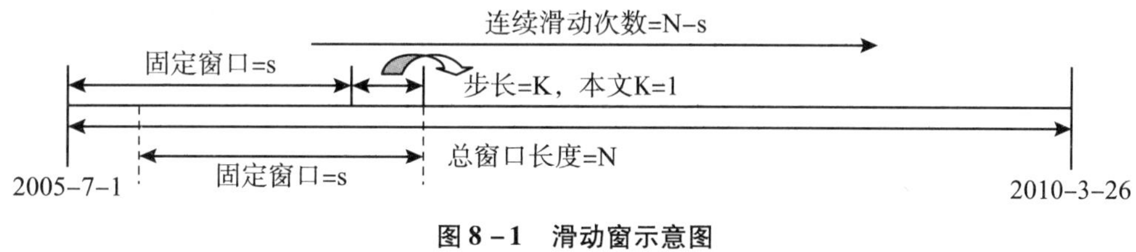


**图 8－1　滑动窗示意图**

按照所述指标构建过程，采用基于多重分形参数所得到的波动率序列如图 8－2 至图 8－6 所示。此外，由于基于分形特征参数的波动率是采用日内高频数据获取，其原理与已现有的已实现波动率相似，故同样计算了基于已实现波动率的波动序列，以便做出比较，如图 8－7 所示。

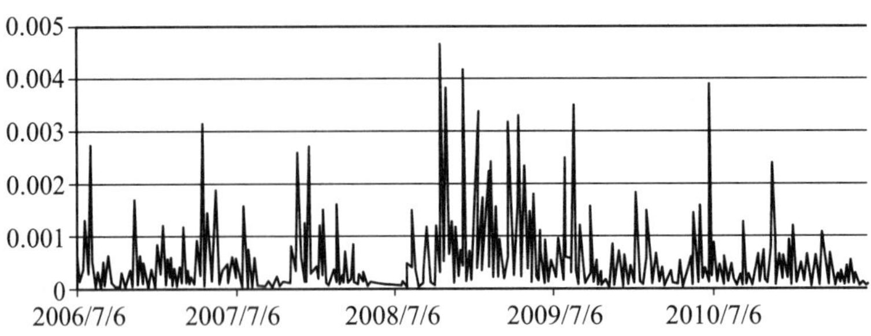


图 8－2　基于奇异指数标准差 $S_\alpha$ 的波动率序列

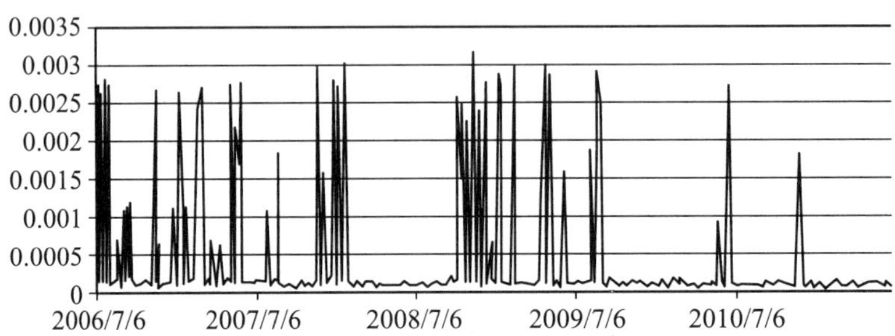


图 8－3　基于广义 Hurst 指数标准差 $\sigma_h$ 的波动率序列

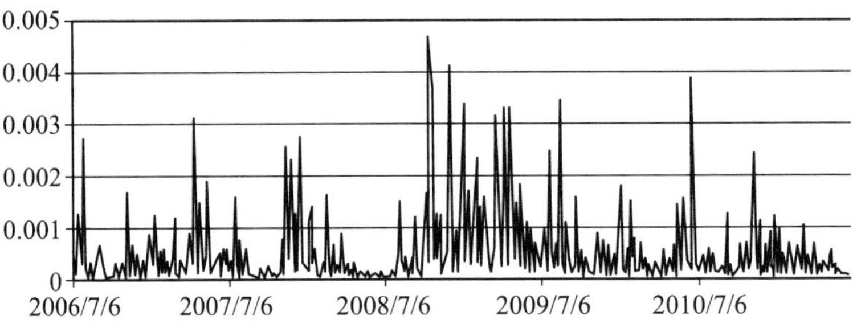


图 8－4　基于奇异指数极差的波动率序列

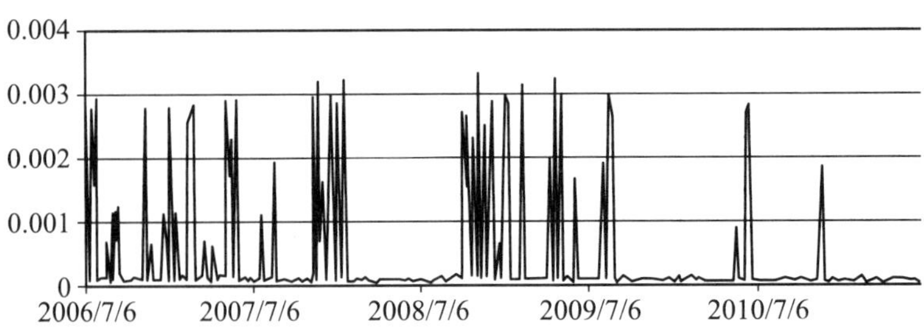


图 8－5　基于广义 Hurst 指数极差的波动率序列

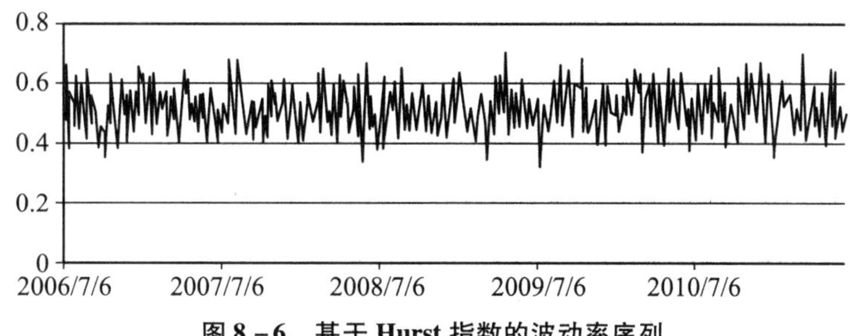

图 8-6 基于 Hurst 指数的波动率序列

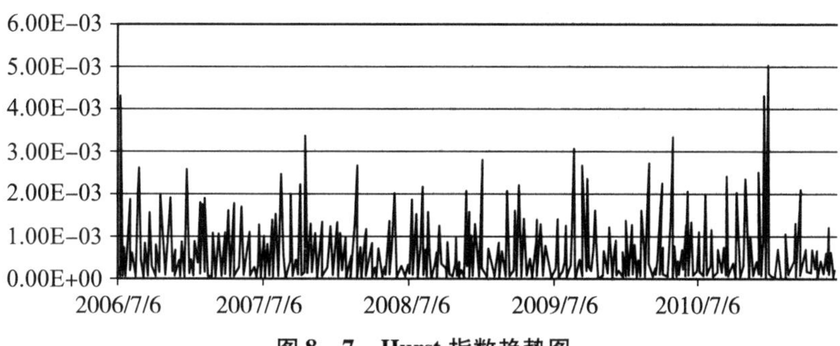

图 8-7 Hurst 指数趋势图

### 8.2.3 适用性分析

在上一小节构建基于分形特征参数的波动率的基础上，本节将对各波动率序列的统计特征进行全面的检验，包括基本统计特征、分布特征、ARCH 效应以及长期记忆性等特征，从而分析波动率的适用性，为下一节的风险测度建模提供经验证据。

1. 基本统计特征分析

对其中波动率序列进行基本统计特征分析，结果如表 8-1 所示。

表 8-1 基本统计特征

| | $M_{S_\alpha}V_t$ | $MH_{\Delta h}V_t$ | $M_{\Delta\alpha}V_t$ | $MH_\sigma V_t$ | $D_h$ | RV | H |
|---|---|---|---|---|---|---|---|
| 均值 | 0.000396 | 0.000396 | 0.000396 | 0.000396 | 0.000396 | 0.000395 | 0.5130 |
| 最大值 | 0.00467 | 0.003139 | 0.004671 | 0.0034 | 0.000545 | 0.00408 | 0.7065 |
| 最小值 | 8.9E-06 | 2.9E-05 | 8.8E-06 | 3.8E-05 | 0.00025 | 1.0E-08 | 0.31976 |
| 标准差 | 0.00056 | 0.000732 | 0.00056 | 0.00079 | 4.81E-05 | 0.00063 | 0.0623 |
| 偏度 | 3.4333 | 2.467389 | 3.42981 | 2.4792 | 0.141674 | 2.46525 | 0.1417 |

续表

|  | $M_{S_\alpha}V_t$ | $MH_{\Delta h}V_t$ | $M_{\Delta\alpha}V_t$ | $MH_\sigma V_t$ | $D_h$ | RV | H |
|---|---|---|---|---|---|---|---|
| 峰度 | 17.5135 | 7.665198 | 17.4934 | 7.7209 | 2.880255 | 9.51660 | 2.8803 |
| J－B 值（P 值） | 12 878.77（0） | 2 303.88（0） | 12 844.6（0） | 2 341.7（0） | 4.72731（0.094） | 3 336.01（0） | 4.7273（0.094） |
| 样本数 | 1 199 | 1 199 | 1 199 | 1 199 | 1 199 | 1 199 | 1 199 |

从表 8－1 基本统计特征分析来看，在七种波动率测度指标中，只有基于 Hurst 指数及其波动的波动率测度序列近似于正态分布，而其他五种波动率测度序列均呈现出尖峰厚尾有偏的分布特征，而 J－B 统计量的假设检验同样非常明确地拒绝了服从正态分布的原假设。

为此，对五种偏离正态分布的波动率进行取对数处理，并再次进行基本统计检验，如表 8－2 所示。

**表 8－2　处理的基本统计特征**

|  | $M_{S_\alpha}V_t$ | $MH_{\Delta h}V_t$ | $M_{\Delta\alpha}V_t$ | $MH_\sigma V_t$ | RV |
|---|---|---|---|---|---|
| 均值 | －8.475236 | －8.721266 | －8.474383 | －8.889077 | －9.410033 |
| 最大值 | －5.36651 | －5.763932 | －5.366411 | －5.697323 | －5.502478 |
| 最小值 | －11.6322 | －10.43127 | －11.633 | －10.16716 | －18.42068 |
| 标准差 | 1.13415 | 1.077367 | 1.133978 | 1.169739 | 2.398099 |
| 偏度 | 0.065476 | 1.733854 | 0.062049 | 1.754857 | －1.073543 |
| 峰度 | 2.823343 | 4.635133 | 2.823425 | 4.618243 | 4.305442 |
| J－B 值（P 值） | 2.415779（0.298827） | 734.3204（0） | 2.327（0.312391） | 746.2176（0） | 315.4449（0） |
| 样本数 | 1 199 | 1 199 | 1 199 | 1 199 | 1 199 |

从表 8－2 可以看到，对五种波动率序列进行去对数处理后，其偏度和峰度明显趋向于正态分布的偏度值 0 和峰度值 3，尽管 J－B 统计量依然拒绝了服从正态分布的原假设，但 J－B 统计量数值已较处理前序列的 J－B 数值大幅下降，可以在一定程度上认为接近正态分布。为此，对以上波动率序列做直方图和 QQ 图，进一步分析其正态性，其中除基于 Hurst 指数及其波动的两种波动率测度序列外，其余五种序列均采用进行对数处理的波动率序列。结果如图 8－8 至图 8－14 所示。

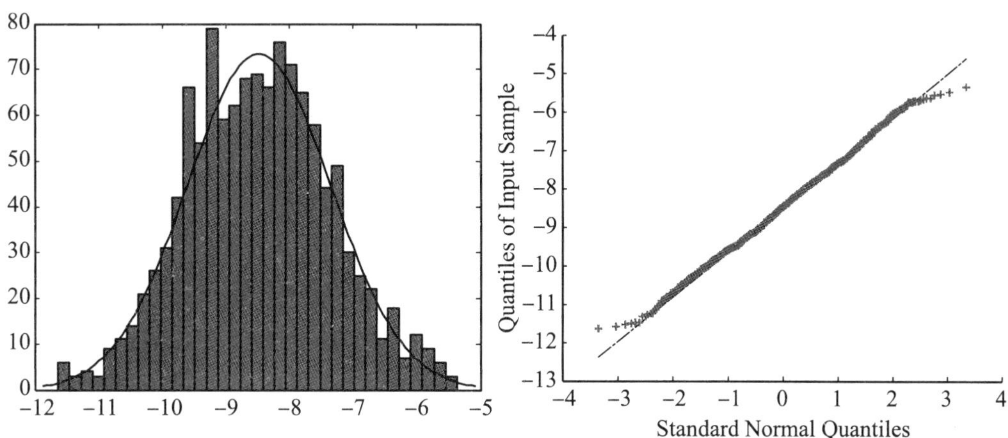


图 8-8 基于奇异指数标准差的对数波动率的直方图和 QQ 图

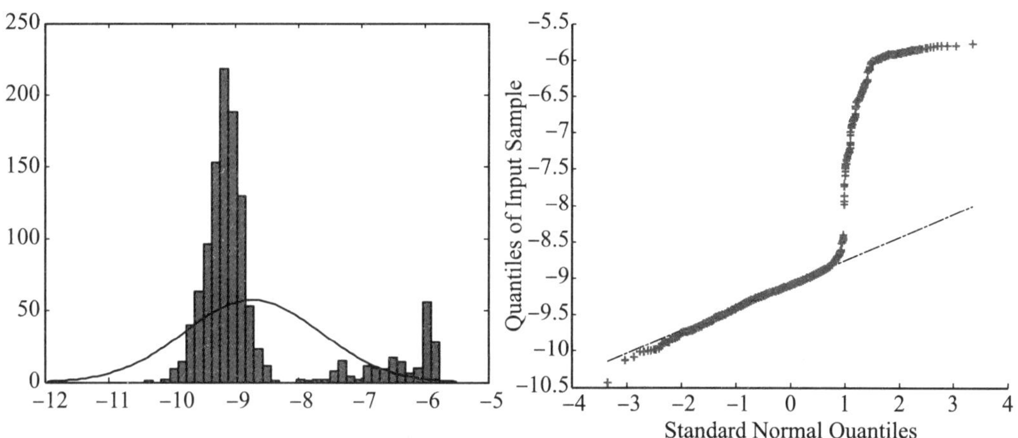


图 8-9 基于广义 Hurst 指数极差的对数波动率的直方图和 QQ 图

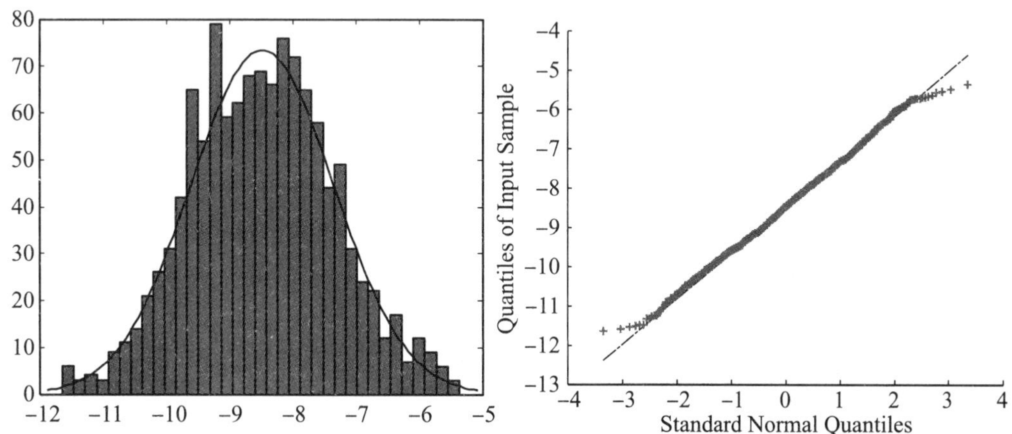


图 8-10 基于奇异指数极差的对数波动率的直方图和 QQ 图

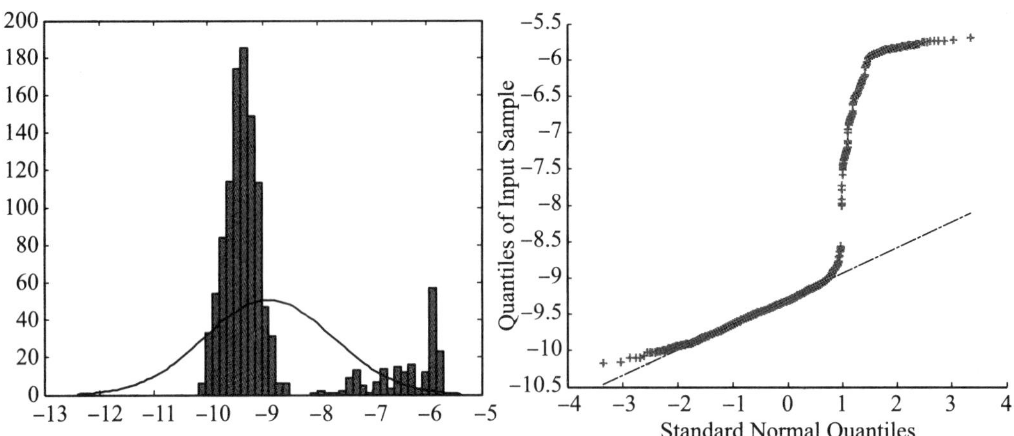


图 8 – 11　基于广义 **Hurst** 指数标准差的对数波动率的直方图和 **QQ** 图

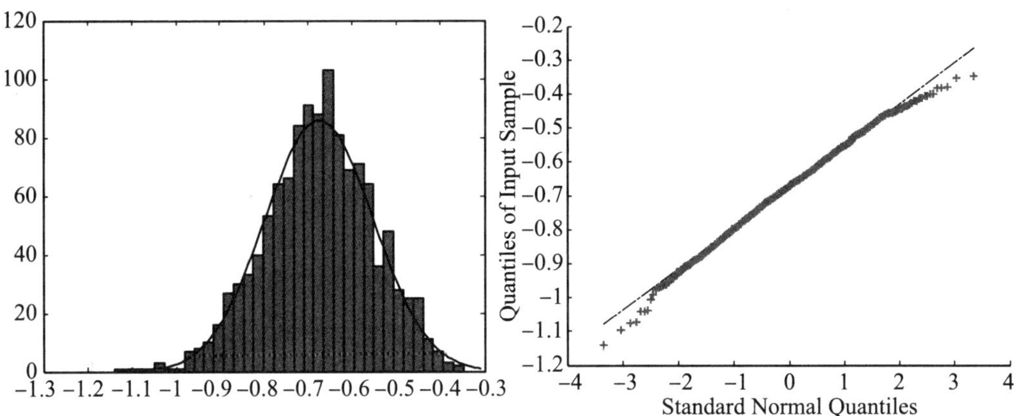


图 8 – 12　**Hurst** 指数序列的直方图和 **QQ** 图

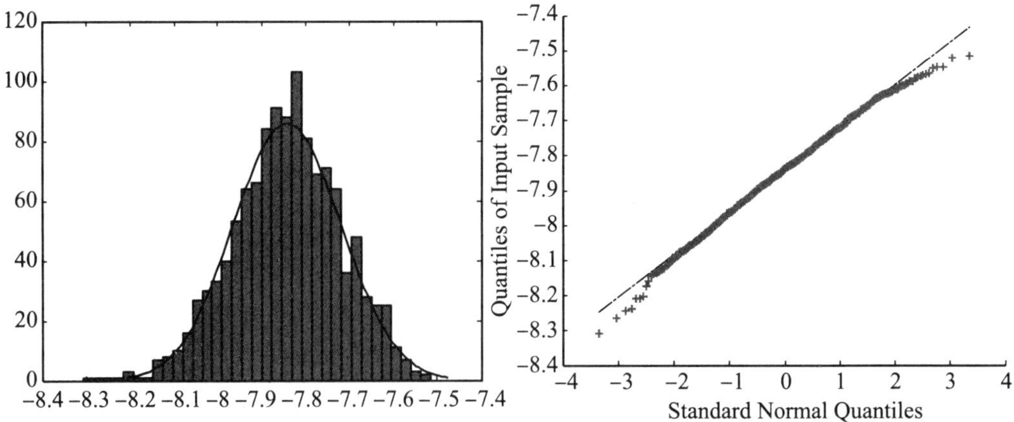


图 8 – 13　基于 **Hurst** 指数波动率的对数波动率的直方图和 **QQ** 图

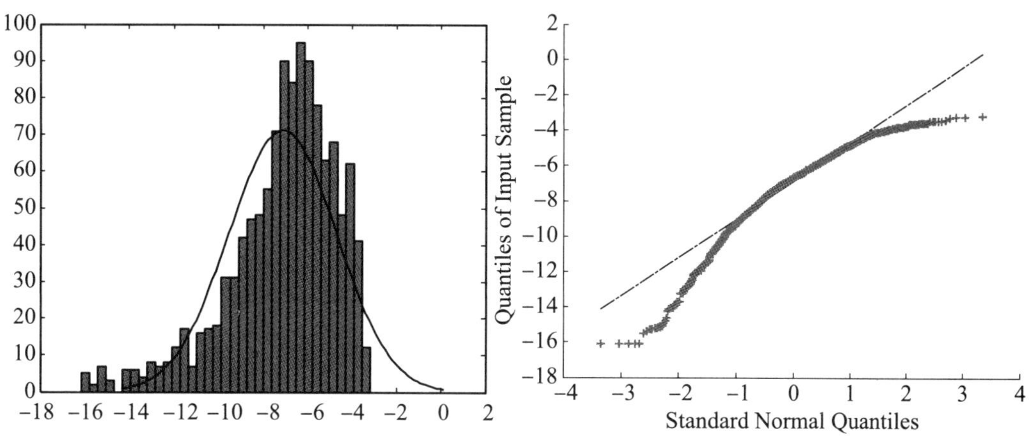


**图 8－14　已实现波动率的对数波动率的直方图和 QQ 图**

从图 8－14 至图 8－20 的各时间序列的直方图和 QQ 图来看，各序列均在一定程度上偏离正态分布，尤其是尖峰态势明显。而从 QQ 图也可以看出部分序列存在着明显的厚尾分布。但比较而言，基于奇异指数标准差、基于奇异指数极差、基于 Hurst 指数和基于 Hurst 指数波动率的序列相对于正态分布特征而言其偏离程度相对较小，其 VaR 估计值的有效性会相对较高。

## 2. 其他相关特征检验

从 8.2.2 节的七个波动率序列图可以看到，序列均存在着一定程度的波动聚集效应，表现为小幅度的波动后面跟随着小幅度的波动，而大幅度的波动后则跟随着大幅度的波动，较低的波动和较高的波动区间相互交替。为了进一步的确认各波动率序列存在的特征，本节对波动率序列存在的时变特征做进一步检验和分析，为将各波动率序列应用于 VaR 模型进行风险测度提供现实基础。由于各检验方法在前面有相关论述，在此仅列出检验结果，如表 8－3 所示。

**表 8－3　　部分时变特征检验结果**

| | $M_{S_\alpha}V_t$ | $MH_{\Delta h}V_t$ | $M_{\Delta\alpha}V_t$ | $MH_\sigma V_t$ | $D_h$ | $RV$ | H |
|---|---|---|---|---|---|---|---|
| 自相关 Q (20) (P 值) | 2 545.5 (0.00) | 2 096.8 (0.00) | 2 540.3 (0.00) | 2 036.7 (0.00) | 445.12 (0.00) | 291.08 (0.00) | 445.12 (0.00) |
| 平稳性 T 值 (P 值) | −5.6497 (0.00) | −15.4302 (0.00) | −5.6380 (0.00) | −15.6622 (0.00) | −17.3218 (0.00) | −7.5017 (0.00) | −17.3218 (0.00) |

续表

| | $M_{S_\alpha}V_t$ | $MH_{\Delta h}V_t$ | $M_{\Delta\alpha}V_t$ | $MH_\sigma V_t$ | $D_h$ | $RV$ | H |
|---|---|---|---|---|---|---|---|
| 长记忆特征 | 0.9393 | 0.811 | 0.9389 | 0.8032 | 0.5841 | 0.8202 | 0.5841 |
| ARCH（P值） | 379.4502（0.00） | 591.2651（0.00） | 378.4891（0.00） | 579.0589（0.00） | 324.1805（0.00） | 47.2618（5.0E－09） | 317.5096（0.00） |

注：表中Q（20）是Ljung－Box检验统计量，选取滞后阶数为20，即大约一个月的交易时间；长记忆特征的检验是采用R/S分析法得到Hurst指数值进行判断；平稳性检验采用Augmented Dickey－Fuller单位根检验值；ARCH效应采用lm2检测，其中取滞后阶数q＝5。

借助自相关系数和Ljung－Box提出的检验时间序列自相关性的$Q$统计量对各波动率序列的自相关性进行检验。从$Q(20)$统计量的结果来看，各波动率序列在接近一个月左右的交易期间内表现出显著性的自相关性。

采用R/S分析法计算的Hurst指数值表明，各波动率序列同样存在着长期记忆性特征，其中基于奇异指数标准差的波动率序列的长期记忆特征程度最强，Hurst指数值达到了0.9393。而基于Hurst指数的波动率序列的长期记忆特征程度相对较低，Hurst指数值仅为0.5841。

采用EViews进行Augmented Dickey－Fuller单位根检验，根据最小SIC准则确定序列的最优检验滞后阶数，结果表明各波动率序列在1%的显著性下拒绝了存在单位根的原假设，即各波动率序列均为平稳时间序列。因此，可以直接对波动率序列进行计量建模。

长记忆的存在意味着对波动率进行拟合建模时需要考虑序列中存在的长期记忆特征，为此本书采用ARFIMA模型对序列进行拟合，并对拟合残差进行ARCH效应检验。检验结果表明，各波动率序列同样存在着ARCH效应。

## 8.3　有色金属价格波动风险测度

### 8.3.1　VaR方法介绍

VaR（Value at Risk），即“处于风险中的价值”，是指测度某一置信水平下，资产或投资组合在未来某个时期内由于市场波动所导致出现的价值的最大损失量。目前，由于能够有效地帮助金融机构或者市场投资者相对准确地对金融市场的风险进行事前监控和事后评估，VaR 方法逐渐被广泛地应用于金融市场的风险管理中。

一般而言，VaR 表示为资产价值或投资组合的损益分布的 $\alpha$ 分位数，其表示如下：

$$Prob(\Delta P > VaR) = 1 - \alpha$$

其中，Prob 为事件发生的概率，$\Delta P$ 为金融资产在持有期内的损失，$1-\alpha$ 为给定的置信水平；$VaR$ 为在给定置信水平 $1-\alpha$ 下的风险价值，即可能的损失上限。其中，$VaR$ 及损失均取正值。

对于一项金融资产或资产组合，根据 $VaR$ 的定义，也可以写出它的一般化表达式，即在正常市场条件下给定一定置信水平下资产或资产组合的预期价值与最低价值之差，即：

$$VaR = W_0(E[r] - r_a),$$

其中 $W_0$ 为资产或组合的初始价值，$E[r]$ 为预期收益，$r_a$ 为置信水平 $1-\alpha$ 下的最低收益率。当收益率的分布可知时，那么 $VaR$ 的计算将变得容易，可以用 $Prob(\Delta P > VaR) = 1 - \alpha$ 直接求得 $VaR$。比如收益率 $r_t \sim N(\mu, \sigma^2 \Delta t)$，那么通过计算标准正态分布的上分位点 $Z_a$ 即可，并根据 $-Z_a = \frac{r_{a-\mu}}{\sigma\sqrt{\Delta t}}$ 求出相应于置信水平 $1-\alpha$ 下的 $r_a$，即：$r_a = -Z_a\sigma\sqrt{\Delta t} + \mu\Delta t$，从而可以得到：

$$VaR = W_0(E[r] - r_a) = W_0 Z_a \sigma \sqrt{\Delta t}$$

从上述定义可以看到，当置信水平、持有期和观察期被选定后，即可通过计算金融资产或投资组合的标准差 $\sigma$ 后求出 $VaR$ 值。

### 8.3.2 VaR 的有效性检验

考虑到当前存在着多种不同的风险管理模型，而在面对不同的投资组合或市场环境时，各模型均存在着一定的优劣，其风险测度能力在不同环境中同样会有所不同。因此，为了对某一风险测度模型对风险的度量是否准确进行判断，理论界和实务界开始采取不同的方法对风险管理模型的有效性进行检验，确认风险测度模型是否存在系统性误差。目前，对风险管理模型的有效性进行检验的一个常用方法即记录失败率，即记录给定的样本中 $VaR$ 失效的次数比例。一般来说，对有效性的检验主要包括正态性检验和准确性检验两个方面。

#### 1. 正态性检验

$VaR$ 方法的核心在于对资产或投资组合价值变化的概率分布进行估计，其概率分布假设所依据的前提是：具有稳定的概率分布并且是可以估计的。为方便计算，通常会假设市场收益率的变化在短时间内服从正态分布，因此检验实际损益分布的正态性是评价 *VaR* 模型有效性的重要方法。目前常用的正态性检验方法即峰度、偏度检验以及 KS 检验。

## 2. 准确性检验

准确性检验是指 *VaR* 模型的测量结果对实际损失的覆盖程度，目前常用的检验方法是回测（Backtesting）检验。在此，本书主要使用 Kupiec（1995）提出的检验 *VaR* 失败率（Failure Rate）的似然比（Likehood Ratio，LR）检验法。该方法通过对 *VaR* 的失败率是否与预期（即指定的分位数）一致进行检验，从而对 *VaR* 模型的准确性进行评估。举例来说，假如通过计算得到 1 000 个在 5% 分位数水平上的 *VaR* 值，那么在这段时间里，对于实际收益率超过所计算的 LR 的次数的预期应该大约是 1 000 * 5% = 50 次左右。当实际收益率超过 *VaR* 的次数远大于或者远小于 50 次，都将说明计算 *VaR* 的波动率模型是不准确的。从金融实践的角度讲，如果失败率远大于 50 次，则运用该波动模型估计 *VaR* 将会使得金融机构遭受更多次超预期的损失冲击；如果失败率远小于 50 次，则基于该波动模型的风险管理活动就会因为过高计提损失准备而导致资源的极大浪费。

在此简单介绍本书采用的后验测试法：似然比（LR）检验法。

为了对 *VaR* 模型进行 LR 检验，首先需要定义碰撞序列（Hitsequence）$\mathrm{Hit_t}$（假定分位数水平 $q$ 已经给定）：

$$Hit_t = \begin{cases} 1, & if\ r_t < -VaR_t \\ 0, & if\ r_t \geq -VaR_t \end{cases}$$

其中，当 t 时刻的实际损失超出所预期的 t 时刻的 *VaR* 时，则该序列 $t$ 时刻的取值为 1，否则为 0。

若所构建的 *VaR* 波动模型在 $q$ 分位数水平下足够准确的话，则碰撞序列服从概率为 $q$ 的贝努利分布，即有如下零假设：

$$H_0: Hit_t \sim Bernoulli(q)$$

由概率论可知，可构建服从 Bernoulli 分布的似然函数 $L(q)$：

$$L(q) = \prod_{t=1}^{T} (1-q)^{1-Hit_t} q^{Hit_t} = (1-q)^{T_0} q^{T_1}$$

其中 T 表示碰撞序列总长度，$T_0$ 表示序列中取值为 0 的发生个数总和，$T_1$ 为序列中取值为 1 的发生个数总和。Kupiec 在 1995 年的研究表明，若零假设正确，则似然函数比（LR）满足：

$$LR = -2In\left\{\frac{(1-q^{T_0})\ q^{T_1}}{[(1-T_1/T)^{T_0}(T_1/T)^{T_1}]}\right\} \sim \chi_1^2$$

则在分位数水平 $q$ 上，如果计算得到的 LR 检验值大于该水平上自由度为 1 的 $\chi^2$ 分布的临界值，那么拒绝原假设 $H_0$；反之，则接受原假设，即所采用的风险测度模型的准确性是可接受的。

为了对不同模型的 *VaR* 测度精度进行比较，本书主要采用对比相应 Kupiec LR 检验的显著性 p 值（p-value）作为定量判断标准，以此决定是否拒绝或接受原假设 $H_0$。当某一测度模型的 *VaR* 的 Kupiec LR 检验的 p 值越大，则表示接受原假设 $H_0$，即该测度模型的 *VaR* 精度越高。

### 8.3.3 有色金属市场风险实证分析

8.2 节中对于基于分形特征参数的波动率序列存在的相关特征进行了全面检验和分析，可以看出：

①除基于 Hurst 指数的波动序列外，基于广义 Hurst 指数、基于奇异指数和基于已实现波动率的波动序列均存在着明显的尖峰胖尾有偏的统计特征，但进行对数处理后其分布接近于正态分布。

②各波动序列均为平稳时间序列，适合进行下一步的时间序列建模；但各序列存在着显著的自相关性、长记忆特征和 ARCH 效应。

综合以上各种典型统计特征，我们认为对于以上波动率序列特征的刻画，除基于 Hurst 指数的波动率序列外，其余序列对其对数值序列进行建模将会更为有效。为此，从波动率序列所表现出的近似正态、长期记忆、波动聚集以及 ARCH 效应等特征出发，本书将对均值方程采用自回归分整移动平均（Autoregressive Moving Fractionally Integrated Moving Average，ARFIMA）模型进行拟合，而对于条件方差方程，采用基于学生 T 分布的 GARCH 模型进行分析。综上，本节将采用基于学生 T 分布的 ARFIMA - GARCH - t 模型对 8. 2. 2 节采用 5 分钟数据估计得到的基于分形特征的波动率进行建模得到条件波动率，然后运用 *VaR* 计算公式从而估计出样本期间内的每日 *VaR* 值，并采用失败率似然比检验法对模型的有效性进行检验。同时，为了确保研究结论的稳健性，我们计算了沪铜在 5 种不同分位数水平下（10%、5%、1%，0.5%，0.25%）的 *VaR* 值，并对 *VaR* 的有效性进行检验。图 8 - 14 至图 8 - 20 为采用多重分形特征参数的波动率在 1% 分位数水平下测度 *VaR* 的部分估计结果。表 8 - 1 为不同分位数水平下的采用失败率似然比检验法的回测检验结果。

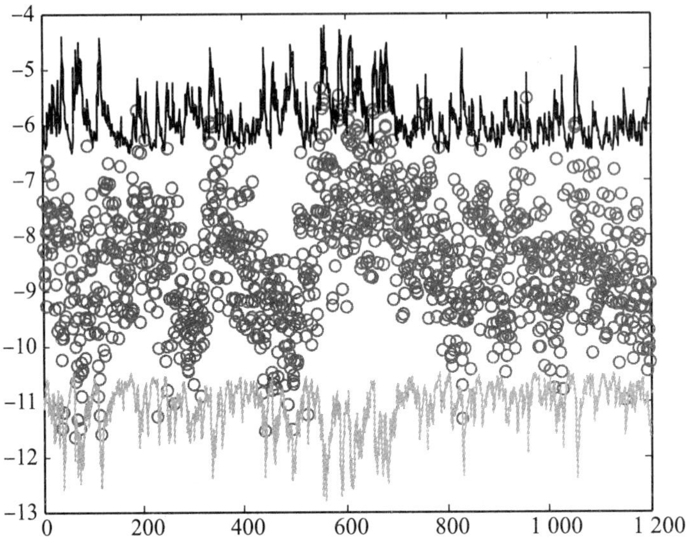


图 8-15　基于奇异指数标准差波动率的 *VaR* 估计结果（1%分位数）

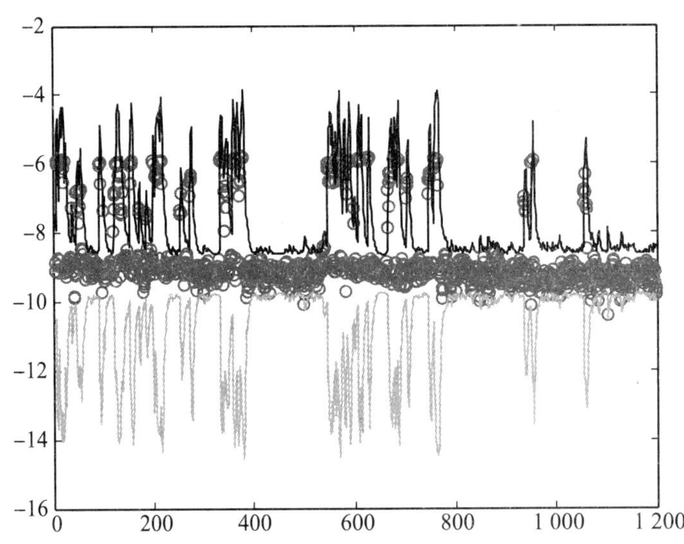


图 8-16　基于广义 Hurst 指数极差波动率的 *VaR* 估计结果（5%分位数）

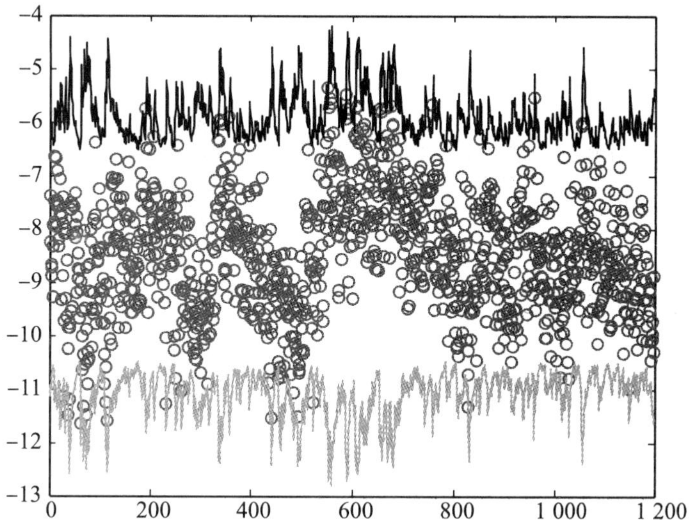


图 8-17 基于奇异指数极差波动率的 *VaR* 估计结果（1%分位数）

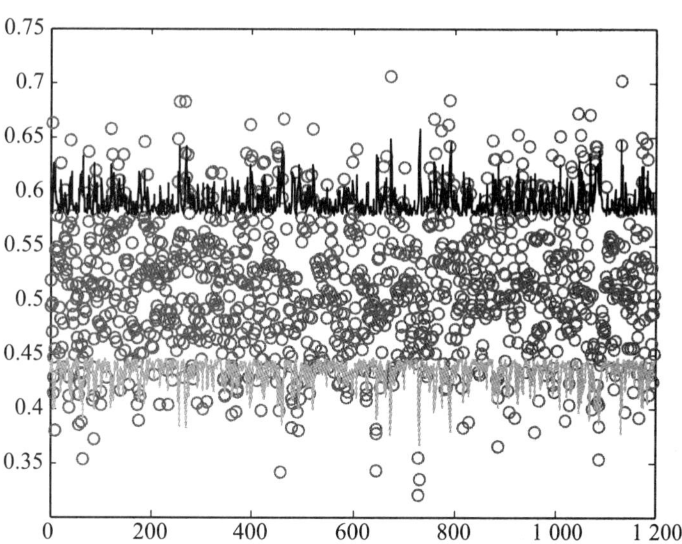


图 8-18 基于广义 Hurst 指数标准差的 *VaR* 估计结果（5%分位数）

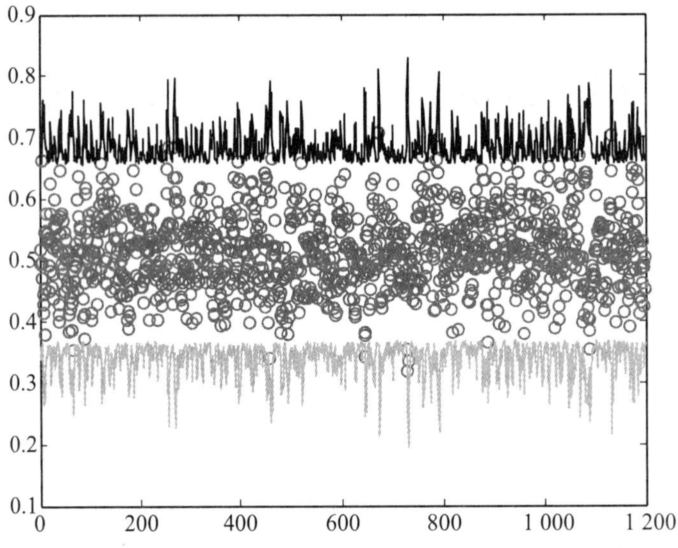


图 8 - 19　基于 Hurst 指数的 *VaR* 估计结果（0. 25%分位数）

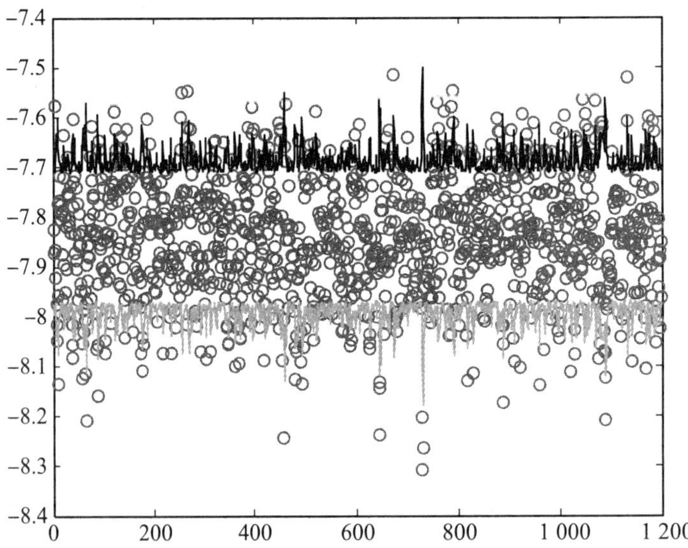


图 8 - 20　基于 Hurst 指数波动率的 *VaR* 估计结果（10%分位数）

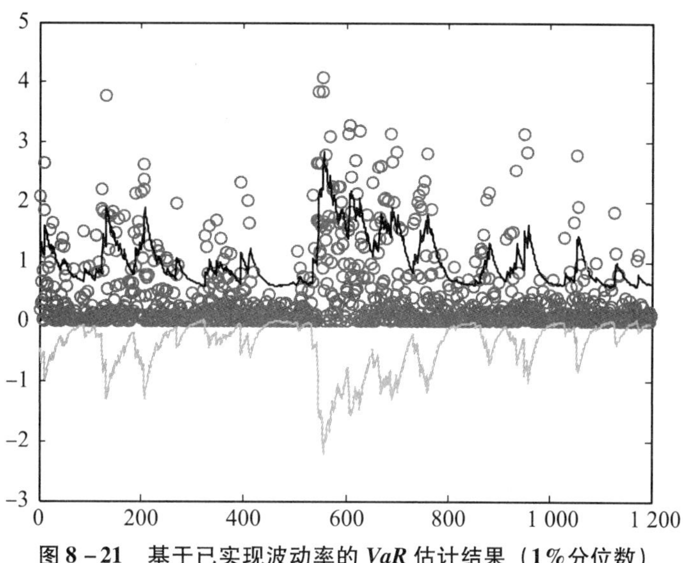


图 8－21　基于已实现波动率的 *VaR* 估计结果（1%分位数）

表 8－4　　　不同分位数水平下失败率似然比检验结果

| | SHORT POSITION | | | | LONG POSITION | | |
|---|---|---|---|---|---|---|---|
| | alpha | Suc-rate | LR value | Kupiec-p | Suc-rate | LR value | Kupiec-p |
| 奇异指数标准差 | 0.9000 | 0.8957 | 0.2381 | 6.2561e－001 | 0.9033 | 0.1423 | 7.0597e－001 |
| | 0.9500 | 0.9466 | 0.2821 | 5.9535e－001 | 0.9558 | 0.8811 | 3.4790e－001 |
| | 0.9900 | 0.9900 | 0.0000 | 9.9768e－001 | 0.9933 | 1.5193 | 2.1773e－001 |
| | 0.9950 | 0.9942 | 0.1606 | 6.8858e－001 | 0.9975 | 1.8436 | 1.7453e－001 |
| | 0.9975 | 0.9983 | 0.3773 | 5.3905e－001 | 0.9975 | 0.0000 | 9.9885e－001 |
| 广义 Hurst 指数极差 | 0.9000 | 0.9049 | 0.3274 | 5.6719e－001 | 0.9800 | 122.8678 | 0.0000e＋000 |
| | 0.9500 | 0.9516 | 0.0675 | 7.9507e－001 | 0.9942 | 78.2578 | 0.0000e＋000 |
| | 0.9900 | 0.9775 | 14.0059 | 1.8224e－004 | 0.9992 | 17.1133 | 3.5215e－005 |
| | 0.9950 | 0.9783 | 36.6202 | 1.4353e－009 | 0.9992 | 6.4290 | 1.1227e－002 |
| | 0.9975 | 0.9791 | 62.4571 | 2.7756e－015 | 0.9992 | 1.8028 | 1.7938e－001 |
| 奇异指数极差 | 0.9000 | 0.8957 | 0.2381 | 6.2561e－001 | 0.9024 | 0.0785 | 7.7934e－001 |
| | 0.9500 | 0.9466 | 0.2821 | 5.9535e－001 | 0.9558 | 0.8811 | 3.4790e－001 |
| | 0.9900 | 0.9900 | 0.0000 | 9.9768e－001 | 0.9933 | 1.5193 | 2.1773e－001 |
| | 0.9950 | 0.9942 | 0.1606 | 6.8858e－001 | 0.9975 | 1.8436 | 1.7453e－001 |
| | 0.9975 | 0.9983 | 0.3773 | 5.3905e－001 | 0.9975 | 0.0000 | 9.9885e－001 |

续表

| | SHORT POSITION | | | | LONG POSITION | | |
|---|---|---|---|---|---|---|---|
| | alpha | Suc-rate | LR value | Kupiec-p | Suc-rate | LR value | Kupiec-p |
| 广义 Hurst 指数标准差 | 0.9000 | 0.9008 | 0.0075 | 9.3088e-001 | 0.9867 | 153.0472 | 0.0000e+000 |
| | 0.9500 | 0.9500 | 0.0000 | 9.9471e-001 | 0.9967 | 92.9466 | 0.0000e+000 |
| | 0.9900 | 0.9775 | 14.0059 | 1.8224e-004 | 1.0000 | NaN | NaN |
| | 0.9950 | 0.9791 | 33.6919 | 6.4570e-009 | 1.0000 | NaN | NaN |
| | 0.9975 | 0.9791 | 62.4571 | 2.7756e-015 | 1.0000 | NaN | NaN |
| Hurst 指数 | 0.9000 | 0.8924 | 0.7508 | 3.8623e-001 | 0.8974 | 0.0884 | 7.6624e-001 |
| | 0.9500 | 0.9416 | 1.6867 | 1.9403e-001 | 0.9600 | 2.6832 | 1.0141e-001 |
| | 0.9900 | 0.9900 | 0.0000 | 9.9768e-001 | 0.9958 | 5.2747 | 2.1637e-002 |
| | 0.9950 | 0.9942 | 0.1606 | 6.8858e-001 | 0.9992 | 6.4290 | 1.1227e-002 |
| | 0.9975 | 0.9975 | 0.0000 | 9.9885e-001 | 0.9992 | 1.8028 | 1.7938e-001 |
| Hurst 指数波动率 | 0.9000 | 0.8924 | 0.7508 | 3.8623e-001 | 0.8974 | 0.0884 | 7.6624e-001 |
| | 0.9500 | 0.9533 | 0.2799 | 5.9680e-001 | 0.9483 | 0.0730 | 7.8701e-001 |
| | 0.9900 | 0.9950 | 3.7024 | 5.4334e-002 | 0.9908 | 0.0849 | 7.7074e-001 |
| | 0.9950 | 0.9983 | 3.6122 | 5.7356e-002 | 0.9950 | 0.0000 | 9.9837e-001 |
| | 0.9975 | 1.0000 | NaN | NaN | 0.9975 | 0.0000 | 9.9885e-001 |
| 已实现波动率 | 0.9000 | 0.9048 | 0.3166 | 5.7366e-001 | 0.8923 | 0.7678 | 3.8089e-001 |
| | 0.9500 | 0.9558 | 0.8690 | 3.5124e-001 | 0.9349 | 5.2784 | 2.1591e-002 |
| | 0.9900 | 0.9933 | 1.5126 | 2.1874e-001 | 0.9816 | 6.7883 | 9.1759e-003 |
| | 0.9950 | 0.9975 | 1.8386 | 1.7511e-001 | 0.9866 | 11.5042 | 6.9439e-004 |
| | 0.9975 | 0.9992 | 1.7994 | 1.7978e-001 | 0.9900 | 15.3691 | 8.8421e-005 |

注：下划线表示该模型对于风险的测度能力优于基于已实现波动率的风险测度模型。

表 8-4 中统计量 *LR* 服从自由度为 1 的 $\chi^2$ 分布，其 90%、95% 和 99% 的置信区间临界值分别为 2.71、3.84 和 5.02，以 95% 置信区间为例，如果 $LR>3.84$，就拒绝零假设，也就是估计的 *VaR* 模型是不充分的。而 Kupiec-p 为失败似然比检验的显著性，当 P 值接近 0 时，表示拒绝零假设，*VaR* 模型是不充分的。而 P 值越大，表明由该波动模型计算的 *VaR* 值准确度越高。

从表 8-4 的 *VaR* 回测检验结果可以发现：总体而言，基于分形特征参数波动率的六种风险测度模型均表现出了一定程度的市场风险测度能力。

在 90% 和 95% 的低中分位数下，对于多头 *VaR*，除了基于 Hurst 指数的风险测度模型外，其余五种基于分形特征参数波动率的风险测度模型的有效性均优于基于已实现波动率的风险测度模型。其中，基于广义 Hurst 指数标准差的波动测度模型在低中分位数下的 Kupiec-p 值分别为 0.93088 和 0.99471，是七种风险测度模型中最大的，说明在多头情况下，基于广义 Hurst 指数标准差波动率的风险测度模型的有效性和正确性是最高的。而对于空头 *VaR*，基于广义 Hurst 指数标准差的风险测度模型则没有表现出很好的风险测度能力，而其他几种风险测度模型显示出了相似的风险测度能力，且基本都优于基于已实现波动率的风险测度模型。

在 99%、99.50% 和 99.75% 的高分位数下，对于多头 *VaR*，基于广义 Hurst 指数极差和标准差的风险测度模型以及基于 Hurst 指数波动率的风险测度模型均没有展现出较好的风险测度能力，但基于 Hurst 指数的风险测度模型则展现出了相对优秀的测度能力。而对于空头 *VaR*，基于广义 Hurst 指数极差和标准差的风险测度模型同样没有展示出较好的风险测度能力，但基于 Hurst 指数波动率的风险测度模型的 Kupiec-p 值在三种高分位数下却达到了 0.77074、0.99837 和 0.9885，远高于基于已实现波动率的风险测度模型，说明其对于空头下的大幅度波动具有更加有益的刻画能力。

从以上分析可以看到，尽管基于奇异指数标准差和极差的风险测度模型没有在五种分位数下都拥有最好的风险测度能力，但均表现出了优于已实现波动率的风险测度能力，并没有因为分位数不同而出现测度能力的大幅下降，因此，可以认为基于奇异指数的风险测度模型具有相对稳定的风险测度能力。而对于基于 Hurst 指数的风险测度模型，尽管在中低程度的分位数下没有展示出较好的风险测度能力，但其在高分位下的出色的风险测度能力对我们增强对市场极端风险的刻画具有重要的现实意义。

## 8.4 本章小结

对金属价格波动的特征进行识别和分析，其最终的目的正是为了通过对特征的分析从而识别和测度价格行为中的市场风险，并进而实现风险管理的目的。本章正是以前述各章的实证结果为依据，以分形理论为基础，将各种不同的分形特征参数引入对金属市场风险的识别和测度中，从而实现有效控制风险损失的目的。因此，本章将基于多重分形特征参数的波动率测度指标应用于 *VaR* 模型，并对不同分位数下的市场风险进行测度，同时与基于已实现波动率的 *VaR* 模型的风险测度结果进行比较。实证结果表明，多重分形的特征参数能够较好的识别金属收益序列中的行为信息和规律，在某些分位数下，基于多重分形特征参数的 *VaR* 模型具有优异的风险识别和测度能力，将多重分形特征参数引入对金属市场风险管理中具有一定的可行性和有效性。

# 9

# 金融化背景下应对有色金属价格波动风险的对策建议

有色金属价格近 10 年来波动十分频繁，且价格波动的驱动因素十分活跃，如基本供需关系的复杂性、宏观金融因素的多样性、新兴经济体的需求增长、替代资源的开发使用、突发事件的不定期影响等。目前，作为世界上最大的新兴经济体，我国已经从 2000 年开始成为世界有色金属生产和消费大国。实证结果显示，我国主要有色金属品种价格仍然在很大程度上受到国际市场价格的影响，且金属资源价格在未来仍存在着极大的不确定性，铜、铝等重要的工业金属资源关系到国家的工业发展甚至国计民生，因而其价格波动，特别是暴涨暴跌的异常波动会对国民经济造成严重影响。与此同时，我国需求量较大的基本金属品种进口量持续增加，对外依存度居高不下，国际金属价格的剧烈波动甚至会在一定程度上引发中国的资源安全问题。因此，在有色金属金融化程度不断加深这一背景和趋势下，必须通过实施有效的对策，进一步推动我国有色金属期货市场健康稳定的发展。

在金属商品金融化趋势的现实背景下，本书的实证研究结果表明，货币政策、证券市场、投机因素等金融因素对金属价格波动的影响作用非常显著。金融因素严重影响了近十年来的国际金属价格波动态势，而国际金属价格的剧烈波动严重威胁了我国甚至全球工业经济的稳定发展，因此，我国以及世界各国亟须采取有效措施应对金融因素对金属价格波动的冲击。无论是政策制定者还是市场参与主体，都必须密切关注国内外主要经济体宏观经济走势及调控政策的变动，以及世界经济复苏进程所引起的有色金属需求的变化，重点关注由需求引起的商品属性和由美元、流动性及投机引起的金融属性之间的博弈，根据宏观经济金融形势适时调整管理与经营策略。

## 9.1 有色金属价格波动的现实分析

从2001年至今，随着我国经济和工业化进程的快速发展，有色金属产业同样经历了快速发展的十年。十年间，有色金属从最初的产业发展相对滞涨，进入了产业繁荣快速发展的阶段。具体而言，从2001年至今，可以分为五个阶段具体分析有色金属产业近十年的发展进程。

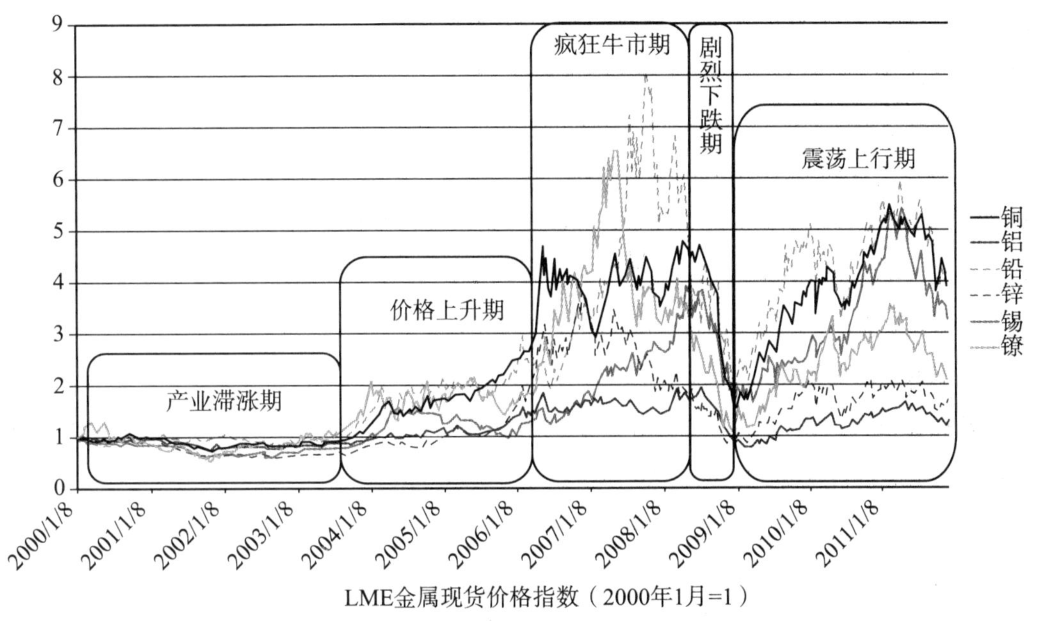


**图9－1 有色金属2001～2011年价格趋势图**

阶段一：2000～2003年8月，世界有色金属产业处于滞胀期，如图9－1所示。20世纪末信息技术和互联网的繁荣使得更多的投资者将资金投入互联网、通信以及服务业中。随后1997年的亚洲金融危机，使得世界矿业领域的投资持续走低。这段时期成了全球有色金属产业的萧条时期。回溯21世纪初，在2000年前后矿业的低回报率使得矿业企业不愿意增加投入来扩大生产。2001年，全球矿业企业总价值已经降到大约3 000亿美元，仅相当于全球资本市场的1%和微软价值的2/3。然而，2002年，当其他国家还遭受着亚洲金融危机和互联网泡沫崩溃的余波时，中国的工业化和城镇化进程开始快速发展，对于金属等原材料的需求迅速增加，供给不足的问题逐渐出现。同年，关于商品价格会增长的言论开始出现："多年的减少投资意味着核心商品的供给能力比正常的情况要紧张。相应的，商品价格很可能会出现快速增长”（Strongin，2002）。

阶段二：2003 年 8 月至 2006 年 3 月，有色金属价格小幅上涨。此阶段有色金属价格的上涨更多的是由于基本面推动的，即金属的供需冲击推动。从 2004 年开始，有色金属等商品价格的持续上涨已经吸引了众多投资者关注。尽管部分投资者对于商品市场的投资依然处于谨慎的状态，但矿业领域的生产者已经意识到生产供给不足，大量资金开始进入生产、技术、设备领域。有色金属市场开始出现了繁荣的趋势。2005 年开始，尽管世界经济整体发展速度减缓，但新兴经济体，尤其是中国的持续快速发展使得对金属繁荣发展持怀疑态度的诸多分析师、投资者开始重新估计这个产业的发展前景。

阶段三：2006 年 3 月至 2008 年 7 月，价格处于疯狂的牛市。铜价在 2006 年 5 月升至最高点的 85 500 元/吨。这次上涨一方面是 2005 年世界有色金属供给的紧张形势和以中国为首的新兴经济体对金属需求的快速增长所推动，但同时商品指数基金以及投机行为的大量资金进入是推动金属价格大涨的另一个主要原因，价格的大幅上涨行为和商品指数基金以及各种投机行为的投资增长是一致的。以商品指数基金为例，其数额从 2003 年底的 280 亿美元增加到 2004 年的 550 亿美元，并且在 2005 年底达到了 800 亿美元。2007 年底，大概有 500 亿美元投资资金与有色金属产业有关，其中 140 亿美元是商品指数基金，180 亿美元是对冲基金，其他 180 亿美元是商品投资顾问和银行。尽管投机力量到底是使市场更有效还是形成了泡沫是个需要进一步研究的问题。但是指数基金以及各种投机行为在一定程度上增加了金属价格波动性，致使从 2006～2008 年的金属价格行为呈现出了大幅波动主导金属价格行为的局面。

阶段四：在 2008 年下半年，由于次贷危机引发的全球金融危机最终还是引起了金属价格的剧烈下跌。从 2008 年 7 月开始，有色金属急剧跳水，以沪铜为例，从 2008 年 7 月历史高点 63 422 元/吨降至 12 月的 22 349 元/吨，五个月内有色金属价格缩水近 2/3，同期有色金属股票也大幅下降。具体有以下三个原因：①投资者及分析师已经开始认为高企的金属价格大大超过了自身价值的支撑。金属价格是否存在泡沫或者存在价格操纵行为依然存在争论，但价值回归的理性需求最终使得金属价格下跌成为必然（Lex，2008）；②新兴经济体，尤其是中国也不能避免世界金融危机的影响，在一定程度上降低了对金属需求的支撑；③美国及欧洲金融体系泡沫破裂，世界资本市场快速崩溃，使得指数基金以及各种投机资金大量逃离，从而加剧价格下跌。2008 年上半年，商品指数基金投资达到了 2 000 亿美元。而在 2008 年下半年，价格跳水及资金逃离，使得指数基金投资额减少一半，加剧了金属价格的下跌行为。

阶段五：2009 年至今，有色金属价格持续震荡上行。2009 年至今，随着金融危机影响的逐渐减弱，全球经济逐步回升，尤其是我国国内显著增加的巨大的金属需求，再次成为拉动全球有色金属价格上升的最重要力量。以此为基础，货币超发带来巨大流动性、美元的持续贬值、通胀预期的不断上升、商品指数基金以及各种投机力量的参与、人力等生产资料成本上升等各方面因素共同作用，给金属价格上涨创造了强大的动力；而另一方面，巨大的价格涨幅使得价格在一定程度上脱离了实体经济需求的支撑，自身价值的理性回归以及政策制定者的各种调控政策又使得价格会出现一定程度的下跌。因此，2009 年以来金属价格波动行为更为复杂和剧烈。

总之，回顾十年的沪铜价格走势，经济繁荣的长度和力度是金属繁荣最明显的推动力，而需求冲击总是引子，正如 Radetzki（2008）在对第二次大战后三次商品繁荣的研究中所强调的。2002 ~ 2007 年，全球经济平均增长率为 4.7%，是 1970 年以来最强和持续最长的一段时间，而这也是全球金属繁荣的一个主要时期。然而，当前有色金属价格已经更加复杂，其在不同阶段处于不同的状态已不仅仅取决于需求的支撑。美元的贬值、通胀预期、市场流动性、金属的金融化进程、各种投机行为以及国家政策等种种因素相互作用，都将促使有色金属价格行为呈现出更为复杂和剧烈的波动状态。因此，从整体把握价格波动状态，寻求不同阶段下价格行为的内在主导推动力，时刻关注价格波动的内在状态将会有效地预测预警有色金属的价格波动行为，从而提出我国有色金属产业的应对策略。

## 9.2 规避价格风险的对策和建议

### 9.2.1 推动我国有色金属期货市场的全球化发展

从现有研究和本书的实证结果来看，期货市场的价格发现功能仍然是有色金属现货市场定价的参考基准，一直以来期货市场价格对于现货市场价格具有良好的价格引导作用。其中，伦敦金属交易所在有色金属国际市场的龙头地位不可动摇，LME 金属价格主导了有色金属国际市场价格，并引导着我国有色金属价格的走势。为此，规避有色金属价格波动风险仍然要从期货市场入手，通过发展和完善我国期货市场，推动我国期货市场全球化发展，力求成为有色金属商品国际定价中心，是应对波动风险的有效对策。从现有市场参与度来看，目前受制于国内政策限制，我国大量的有色金属生产和投资者，更多的是在我国上海金属交易所参与期货市场交易。而在交易量更大、影响力更强的伦敦金属交易所，国内参与者数量稀少。这使得在国际金属交易中，并不能够真实地反映我国对有色金属的需求和供给，形成的市场价格并没有充分反映出国内消费者对于有色金属未来的价格预期信息。为此，必须通过推动我国期货市场的全球化发展，例如，可以借助“沪港通”的建设，推进交易的全球化参与，将我国自身在实体经济中的巨大的影响力充分地反映到国际期货市场中，这将在很大程度上减少国外期货市场的信息溢出，有助于降低我国政府部门和有色金属相关企业的决策风险。

期货市场的全球化发展必将促使我国逐渐成为具有国际影响力的有色金属国际定价中心。作为21世纪经济发展潜力最大的国家，中国将有望成为众多商品的国际交易中心，特别作为大宗商品的重要类别，中国金属类商品的期货价格也将对国际贸易价格产生更加深刻的影响。一方面，在期货市场的发展和完善的过程中，我国企业的风险控制能力和风险管理能力也能够得到进一步提高，企业在现货和期货市场上的投机行为将会不断减少。另一方面，期货市场的发展将能够有效调节有色金属产品的生产和流通，促进有色金属贸易、交通运输以及金融产业的发展，为我国有色金属企业在国际贸易交易中创造良好的外部环境。

### 9.2.2 防范有色金属价格波动的金融影响因素风险

1. 有序推进人民币国际化

目前，国际市场交易的有色金属商品是用美元计价的，而从本文的研究结论来看，由于美元本位制的存在，美元汇率在对金属价格的影响中依然具有特殊的地位。虽然投机行为在一段时间内可以有效解释有色金属价格的波动行为，但美元汇率则在一段较长的时间里，可以更好地解释有色金属价格的行为，尤其是对铜和黄金价格的影响。因此，在当前美元地位难以动摇、以美元本位制为中心的国际货币体系难以快速改革的背景下，我们必须在认识美元影响的“正当性”的前提下，借助当前人民币地位稳步提升的有利条件，一方面继续推动人民币的国际化程度，推动人民币汇率与有色金属商品定价的良性互动，为争取国际定价中心奠定基础；另一方面，借力人民币国际化，可考虑建立区域性交易的货币联盟，参与有色金属交易的国际支付以及结算，逐步推动多元化货币体系，最终通过改革国际货币体系，稳定汇率，从而在一定程度上抑制有色金属国际市场的剧烈波动行为。

2. 严密监控货币流动性风险

要进一步关注货币政策对金属价格波动的影响，其中，把好货币流动性闸门是稳定有色金属价格预期的关键所在。本书研究了联邦基金利率和美国货币供应量两个货币流动性的重要指标对有色金属期货价格波动的影响，结合实证分析的主要结论，对于货币流动性的监控可以考虑通过以下方式实施：首先，要密切关注反映市场货币流动性的关键指标。如通过关注利率和货币供应量指标，衡量货币流动性大小，避免结构失衡和情绪失控使得有色金属市场价格波动加剧。其次，要持续关注有色金属市场主要影响国的货币政策，例如关注美国连续实施量化宽松政策所造成的影响。此外，还应关注金融产品的创新。期货市场作为重要的金融市场，有色金属衍生品市场不断发展，相关金融产品不断创新，这些都将在一定程度上影响货币流动性，并直接作用于有色金属市场，造成货币流动性风险。

### 3. 及时关注股票市场动态

根据本书的实证分析，在有色金属商品金融化趋势的推动下，股票市场和金属期货市场的联动性越发显著。为此，金属行业政策制定者及行业从业者需要对股票市场等资本市场的发展进行严密监控，关注市场间的风险传染，以免投机过度对金属价格波动形成大幅冲击。一方面，股票市场可以产生短期内的财富效应，相当于收入的增加，使得商品的相对价格下降。对于生产者，短期的财富效应导致资金更趋近于投机而非投资，使得金属原材料和工业品等需求短期内下降，但长期内，由于股票市场内企业融资较为容易，会进一步刺激企业增加生产，对原材料和工业品的需求在长期内仍会推动价格波动。另一方面，股市还具有作为全球经济基本面晴雨表的作用，股市的涨跌反映了市场对未来经济基本面的预期程度，从而形成股市投资与有色金属价格之间较显著的正向关系。因此，对于股票市场的监管和体制性建设将对金属价格的未来走势产生越来越重要的作用，对稳定金属商品价格水平大有裨益。

### 4. 合理监管国际投机基金

本书在实证中获得了商品指数基金等投机力量对有色金属价格波动产生显著影响的事实依据。21 世纪以来，有色金属等矿业领域的快速发展，吸引了大量资本投资者的参与。而期货市场的快速发展，则为国际投机力量提供了平台。一方面，缺乏现货交易背景的国际垄断资本通过其控制的商业库存影响，操纵国际金属期货市场；而对于国际金融资本等投机性力量，在一定程度上具有纯粹的投机性，取代了传统意义的市场实体交易者。与快速增长的投机力量相对应的是，有色金属期货市场等金融市场，在制度上缺乏对于投机行为的有效制约和监管，反而增大了投机行为对有色金属市场的消极影响力，导致有色金属价格波动日益剧烈和频繁。尽管近年来相关部门逐渐完善和改革现有交易制度，但总体而言仍然需要加强对国际投机基金及其投机行为的监管。具体而言，有以下三个方面需要进一步改进：

其一，继续完善必要的市场准入制度。有效的流动性有助于期货市场价格发现功能的实现。但在培育市场充裕的流动性的前提下，现有制度必须有效识别投机行为，并限制消极影响过大的金融机构进入市场。如通过紧密监控大规模投机基金杠杆，避免大规模的投机者进入市场，与高杠杆相叠加，放大系统性风险，造成有色金属市场价格的暴涨暴跌。其二，进一步完善市场信息披露机制。如提高进入期货市场的金融机构的信息披露要求。目前，较低标准的信息披露要求使得对冲基金、商品指数基金等投机性资本能够轻易地进入市场。此外，可以通过设置标准，建立杠杆率定期披露制度，要求具有较大规模的投资基金必须在规定日期披露其杠杆率大小。提高披露制度的标准将有助于保持有色金属期货市场的稳定性。其三，推动设立超主权的国际监管机构。随着经济全球化和信息技术的不断发展，全球有色金属市场的联动将越来越紧密。国际投机资本同样已参与到全球的有色金属交易市场中。为此，对于投机基金的监管，将更加依赖于世界各国的共同参与。建立超主权的金融监管机构将是应对全球化发展的有效方式。如可以考虑借助于联合国的力量，通过制定国际法，推动建立超主权监管机构，赋予其所需的权力、地位和义务，以保证其对国际有色金属市场中的投机行为拥有识别和监控的义务以及监管和制裁的权力，实现对市场内的过度的投机行为的抑制和消除。

当然，在对投机基金进行监管的同时，还必须客观认识投机者在期货市场中的作用。期货市场离不开套期保值者和投机者，投机者在市场上扮演着承担价格风险、增加市场流动性的重要作用，套期保值和投机者都是不可缺少的市场主体。国内外历史经验表明，对期货市场的严厉打压在抑制市场流动性的同时，也降低了交易者参与期货交易的信心。期货市场应是一个充分市场化的市场，政府对商品的宏观调控应避免对其直接地干预，在缺少依据的情况下就采取直接干预，会增加期货市场价格形成的不确定性和人为性，干扰交易者的预期，降低参与期货市场的信心。如果没有了投机者，套期保值也就难以实现，期货市场也就失去了生命力。

### 9.2.3　构建我国有色金属金融战略体系

我国期货市场已进入稳定发展阶段，国际地位和影响力稳步上升。但与此同时，我国商品期货市场虽然在规模上已位居世界前列，但从本质上与欧美等期货市场还存在较大差距。实证结果表明，在铜金属等有色金属商品上，国际期货定价仍然是中国期货市场价格走势的主导。因此，我国要使商品期货市场能够更好地服务于国民经济，使我国金属商品期货市场能够成为真正全面反映“中国因素”的定价中心，还需要在量的积累基础上，寻求质的突变，使得我国金属期货市场能够真正与欧美市场相抗衡。

我国金属期货市场目前存在交易品种不全、开放性不足、参与度不高等问题，在某种意义上与我国对金属期货市场在发展战略上的重视不足有关。因此，有必要从战略高度，认识到发展我国金属期货市场具有长期的积极意义，从而促使政府及金融监管部门在各方面为金属期货市场的发展提供有利的条件。

欧美国家从战略高度看待和发展期货市场的经验非常值得我们借鉴学习。例如，美国一方面通过海外收购矿山，控制海外资源，另一方面借助期货市场的影响力，可以利用美元影响力、货币政策等对大宗商品价格产生间接影响。这是美国依托金融市场，对全球实体经济产生影响的一种有效方式。

对我国来说，加紧完善有色金属期货市场具有重要的战略意义。首先，作为金属类大宗商品的主要生产国和消费大国，建立自己的期货市场，形成区域性甚至全球性的国际定价中心，使“中国因素”更加全面、真实的反映金属商品价格中具有重要的战略意义。其次，建立自己的金属期货市场，为金属工业相关企业提供有效避险工具，避免参与境外期货交易带来的高交易成本、信息不对称等问题，有助于我国企业有效应对市场风险，提高企业稳健经营能力。再次，期货市场作为金融市场的重要组成部分之一，发展我国金属期货市场，可以促进我国在金融、信息等现代服务业上的不断深化，推动金属产业发展高端化。最后，借助金属期货市场的避险功能，可以为我国金属价格改革、利率市场化改革和汇率改革创造外部环境条件，有助于推动改革深化。

在商品金融化逐渐加深这一趋势和背景下，有色金属的价格形成机制已经从“生产—供应”型的价格形成模式转变为“贸易—金融”型的价格形成模式。因此，必须了解和学习国外的成熟经验和有效措施，在深入分析有色金属价格的影响因素，预判有色金属金融化的趋势的基础上，通过运用合理的金融工具和货币政策，协调金融投资机构和有色金属相关企业的发展，并通过建设我国有色金属产业相关的金融战略体系，实现对国际有色金属商品定价能力的提升。从国外的发展经验来看，构建有色金属产业相关的金融战略体系，其核心仍然在于商品交易市场的建立和发展，如现货交易市场、期货交易所、互换和中远期交易市场等。此外，还应该包括有色金属产业基金、有色金属战略储备、有色金属商品融资立法和监管等方面的建设，以及有色金属期货市场交易制度完善、金属期货市场逐步开放、金属期货机构投资者培育等方面的配套推进。

## 9.3　本章小结

通过前书的实证分析验证金融因素在近年来有色金属价格剧烈波动态势中的主导作用。本章就世界各国、政府、行业、市场监管及参与者如何跟进国际金属商品金融化步伐，有效应对各类市场因素和宏观金融因素对金属商品价格波动的影响，具体提出了以下三个层面的措施建议：

第一，推动我国期货市场全球化发展，逐步建立有色金属商品国际定价中心，通过政府、行业协会和企业等多方共同努力，提升我国有色金属商品的国际市场定价权。第二，通过推进国际货币体系改革、监控市场流动性风险、关注股票市场动态及监管国际投机基金等具体应对方案，有效防范和规避宏观金融影响因素推动的有色金属价格波动风险，从而保障国家有色金属工业经济稳定、产业健康发展和战略资源安全。第三，从战略高度认识我国有色金属期货市场的重要地位，为加快构建我国系统全面的有色金属金融战略体系建设付诸努力。

# 参考文献

[1] Hansen B. E. Sample splitting and threshold estimation [J]. Econometrics, 2000 (68): 575 -603.

[2] Hansen P. R. , Lunde, A. A realized variance for the whole day based on intermittent high-frequency data [J]. Journal of Financial Econometrics, 2005, 3 (4): 525 -554.

[3] Hansen P. R. , Lunde, A. Consistent ranking of volatility models [J]. Journal of Econometrics, 2006, 131 (1): 97 -121.

[4] Hassan S. A. , Malik F. Multivariate GARCH modeling of sector volatility transmission [J]. The Quarterly Review of Economics and Finance, 2007, 47 (3): 470 -480.

[5] He, L. Y. and S. P. Chen. Multifractal Detrended Cross - Correlation Analysis of agricultural futures markets [J]. Chaos, Solitons & Fractals, 2011, 44 (6): 355 -361.

[6] He, L. Y. and S. P. Chen. Nonlinear bivariate dependency of price-volume relationships in agricultural commodity futures markets: A perspective from Multifractal Detrended Cross - Correlation Analysis [J]. Physica A: Statistical Mechanics and its Applications, 2011, 390 (2): 297 -308.

[7] Headey D, Fan S. Anatomy of a crisis: the causes and consequences of surging food prices [J]. Agricultural Economics, 2008 (39): 375 -391.

[8] Heap A. China - The engine of a commodities super cycle [R]. Citygroup Global Markets Inc. , Smith Barney, 2005.

[9] Heap A. The commodities super cycle & implications for long term prices [C]. Paper presented at the 16th Annual Mineral Economics and Management Society, Golden, Colorado, 2007.

[10] Henderson B. , Pearson N. , Wang L. New evidence on the financialization of commodity markets [J]. SSRN eLibrary, 2012.

[11] Hess D. , Huang H. , Niessen A. How do commodity futures respond to macroeconomic news [J]. Journal of Financial Markets and Portfolio Management, 2008, 22 (2):

127 –146.

[12] Hiemstra, C., Jones, J. D. Testing for linear and nonlinear Granger causality in the stock price-volume relation [J]. Journal of Finance, 1994, 54 (5): 1639 –1664.

[13] Hiemstra, C. and Jones, J. D. Another look at long memory in common stock returns [J]. Journal of Empirical Finance, 1997, 4 (4): 371 –401.

[14] Huang J., Chen F. The establishment of copper price volatility pre-warning indicators system of China based on cross correlation-principle component analysis [J]. International Journal of Digital Content Technology and its Applications, 2012, 6 (22): 875 –884.

[15] Huang, N. E. Z. Shen and S. R. Long. A new view of nonlinear water waves: The Hilbert Spectrum 1 [J]. Annual Review of Fluid Mechanics, 1999, 31 (1): 417 –457.

[16] Huang, N. E. et al. Applications of Hilbert – Huang transform to non-stationary financial time series analysis [J]. Applied Stochastic Models in Business and Industry, 2003, 19 (3): 245 –268.

[17] Huang, N. E. et al. The empirical mode decomposition and the Hilbert spectrum for nonlinear and non-stationary time series analysis [J]. Proceedings of the Royal Society of London. Series A: Mathematical, Physical and Engineering Sciences, 1998, 454 (1971): 903 – 995.

[18] Humphreys D. The great metals boom: A retrospective [J]. Resources Policy, 2010, (35): 1 –13.

[19] Hurst H. E., Black R. P., Simaika Y M. Long-term storage: an experimental study [M]. London, 1965.

[20] Hurst H. E., Long term storage capacity of reservoirs [J]. Transactions of the American society of civil engineers, 1951 (116): 770 –808.

[21] Ihle, R., S. von Cramon – Taubadel, S. Zorya. Markov – Switching Estimation of Spatial Maize Price Transmission Processes between Tanzania and Kenya [J]. American Journal of Agricultural Economics, 2009, 91 (5): 1432 –1439.

[22] Inamura Y., Kimata T., Kimura T., Muto T. Recent surge in global commodity prices-impact of financialization of commodities and globally accommodative monetary conditions [J]. Bank of Japan Review, 2011 (3): 1 –9.

[23] Inclan C., Tiao G. C. Use of cumulative sums of squares for retrospective detection of changes of variance [J]. Journal of the American Statistical Association, 1994, 89 (427): 913 –923.

[24] Irwin S. H. , Sanders D. R. , Merrin R. P. Devil or angel? The role of speculation in the recent commodity price boom (and bust) [J]. Journal of Agricultural and Applied Economics, 2009 (41): 393 –402.

[25] Irwin S. H. , Sanders D. R. Testing the Masters Hypothesis in commodity futures markets [J]. Energy Economics, 2012, 34 (1): 256 –269.

[26] Irwin, S. H. , Sanders, D. R. Index funds, financialization, and commodity futures markets [J]. Applied Economic Perspectives and Policy, 2011, 33 (1): 1 –31.

[27] Jain, P. C. , Joh, G. The dependence between hourly prices and trading volume, Working Paper, 1986.

[28] Jondeau E. , Poon S. H. , Rockinger M. Financial modeling under non – Gaussian distribution [M]. London: Springer Press, 2007.

[29] Kantelhardt, J. W. , S. A. Zschiegner, E. Koscienlny – Bunde, S. Havlin, A. Bunde and H. E. Stanley. Multifractal detrended fluctuation analysis of nonstationary time series [J]. Physica A, 2002 (316): 87 –114.

[30] Kavussanos M. , Nomikos N. The forward pricing function of the shipping freight futures market [J]. Journal of Futures Markets, 1999 (19): 353 –376.

[31] Kawamoto K. , Hamori S. Market efficiency among futures with different maturities: evidence from the crude oil futures market [J]. Journal of Futures Markets, 2011, 31 (5): 487 –501.

[32] Kenourgios, D. , Samitas A. Testing Efficiency of the Copper Futures Market: New Evidence from London Metal Exchange [J]. Global Business and Economics Review, Anthology, 2004: 261 –271.

[33] Kilian L. , Lee T. K. Quantifying the speculative component in the real price of oil: The role of global oil inventories [J]. Journal of International Money and Finance, 2014 (42): 71 –87.

[34] Kilian L. , Murphy D. P. The role of inventories and speculative trading in the global market for crude oil [J]. Journal of Applied Econometrics, 2014, 29 (3): 454 –478.

[35] Kim, K. A. , Rhee, S. G. Price limit performance: Evidence from the Tokyo Stock Exchange [J]. The Journal o f Finance, 1997 (52): 885 –901.

[36] Kodres L. E. , Pritsker M. A rational expectations model of financial contagion [J]. The Journal of finance, 2002, 57 (2): 769 –799.

[37] Koop G. , Korobilis D. Bayesian multivariate time series methods for empirical mac-

roeconomics [J]. Foundations and Trends in Econometrics Journal, 2009, 3 (4): 267 - 358.

[38] Koopman, S. J. et al.. Forecasting daily variability of the S&P 100 stock index using historical, realized and implied volatility measurements [J]. Journal of Empirical Finance, 2005, 12 (3): 445 -475.

[39] Korniotis G. M. Does speculation affect spot price levels? The case of metals with and without futures markets [M]. Division of Research & Statistics and Monetary Affairs, Federal Reserve Board, 2009.

[40] Krichene N. Recent inflationary trends in world commodity markets [R]. International Monetary Fund Working Paper, 2008.

[41] Krichene, N. Recent inflationary trends in world commodity markets. International Monetary Fund. Working Paper, 2008.

[42] Krugman P. The oil nonbubble [R]. New York Times, 2008, 5.

[43] Krugman, P. More on oil and speculation. New York Times. Accessed April 2009. Available at http: //krugman. blogs. nytimes. com/2008/05/13/ more-on-oil-and-speculation/.

[44] Kuhn, B. A., Kuserk, G. J. et al. Do circuit breakers moderate volatility? Evidence from October 1989 [J]. The Review of Futures Markets, 1991 (10): 136 -175.

[45] Kupiec P. Techniques for verifying the accuracy of risk measurement models [J]. Journal of Derivatives, 1995, (3): 73 -84.

[46] Kyle A. S., Xiong W. Contagion as a wealth effect [J]. The Journal of Finance, 2001, 56 (4): 1401 -1440.

[47] Kyrtsou, C., Labys, W. C., Terraza, M. Noisy chaotic dynamics in commodity markets [J]. Empirical Economics, 2004, 29 (3): 489 -502.

[48] Kyrtsou, C., Labys, W. C. Detecting positive feedback in multivariate time series: The case of metal prices and US inflation [J]. Physica A - Statistical Mechanics and Its Applications, 2007, 377 (1): 227 -229.

[49] Labys W. C., Achouch A., Terraza M. Metal prices and the business cycle [J]. Resources Policy, 1999, 25 (4): 229 -238.

[50] Labys W. C., Lesourd J. B., Badillo D. The existence of metal price cycles [J]. Resources Policy, 1998 (24): 147 -155.

[51] Labys W. C. New Directions in the modeling and forecasting of commodity markets

[J]. Mondes en development, 2003 (2): 3 – 19.

[52] Labys, W. C. , A. Achouch, M. Terraza. Metal prices and the business cycle [J]. Resources Policy, 1999 (25): 229 – 238.

[53] Labys, W. C. Granger. Speculation, Hedging and Commodity Price Forecasts, D. C. Heathand Co. , Massachusetts, 1970.

[54] Labys, W. C. Lesourd, J. B. Badillo, D. The existence of metal price cycles [J]. Resources Policy, 1998 (24) 147 – 155.

[55] Labys, W. C. New Directions in the Modeling and Forecasting of Commodity Markets [J]. Mondes en Development, 2003 (31): 3 – 19.

[56] Labys, W. C. , Rees, H. J. B. Elliott, C. M. Copper Price Behavious and the London Metal Exchange. Applied Economics, 1971 (3): 99 – 113.

[57] Lamoureux C. , Lastrapes W. D. Endogenous trading volume and momentum in stock return volatility [J]. Journal of Business & Economic Statistics, 1994, (12): 253 – 260.

[58] Lescaroux F. On the excess co-movement of commodity prices – A note about the role of fundamental factors in short-run dynamics [J]. Energy Policy, 2009, 37 (10): 3906 – 3913.

[59] Lex. Mining—ka-boom. Financial Times, 2008, 10.

[60] Li X, Zhang B. Price discovery for copper futures in informationally linked markets [J]. Applied Economics Letters, 2009, 16 (15): 1555 – 1558.

[61] Liesenfeld, R. A generalized bivariate mixture model for stock price volatility and trading volume [J]. Journal of Econometrics, 2001, 104 (1): 141 – 178.

[62] Liu L. , Wang Y. Cross-correlations between spot and futures markets of nonferrous metals [J]. Physica A: Statistical Mechanics and its Applications, 2014, 400 (0): 20 – 30.

[63] Liu P. , Tang K. Bubbles in the commodity asset class: detection and sources [R]. Working Paper, 2010.

[64] Liu Q. F. , An Y. B. Information transmission in informationally linked market: Evidence from US and Chinese commodity futures market [J]. Journal of International Money and Finance, 2011 (30): 778 – 795.

[65] Liu, P. , Tang, K. Bubbles in the Commodity Asset Class: Detection and Sources [J]. Working Paper, 2010.

[66] Liu, R. , Lux, T. Long memory in financial time series: estimation of the bivariate multi-fractal model and its application for value-at-risk, 2005.

[67] Lo, A. W. Long – Term Memory in Stock Market Prices [J]. Econometrica, 1991, 59 (5): 1279 – 313.

[68] Lobato I. N. , Velasco C. Long memory in stock market trading volume [J]. Journal of Business & Economic Statistics, 2000 (18): 410 – 427.

[69] Lobato I. N. A semiparametric two step estimator in a multivariate long memory model [J]. Journal of Econometrics, 1999 (90): 129 – 153.

[70] Lucio N. R. , Lamas W. Q. , Camargo J. R. Strategic energy management in the primary aluminium industry: Self-generation as a competitive factor [J]. Energy Policy, 2013 (59): 182 – 188.

[71] Madhavan, A. Market microstructure: A survey [J]. Journal of Financial Markets, 2000, 3 (3): 205 – 258.

[72] Malik F. , Ewing B. T. Volatility transmission between oil prices and equity sector returns [J]. International Review of Financial Analysis, 2009, 18 (3): 95 – 100.

[73] Mandelbrot B. B. How long is the coast of Britain? Statistical self-similarity and fractional dimension [J]. Science, 1967 (156): 636 – 638.

[74] Mandelbrot B. B. Forecasts of futures prices and unbiased markets [J]. Journal of business of the university of Chicago, 1969 (39): 1102 – 1117.

[75] Mandelbrot B. B. New methods in statistical economics [J]. Journal of political economy, 1963 (71): 421 – 440.

[76] Mandelbrot B. B. Statistical methodology for non-periodic cycles: from the covariance to R/S analysis [J]. Annals of economic and social measurement, 1972: 1259 – 1290.

[77] Markowitz, H. Modern portfolio selection [J]. Journal of Finance, 1952 (7): 159.

[78] Masters M. W. , White A. K. The accidental Hunt brothers: How institutional investors are driving up food and energy prices [R]. Special report, The Accidental Hunt Brothers: A Blog Dedicated to Discussing the Topic of Index Speculation, 2008.

[79] Masters, Michael W. Testimony of Michael W. Masters before the Committee on Homeland Security and Governmental Affairs United States Senate, May 20th, 2008.

[80] Matia, K. Ashkenazy, Y. Stanley, H. E. Multifractal properties of price fluctuations of stocks and commodities [J]. Europhysics Letters, 2003, 61 (3): 422 – 428.

[81] Mayer J. The growing financialisation of commodity markets: divergences between index investors and money managers [J]. Journal of Development Studies, 2012, 48 (6): 751 -767.

[82] McMillan D. G. , Speight A. E. H. Non-ferrous metals price volatility: a component analysis [J]. Resources Policy, 2001, 27 (3): 199 -207.

[83] Mehrara, M. , A. Moeini, M. Ahrari, V. Varahrami. Inefficiency in Gold Market [J]. International Research Journal of Finance and Economics, 2010 (43): 58 -68.

[84] Mensi W. , Beljid M. , Boubaker A. , Managi S. Correlations and volatility spillovers across commodity and stock markets: Linking energies, food, and gold [J]. Economic Modelling, 2013 (32): 15 -22.

[85] Miller J. I. , Ratti R. A. Crude oil and stock markets: Stability instability and bubbles [J]. Economics, 2009 (31): 559 -568.

[86] Miralles J. L. , M. M. Miralles. An empirical analysis of the weekday effect on the Lisbon stock market over trading and non-trading periods [J]. Portuguese Review of Financial Markets, 2000, 3 (2): 5 -14.

[87] Miyano T. , Takaya K. The Days-of-the-week anomaly change in LME metal market Nonlinear approach [R]. Working Paper, 2009.

[88] Mogensen, L. B. , Skowmand, D. Models of Changing Volatility: A Multifractal Approach. Working Paper, 2011.

[89] Morales L. Volatility spillovers on precious metals markets: the effects of the Asian crisis [R]. Proceedings of the European Applied Business Research Conference (EABR), Salzburg, Austria, 2008, 6.

[90] Morales L. Volatility spillovers on precious metals markets: the effects of the asian crisis. Dublin Institute of Technology, Working Paper, 2008.

[91] Morana C. Oil price dynamics, macro-finance interactions and the role of financial speculation [J]. Journal of Banking & Finance, 2013, 37 (1): 206 -226.

[92] Movahed, M. S. , G. R. Jafari, F. Ghasemi, S. Rahvar and M. R. R. Tabar. Multifractaldetrended fluctuation analysis of sunspot time series [J]. Journal of Statistical Mechanics: Theory and Experiment, 2006 (2): P02003.

[93] Muniandy S. V. , Lim, S. C. , Murugan, R. Inhomogeneous scaling behaviors in Malaysian foreign currency exchange rates [J]. Physica A, 2001, 301 (4): 407 -428.

[94] Murase K. Asymmetric effects of the exchange rate on domestic corporate goods

prices [J]. Japan and the World Economy, 2013, 25 - 26 (0): 80 - 89.

[95] Narayan, P. K., R. Liu. Are shocks to commodity prices persistent? [J]. Applied Energy, 2011, 88 (1): 409 - 416.

[96] Östensson O. The 2008 commodity price boom: did speculation play a role? [J]. Mineral Economics, 2012, 25 (1): 17 - 28.

[97] Panas E. Long memory and chaotic models of prices on the London Metal Exchange [J]. Resources Policy, 2001, 27 (4): 235 - 246.

[98] Pantanella, Alexandre and Pianese, Augusto, Minimum Risk Portfolios Using MMAR (June 3, 2009). MCBE'09 Proceedings of the 10th WSEAS International Conference on Mathematics and Computers in Business and Economics. Available at SSRN: http://ssrn.com/abstract=1888216.

[99] Park, C. W. Examining futures price changes and volatility on the trading day after a limit lock day [J]. The Journal of Futures Markets, 2000 (5): 445 - 466.

[100] Pavlova A., Rigobon R. The role of portfolio constraints in the international propagation of shocks [J]. The Review of Economic Studies, 2008, 75 (4): 1215 - 1256.

[101] Perlin, M. MS Regress - The MATLAB Package for Markov Regime Switching Models. 2010. Available at SSRN: http://ssrn.com/abstract=1714016.

[102] Phillips P. C. B., Wu Y., Yu J. Explosive behavior in the 1990s NASDAQ: When did exuberance escalate asset values? [J]. International Economic Review, 2011 (52): 201 - 226.

[103] Pindyck R. S., Rotemberg J. J. The excess co-movement of commodity prices [J]. The Economic Journal, 1990, 100 (403): 1173 - 1189.

[104] Pindyck, R. S. Inventories and the short-run dynamics of commodity prices. National Bureau of Economic Research Cambridge, Mass., USA, 1994.

[105] Podobnik, B. and H. E. Stanley. Detrended cross-correlation analysis: a new method for analyzing two nonstationary time series [J]. Physical Review Letters, 2008 (100): 84 - 102.

[106] Power, G. J. and C. G. Turvey. Long-range dependence in the volatility of commodity futures prices: wavelet-based evidence [J]. Physica A, 2010 (389): 79 - 90.

[107] Qian, X. Y. et al. Modified detrended fluctuation analysis based on empirical mode decomposition. arXiv preprint. arXiv: 0907.3284, 2009.

[108] Qu H., Zhuang X., Su Y., GUAN J. Empirical study on price discovery func-

tion of commodity futures market [J]. Journal of Northeastern University, 2011, 32 (9): 1364 - 1368.

[109] Radetzki, M., Eggert, R., Lagos, G., Lima, M., Tilton, J. The boom in mineral markets: how long might it last? [J]. Resources Policy, 2008, 33 (4): 125 - 128.

[110] Radetzki, M. The anatomy of three commodity booms [J]. Resources Policy, 2008, 31 (1): 56 - 64.

[111] Reboredo, J. C. Nonlinear effects of oil shocks on stock returns: a Markov-switching approach [J]. Applied Economics, 2010, 42 (29): 3735 - 3744.

[112] Reis R., Watson M. W. Relative goods' prices, pure inflation, and the Phillips correlation [J]. American economic journal: Macroeconomics, 2010 (2): 128 - 157.

[113] Roache S. K., Rossi M. The effects of economic news on commodity prices [J]. The Quarterly Review of Economics and Finance, 2010 (50): 377 - 385.

[114] Roache S. Commodities and the market price of risk [R]. IMF Working Paper, 2008.

[115] Roberts, M. C. Duration and characteristics of metal price cycles [J]. Resources Policy, 2009, 34 (3): 87 - 102.

[116] Sadorsky P. Correlations and volatility spillovers between oil prices and the stock prices of clean energy and technology companies [J]. Energy Economics, 2012 (34): 248 - 255.

[117] Sadorsky P. Oil price shocks and stock market activity [J]. Energy Economics, 1999 (21): 449 - 469.

[118] Sargent T. J., Sims C. A. Business Cycle Modeling Without Pretending to Have Too Much A - Priori Economic Theory [R]. New Methods in Business Cycle, Federal Reserve Bank of Minneapolis, 1977.

[119] Sari R., Hammoudeh S., Soytas U. Dynamics of oil price, precious metal prices, and exchange rate [J]. Energy Economics, 2010, 32 (2): 351 - 362.

[120] Schwert G. W. Business cycles, financial crises, and stock volatility [J]. Carnegie - Rochester Conference Series on Public Policy, 1989 (31): 83 - 125.

[121] Serletis, A. and I. Andreadis. Random fractal structures in north American energy markets [J]. Energy Economics, 2004 (26): 389 - 399.

[122] Serra T. Volatility spillovers between food and energy markets: a semiparametric approach [J]. Energy Economics, 2011 (33): 1155 - 1164.

[123] Shadkhoo, S. and G. R. Jafari. Multifractal detrended cross-correlation analysis of temporal and spatial seismic data [J]. The European Physical Journal B. Condensed Matter and Complex Systems, 2009 (72): 679 -683.

[124] Silvennoinen A., Thorp S. Financialization, crisis and commodity correlation dynamics [J]. Journal of International Financial Markets, Institutions and Money, 2013 (24): 42 -65.

[125] Singleton K. J. Investor flows and the 2008 boom/bust in oil prices [J]. Management Science, 2013, 60 (2): 300 -318.

[126] Sjaastad L. A. The price of gold and the exchange rates: once again [J]. Resources Policy, 2008, 33 (2): 118 -124.

[127] Slade M. E. Market structure, marketing method, and price instability [J]. The Quarterly Journal of Economics, 1991, 106: 1309 -1339.

[128] Smirlock, M., Starks, L. An empirical analysis of the stock price-volume relationship [J]. Journal of Banking and Finance, 1988, 12 (1): 31 -42.

[129] Stivers C., Sun L.. Stock market uncertainty and the relation between stock and bond returns. Working paper, Federal Reserve Bank of Atlanta, Mar, 2002.

[130] Stock J. H., Watson M. W. Dynamic factor models, in Oxford Handbook of economic forecasting [M]. Eds. by Clements M. P. and D. F. Hendry, Oxford: Oxford University Press, 2011.

[131] Stock J. H., Watson M. W. Forecasting using principal components from a large number of predictors [J]. Journal of the American Statistical Association, 2002, 97: 1167 -1179.

[132] Stock J. H., Watson M. W. Implications of dynamic factor models for VAR analysis [R]. NBER Working Paper, 2005, No. 11467.

[133] Stock J. H., Watson M. W. Macroeconomic forecasting using diffusion indexes [J]. Journal of Business and Economic Statistics, 2002, 20: 147 -162.

[134] Streifel S. Impact of China and India on global commodity markets focus on metals & minerals and petroleum [R]. Development Prospects Group, World Bank, 2006.

[135] Strongin, S., Dudley, B., Walton, D. Underinvestment in commodities means markets will be tighter, sooner, CEO Confidential, Goldman Sachs, 2002, 5.

[136] Symeonidis L., Prokopczuk M., Brooks C., Lazar E. Futures basis, inventory and commodity price volatility: An empirical analysis [J]. Economic Modelling, 2012, 29

(6): 2651 -2663.

[137] Tabak, B. M. and D. O. Cajueiro. Are the crude oil markets becoming weakly efficient over time? A test for time-varying long-range dependence in prices and volatility [J]. Energy Economics, 2007 (29): 28 -36.

[138] Takaya, Ken-ichi. The Days-of-the - Week Anomaly Change in LME Metal Market Nonlinear Approach. Working Paper, 2009.

[139] Tang K., Xiong W. Index investment and financialization of commodities [J]. Financial Analysts Journal, 2012, 68: 54 -74.

[140] Tauchen, G., Pitts, M. The price variability volume relationship on speculative markets [J]. Econometrics, 1983 (51): 485 -505.

[141] Taylor, S. Modelling financial time series [M]. World Scientific, 1986.

[142] Tilton J. E. Outlook for copper prices-up or down [C]. Commodities Research Unit World Copper Conference. Santiago, Chile, 2006.

[143] Tilton, J. E. Outlook for Copper Prices—Up or Down? [C]. Commodities Research Unit World Copper Conference. Santiago, Chile, 2006.

[144] Tully E., Lucey B. A power GARCH examination of the gold market [J]. Research in International Business and Finance, 2007, 21: 316 -325.

[145] Vivian A., Wohar M. E. Commodity volatility breaks [J]. Journal of International Financial Markets, Institutions & Money, 2012, 22: 395 -422.

[146] Wakins C., Mcaleer M. Related commodity markets and conditional correlations [J]. Mathematics and Computers in Simulation, 2005, 68 (5 -6): 567 -579.

[147] Wakins C., McAleer M. Related commodity markets and conditional correlations [J]. Mathematics and Computers in Simulation, 2005, 68 (5 -6): 567 -579.

[148] Wang P., Moore T. Sudden changes in volatility: the case of five central European stock markets [J]. Physica A: Statistical Mechanics and Its Applications, 2009, 388 (17): 3543 -3550.

[149] Wang, Y., Y. Wei and C. F. Wu. Auto-correlated behavior of WTI crude oilvolatilities: A multiscale perspective [J]. Physica A: Statistical Mechanics and its Applications, 2010, 389 (24): 5759 -5768.

[150] Wray L R. The commodities market bubble: money manager capitalism and the financialization of commodities [R]. Levy Economics Inst. of Bard College, 2009.

[151] Wray, L. R. The Commodities Market Bubble: Money Manager Capitalism and

the Financialization of Commodities. 2009: Levy Economics Inst. of Bard College.

[152] Wrigh, J. H. Long memory in emerging stock market returns. Federal Reserve System Working Paper, 1999.

[153] Xiarchos, I. M., Fletcher, J. J. Price and volatility transmission between primary and scrap metal markets [J]. Resources, Conservation and Recycling, 2009, 53 (12): 664 - 673.

[154] Xu X. E., Fung H. G. Cross-market linkages between US and Japanese precious metals futures trading [J]. Journal of International Financial Markets, 2005, 15 (2): 107 - 124.

[155] Yuan, Y., Zhuang, X. T. et al. Measuring multifractality of stock price fluctuation using multifractal detrended fluctuation analysis [J]. Physica A: Statistical Mechanics and its Applications, 2009, 388 (11): 2189 - 2197.

[156] Yuan, C. Forecasting exchange rates: The multi-state Markov-switching model with smoothing [J]. International Review of Economics & Finance, 2011, 20 (2): 342 - 362.

[157] Yulia, V. V. Price limits in futures markets: effects on the price discovery process and volatility, International Review of Financial Analysis, 2003, 12: 311 - 328.

[158] Zagaglia P. Macroeconomic factors and oil futures prices: a data-rich model [J]. Energy Economics, 2010, 32 (2): 409 - 417.

[159] Zhang Y. J., Wei Y. M. The crude oil market and the gold market: evidence for cointegration, causality and price discovery [J]. Resources Policy, 2010, 35 (3): 168 - 177.

[160] Zhou, W. X. Multifractal detrended cross-correlation analysis for two nonstationary signals [J]. Physical Review, 2008, 77 (6): 066211.

[161] Zhu X., Chen J., Zhong M. The dynamic interacting relationships among international oil prices, macroeconomic variables and precious metal prices in China [R]. Working Papcr, 2014.

[162] 陈成忠，林振山．中国居民消费价格指数波动的周期性及其驱动因素研究[J]．经济问题探索，2009 (8): 77 - 84.

[163] 陈普．FAVAR 及其时变模型在中国宏观经济的应用 [D]．华中科技大学，博士学位论文，2012.

[164] 陈蓉，郑振龙．期货价格能否预测未来的现货价格 [J]．国际金融研究，2007

(9)：70－74.

[165] 程琛．金属铜期货产品价格发现功能的实证研究［J］．中国证券期货，2011 (10)：31.

[166] 杜本峰．入世与我国金融市场风险管理［J］．金融理论与实践，2002 (5)：3－5.

[167] 方雯，冯耕中，陆凤杉，汪寿阳．国内外钢材市场价格发现功能研究［J］．系统工程理论与实践，2013 (1)：50－60.

[168] 方毅，张屹山．国内外金属期货市场"风险传染"的实证研究［J］．金融研究，2007 (5)：133－146.

[169] 方毅．国内外期铜价格之间的长期记忆成分和短期波动溢出效应［J］．数理统计与管理，2008，27 (2)：304－312.

[170] 高金余，刘庆富．伦敦与上海期铜市场之间的信息传递关系研究［J］．金融研究，2007 (2)：63－73.

[171] 郭梁，周炜星．基于高频数据的中国股市量价关系研究［J］．管理学报，2010 (8)：1242－1247.

[172] 郭树华，王华，高祖博，王俐娴．金属期货市场价格联动及其波动关系研究［J］．国际金融研究，2010 (4)：79－88.

[173] 郭彦峰，黄登仕，魏宇．上海期货市场收益和波动的周日历效应研究［J］．管理科学，2008 (2)：58－68.

[174] 郭尧琦．分形市场下有色金属价格波动问题研究——以铜铝为例［D］．中南大学，博士学位论文，2012.

[175] 韩立岩，尹力博．投机行为还是实际需求？——国际大宗商品价格影响因素的广义视角分析［J］．经济研究，2012 (12)：83－96.

[176] 何兴强，李仲飞．上证股市收益的长期记忆：基于V/S的经验分析［J］．系统工程理论与实践，2006 (12)：47－54.

[177] 侯建荣，黄丹，顾峰．基于分形时变维数变化的股价突变动力学特征研究［J］．中国管理科学，2008，16 (10)：50－52.

[178] 华仁海，陈百助．国内、国际期货市场期货价格之间的关联研究［J］．经济学，2004 (4)：728－742.

[179] 华仁海，刘庆富．股指期货与股指现货间的价格发现能力探究［J］．数量经济技术经济研究，2010 (10)：90－100.

[180] 华仁海，卢斌，刘庆富．中国期铜市场的国际定价功能研究［J］．数量经济

技术经济研究，2008（8）：83－93.

［181］华仁海，仲伟俊．对我国期货市场价格发现功能的实证分析［J］．南开管理评论，2002（5）：51－67.

［182］华仁海．我国期货市场期货价格收益及条件波动方差的周日历效应研究［J］．统计研究，2004（8）：33－37.

［183］华仁海．现货价格和期货价格之间的动态关系——基于上海期货交易所的经验研究［J］．世界经济，2005（8）：32－39.

［184］黄春松，刘建华．经济波动与金属价格波动的相关性研究［J］．漳州师范学院学报（哲学社会科学版），2007（4）：4－7.

［185］黄光晓，陈国进．基于分形市场理论的期铜价格 R/S 分析［J］．当代财经，2006（3）：60－64.

［186］黄健柏，刘凯，郭尧琦．沪铜期货市场价格发现的动态贡献——基于状态空间模型的实证研究［J］．技术经济与管理研究，2014（2）：67－72.

［187］黄诒蓉．中国股市分形结构的理论研究与实证分析［D］．2004，厦门大学．

［188］姬强，范英．次贷危机前后国际原油市场与中美股票市场间的协动性研究［J］．中国管理科学，2010（6）：42－50.

［189］蒋祥林，阳桦，吴晓霖．上海期货交易所铜期货价格发现功能研究——基于体制转换时间序列模型［C］．第五届中国金融学年会，2008.

［190］蒋序标，周志明．LME 与 SHFE 期铜价格引导关系实证研究［J］．系统工程，2004（9）：66－68.

［191］李佳．基于期货连续价格的 GS 模型分析［J］．经济研究导刊，2008（15）：81－83.

［192］李敬，李刚，易法海．我国豆油期货价格发现效率研究［J］．统计与决策，2010（9）：135－137.

［193］李双成，邢志安，任彪．基于 MDH 假说的中国沪深股市量价关系实证研究［J］．系统工程，2006（4）：77－82.

［194］李锬，齐中英，雷莹．有限理性、异质信念与商品期货价格波动［J］．中国管理科学，2007，15（10）：268－274.

［195］李锬，齐中英，牛洪源．沪铜期货价格时间序列 R/S 分析［J］．管理科学学报，2005，6（3）：87－92.

［196］李琰，齐中英，雷莹．有限理性、异质信念与商品期货价格波动［J］．中国管理科学，2007，15（10）：268－274.

[197] 李艺，部慧，汪寿阳. 基金持仓与商品期货价格关系的实证研究——以铜期货市场为例 [J]. 系统工程理论与实践，2008 (9)：10－19.

[198] 李颖. 中国物价波动的特征和影响因素研究 [D]. 东北财经大学，博士学位论文，2011.

[199] 李跃中. LME 和 SHFE 期铜价格的动态计量研究 [J]. 安徽大学学报，2008 (3)：132－134.

[200] 刘庆福，仲伟俊. 我国金属期货与现货市场之间的价格发现与波动溢出效应研究 [J]. 东南大学学报，2007 (5)：28－35.

[201] 刘庆富，张金清，华仁海. LME 与 SHFE 金属期货市场之间的信息传递效应研究 [J]. 管理工程学报，2008 (2)：155－159.

[202] 刘维奇，牛奉高. 沪深两市多重分形特征的成因及其变化 [J]. 经济管理，2009 (12)：138－143.

[203] 刘向丽，成思危，汪寿阳，洪永淼. 期现货市场间信息溢出效应研究 [J]. 管理科学学报，2008 (3)：125－139.

[204] 刘向丽，程刚，成思危，汪寿阳，洪永淼. 中国期货市场价格久期波动聚类特征研究 [J]. 管理科学学报，2010，13 (5)：72－81.

[205] 刘向丽，汪寿阳. 中国期货市场日内流动性及影响因素分析 [J]. 系统工程理论与实践，2013 (6)：1395－1401.

[206] 楼迎军. 我国期货价格行为与市场稳定机制研究 [D]. 浙江大学，2005.

[207] 卢方元. 中国股市收益率的多重分形分析 [J]. 系统工程理论与实践，2004，24 (6)：51－55.

[208] 卢锋，李远芳，刘鎏. 国际商品价格波动与中国因素——我国开放经济成长面临新问题. 北京大学中国经济研究中心，讨论稿，2009.

[209] 陆凤彬，刘庆伟，陈锐刚等. 中国期货市场基本功能和信息溢出研究（第1版）[M]. 长沙：湖南大学出版社，2008.

[210] 吕东辉，杨印生，王旭. 农产品期货价格形成机理研究 [J]. 农业技术经济，2005 (2)：19－23.

[211] 马超群，刘超，李红权. 上海金属期货市场的非线性波动特征研究 [J]. 财经理论与实践，2009，1 (30)：36－40.

[212] 曼德尔布罗特. 市场的错误行为——风险、破产与收益的分形观点 [M]. 中国人民大学出版社，北京，2009.

[213] 芮执多. 基于期货市场对现货市场的价格预测模型——以上海期货交易所期

铜为例［J］. 预测 . 2009，3（28）：61 –64.

［214］邵燕敏，汪寿阳 . 基于门限向量误差修正模型的中国与国际有色金属期货价格关联性研究［J］. 系统工程理论与实践 . 2012，32（11）：2387 –2393.

［215］沈悦，李善燊，马续涛 . VAR 宏观计量经济模型的演变与最新发展——基于 2011 年诺贝尔经济学奖得主 Smis 研究成果的拓展脉络［J］. 数量经济技术经济研究，2012（10）：150 –160.

［216］史代敏，罗来东，庞皓 . 股票市场收益率波动长记忆性的分解及实证研究［J］. 数量经济技术经济研究，2006（8）：136 –141.

［217］宋琳，房珊珊 . 国内外铜期货市场价格发现功能比较研究［J］. 海南金融，2012（7）：49 –55.

［218］孙泽生，孙便霞，黄伟 . 中国有色金属价格变化中的货币因素和预期形成：基于金属指数的实证研究［J］. 系统管理学报，2014（5）：743 –754.

［219］王承炜，吴冲锋 . 中国股市价格——交易量的线性及非线性因果关系研究［J］. 管理科学学报，2002（4）：7 –12.

［220］王海鸿，齐飞 . LME 镍、铜期货价格变动的时间序列分析［J］. 财务与金融，2009（3）：9 –138.

［221］王洪伟，蒋馥，吴家春 . 铜期货价格与现货价格引导关系的实证研究［J］. 预测，2001（1）：75 –77.

［222］王惠文，吴载斌，孟洁 . 偏最小二乘回归的线性和非线性方法［M］. 国防工业出版社，2006.

［223］王骏，张宗成 . 金属铝期货与现货价格动态关系的实证研究［J］. 华中科技大学学报（社会科学版），2005（5）：70 –74.

［224］王骏，张宗成 . 中国工业基础金属期货价格与现货价格动态关系研究［J］. 统计与信息论坛，2005（9）：43 –49.

［225］王骏，张宗成 . 金属铝期货与现货价格动态关系的实证研究［J］. 华中科技大学学报 · 社会科学版，2005（5）：70 –74.

［226］王鹏，王建琼 . 中国股票市场的多分形波动率测度及其有效性研究［J］. 中国管理科学，2008（6）：9 –15.

［227］王鹏 . 金融市场波动的多分形测度及其应用研究［D］. 2010，西南交通大学 .

［228］王任 . 大宗商品价格中的中国因素和金融因素［J］. 上海金融，2013（5）：18 –21 +116.

［229］王少平，朱满洲，程海星 . 中国通胀分类指数的波动源及其性质［J］. 管理

世界，2012（8）：5－14＋187.

［230］王少平，朱满洲，胡朔商．中国CPI的宏观成分与宏观冲击［J］．经济研究，2012（12）：29－42.

［231］王苏生，王丽，李志超，向静．基于卡尔曼滤波的期货价格仿射期限结构模型［J］．系统工程学报，2010，25（3）：346－353.

［232］王苏生，王丽，李志超，向静．基于卡尔曼滤波的期货价格仿射期限结构模型［J］．系统工程学报．2010，25（3）：346－353.

［233］王泰强，候光明，李杰，赵宏．中国金属期货市场价格发现功能研究——基于面板协整方法［J］．北京理工大学学报，2011（10）：44－47.

［234］王郧，华仁海，张宗成．投资者行为与期货市场波动：基于OLG模型和高频数据的理论与实证［J］．中国管理科学，2012（1）：91－101.

［235］韦镇坤．上海与伦敦金属期货市场的波动溢出效应研究——MGARCH－BEKK模型的应用［J］．生产力研究，2008（17）：51－53＋93.

［236］魏宇，黄登仕．基于多标度分形理论的金融风险测度指标研究［J］．管理科学学报，2005（4）：50－59.

［237］魏宇．基于多标度分形理论的金融风险管理方法研究［D］．2004，西南交通大学．

［238］魏宇．金融市场的多分形波动率测度、模型及其SPA检验［J］．管理科学学报，2009（5）：88－99.

［239］吴冲锋，王海，幸云．期铜价格引导关系和互谐关系实证研究［J］．系统工程理论方法应用，2007（2）：1－9.

［240］吴登生，李建平，汤铃．生猪价格波动特征及影响事件的混合分析模型与实证［J］．系统工程理论与实践，2011（11）：2033－2042.

［241］吴迪，何建敏．纽约原油期货价格波动对我国金属期货收益率的影响研究．统计与决策，2010（8）：139－141.

［242］吴文锋，刘太阳，吴冲锋．上海与伦敦期铜市场之间的波动溢出效应研究［J］．管理工程学报，2007（3）：111－115.

［243］吴晓霖，蒋祥林，阳桦．上海、伦敦铜期货市场价格互动关系演变研究［J］．统计与决策，2009（21）：125－128.

［244］夏天，程细玉．国内外期货价格与国产现货价格动态关系的研究［J］．金融研究，2006（2）：110－117.

［245］夏晓辉，郑亚苏．有色金属价格波动趋势及其原因［J］．价格月刊，2007，

12：25－27.

［246］肖辉，吴冲锋，鲍建平，朱战宇．伦敦金属交易所与上海期货交易所铜价格发现过程［J］．系统工程理论方法应用，2004，12（6）：481－489.

［247］谢飞，韩立岩．投机还是实需：国际商品期货价格的影响因素分析［J］．管理世界，2012（10）：71－82.

［248］徐国祥，李文．基于中国金属期货价格指数的价格发现能力实证研究［J］．统计研究，2012（2）：48－57.

［249］徐信忠，杨云红，朱彤．上海期货交易所铜期货价格发现功能研究［J］．财经问题研究，2005（10）：23－31.

［250］许金华．石油市场结构性转变与价格驱动机制演变过程研究［D］．中国科学技术大学，博士学位论文，2012.

［251］许林．基于分形市场理论的基金投资风格漂移及其风险测度研究［D］．2011，华南理工大学．

［252］严太华，陈明玉．基于马尔科夫切换模型的上证指数周收益率时间序列分析［J］．中国管理科学，2009（6）：33－38.

［253］易蓉，周学军，张松，陆凤彬．沪铜期货基差之非线性动态调整特性研究［J］．管理评论，2008，20（10）：3－8.

［254］尹力博，韩立岩．外部冲击对PPI指数的结构性传导——基于FAVAR模型的全视角分析［J］．数量经济技术经济研究，2012（12）：66－81.

［255］苑莹，庄新田，金秀．期货价格收益序列的多重分形统计描述及成因分析［J］．东北大学学报（自然科学版），2010（4）：605－608.

［256］苑莹，庄新田．股票市场多重分形性的统计描述［J］．管理评论，2007（12）：38－63.

［257］苑莹，庄新田．我国沪铜期货价格的分形统计［J］．东北大学学报（自然科学版），2008（1）：137－140.

［258］张保银，陈俊．基于动态VECM的我国铜期货的价格发现功能研究［J］．天津大学学报，2012（11）：92－496.

［259］张兵．基于状态转换方法的中国股市波动研究［J］．金融研究，2005（3）：100－108.

［260］张鹤，黄琨．国内外金属期货市场价格联动的比较研究［J］．世界经济，2007（7）：67－73.

［261］张金清，刘庆富．中国金属期货市场与现货市场之间的波动性关系研究

[J]. 金融研究, 2006 (7): 102-112.

[262] 张庆翠, 王春峰. 中国股市波动性与成交量共同的长期记忆性研究 [J]. 管理科学学报, 2005 (2): 38-45.

[263] 张世英, 樊智. 协整理论与波动模型 [M]. 北京: 清华大学出版社, 2004.

[264] 张屹山, 黄琨, 赵继光. 基于SVAR的SHFE铜期货市场功能及国际影响实证研究 [J]. 系统工程理论与实践, 2006 (9): 123-128.

[265] 张宗成, 吕永琦, 徐杰. 商品市场投机泡沫——基于金属铝的实证检验 [J]. 管理评论, 2010 (7): 8-16.

[266] 周伟, 何建敏. 后危机时代金属期货价格集体上涨——市场需求还是投机泡沫 [J]. 金融研究, 2011 (9): 65-77.

[267] 周孝华, 宋坤, 杨秀苔. 股票价格持续大幅波动前后多重分形谱的异常及分析 [J]. 管理工程学报, 2006 (2): 92-96.

[268] 周孝华. 一种股票价格行为模式的一般化——从布朗运动到分形布朗运动 [J]. 桂林电子工业学院学报, 2000, 20 (4): 95-99.

[269] 周志明, 唐元虎. SHFE与LME期铜价格关系实证研究 [J]. 数理统计与管理, 2004, 11 (23): 15-18.

[270] 朱国华. 资源型商品价格暴涨原因探析 [J]. 贵州财经学院学报, 2006 (5): 1-6.

[271] 朱满洲. 动态因子模型的理论和应用研究 [D]. 华中科技大学, 博士学位论文, 2013.

[272] 朱学红, 沈玉芳, 邵留国. 石油和汇率冲击下的中国金属价格波动行为 [J]. 系统工程, 2012 (11): 30-36.

[273] 庄新田, 苑莹. 基于多重分形谱的神经网络建模及股价指数预测 [J]. 系统管理学报, 2007, 16 (4): 351-355.

[274] 庄新田, 苑莹. 中国股票市场的标度突变现象及其特征研究 [J]. 系统工程学报, 2004, 24 (1): 79-8.

# 后　记

本书为作者博士及博士后期间的主要学术成果总结而成，历经十余载的学习与积淀，回首这一路走来，多少酸甜苦辣，恍然间历历在目。此刻，终于可以将心中满怀的无尽感谢，献给一路上关心、支持、鼓励、帮助以及陪伴着我们的所有可敬可爱的人。

感谢我们的博士生导师黄健柏教授。从涉世尤浅的学子成长为年轻学者和青年教师，这一切无不得益于有幸拜读黄老师门下、进入和谐共进的JBH团队，可谓是我们求学生涯中最值得感恩的事，再次回首，除了脑中盘旋的“何其幸运”几个字外，只想深深地对导师说一句：“谢谢您!”感谢黄老师在学业上、生活上和工作上所给予我们的无微不至的关心和帮助。黄老师知识渊博、治学严谨、待人真诚、处世宽容。每每遇到问题，导师总能以敏锐的洞察力、独到的见解和缜密的思维启发我们，使我们茅塞顿开。而在学术之外，导师在生活上对我们无微不至的关心和照顾也每每温暖人心。“以身立教，为人师表”。不知道这辈子我们能继承导师的多少，但我们将永远铭记恩师的教诲，脚踏实地，不断进取。在此，向恩师的谆谆教诲和辛苦栽培致以最诚挚的谢意，师恩永铭于心!

感谢中南大学商学院的胡振华教授、洪开荣教授、刘振彪教授、任胜刚教授、杨伟文教授、何红渠教授、陈晓红教授、游达明教授、饶育蕾教授、袁乐平教授，还有国防科技大学的陈英武教授、李国辉教授，湖南大学的晏艳阳教授、单汨源教授，感谢各位老师在博士论文选题以及答辩时给予我们的指导，使我们的论文更加严谨和完善。感谢在论文内审和外审中提出宝贵意见和建议的各位专家、教授，各位老师的肯定、批评和建议同样是本研究得以顺利进行的重要保证。感谢曾经传授我们专业课知识的曹兴教授、沈超红教授、王坚强教授、徐选华教授、刘咏梅教授、邓超教授……这些专业课的学习为我们的学术研究奠定了坚实的基础。感谢商学院的高阳教授、熊勇清教授、颜爱民教授、王昶教授、危平副教授……在科研和工作中给予我们的指导和帮助。还要感谢商学院的李华东副书记、研工办的张艳玲老师、研管中心的彭丹老师和何颖芳老师，攻博期间她们热情地帮助我们解决了很多问题和困难。

感谢中国社会科学院工业经济研究所的吴利学研究员在实证研究中给予的重要帮

助，吴老师远在大洋彼岸，仍然克服时差和通讯的不便对我们遇到的问题进行耐心解答，多次交流和讨论使我们最终突破难关，研究得以继续。感谢华中科技大学经济学院的朱满洲博士在研究方法上的不吝赐教，感谢中央财经大学金融学院的尹力博老师、中国科学院科技政策与管理科学研究所的姬强研究员，以及燕山大学经济管理学院的梁兴辉教授，虽然素不相识，他们却对我们发出的求助邮件逐一回复，尽力答疑解惑。学术研究的道路不总是一帆风顺的，能够在研究的瓶颈期遇到专家学者们的无私帮助和支持，是多么的幸运和难得，在此对他们宽怀博大的学术精神表示衷心的感谢！

感谢我们亲爱的 JBH 同门。感谢朱学红大师姐，严格而又亲和，并总是在关键时刻给予我们莫大的帮助；感谢钟美瑞师兄和邵留国师兄，给予了我们太多的关怀和帮助，两位才学兼备的师兄一直是我们学习的榜样；感谢伍如昕师姐，年级相近、年龄相近，无论大事小事，伍师姐总是我们首先想到可以请教的人；感谢向英明师兄，对我们的很多麻烦琐事总是尽量帮忙；感谢陈伟刚师兄，为我们的研究提供了难得的高频数据；感谢高山师兄、邹鲜红师姐、唐忠阳师兄、彭忠益师兄、陈宪师兄、柯文秀师姐、江飞涛师兄、黄飞师兄、薛亮师兄、徐江南师姐，优秀的师兄师姐们是我们人生努力看齐的标杆；感谢博士师弟师妹陈芳、刘川、袁润松、徐珊、刘笃池、汤建、谌金宇、徐震，还有可爱的硕士师弟师妹们，没能一一列举，但我们会牢牢记得你们，谢谢你们的关心和帮助。JBH 是个团结、快乐、温暖、奋进的大家庭，让我们一起加油吧！

感谢我们硕士和博士期间的同学和朋友们：张凡、赵峰、孙凌宇、古小刚、付龙飞、王鹏、欧阳澍、史烽、王陟昀、贺勇、关勇军、胡亚明、姚惠民、杨帆、肖琼、张媛、李玉蕾、曹裕、李飞星、沈鲸、罗根、刘帅华、严茜、刘洪莲、许琦、戴晓华、秦耀华、周智玉、张丹丽、王建新、王颖，与你们一起经历的青葱岁月，有艰辛的求学、有真诚的帮助、有感伤的泪水、有温暖的关怀，感谢你们！

感谢我们的父母。爸爸妈妈给予了我们和谐的家庭和美好的生活，在背井离乡的求学之路上默默地给予我们最坚强的支持、鼓励和依靠，是我们安心求学的坚实后盾。亲爱的爸爸妈妈，谢谢你们，永远爱你们！

感谢我们彼此。志趣相投、阅历相似的我们有幸在恰当的时间走到了一起，博士期间相识相知、博士毕业后相依相伴，是我们最美好的期待。往后的工作和生活中我们会更加努力，谨记恩师的教诲，在科研和教职的道路上相互勉励、踏实奋进，在人生的旅途中相互扶持、幸福生活。

感谢国家自然科学基金项目“基于系统动力学的有色金属价格波动机理与预警研究（71073177）”、国家社会科学基金重大项目“金属矿产资源国际市场价格操纵问题与我国定价权研究（13&ZD169）”、国家自然科学基金青年项目“生命周期视角下金属资源可持续发展评价及促进政策仿真研究（71403298）”、教育部人文社会科学研究规划基金项目“金融化背景下基本金属输入型价格波动风险的监控与防范研究（14YJCZH045）”、湖南省社科基金重点项目“我国紧缺基本金属矿产资源国际定价权缺失原因、变动趋势与提升对策研究（14ZDB39）”的联合资助。

本书由郭尧琦构思、成文和定稿。尽管有这么多人的指导和帮助，本书提出的思路、观点和结论可能仍有许多值得商榷之处，错误之处在所难免。在此，敬请各位专家学者予以批评和指正。

最后，衷心的感谢所有关心、关爱和关注我们的老师、亲人、同学和朋友！

本书的出版也伴随着我们孩子的出世，谨以此书献给我们心爱的宝贝郭岳宸，祝福宝贝能够幸福健康快乐地成长！

郭尧琦　程　慧

2015 年 12 月于岳麓山下